Marc Szydlik (Hrsg.)

Flexibilisierung

# Sozialstrukturanalyse

Herausgegeben von
Peter A. Berger

Marc Szydlik (Hrsg.)

# Flexibilisierung

Folgen für Arbeit
und Familie

**VS VERLAG** FÜR SOZIALWISSENSCHAFTEN

Bibliografische Information Der Deutschen Nationalbibliothek
Die Deutsche Nationalbibliothek verzeichnet diese Publikation in der
Deutschen Nationalbibliografie; detaillierte bibliografische Daten sind im Internet über
<http://dnb.d-nb.de> abrufbar.

1. Auflage 2008

Alle Rechte vorbehalten
© VS Verlag für Sozialwissenschaften | GWV Fachverlage GmbH, Wiesbaden 2008

Lektorat: Frank Engelhardt

Der VS Verlag für Sozialwissenschaften ist ein Unternehmen von Springer Science+Business Media.
www.vs-verlag.de

Das Werk einschließlich aller seiner Teile ist urheberrechtlich geschützt. Jede Verwertung außerhalb der engen Grenzen des Urheberrechtsgesetzes ist ohne Zustimmung des Verlags unzulässig und strafbar. Das gilt insbesondere für Vervielfältigungen, Übersetzungen, Mikroverfilmungen und die Einspeicherung und Verarbeitung in elektronischen Systemen.

Die Wiedergabe von Gebrauchsnamen, Handelsnamen, Warenbezeichnungen usw. in diesem Werk berechtigt auch ohne besondere Kennzeichnung nicht zu der Annahme, dass solche Namen im Sinne der Warenzeichen- und Markenschutz-Gesetzgebung als frei zu betrachten wären und daher von jedermann benutzt werden dürften.

Umschlaggestaltung: KünkelLopka Medienentwicklung, Heidelberg
Druck und buchbinderische Verarbeitung: MercedesDruck, Berlin
Gedruckt auf säurefreiem und chlorfrei gebleichtem Papier
Printed in Germany

ISBN 978-3-531-15216-5

# Inhalt

Marc Szydlik
Flexibilisierung und die Folgen .................................................... 7

## Flexibilisierung und Arbeit

Hans-Peter Blossfeld, Dirk Hofäcker, Heather Hofmeister, Karin Kurz
Globalisierung, Flexibilisierung und der Wandel von Lebensläufen
in modernen Gesellschaften ......................................................... 23

Dana Müller
Der Traum einer kontinuierlichen Beschäftigung –
Erwerbsunterbrechungen bei Männern und Frauen ..................... 47

Wolfgang Lauterbach, Mareike Weil
Mehrfachausbildungen und die Folgen für die Erwerbstätigkeit.
Oder: Wer ist am erfolgreichsten? ............................................... 68

Sigrid Betzelt
Zur begrenzten Nachhaltigkeit flexibler Erwerbsmuster –
Das Beispiel hoch qualifizierter Alleinselbständiger ................... 93

Peter Kels
Flexibilisierung und subjektive Aneignung
am Beispiel globaler Projektarbeit ............................................. 113

Michael Nollert, Alessandro Pelizzari
Flexibilisierung des Arbeitsmarktes als Chance oder Risiko?
Atypisch Beschäftigte in der Schweiz ....................................... 130

Beat Fux
Flexibilisierung und Politik –
Ein Vergleich west- und osteuropäischer Länder ...................... 149

## Flexibilisierung und Familie

Anne Goedicke, Hanns-Georg Brose
The Proof of the Pudding is in the Eating:
Was heißt ‚Familienfreundlichkeit' von Personalpolitik? ........................ 170

Simone Scherger
Flexibilisierte Lebensläufe?
Die Dynamik von Auszug und erster Heirat ........................ 193

Alexandra Düntgen, Martin Diewald
Auswirkungen der Flexibilisierung von Beschäftigung
auf eine erste Elternschaft ........................ 213

Michaela Kreyenfeld
Ökonomische Unsicherheit
und der Aufschub der Familiengründung ........................ 232

Svenja Pfahl
Moderne Zeiten – Ansprüche an Arbeits- und
Familienzeiten aus Sicht von Eltern und Kindern ........................ 255

Tatjana Thelen, Astrid Baerwolf
Traditionalisierung in der Flexibilisierung:
Familiäre Arbeitsteilung in Ostdeutschland ........................ 275

Lutz C. Kaiser
Arbeitsmarktflexibilität, Arbeitsmarktübergänge
und Familie: Die europäische Perspektive ........................ 295

Zusammenfassungen ........................ 314

Autorinnen und Autoren ........................ 323

# Flexibilisierung und die Folgen

# Marc Szydlik

## 1 Einleitung

Die Arbeitswelt befindet sich in Bewegung. Dem alten Bild vom sicheren Normalarbeitsverhältnis stehen neue Anforderungen und Lebensmuster gegenüber. Flexible Menschen sollen beruflich und geografisch mobil sein, lebenslang lernen und schnell auf wechselnde Arbeitssituationen reagieren. Man soll sein eigener Arbeitskraftunternehmer sein, Selbstmanagement betreiben, eine Ich-AG gründen und eher in Projekten als in festen Arbeitsplätzen denken. Atmende Fabriken stellen kurzfristig Arbeitskräfte ein und stoßen sie bei Absatzrückgang gleich wieder aus. Neue Arbeitszeitregelungen erfordern spontane Einsatzfähigkeit. Qualifikationen werden zügig redundant und müssen ständig aufgefrischt, wenn nicht gar völlig neu erworben werden. Hinzu kommen prekäre Beschäftigungsbedingungen, befristete Verträge, Zeitarbeit, Leiharbeit, Billigjobs, Scheinselbständigkeit und Arbeitslosigkeit.

Mit diesem Band wird das Ziel verfolgt, Ausmaß und Auswirkungen der flexibilisierten Arbeitswelt nachzugehen und dabei Chancen und Risiken auszuloten. Im Zentrum stehen dabei Arbeit und Familie. Einige der Fragen lauten: Wie weit ist die Flexibilisierung der Arbeit vorangeschritten, welche Flexibilisierungsformen lassen sich identifizieren, was sind mögliche Ursachen? Wie stark sind Erwerbspersonen Flexibilisierungsansprüchen ausgesetzt, welche Wünsche setzen sie dem entgegen, und inwieweit können sie ihre eigenen Vorstellungen verwirklichen? Welche Folgen ergeben sich für Lebensläufe? Wer ist von der Flexibilisierung in besonderem Maße betroffen, für wen ergeben sich hierdurch mehr Chancen als Risiken, wer sind die Flexibilisierungsverlierer, wer die Gewinner?

Im Hinblick auf Familien ergeben sich weitere wichtige Forschungsfragen: Welche Folgen hat die Flexibilisierung der Arbeitswelt für die private Lebensführung, für Partner- und Generationenbeziehungen, die Geburt von Kindern und die Vereinbarkeit von Beruf und Familie? Immerhin ergibt sich eine paradoxe Situation: Einerseits ist auf dem Arbeitsmarkt große Flexibilität zu beweisen, andererseits erfordern Familienbeziehungen eine gewisse Stabilität, um zum Beispiel Kindern eine verlässliche Lebensumwelt bieten oder hilfebedürftige Eltern versorgen zu können. Wie bringt man diese verschiedenen Ansprüche, falls überhaupt, unter einen Hut, welche subjektive Bedeutung hat diese Paradoxie für die Individuen, und welche arbeits- und familienpolitischen Schlussfolgerungen lassen sich daraus ziehen?

Dieser einleitende Beitrag gliedert sich folgendermaßen: Zunächst werden Flexibilisierung, Globalisierung sowie ihre Beziehung zueinander diskutiert. Zweitens wird argumentiert, dass es auch im Hinblick auf potentielle Flexibilisierungsfolgen hilfreich sein kann, nicht nur von einem einzigen allgemeinen, sondern von mehreren divergierenden Lebenslaufregimes auszugehen. Hierfür wird exemplarisch auf einen Segmentierungsansatz zurückgegriffen. Drittens werden einige Szenarien zum Zusammenhang von Flexibilisierung und Destandardisierung entwickelt. Abschließend erfolgt ein kurzer Überblick über die hier versammelten Beiträge.

## 2 Flexibilisierung, Globalisierung

Das Gegenteil von Flexibilisierung ist Standardisierung. Wenn man versucht, die Flexibilisierung der Arbeit zu beschreiben, liegt es nahe, die fordistische Massenproduktion als Ausgangspunkt heranzuziehen. Es handelt sich dabei idealiter um eine einzige große Fabrik, in der zumeist gering qualifizierte, an einem Fließband tätige Arbeitskräfte immer wieder dieselben einfachen durchrationalisierten Handgriffe durchführen. Vor dem Hintergrund der fordistischen Produktion lassen sich drei generelle Flexibilisierungsformen benennen (vgl. Kiely 1998: 98f.):

1. Flexible Technologie. Ein wesentlicher Nachteil der fordistischen Massenproduktion ist eben ihre Standardisierung. Wenn immer schnellere Produktwechsel mit einer größeren Produktpalette einhergehen, reagiert die standardisierte fordistische Massenproduktion zu langsam und schwerfällig auf die neuen Anforderungen. Es ist somit nötig, mit flexiblen Technologien zu produzieren, so dass beispielsweise bei einem Produktwechsel die einzelnen Maschinen einschließlich der gesamten Fertigungsstraße zügig umgestellt werden können.

2. Flexible Beziehungen zwischen Kernfirma und Zulieferern. In der fordistischen Fabrik wird relativ viel unter demselben Dach hergestellt und montiert. Dabei existieren große Lager mit entsprechend hohen Lagerkosten. Flexibilisierung meint auch, dass immer mehr Aufgaben an Zulieferfirmen weitergegeben werden, die oftmals selbst wieder Zulieferfirmen beauftragen (‚Outsourcing'). Dabei handelt es sich nicht um einen fixen Stamm an Zulieferern, sondern es erfolgen immer wieder Neuaushandlungen und Firmenwechsel. Die Zulieferung erfolgt ‚just-in-time', so dass auch die hohen Lagerkosten minimiert werden.

3. Flexible Arbeit. Der typische Arbeiter in der fordistischen Fabrik führt(e) wenige, sehr einfache Handgriffe aus. In der Fabrik in Highland Park, in der Henry Ford im Jahre 1913 Fließbandarbeit einführte, verfügten viele Arbeiter noch nicht einmal über Englischkenntnisse, weil sie gerade erst in

*Flexibilisierung und die Folgen* 9

die USA eingewandert waren (Womack et al. 1992: 35). In der flexiblen Fabrik müssen auch die Fließbandarbeiter qualifiziert sein. Fehler werden an Ort und Stelle erkannt, angegangen und behoben, und nicht erst am Ende des gesamten Produktionsprozesses. Die flexible Fabrik kommt mit weniger Hierarchieebenen aus (Stichworte ‚Lean Production', ‚Lean Management'), und sie verlagert einen großen Teil der Verantwortung ‚nach unten'. Dies erfordert besondere Kenntnisse und Fähigkeiten der beteiligten Arbeitskräfte, die entsprechend flexibel eingesetzt werden können. Flexibilität existiert aber auch im Hinblick auf die Arbeitszeiten (Stichwort ‚Atmende Fabrik'), auf die Arbeitsorte und auf die Arbeitseinkommen.

Die Flexibilisierungsformen sind selbstverständlich nicht auf die Produktion beschränkt, sondern gelten auch für den Dienstleistungssektor. Zudem sind sie nicht voneinander unabhängig, sondern stehen in einem Bedingungsgefüge. Es soll damit auch weder unterstellt werden, dass der Flexibilisierungsprozess weit fortgeschritten sei (dies ist eine empirische Frage, der auch in den Beiträgen des vorliegenden Bandes nachgegangen wird), noch dass sich in historischer Perspektive eine stetige Flexibilisierung nachzeichnen ließe (so existier(t)en z.b. neben und vor der fordistischen Massenfertigung durchaus flexiblere Produktionsformen). Vielmehr ist der jeweilige Grad an Standardisierung bzw. Flexibilisierung von vielfältigen ökonomischen, technologischen, politischen, sozialen und kulturellen Gegebenheiten geprägt, deren Zusammenwirken spezifische Folgen haben kann.

Darüber hinaus lässt sich eine interne und externe Flexibilisierung feststellen (z.B. Keller, Seifert 2007: 15f.). Betriebsinternen Maßnahmen wie zeit-, orts-, verdienst- oder arbeitsplatzbezogener flexibler Personaleinsatz stehen dann Flexibilisierungskonzepte gegenüber, die externe Fluktuation beinhalten, wie z.B. temporäre Einstellungen und Entlassungen. Gleichzeitig existieren Mischformen zwischen interner und externer Flexibilität, wenn beispielsweise Leiharbeitern oder ‚Freien Mitarbeitern' im Vergleich zur Stammbelegschaft eine besonders große Flexibilität bei betrieblichen Anforderungen abverlangt wird.

Welche Beziehung besteht zwischen Flexibilisierung und Globalisierung? Wenn man sich mit ‚Flexibilisierung' beschäftigt, ist häufig auch von ‚Globalisierung' die Rede, und beide haben sich mittlerweile zu schillernden Begriffen entwickelt – so dass zunächst auch eine Begriffsklärung von Globalisierung angebracht ist.

Giddens (1990: 64) definiert Globalisierung als eine „intensification of worldwide social relations which link distant localities in such a way that local happenings are shaped by events occurring many miles away and vice versa". Wichtig ist dabei festzuhalten, dass Globalisierung ein Prozess ist und nicht beinhaltet, dass wir bereits in einer vollständig globalisierten Welt leben würden. Globalisierung und die gleichzeitige Weiterexistenz nationaler Märkte sind somit kein Widerspruch.

Auf der Basis dieser Begriffsdefinition kann man m.E. drei Globalisierungsformen thematisieren, nämlich eine ökonomische, eine politische sowie eine kulturelle Globalisierung. Politische Globalisierung meint eine größere Dichte zwischenstaatlicher Beziehungen sowie die Entwicklung einer globalen Politik. Ein Beispiel sind hier Weltklimakonferenzen. Kulturelle Globalisierung unterstellt einen Prozess der globalen Verbreitung kultureller Ausdrucksformen sowie eine Vermischung originär separater kultureller Spezifika. Als Beispiele können hier die weltweite Verbreitung von Hollywoodfilmen oder die so genannte Weltmusik dienen.

Aufgrund der Vielschichtigkeit von Globalisierung ist es hilfreich, klar aufzuzeigen, welche Dimension jeweils gemeint ist. Im Zusammenhang mit der Flexibilisierung der Arbeit ist die ökonomische Globalisierung zentral, also die Internationalisierung von Waren, Kapital und Produktion. Zu den Merkmalen der „Internationalisierung des Wirtschaftens" (Dahrendorf 1998: 44) gehören die Ausweitung des internationalen Warenhandels und die zunehmende Vernetzung von Finanzmärkten (vgl. Habermas 1998). Ökonomische Globalisierung bedeutet insbesondere, dass die Produktion von Gütern und die Erbringung von nicht personengebundenen Dienstleistungen nicht auf ein bestimmtes Land oder eine bestimmte Region beschränkt sind. Vielmehr wird die Gesamtproduktion auf verschiedene Kontinente, Länder und Regionen aufgeteilt, je nachdem, wo jeweils der höchste Ertrag mit den geringsten Kosten einhergeht. Die Produktion einzelner Bauteile erfolgt beispielsweise an ganz anderen Orten als die Endmontage oder die Produktentwicklung bzw. die Planung und Organisation von Produktion und Vertrieb. Wesentliche Ursachen der ökonomischen Globalisierung liegen im Abbau von Handelsschranken und Beschränkungen des Kapitalverkehrs sowie in der Kostenreduktion bei Transport und Kommunikation (Thurow 1996: 169f.).

Im Vergleich zu Globalisierung ist Flexibilisierung der konkretere Begriff. Er basiert im Wesentlichen auf Prozessen innerhalb und zwischen Betrieben. Globalisierung und Flexibilisierung können damit für Entwicklungen stehen, die auf unterschiedlichen Ebenen liegen und im Hinblick auf viele Bedeutungsvarianten wenig miteinander zu tun haben. Allerdings existieren deutliche Zusammenhänge zwischen Flexibilisierung und ökonomischer Globalisierung. Begriffstheoretisch ist dabei die Globalisierung der Flexibilisierung übergeordnet. Der globalisierte Wettbewerb ist ein Auslöser für betriebliche Flexibilisierungsmaßnahmen. Wenn man im Sinne einer kontrafaktischen Geschichtsschreibung unterstellen würde, dass nur nationale Binnenmärkte ohne Konkurrenz aus anderen Ländern existierten, wären z.B. die in Japan entwickelten flexibleren Produktionskonzepte heute in Europa noch weitaus weniger verbreitet. Betriebliche Umstrukturierungen können dann aber Globalisierungsprozesse verstärken, wenn beispielsweise im Rahmen flexiblerer Beziehungen zwischen Kernfirma und Zulieferern Produktionsteile in andere Länder ausgelagert werden.

Insofern ist Globalisierung ein Prozess, der zu veränderten Rahmenbedingungen mit weit reichenden Folgen führt. Damit geht eine Flexibilisierung der Arbeitswelt einher, die sich nicht nur auf die Erwerbssituation der Arbeitskräfte auswirkt, sondern auch auf ihr Familienleben.

## 3 Flexibilisierung, Segmentierung

Vor einer Analyse der Flexibilisierungsfolgen für Arbeit und Familie kann es jedoch hilfreich sein, auf die Besonderheiten nationaler Ökonomien einzugehen – und zwar in doppelter Hinsicht. Zum einen sind Globalisierung und Flexibilisierung nicht in allen Ländern gleich fortgeschritten, und sie können sich auch im Sinne einer Pfadabhängigkeit in unterschiedlichen Ländern bzw. Wohlfahrtssystemen deutlich unterschiedlich auswirken. Dies liegt beispielsweise im Vergleich von Schwellen- mit hoch entwickelten Industrieländern auf der Hand, aber auch zwischen hoch entwickelten Ländern existieren unterschiedliche Globalisierungs- und Flexibilisierungsgrade einschließlich divergierender Auswirkungen für Arbeit und Familie (z.B. Mayer 2001).

Zum anderen sind nationale Ökonomien in sich diversifiziert. Man verschenkt mitunter Analysepotential, wenn man prinzipiell ausschließlich von nationalen Gesamtarbeitsmärkten ausgeht. Für die Einschätzung von Flexibilisierungsfolgen kann es vielmehr hilfreich sein, spezifische Teilarbeitsmärkte in den Blick zu nehmen. Quasi als ‚Nebeneffekt' können damit zudem exemplarisch Auswirkungen der Flexibilisierung der Arbeit für Arbeitsmarkttheorien in den Blick genommen werden. Immerhin stellt Flexibilisierung ‚alte' Theorien vor neue Herausforderungen. Inwiefern sind etablierte Arbeitsmarkttheorien unter neuen Gegebenheiten überhaupt weiterhin anwendbar? Möglicherweise hält die eine oder andere Theorie den neuen Entwicklungen nicht stand, möglicherweise bietet aber gerade der Rückgriff auf bewährte Ansätze ein hilfreiches Instrumentarium für die Einschätzung der Flexibilisierungsfolgen im Sinne von möglichen Szenarien.

Segmentationstheorien gehen davon aus, dass der Gesamtarbeitsmarkt in unterschiedliche Teilarbeitsmärkte mit spezifischen Regeln und Gesetzmäßigkeiten aufgespalten ist. Für die Bundesrepublik hat sich die Vorstellung von drei Segmenten durchgesetzt, nämlich ein unstrukturierter Jedermannsmarkt mit einfachen Arbeiten, ein fachliches Segment mit qualifizierten, aber allgemeinen Tätigkeiten sowie ein betriebsinterner Teilarbeitsmarkt mit qualifizierten betriebsspezifischen Aufgaben (Lutz 1987; Sengenberger 1987; Blossfeld, Mayer 1988; Szydlik 1990, 1993). Da zwischen den Segmenten hohe Mobilitätsbarrieren existieren, kann man auf der Basis der Theorie drei unterschiedliche Lebenslaufregimes unterstellen, denen die Arbeitskräfte jeweils ausgesetzt sind.

Im unstrukturierten Jedermannsmarkt wirken die Marktkräfte Angebot und Nachfrage unumschränkt. Die Folge sind entsprechend unsichere Beschäftigungsverhältnisse, die zu sehr unregelmäßigen, unstandardisierten Lebensläufen führen. Im fachlichen Arbeitsmarkt existiert bereits eine gewisse Bindung zwischen Arbeitnehmer und Arbeitgeber. Diese Bindung ist jedoch nicht auf die jeweilige Person bezogen, sondern auf eine standardisierte Qualifikation, die vor allem im Rahmen des dualen Berufsausbildungssystems erworben wurde. Die Lebensläufe in diesem Segment sind bereits strukturierter, weisen jedoch z.b. immer noch häufige zwischenbetriebliche Wechsel einschließlich zwischenzeitlicher Arbeitslosigkeitsphasen auf. Man kann hier von einem halbstandardisierten Lebenslauf sprechen. Im betriebsinternen Segment existiert schließlich eine besondere Bindung zwischen spezifischen Arbeitnehmern und Arbeitgebern. Diese Bindung beruht insbesondere auf der so genannten betriebsspezifischen Humankapitalausstattung der Beschäftigten, so dass ein Betriebswechsel mit hohen Fluktuationskosten einhergehen würde – hier existiert übrigens eine Verbindung mit der Effizienzlohntheorie. Die Lebensläufe dieser Arbeitskräfte sind entsprechend geregelt und standardisiert.

Welche Auswirkungen hat die Flexibilisierung der Arbeit für die drei Teilarbeitsmärkte? Das unstrukturierte Segment, so die These, wird an Bedeutung verlieren. Die einfachen Arbeitsplätze werden aufgrund aller drei genannten Aspekte flexibleren Wirtschaftens abgebaut, nämlich der flexiblen Technologie, der flexiblen Beziehung zwischen Kernfirma und Zulieferern und der flexiblen Arbeit. Im Gegensatz zur fordistischen Massenproduktion sind in der flexiblen Fabrik einfache Arbeitsplätze mit kurzen Anlernzeiten weniger gefragt. Gleichzeitig entstehen aufgrund der Globalisierung verlängerte Werkbänke außerhalb Deutschlands. D.h., der Jedermannsmarkt wird zum Teil in ‚Billiglohnländer' ausgelagert. Globalisierung in diesem Sinne betrifft vor allem die einfachen Tätigkeiten, die an anderen Orten kostengünstiger ausgeführt werden als in einem hoch entwickelten Land wie der Bundesrepublik. Damit ändert sich auch der Charakter des Jedermannsmarktes. Er bezieht sich immer weniger auf die Produktion und immer mehr auf einfache, nicht exportierbare personengebundene Dienstleistungen.

Im Gegensatz dazu dürfte das fachliche Segment vom Arbeitskräfteanteil her wachsen. Gleichzeitig verändert sich dieser Teilarbeitsmarkt insofern, als dass er neue Beschäftigungsformen hinzugewinnt. Ein wesentlicher Grund hierfür ist die Flexibilisierung der Beziehungen zwischen Kernfirma und Zulieferern. Durch Outsourcing werden Aufgaben aus den Großunternehmen herausgenommen und auf kleinere Firmen übertragen. Dies bedeutet, dass bislang geschützte Tätigkeiten aus dem betriebsinternen Segment verlagert werden in den weniger stabilen und weniger gut bezahlten Bereich des fachlichen Arbeitsmarktes. Das fachliche Segment expandiert aber auch in den alten betriebsinternen Markt hinein. So gehen eine Reihe von Unternehmen da-

*Flexibilisierung und die Folgen* 13

zu über, eigene Personalagenturen zu gründen, für die z.B. Tarifverträge nicht gelten, die für das Gesamtunternehmen abgeschlossen wurden. D.h., eher randständige Arbeitsplätze im Mutterkonzern werden aus dem betriebsinternen Markt herausgenommen und dem fachlichen Segment überantwortet – mit entsprechend negativen Folgen für die Arbeitskräfte.

Flexibilisierung stellt vor allem Herausforderungen an den betriebsinternen Arbeitsmarkt – und damit auch an die Segmentationstheorie insgesamt. Immerhin liefern die Vorstellungen vom betriebszentrierten Markt den Kern des Segmentierungsansatzes. Dieser Teilarbeitsmarkt dürfte kleiner werden. Immerhin wird die besondere Bindung zwischen Arbeitgeber und Arbeitnehmer aufgrund der betrieblichen Humankapitalausstattung durch mehrere Faktoren aufgebrochen. Dabei nimmt insbesondere das Ausmaß der benötigten betriebsspezifischen Qualifikationen ab, und zwar a) mit der Auslagerung von Produktionsteilen und b) aufgrund der rasanteren technologischen und organisationalen Weiterentwicklung, die schneller zu Redundanzen bei betriebsspezifischen Kenntnissen und Fähigkeiten führt.

Dies bedeutet jedoch nicht, dass betriebliche Qualifikationen unnötig werden. Im Gegenteil erhöht die Verlagerung von Entscheidungsbefugnissen ‚nach unten' sogar die Notwendigkeit entsprechender Kenntnisse und Fähigkeiten. Größere Fluktuation bei Personal und Technologie verstärkt die Bedeutung von Arbeitskräften, die über umfangreiches betriebliches Wissen verfügen und den Überblick behalten bei den andauernden Veränderungen. Gerade diese Personen müssen im Betrieb gehalten werden, und vor allem dann, je mehr betriebsspezifisches Humankapital anderer Beschäftigter durch Fluktuation verloren geht. Gleichzeitig muss dafür gesorgt werden, dass diese wichtigen Arbeitskräfte ihr Wissen auch tatsächlich weitergeben, ohne zu riskieren, sich damit selbst überflüssig zu machen.

Daraus ergibt sich für die Betriebe eine paradoxe Situation: Sie müssen Kosten reduzieren und das Personal flexibel austauschen können, aber gleichzeitig für Stabilität und Sicherheit sorgen – man könnte dies als Stabilitäts-Flexibilitäts-Paradoxie bezeichnen. Thurow (1996: 451f.) argumentiert, dass das Loyalitäts- und Motivationsproblem über garantierte Weiterqualifizierungen angegangen werden könnte. Dann sei nicht mehr der sichere Arbeitsplatz mit erwerbslebenslanger Betriebszugehörigkeit der Anreiz, sondern die „lebenslange Beschäftigbarkeit". Aus segmentationstheoretischer Sicht ist dieser Lösungsvorschlag für die Stabilitäts-Flexibilitäts-Paradoxie jedoch nicht unmittelbar einleuchtend: Betriebe haben kein großes Interesse an der Schaffung allgemein verwendbarer Qualifikationen. Sie sind kostenintensiv, und die Mitarbeiter können den Betrieb wechseln, sobald sie an anderer Stelle für ihre allgemeinen Kenntnisse und Fähigkeiten mehr verdienen – was nicht unwahrscheinlich ist, zumal der Konkurrenzbetrieb die Qualifizierungskosten spart.

Das Szenario lautet daher: Zwar werden die Segmentgrenzen durchlässiger. Dies gilt für Waren und Dienstleistungen, aber auch für Personen aus

‚besseren' Segmenten, also vom betriebsinternen in das fachliche und vom fachlichen in den unstrukturierten Teilarbeitsmarkt. Das betriebsinterne Segment wird sich jedoch weiterhin vom fachlichen und Jedermannsmarkt abschotten und sichere Beschäftigungsverhältnisse und Lebensläufe für die Arbeitskräfte bieten. Es ist schwierig, von den Mitarbeitern Loyalität zu erwarten, wenn man nicht selbst dazu bereit ist. Dies trifft jedoch im Wesentlichen auf den Kernbereich eines reduzierten betriebsinternen Segments zu. Dieses Szenario unterstreicht damit sogar die Bedeutung von Arbeitsmarktsegmenten. Das betriebsinterne Segment ‚entlässt' sozusagen eine Reihe von weniger zentralen Bereichen in den fachlichen Arbeitsmarkt. Dadurch erhöhen sich wiederum die Segmentgrenzen sowie die Diskrepanzen zwischen den segmenttypischen ‚guten' und ‚schlechten' Arbeitsplätzen – mit entsprechenden Folgen für segmentspezifische Lebensläufe und soziale Ungleichheit.

## 4 Flexibilisierung, Destandardisierung

Welche Flexibilisierungsfolgen lassen sich damit vermuten? Die These lautet: Auch wenn man generell von großen Beharrungstendenzen eingefahrener Lebenslaufregimes ausgehen kann und sich mit waghalsigen Vermutungen über kürzliche, aktuelle und zukünftige Veränderungen zurückhalten sollte, spricht doch einiges für eine tendenzielle Destandardisierung von Lebensläufen – und nicht nur deshalb, weil das ‚klassische' betriebsinterne Segment schrumpft.

Dies heißt allerdings keineswegs, dass nun alle Lebensläufe generell destandardisiert seien oder werden. Man sollte die Flexibilisierungsfolgen nicht übertreiben, sondern vielmehr eine ausgewogene, differenzierte Analyse und Argumentation vornehmen. Die so genannten Normalarbeitsverhältnisse mit unbefristeten Verträgen, stabilen Einkommen und gesicherter Vollzeiterwerbstätigkeit gehen zwar zurück – sie sind aber längst nicht passé, sondern im Gegenteil weiterhin dominant. Auch haben sich lange Betriebszugehörigkeiten längst nicht überlebt (Kocka, Offe 2000; Auer, Cazes 2003, Kohli 2003). Darüber hinaus darf man nicht vergessen, dass manches, was heutzutage unter ‚neuer' Flexibilisierung firmiert, gar nicht neu ist. Zudem ist wie bei Globalisierung auch im Hinblick auf Flexibilisierung zu betonen, dass es sich um einen Prozess handelt und nicht etwa unterstellt, dass wir bereits oder in naher Zukunft in einer weitgehend flexibilisierten Arbeitswelt leben würden.

Dennoch lässt sich auch ein tendenzieller Rückgang des standardisierten Normallebenslaufes ausmachen. Die tendenzielle Destandardisierung erfolgt in doppelter Hinsicht: Einerseits werden die einzelnen Lebensläufe unterschiedlicher, d.h., es vergrößert sich die Bandbreite an unterschiedlichen Lebenslaufmustern. Andererseits werden Lebensläufe in sich weniger standardi-

*Flexibilisierung und die Folgen* 15

siert, d.h., sie werden ungeregelter und unberechenbarer. Man kann diese Szenarien über die Dreiteilung des Lebenslaufs in Ausbildungs-, Berufs- und Ruhestandsphase (Kohli 1985) näher umreißen:

1. Die Flexibilisierung der Arbeit beinhaltet einen Trend zu einer Destandardisierung im Hinblick auf die Trennung zwischen Ausbildungs- und Berufsphase. Die Vorstellung von der strikten Trennung dieser Phasen entspricht immer weniger der Realität. Dass man in einer Ausbildungsphase einen Beruf erlernt, den man dann im gesamten Erwerbsleben ausübt, gehört für immer mehr Menschen der Vergangenheit an. Schnellere Technologieentwicklungen sowie dynamischer Wandel in Dienstleistungen und Produktion verlangen lebenslanges Lernen, sei es in Form von Weiterbildung, sei es durch Umlernen für neue Tätigkeiten. Gleichzeitig erhöht sich die Qualifikationsredundanz, d.h., vormals Gelerntes wird auf dem Arbeitsmarkt schneller nicht mehr nachgefragt. Damit wird vor allem die Beschäftigung im fachlichen Segment mit standardisierten Erstausbildungen riskanter, insbesondere wenn in kleinen und mittleren Betrieben systematische Weiterbildungsangebote fehlen. All dies hat Auswirkungen auf Übergangsmuster zwischen Ausbildung und Arbeitsmarkt (siehe Wolfgang Lauterbach und Mareike Weil in diesem Band), aber auch auf die Passung von Qualifikation und Arbeitsplatzanforderungen über das gesamte Erwerbsleben (Szydlik 2002).

2. Einerseits verlängert sich die Ausbildung, andererseits zeigt sich ein Trend zum frühen Ruhestand (Kohli 2003). Im betriebsinternen Segment können hierfür neben öffentlichen Mitteln auch betriebliche Anreize geboten werden. Wenn Ältere über ihrer Grenzproduktivität entlohnt werden (vgl. Lazear 1981), könnte man diese Mittel auch für den ‚goldenen Handschlag' verwenden. Denn bei der Einführung neuer, flexibler Technologien oder Produktionsabläufe bergen Fortbildungen oder gar Umschulungen für ältere Mitarbeiter aus betriebswirtschaftlicher Sicht die Gefahr, dass sich diese ‚Investitionen' nicht mehr ,amortisieren' – geschweige denn ‚Renditen' bringen (vgl. Sennett 1998: 124f.). Dies spricht dafür, dass betriebliche Umstrukturierungen in nennenswertem Umfang über Vorruhestandsregelungen im betriebszentrierten Teilarbeitsmarkt umgesetzt werden und im Zusammenwirken von interner und externer Flexibilisierung Lebensläufe segmentspezifisch prägen. Im fachlichen Segment stehen solche betrieblichen Anreizmittel für einen Vorruhestand weniger zur Verfügung, gleichzeitig verfügen die Beschäftigten dort generell über geringere eigene Ressourcen – so dass im Sinne des jobcompetition-Modells zuweilen ein Übergang in den Jedermannsmarkt droht, der dort zu sekundären Verdrängungen führt. Für die Zukunft ist es jedenfalls eine spannende Frage, inwiefern die Rückführung staatlich sanktionierter Vorruhestandsregelungen vor dem Hintergrund knapper Rentenkassen Altersübergänge neu strukturiert (siehe Beat Fux in diesem Band) – zumal die Lösung der Stabilitäts-Flexibilitäts-Paradoxie im betriebsinternen Segment durchaus auch späte Rentenübertritte von qualifizierten Älteren zulässt.

3. Arbeitsmarktflexibilisierung kann Destandardisierungen in der mittleren Phase des Lebenslaufs zur Folge haben. Immerhin tragen Globalisierung und Flexibilisierung zu Arbeitslosigkeit in hoch entwickelten Industrieländern bei. Aufgrund der Verkleinerung des unstrukturierten Arbeitsmarktsegments sind vor allem gering Qualifizierte noch häufiger von Arbeitslosigkeit und unsicheren Beschäftigungsverhältnissen betroffen. Häufigere Arbeitslosigkeit sowie unfreiwillige Arbeitsplatz- und Berufswechsel treffen aber auch die Beschäftigten in dem Teil des fachlichen Segments, der sich aus früheren Randbereichen des betriebsinternen Marktes rekrutiert. Außerdem führen kurzfristigere Unternehmensziele aufgrund einer stärkeren Konzentration auf den ‚Shareholder Value' zu einer schnelleren Aufgabe von Betriebsteilen, sobald sich diese nicht mehr rentieren. Aufgrund des verschärften Standortwettbewerbs reicht vielfach bereits die Drohung der Kapital- und Betriebsverlagerung für Einschnitte bei den Arbeitsgratifikationen. All dies führt entsprechend zu geringeren Chancen auf einen geregelten standardisierten Lebenslauf.

Man darf zwar bei diesen Szenarien nicht vergessen, dass es sich um tendenzielle Flexibilisierungen handelt, die durchaus ein Nebeneinander von mehrheitlich sicheren, aber zunehmend auch unsicheren Beschäftigungsverhältnissen beinhalten (siehe Sigrid Betzelt, Peter Kels sowie Michael Nollert und Alessandro Pelizzari in diesem Band). Flexibilisierung der Arbeit meint jedoch auch eine größere Mobilität zwischen Beschäftigung und Nichtbeschäftigung, zwischen abhängiger Beschäftigung und Selbständigkeit, zwischen Betrieben und Unternehmensteilen sowie zwischen mehr oder weniger klar umrissenen und zeitlich fixierten Arbeitsprojekten innerhalb von Betrieben. Von diesen Entwicklungen sind besonders (aber nicht nur) die jüngeren Jahrgänge betroffen (siehe Hans-Peter Blossfeld, Dirk Hofäcker, Heather Hofmeister und Karin Kurz sowie Dana Müller in diesem Band). Ökonomischer Wandel tangiert nicht alle Lebensläufe in gleichem Maße, sondern insbesondere die jeweiligen Berufseinstiegskohorten. Dann allerdings können sich die strukturellen Bedingungen zum Zeitpunkt des Erwerbsbeginns auf das gesamte Arbeitsleben auswirken.

Der Zusammenhang zwischen Flexibilisierung und Destandardisierung zeigt sich jedoch nicht nur in Ausbildung und Beruf. Immerhin sind gerade Familienbeziehungen stark von der Erwerbssituation der einzelnen Individuen und ihrer Angehörigen geprägt, und somit schlagen sich Veränderungen im Erwerbsleben durch Arbeitsmarktflexibilisierungen auch deutlich im Familienleben nieder (z.B. BMFSFJ 2006: 235ff.). Eine ganze Reihe dieser Zusammenhänge und Folgen werden im vorliegenden Band behandelt, so zum Beispiel der Auszug aus dem Elternhaus und die Heirat (Simone Scherger), die Geburt von Kindern (Alexandra Düntgen, Martin Diewald und Michaela Kreyenfeld), die Vereinbarkeit von Beruf und Familie auch im Hinblick auf Arbeits- und Familienzeiten (Anne Goedicke, Hanns-Georg Brose, Svenja

Pfahl und Lutz C. Kaiser) sowie die geschlechtsspezifische Arbeitsteilung (Tatjana Thelen und Astrid Baerwolf).

Der Zusammenhang zwischen Flexibilisierung und Familie zeigt sich dabei nicht nur bei den Paarbeziehungen und dem Verhältnis zwischen Eltern und minderjährigen Kindern. Auch bei den Generationenbeziehungen unter Erwachsenen sind Flexibilisierungsfolgen im Sinne einer Destandardisierung erkennbar oder denkbar. Drei Beispiele mögen dies verdeutlichen:

1. Die engen Bindungen zwischen erwachsenen Familiengenerationen über die Haushaltsgrenzen hinweg führen auch dazu, dass Probleme der einen auch auf die andere Generation wirken. So verringern finanzielle Engpässe die Beziehungsenge zwischen erwachsenen Kindern und Eltern, und dies gilt auch für eine Arbeitslosigkeit. Arbeitslose berichten über mit der Zeit flüchtigere und weniger enge Generationenbeziehungen – auch wenn man nicht mehr im selben Haushalt lebt. Besonders interessant ist zudem, dass nicht nur die Arbeitslosigkeit an sich die Familienbeziehung belastet. Vielmehr wirkt bereits die Sorge vor dem Stellenverlust: Wer sich trotz durchgängiger Beschäftigung Sorgen um seinen Arbeitsplatz machen muss, berichtet deutlich seltener von engeren familialen Generationenbeziehungen (Szydlik 2000: 225ff.). Dieser Befund legt nahe, dass sich nicht nur eine in Arbeitslosigkeit mündende externe betriebliche Flexibilisierung belastend auf Familienbeziehungen auswirkt, sondern dass dies auch bereits für interne Flexibilisierungsansprüche gilt, die über mehr oder weniger explizite Stellenverlustdrohungen durchgesetzt werden.

2. Eine der wichtigsten, wenn nicht die wichtigste Determinante für Generationensolidarität unter Erwachsenen ist die Wohnentfernung. Eine kürzere geographische Distanz geht mit häufigeren Kontakten, persönlichen Hilfeleistungen und einer engeren emotionalen Bindung einher (Szydlik 2000). Die Tatsache, dass die meisten erwachsenen Kinder und Eltern auch bei getrennten Haushalten nicht weit voneinander entfernt leben, ist sicher ein wesentlicher Grund für den starken, lebenslangen Generationenzusammenhalt. Wenn die Flexibilisierung der Arbeit aber mit einer größeren geographischen Mobilität einhergeht, dürfte sich auch die Wohnentfernung zwischen erwachsenen Kindern und Eltern vergrößern – und damit die Generationensolidarität flexibler Erwerbstätiger tendenziell verringern. Dafür sprechen auch zunehmende Bildungsinvestitionen, die ebenfalls die räumlichen Distanzen zu den Eltern erhöhen (BMFSFJ 2006: 138). Empirische Befunde weisen jedenfalls bereits auf eine Vergrößerung der Wohnentfernung zwischen erwachsenen Kindern und Eltern in Deutschland hin (Hoff 2006: 251ff.).

3. Die oben genannte paradoxe Situation zwischen den Flexibilitätsanforderungen der Arbeitswelt und den Stabilitätswünschen der Familienwelt bezieht sich nicht nur auf die Vereinbarkeit von Beruf und Kinderbetreuung. Auch im Hinblick auf Unterstützungen von hilfe- und pflegebedürftigen Eltern können sich zunehmende Flexibilitätsanforderungen im Erwerbsleben ne-

gativ auswirken. Pflegeleistungen gehen häufig mit großen Belastungen, oft sogar mit Überlastungen einher. Dabei werden die Pflegelasten aufgrund des demographischen Wandels in den nächsten Jahrzehnten noch erheblich zunehmen – und die Betreuungspotentiale tendenziell abnehmen. Hierfür sind neben anderen Faktoren auch gestiegene Anforderungen auf dem Arbeitsmarkt verantwortlich: Wenn im Erwerbsleben immer mehr Flexibilitätsansprüche gestellt werden, verringert dies die Zeitressourcen der erwachsenen Kinder und verschärft die Vereinbarkeit von Beruf und Hilfe bzw. Pflege. Ohnehin schlagen sich die genannten Mobilitätsansprüche mit den damit einhergehenden größeren Wohnentfernungen besonders stark auf intergenerationale Hilfe- und Pflegepotentiale nieder (BMFSFJ 2006: 142).

Wie bereits mehrfach angedeutet, beinhalten die genannten Flexibilisierungsszenarien auch deutliche Folgen für soziale Ungleichheit. Frauen sind der Flexibilisierung in anderer Form ausgesetzt als Männer. Wachsende Qualifikationsansprüche auf dem Arbeitsmarkt einschließlich lebenslanges Lernen stellen sich für höher Gebildete weniger dramatisch dar. Einen früheren Übergang in den Ruhestand können Personen mit besserem finanziellem Hintergrund leichter verkraften, und dies gilt auch für zunehmend unsichere Arbeitsverhältnisse im Erwerbsleben einschließlich der Tätigkeit in ungünstigen Arbeitsmarktsegmenten. Genauso lässt sich die Vereinbarkeit von Beruf und Familie, sei es die Versorgung von Kindern oder hilfe- bzw. pflegebedürftiger Eltern, trotz gestiegener Ansprüche aus der Arbeitswelt leichter organisieren, wenn man selbst ‚Outsourcing' betreiben und Familiendienstleistungen extern bezahlen kann (z.B. Lange/Szymenderski 2005: 234, BMFSFJ 2006: 239). Es ist somit auch ein wesentliches Ziel dieses Buches, Flexibilisierungsfolgen für soziale Ungleichheit herauszuarbeiten.

Neben all den ‚objektiven' Flexibilisierungsfolgen ist zudem nicht die subjektive Seite zu vergessen. Die Flexibilisierung der Arbeit hat auch Folgen für die Selbsteinschätzung und biographische Interpretation der eigenen Lebenssituation. D.h., dies als letzte These, auch wenn der tatsächliche Lebenslauf im Nachhinein objektiv weniger Brüche und Destandarisierungen beinhaltet als vorher befürchtet, so nehmen doch die Unsicherheitsgrade zu. Dass damit bereits die Referenz des Normalarbeitsverhältnisses ad acta gelegt wird, ist jedoch zu bezweifeln.

## 5 Folgen für Arbeit und Familie

Man begibt sich auf schwieriges Terrain, wenn man die Flexibilisierungsfolgen für Arbeit und Familie genau einschätzen möchte. Es handelt sich um einen sich gerade ereignenden Prozess, dessen weitere Entwicklungen niemand genau vorhersehen kann. Vieles an dem, was heutzutage unter Globali-

*Flexibilisierung und die Folgen*

sierung, Flexibilisierung und Destandardisierung firmiert, ist Zukunftsmusik. Nichtsdestotrotz lassen sich manche wesentlichen Entwicklungen bereits jetzt identifizieren und in ihren Folgen beschreiben und bewerten. Grundlage hierfür sind neben theoretischen Überlegungen vor allem empirische Studien. Damit lässt sich auch feststellen, inwiefern Flexibilisierungsprozesse an der Oberfläche bleiben, oder ob sie tief greifende Auswirkungen auf die Erwerbs- und Familienleben haben. Das vorliegende Buch bietet in diesem Sinne jeweils sieben Beiträge zu den Folgen der Flexibilisierung für Arbeit und Familie (ausführlichere Zusammenfassungen der Autorinnen und Autoren finden sich am Ende des Bandes):

### Flexibilisierung und Arbeit

*Hans-Peter Blossfeld, Dirk Hofäcker, Heather Hofmeister* und *Karin Kurz* argumentieren, dass die mit zunehmenden Unsicherheiten einhergehende Flexibilisierung insbesondere auf Globalisierungsprozesse zurückgeführt werden kann. Die wachsenden Unsicherheiten werden jedoch institutionell gefiltert, so dass Individuen mehr oder weniger davon betroffen sind. Zu den Verlierern gehören insbesondere Berufseinsteiger, Arbeitslose und Frauen. *Dana Müller* berichtet über Erwerbsunterbrechungen und ihre Wirkung auf den weiteren Berufsverlauf. Dabei wird der Wandel der Erwerbskarrieren seit den 70er Jahren anhand eines Kohortenvergleichs mithilfe der erweiterten IAB-Beschäftigtenstichprobe untersucht. Es bestätigt sich, dass insbesondere jüngere Jahrgänge sowie Frauen von diskontinuierlichen bzw. ‚flexiblen' Erwerbsverläufen betroffen sind. *Wolfgang Lauterbach* und *Mareike Weil* untersuchen, inwiefern sich Destandardisierungsprozesse jüngerer Jahrgänge beim Übergang von der Ausbildung in den Arbeitsmarkt bündeln und in ihren Folgen abschätzen lassen. Die Befunde belegen vier „typische" Ausbildungsverläufe, die teilweise deutlich von traditionellen Übergängen in den Beruf abweichen – und klar unterschiedliche Arbeitsmarktchancen nach sich ziehen.

*Sigrid Betzelt* geht es um flexible Erwerbsformen am Beispiel hoch qualifizierter Alleinselbständiger im Kultur- und Mediensektor. Der relativ großen Arbeitszufriedenheit und den Autonomiegewinnen stehen allerdings die unsichere Auftragslage, ein eher niedriges Einkommen, ständige materielle Unsicherheit in Gegenwart und Zukunft sowie die Abhängigkeit von finanziellen Zuschüssen von Partnern und Eltern gegenüber. *Peter Kels* dokumentiert Ambivalenzen zwischen Arbeitserfahrung, Karriere und individueller Lebensführung am Beispiel weltweiter Projektarbeit. Die Chancen der Bewältigung der räumlichen und zeitlichen Flexibilität sind dabei ungleich verteilt, wobei insbesondere hochflexible Experten von neuen Kompetenzen profitieren können – allerdings oft auch mit negativen Folgen für das Privat- und Familienleben.

*Michael Nollert und Alessandro Pelizzari* fragen nach den Chancen und Risiken der Flexibilisierung der Arbeit für den Erwerbshabitus sowie für Bewältigungsstrategien von atypisch Beschäftigten in der Schweiz. Da sich diese vor allem in ungünstigen Arbeitsmarktsegmenten mit geringen Aufstiegschancen befinden, überwiegen klar die Risiken: die atypisch Beschäftigten gehören zu den Flexibilisierungsverlierern. Im Anschluss daran – und gewissermaßen als Überleitung zum zweiten Teil des Bandes – untersucht *Beat Fux*, wie flexibilisierungsorientierte Senioren- und Familienpolitik bewertet wird, und zwar sowohl von Seiten der Bevölkerung als auch von politischen Akteuren in West- und Osteuropa. Dabei werden Risiken der Flexibilisierung der Arbeit, aber auch Chancen für zunehmende Handlungsoptionen herausgestellt.

## Flexibilisierung und Familie

Auch im Beitrag von *Anne Goedicke* und *Hanns-Georg Brose* geht es um Flexibilisierungspolitik, hier allerdings im Hinblick auf die ‚Familienfreundlichkeit' von Personalpolitik. Wichtig ist dabei u.a., dass diese Personalpolitiken gemäß der Wettbewerbsstrategie des Unternehmens variieren und unterschiedliche Folgen für die ökonomischen, erwerbsbiographischen und familienbezogenen Risiken und Chancen der Beschäftigten haben.

*Simone Scherger* stellt die Frage nach einer Flexibilisierung, Destandardisierung oder Differenzierung in der Dynamik westdeutscher Lebensläufe nach dem Zweiten Weltkrieg – am Beispiel von Auszug aus dem Elternhaus und erster Heirat. Zwar lassen sich hierbei Destandardisierungstendenzen ausmachen – eine Flexibilisierung der Verknüpfungsregeln zwischen diesen beiden Übergängen im Lebenslauf ist allerdings nicht in Sicht. *Alexandra Düntgen* und *Martin Diewald* berichten daraufhin von Auswirkungen der Arbeitsflexibilisierung auf eine erste Elternschaft. Die Analysen belegen, dass Unstetigkeit und damit Erwartungsunsicherheiten die Familiengründung beeinflussen. ‚Flexiblere' Arbeitsverhältnisse wie Teilzeitarbeit oder häufige Job- und Verdienstwechsel tragen demnach dazu bei, dass eine Elternschaft verzögert bzw. aufgeschoben wird. Anschließend stellt *Michaela Kreyenfeld* ihre Analysen zur ökonomischen Unsicherheit und dem Aufschub der Familiengründung vor, die ebenfalls auf dem SOEP beruhen. Spannend sind insbesondere die Schichteffekte: Wenn hochgebildete Frauen arbeitslos oder mit ihrer ökonomischen Situation unzufrieden sind, schieben sie die Familiengründung eher auf – bei Frauen mit niedrigerer Bildung trifft hingegen genau das Gegenteil zu.

*Svenja Pfahl* beschäftigt sich mithilfe qualitativer Interviews mit Ansprüchen an Arbeits- und Familienzeiten aus Sicht von Eltern und Kindern. Wie werden die flexiblen Arbeitszeiten bewertet, und inwiefern gelingt das Ausbalancieren von flexibler Arbeit und Familie? Familienzeiten werden offenbar längerfristig und auch mit den Kindern ausgehandelt: dabei werden Defizite der Arbeitszeitgestaltung deutlich. *Tatjana Thelen* und *Astrid Baerwolf* untersuchen geschlechtsspezifische Familienrollen in Ostdeutschland. Ihre qualitative Studie beinhaltet u.a. Tagesmütter, die selbst flexibel beschäftigt sind und gleichzeitig den Eltern der betreuten Kinder eine Erwerbstätigkeit ermöglichen. Aufgrund der Flexibilisierung ist eine Traditionalisierung mit ‚Rehausfrauisierung' und Orientierung am ‚male-breadwinner'-Modell zu beobachten. *Lutz C. Kaiser* analysiert die Folgen der Arbeitsmarktflexibilisierung für Arbeitsmarktübergänge von Frauen in fünf europäischen Ländern: Inwieweit gelingt die Vereinbarkeit von Familie und Beruf? Vergleicht man Rahmenbedingungen wie Kinderbetreuung, Elternzeit und Einkommensbesteuerung, so wird in den untersuchten Ländern bislang einzig in Dänemark erfolgreich mit Flexibilisierungsfolgen umgegangen.

Die hier ausgewählten Beiträge gehen auf eine Tagung der Sektionen ‚Soziale Ungleichheit und Sozialstrukturanalyse' und ‚Familiensoziologie' der Deutschen Gesellschaft für Soziologie zurück, die im Mai 2006 an der Universität Zürich stattgefunden hat. Für hilfreiche Unterstützungen bei der Tagung bzw. dem vorliegenden Band bedanke ich mich herzlich bei Martina Brandt, Christian Deindl, Klaus Haberkern, Isabel Häberling, Hannele Hediger, Corinne Krohn, Wolfgang Lauterbach und Dilip Vimalassery.

## Literatur

Auer, P./Cazes, S. (Hrsg.) (2003): Employment Stability in an Age of Flexibility – Evidence from Industrialized Countries. Geneva: ILO.
Blossfeld, H.P./Mayer, K.U. (1988): Arbeitsmarktsegmentation in der Bundesrepublik Deutschland – Eine empirische Überprüfung von Segmentationstheorien aus der Perspektive des Lebenslaufs. In: Kölner Zeitschrift für Soziologie und Sozialpsychologie, 40: 262-283.
Bundesministerium für Familie, Senioren, Frauen und Jugend (BMFSFJ) (2006): Familie zwischen Flexibilität und Verlässlichkeit – Perspektiven für eine lebenslaufbezogene Familienpolitik (Siebter Familienbericht). Berlin: BMFSFJ; verfasst von Allmendinger, J./Bertram, H./Fthenakis, W.E./Krüger, H./Meier-Gräwe, U./Spieß, C.K./Szydlik, M.
Dahrendorf, R. (1998): Anmerkungen zur Globalisierung. In: Beck, U. (Hrsg.), Perspektiven der Weltgesellschaft. Frankfurt/Main: Suhrkamp, 41-54.
Giddens, A. (1990): The Consequences of Modernity. Cambridge, UK: Polity Press.
Habermas, J. (1998): Aus Katastrophen lernen? Ein zeitdiagnostischer Rückblick auf das kurze 20. Jahrhundert. In: ders., Die Postnationale Konstellation – Politische Essays. Frankfurt/Main: Suhrkamp, 65-90.
Hoff, A. (2006): Intergenerationale Familienbeziehungen im Wandel. In: Tesch-Römer, C./Engstler, H./Wurm, S. (Hrsg.), Altwerden in Deutschland – Sozialer Wandel und individuelle Entwicklung in der zweiten Lebenshälfte. Wiesbaden: Verlag für Sozialwissenschaften, 231-287.
Keller, B./Seifert, H. (2007): Atypische Beschäftigungsverhältnisse – Flexibilität, soziale Sicherheit und Prekarität. In: dies. (Hrsg.), Atypische Beschäftigung – Flexibilisierung und soziale Risiken. Berlin: edition sigma, 11-25.

Kiely, R. (1998): Globalization, Post-Fordism and the Contemporary Context of Development. In: International Sociology, 13, 1: 95-115.
Kocka, J./Offe, C. (2000): Geschichte und Zukunft der Arbeit. Frankfurt/Main, New York: Campus.
Kohli, M. (1985): Die Institutionalisierung des Lebenslaufs – Historische Befunde und theoretische Argumente. In: Kölner Zeitschrift für Soziologie und Sozialpsychologie, 37, 1: 1-29.
Kohli, M. (2003): Der institutionalisierte Lebenslauf: ein Blick zurück und nach vorn. In: Allmendinger, J. (Hrsg.), Entstaatlichung und soziale Sicherheit – Verhandlungen des 31. Kongresses der Deutschen Gesellschaft für Soziologie in Leipzig 2002. Opladen: Leske + Budrich, 525-545.
Lange, A./Szymenderski, P. (2005): Entgrenzungen von Wirtschaft und familiale Lebensführung: Ein Beitrag zum Verständnis von Familie heute. In: Schweizerische Zeitschrift für Soziologie, 31, 2: 217-239.
Lazear, E.P. (1981): Agency, Earnings Profiles, Productivity, and Hours Restrictions. In: The American Economic Review, 71, 4: 606-620.
Lutz, B. (1987): Arbeitsmarktstruktur und betriebliche Arbeitskräftestrategie – Eine theoretisch-historische Skizze zur Entstehung betriebszentrierter Arbeitsmarktsegmentation, Frankfurt/Main, New York: Campus.
Mayer, K.U. (2001): The Paradox of Global Social Change and National Path Dependencies: Life Course Patterns in Advanced Societies. In: Woodward, A./ Kohli, M. (Hrsg.), Inclusions and Exclusions in European Societies. London, New York: Routledge, 89-110.
Sengenberger, W. (1987): Struktur und Funktionsweise von Arbeitsmärkten – Die Bundesrepublik Deutschland im internationalen Vergleich. Frankfurt/Main, New York: Campus.
Sennett, R. (1998): Der flexible Mensch – Die Kultur des neuen Kapitalismus. Berlin: Berlin Verlag.
Szydlik, M. (1990): Die Segmentierung des Arbeitsmarktes in der Bundesrepublik Deutschland – Eine empirische Analyse mit Daten des Sozio-ökonomischen Panels. Berlin: edition sigma.
Szydlik, M. (1993): Arbeitseinkommen und Arbeitsstrukturen – Eine Analyse für die Bundesrepublik Deutschland und die Deutsche Demokratische Republik. Berlin: edition sigma.
Szydlik, M. (2000): Lebenslange Solidarität? Generationenbeziehungen zwischen erwachsenen Kindern und Eltern. Opladen: Leske + Budrich.
Szydlik, M. (2002): Vocational Education and Labour Markets in Deregulated, Flexibly Coordinated, and Planned Societies. In: European Societies, 4, 1: 79-105.
Thurow, L.C. (1996): Die Zukunft des Kapitalismus. Düsseldorf, München: Metropolitan.
Womack, J.P./Jones, D.T./Roos, D. (1990) [1992]: Die zweite Revolution in der Autoindustrie – Konsequenzen aus der weltweiten Studie des Massachusetts Institute of Technology. Frankfurt/Main, New York: Campus.

# Globalisierung, Flexibilisierung und der Wandel von Lebensläufen in modernen Gesellschaften

Hans-Peter Blossfeld, Dirk Hofäcker,
Heather Hofmeister, Karin Kurz

## 1 Einleitung

Die Prozesse der Arbeitsmarktflexibilisierung sind heute sehr eng mit dem Phänomen der Globalisierung verbunden. Globalisierung ist dabei sicherlich kein neues Phänomen, aber die Intensität und Reichweite grenzüberschreitender Interaktionsbeziehungen, seien es ökonomische Transaktionen, informationelle und kulturelle Austauschprozesse oder internationale politische Abmachungen und Verträge, scheinen seit der Mitte der 80er Jahre, insbesondere seit dem Ende des Ost-West-Gegensatzes, in den meisten Industrieländern schubartig zugenommen zu haben (siehe Grafik 1). Dieser Beitrag beschäftigt sich mit den Effekten dieser Ausweitung der gesellschaftlichen Beziehungen über die Grenzen des Nationalstaates hinaus auf die Arbeitsmarktflexibilisierung und den Wandel individueller Lebensläufe in verschiedenen modernen Gesellschaften. Er wendet sich der spezifischen Frage zu, wie sich die Mobilitätsprozesse von Männern und Frauen in Europa und Nordamerika im Flexibilisierungs- und Globalisierungsprozess wandeln und berichtet über ausgewählte empirische Ergebnisse des an der Universität Bamberg durchgeführten und von der VolkswagenStiftung finanzierten Projektes ‚GLOBALIFE – Lebensverläufe im Globalisierungsprozess'.

## 2 Globalisierung, wachsende Unsicherheit und Arbeitsmarktflexibilisierung in modernen Gesellschaften

Die meisten Sozialforscher gehen heute davon aus, dass die Prozesse der Globalisierung gekennzeichnet sind durch das Zusammenwirken von vier makrostrukturellen Entwicklungen, die sich vor allem seit Mitte der 80er Jahre zunehmend verstärkt haben (siehe Abbildung 1). Diese beinhalten:

Abbildung 1: *Globalisierung und wachsende Flexibilisierung in modernen Gesellschaften*

| GLOBALISIERUNG | | | |
|---|---|---|---|
| Internationalisierung von Märkten, Wettbewerb zwischen Ländern mit unterschiedlichen Lohn- und Produktivitätsniveaus bzw. Sozialstandards | Verstärkter Standortwettbewerb zwischen Sozialstaaten, Politik der Deregulierung, Privatisierung und Liberalisierung | Zunehmende weltweite Vernetzung durch neue Informations- und Kommunikationstechnologien | Bedeutungszuwachs von Märkten, aber gleichzeitig zunehmende Instabilität und Verwundbarkeit lokaler Märkte durch externe weltweite Schocks |

⇩

| Wachsende Geschwindigkeit von Innovationen, beschleunigter sozialer und ökonomischer Wandel | Beschleunigung der Marktprozesse auf allen Märkten | Zunahme unvorhersehbarer Marktentwicklungen, steigende Volatilität von Märkten |
|---|---|---|

⇩

Zunehmende Unsicherheit und Bedürfnis der Betriebe nach Arbeitsmarktflexibilisierung

⇩

| INSTITUTIONELLE FILTER | | | |
|---|---|---|---|
| Beschäftigungssysteme | Bildungssysteme | Wohlfahrtsstaatsregime | Familiensysteme |
| ... kanalisieren die durch Globalisierung erzeugte Unsicherheit und Flexibilisierung in spezifischer Weise und beeinflussen ... | | | |
| ▪ das Ausmaß an Beschäftigungs- und Arbeitsplatzstabilität<br>▪ das Ausmaß an Flexibilität und Job-Sicherheit<br>▪ die Häufigkeit verschiedener Formen von Karrieremobilität | ▪ die Möglichkeiten des Berufseinstiegs sowie dessen Timing<br>▪ Möglichkeiten der Weiterbildung und des lebenslangen Lernens | die Ausgestaltung des sozialen Sicherungssystems, z.B.<br>▪ Verfügbarkeit von Kinderbetreuungsmöglichkeiten<br>▪ Beschäftigungsfördernde Maßnahmen<br>▪ Rentensysteme | ▪ die Prävalenz verschiedener Familienformen, Haushalts- und Erwerbsmuster<br>▪ die Ausgestaltung familialer Rollen<br>▪ das Ausmaß familialer Pflegeverantwortlichkeiten |

⇩

**INDIVIDUALEBENE**

Arbeitsmarktflexibilisierung wird auf spezifische gesellschaftliche Gruppen kanalisiert!

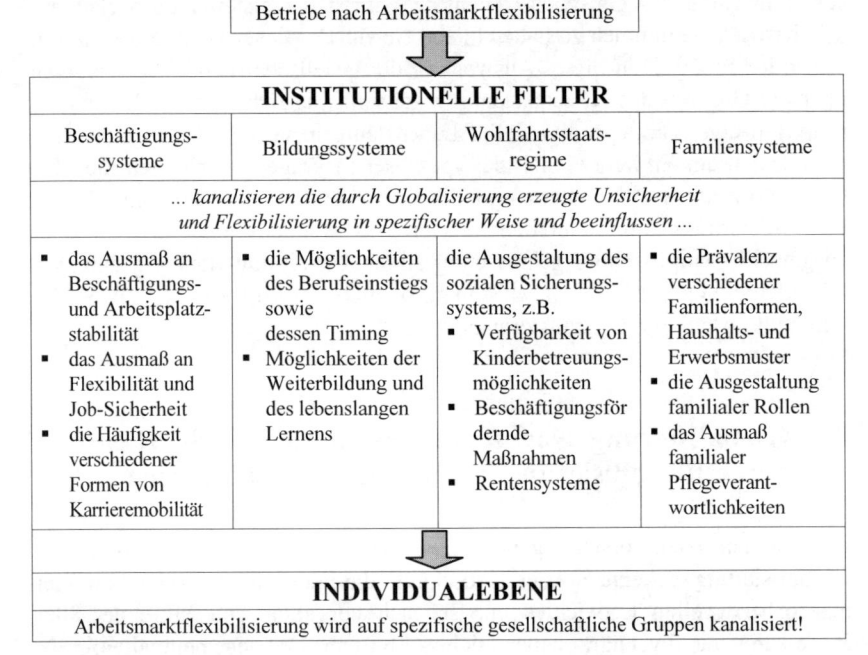

Quelle: Eigene Darstellung.

1. Die zunehmende Internationalisierung von Märkten und den damit verbundenen wachsenden Wettbewerb zwischen Ländern mit sehr unterschiedlichen Lohn- und Produktivitätsniveaus sowie verschiedenen Sozialstandards (insbesondere nach dem Fall des ‚Eisernen Vorhangs' und der Integration osteuropäischer sowie asiatischer Länder wie Indien und China in den Weltmarkt).
2. Die Verschärfung des Standortwettbewerbs zwischen Sozialstaaten und die sich daraus ergebende Tendenz zur Senkung von Unternehmenssteuern in vielen europäischen Ländern sowie die zunehmende Neigung moderner Staaten zur Deregulierung, Privatisierung und Liberalisierung und damit zu einer Stärkung des Marktes als Koordinationsmechanismus.
3. Die rasche weltweite Vernetzung von Personen, Unternehmen und Staaten auf der Grundlage neuer Informations- und Kommunikationstechnologien und – daraus resultierend – die zunehmende globale Interdependenz der Akteure sowie die wachsende Beschleunigung von sozialen und wirtschaftlichen Interaktionsprozessen.
4. Den rasanten Bedeutungszuwachs von weltweit vernetzten Märkten und die damit verbundene zunehmende Interdependenz und Volatilität lokaler Märkte, die von schwer prognostizierbaren weltweiten sozialen, politischen und ökonomischen ‚externen Schocks' und Ereignissen (wie z.B. Kriegen, ökonomischen Krisen, Verbrauchermoden, technologischen Innovationen) immer stärker beeinträchtigt werden.

In den vergangenen Jahren hat Globalisierung damit auf der einen Seite zu Produktivitätszuwächsen und zu einer allgemeinen Verbesserung des Lebensstandards in modernen Gesellschaften geführt. Aber auf der anderen Seite ist Globalisierung in diesen Ländern auch verbunden mit einer Zunahme unerwarteter Marktentwicklungen in einer sich immer schneller verändernden Weltwirtschaft, mit rapideren sozialen und ökonomischen Wandlungsprozessen, mit einer immer stärker abnehmenden Vorhersagbarkeit von ökonomischen und sozialen Entwicklungen (Abbildung 1) und damit einhergehend mit einem wachsenden Bedürfnis auf der Seite der Arbeitgeber und Betriebe, die Arbeitsmarktflexibilität zu erhöhen.

In einer kürzlich veröffentlichten Untersuchung hat die Konjunkturforschungsstelle der Eidgenössischen Technischen Hochschule (ETH) in Zürich ein neues Instrument zur Messung des Globalisierungsprozesses entwickelt. Grafik 1 stellt die Veränderung der Globalisierungsintensität in den wichtigsten vom GLOBALIFE-Projekt untersuchten Ländern mit Hilfe dieser Maßzahl dar (Dreher 2006).

Es ist dort ersichtlich, dass so genannte liberale Länder wie die USA und Großbritannien sowie die skandinavischen Länder wie Schweden und Dänemark heute zu den am meisten globalisierten Ländern der Welt zählen, gefolgt von kontinentaleuropäischen Ländern wie Deutschland und Frankreich.

Erst danach findet man die südeuropäischen Länder wie Italien und Spanien und schließlich die ehemals sozialistischen Länder Osteuropas wie Ungarn und Estland. Im Vergleich zum weltweiten Durchschnittsindex über alle 123 Länder wird deutlich, dass sich der Globalisierungsprozess in den europäischen Ländern und in den USA seit der Mitte der 80er Jahre des vergangenen Jahrhunderts besonders intensiv vollzieht und dort die Dynamik der Entwicklung weit über dem globalen Durchschnittsniveau liegt.

Grafik 1: *Veränderung des Globalisierungsgrades (Globalisierungsindex), ausgewählte Länder*

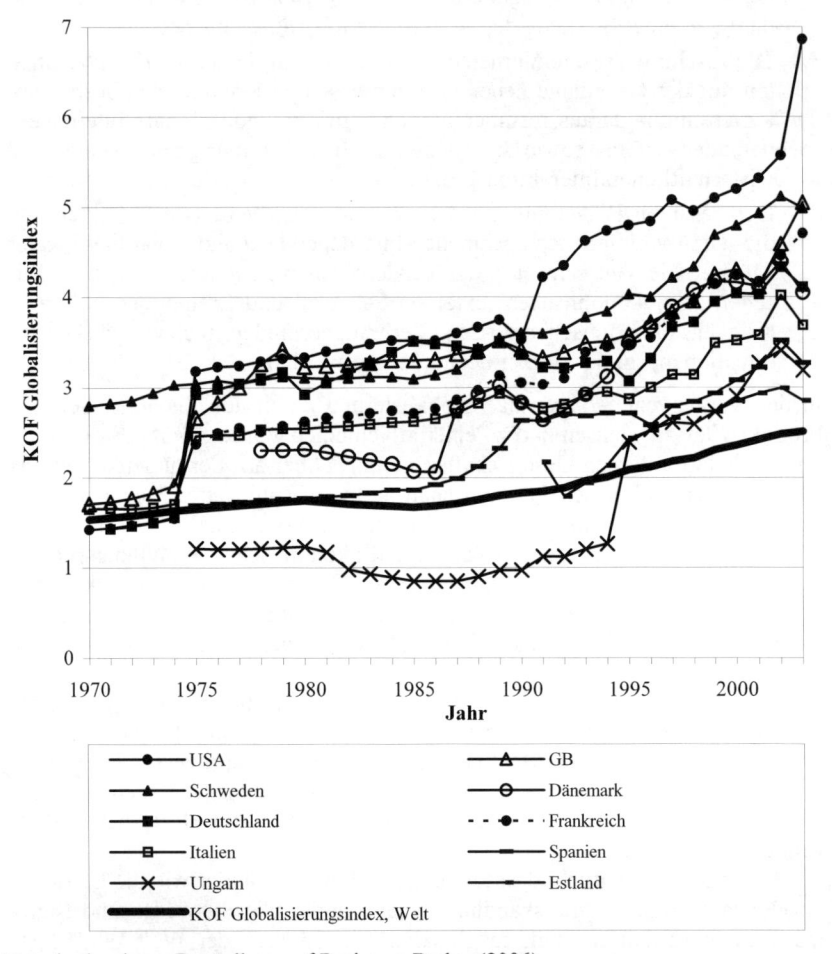

Datenbasis: eigene Darstellung auf Basis von Dreher (2006).

## 3 Arbeitsmarktflexibilisierung und Filterung des Globalisierungsprozesses durch länderspezifische Institutionen

Ein zentrales Ergebnis des GLOBALIFE-Forschungsprojektes ist es, dass die beschriebenen gemeinsamen transnationalen Wandlungsprozesse in verschiedenen modernen Gesellschaften jedoch *nicht* zu dem gleichen Ergebnis geführt haben. Vielmehr trifft der Globalisierungsprozess in unterschiedlichen Länderkontexten auf verschiedene, fest verankerte institutionelle Strukturen, etwa wohlfahrtsstaatliche Einrichtungen oder bestimmte Formen der Regulierung von Arbeitsmärkten oder lokale Normen und Werte. Diese nationalen Institutionen filtern die Auswirkungen des Globalisierungsprozesses in spezifischer Weise und führen damit zu besonderen Formen der Arbeitsmarktflexibilisierung (vgl. Abbildung 1). Diese Institutionen wandeln sich zwar im Zuge des Globalisierungsprozesses, bleiben aber in der Regel weiter von jeweils spezifischer Bedeutung für die Länder. Ziel des GLOBALIFE-Projektes war es, die Auswirkungen der Globalisierung auf die Arbeitsmarktflexibilisierung in verschiedenen Ländern mit ihren spezifischen institutionellen Kontexten empirisch vergleichend über mehrere Jahrzehnte zu analysieren und gegenüber zu stellen.

## 4 Das GLOBALIFE-Projekt

Das GLOBALIFE-Projekt untersuchte in vier aufeinander folgenden Forschungsphasen die Auswirkungen des Globalisierungsprozesses und der Arbeitsmarktflexibilisierung auf vier zentrale Phasen im Lebens- und Erwerbsverlauf von Männern und Frauen:

1. den Übergang von der Jugend in das Erwachsenenalter und die während dieser Zeit stattfindende Etablierung im Arbeitsmarkt sowie deren Auswirkungen auf die Familienbildung und Fertilität,
2. den Erwerbsverlauf von Männern in der Mitte ihrer beruflichen Karriere,
3. den Erwerbsverlauf von Frauen, unter besonderer Berücksichtigung von Familienentwicklung und Mutterschaft,
4. die späte Erwerbskarriere und den Übergang in den Ruhestand.

In den einzelnen Forschungsphasen wurden für insgesamt 17 OECD-Länder nationale Länderstudien von ausgewiesenen Experten erstellt, die die Auswirkungen des Globalisierungsprozesses auf individuelle Lebens- und Erwerbsverläufe im jeweiligen nationalen Kontext rekonstruierten. Auf Basis einer detaillierten Analyse ihrer institutionellen und kulturellen Charakteristika wurden diese Länder in fünf verschiedene Gruppen, so genannte „Wohlfahrtsregime" (vgl. Esping-Andersen 1990, Ferrera 1996), eingeteilt:

- *Liberale* Wohlfahrtsregime: Kanada, Großbritannien und die Vereinigten Staaten,
- *Konservative* Wohlfahrtsregime: Deutschland, die Niederlande und Frankreich,
- *Sozialdemokratische* Wohlfahrtsregime: Norwegen, Dänemark und Schweden,
- *Familienorientierte* Wohlfahrtsregime: Italien, Spanien, Irland und Mexiko, sowie
- *Post-sozialistische* Wohlfahrtsregime: Estland, Ungarn, die Tschechische Republik und Polen.

Die Ergebnisse der vier Projektphasen wurden in vier Sammelbänden veröffentlicht: Blossfeld, Klijzing, Mills und Kurz (2005), Blossfeld, Mills und Bernardi (2006), Blossfeld und Hofmeister (2006) sowie Blossfeld, Buchholz und Hofäcker (2006). Ausgewählte Ergebnisse dieser Forschungspublikationen werden im Folgenden kurz zusammengefasst.

## 5 Ausgewählte Ergebnisse des GLOBALIFE-Projekts

### 5.1 Jugendliche und junge Erwachsene – die Verlierer der Globalisierung

Gegenstand der ersten Forschungsphase des GLOBALIFE-Projektes war es, aus international vergleichender Perspektive zu untersuchen, wie Jugendlichen und jungen Erwachsenen unter den Bedingungen der Globalisierung der *Einstieg in den Arbeitsmarkt* gelingt. Bewirkt Globalisierung durch die Flexibilisierung von Beschäftigungsverhältnissen eine Zunahme von Unsicherheiten beim Berufseinstieg? Und in welcher Weise beeinflussen länderspezifische Institutionen, wie etwa die Regulierung von Arbeitsmärkten oder die Gestaltung wohlfahrtsstaatlicher Leistungen, das Ausmaß von Unsicherheiten beim Berufseinstieg? Darüber hinaus sollte auch analysiert werden, wie sich veränderte berufliche Einstiegs- und Beschäftigungsmuster bei jungen Menschen auf *familiäre Entscheidungen* – wie z.B. das Eingehen von Partnerschaften oder die Gründung einer Familie – auswirken. Entwickeln junge Menschen unter den Bedingungen zunehmender Unsicherheit neue, alternative Entscheidungsstrategien?

5.1.1 Flexibilisierung der Erwerbstätigkeit junger Erwachsener

In allen untersuchten Ländern zeigten die Analysen des GLOBALIFE-Projekts, dass sich junge Menschen mit *zunehmenden Unsicherheiten beim*

*Globalisierung, Flexibilisierung und der Wandel von Lebensläufen* 29

Einstieg in das Erwerbsleben konfrontiert sehen (Blossfeld et al. 2005). Diese Unsicherheiten manifestieren sich insbesondere in Form einer starken Zunahme prekärer, atypischer Formen der Beschäftigung (z.b. zeitlich befristete Beschäftigung, Teilzeitarbeit, prekäre Formen der Selbständigkeit, und im Kohortenvergleich geringere Einkommen). Aufgrund dieser Entwicklungen können junge Menschen tendenziell als *Verlierer des Globalisierungsprozesses* angesehen werden.

Junge Menschen sind besonders stark von Globalisierung betroffen, da ihnen vielfach die *Berufserfahrung* und eine stabile Verankerung im Arbeitsmarkt, insbesondere in ‚internen' Arbeitsmärkten, fehlt. Sie können oftmals nicht auf soziale Netzwerke und Arbeitsorganisationen zurückgreifen, und sie besitzen nicht die Verhandlungsmacht, stabile und kontinuierliche Arbeitsverhältnisse einzufordern. Ihre Arbeitsverträge können vergleichsweise einfach veränderten Bedingungen angepasst, flexibilisiert und zu ihren Lasten verschlechtert werden.

Unabhängig vom nationalen Kontext wird für junge Menschen Bildung im Globalisierungsprozess immer wichtiger (Blossfeld et al. 2005). Besonders hart von den globalen Veränderungen werden Berufseinsteiger ohne Qualifikation getroffen. Globalisierung verstärkt insgesamt die sozialen Ungleichheiten innerhalb der jungen Generation, weil individuelle (Humankapital-) Ressourcen durch die zunehmende Relevanz des Marktes und der individuellen Konkurrenz an Bedeutung gewinnen.

Die Auswirkungen des Globalisierungsprozesses auf die Arbeitsmarktpositionen der jungen Generation unterscheiden sich dabei je nach Wohlfahrtsstaats- und Arbeitsmarktregime. In den ausgeprägten Insider-Outsider-Märkten Südeuropas (aber auch z.T. in Deutschland) kommt es vermehrt zu Arbeitslosigkeit und/oder zeitlich befristeten Beschäftigungsverhältnissen (Bernardi/Nazio 2005, Kurz et al. 2005, Simó Noguera et al. 2005). Insbesondere in Südeuropa nehmen dabei auch Formen von prekärer Selbständigkeit zu. In den Niederlanden kommt es zu vermehrten Teilzeitbeschäftigungen von jungen Männern und jungen Frauen (Liefbroer 2005), und in den offenen Beschäftigungsverhältnissen der liberalen Länder (USA, Großbritannien) manifestieren sich die Auswirkungen des Globalisierungsprozesses über die Generationen hinweg in wachsenden Einkommensverlusten junger Menschen (Berkowitz King 2005, Francesconi/Golsch 2005).

5.1.2 Zunehmende Erwerbsunsicherheiten
und der Prozess der Familiengründung

Die Erfahrung von Unsicherheit im jungen Erwachsenenalter hat ihrerseits Konsequenzen für familiäre Entscheidungsprozesse. Steigende ökonomische und zeitliche Unsicherheiten (durch Teilzeitarbeit, Einkommensverluste, Arbeitslosigkeit, befristete Arbeitsverhältnisse) führen dazu, dass junge Menschen das Eingehen einer Partnerschaft und die Gründung einer Familie zunehmend aufschieben oder sogar völlig darauf verzichten (Blossfeld et al. 2005). Auf gesellschaftlicher Ebene entsteht dadurch ein Dilemma, denn einerseits werden verbesserte Bedingungen für betriebliche Flexibilität im Sinne höherer Wettbewerbsfähigkeit weithin als wünschenswert angesehen, andererseits aber auch steigende Geburtenraten.

Als Reaktion auf steigende Unsicherheiten im Lebenslauf entwickeln junge Menschen vier Verhaltens- und Anpassungsstrategien (Mills et al. 2005): (1) Langfristig bindende Entscheidungen werden zunehmend aufgeschoben, die Jugendphase wird immer mehr zu einem ‚Moratorium', und Übergänge in das Erwerbsleben verlaufen oft chaotisch. (2) Junge Menschen weichen zunehmend in Alternativrollen zur Erwerbstätigkeit aus (sie bleiben z.b. länger im Bildungssystem, anstatt sich als ‚arbeitslos' definieren zu lassen). (3) Es bilden sich zunehmend flexiblere Formen von Partnerschaften heraus (z.B. nicht-eheliche Lebensgemeinschaften), die eine Anpassung an die veränderten Bedingungen von Unsicherheit ohne das Eingehen langfristig bindender Versprechen ermöglichen. (4) Es entwickeln sich insbesondere in den familienorientierten Staaten Mittel- und Osteuropas geschlechtsspezifische Strategien des Umgangs mit Unsicherheit: Männer sind in immer geringerem Maße in der Lage, als ‚Ernährer' eine langfristige Einkommenssicherheit für einen Haushalts zu garantieren, so dass die Familiengründung oft aufgeschoben wird. Unqualifizierte Frauen, die ‚nichts zu verlieren haben', weichen hingegen als Reaktion auf wachsende Arbeitsmarktunsicherheiten teilweise in die Sicherheit der Familie und in die traditionellen Rollen der Mutter und Hausfrau aus. Umgekehrt hängt die Neigung hochqualifizierter Frauen, Kinder zu bekommen, in zunehmend unsichereren Arbeitsmärkten davon ab, ob sie ihre Berufschancen durch eine Vereinbarkeit von Familie und Beruf wahren können. Da die Kinderbetreuung insbesondere in Südeuropa schlecht ausgebaut ist, entscheiden sich dort viele der qualifizierten Frauen für den Beruf und gegen Kinder (Bernardi/Nazio 2005, Simó Noguera et al. 2005).

### 5.1.3 Nationale Institutionen und die differentiellen Auswirkungen des Globalisierungsprozesses auf junge Erwachsene

Es ist dementsprechend ein paradoxes Ergebnis des Globalisierungsprozesses, dass gerade in traditionell familienorientierten Gesellschaften die Geburtenrate aufgrund der zunehmenden Erfahrung von Unsicherheiten deutlich sinkt. Ein ähnlich zurückhaltendes Fertilitätsverhalten zeigt sich zudem in jüngster Zeit auch stark in den Transformationsländern Osteuropas (Katus et al. 2005, Róbert/Bukodi 2005). Während demographische Ansätze diesen Wandel lediglich auf einen ‚Wertewandel' in modernen Gesellschaften zurückführen, ist eine an zunehmenden Unsicherheiten orientierte Globalisierungsperspektive in der Lage, das Paradox zwischen einem oftmals ausgeprägten Kinderwunsch und dessen tatsächlicher Nicht-Realisierung bei jungen Erwachsenen aufzulösen: Die Gründung einer Familie erfordert ein Mindestmaß an wirtschaftlicher und sozialer Zukunftssicherheit, die unter den globalen Bedingungen zunehmender Arbeitsmarktunsicherheit häufig nicht gewährleistet werden kann. Der Verzicht auf Kinder ist somit eine ökonomisch und sozial rationale Reaktion einzelner Individuen auf strukturelle Entwicklungen. In den skandinavischen Ländern, in denen der Staat für junge Menschen und Familien vergleichsweise großzügige, universelle Leistungen und Betreuungseinrichtungen für Kinder zur Verfügung stellt und eine aktive Beschäftigungspolitik betreibt, ist hingegen die Geburtenrate vergleichsweise höher, verbleibt jedoch auch dort unterhalb der Netto-Reproduktionsrate (Bygren et al. 2005, Nilsen 2005).

Irland stellt hingegen bezüglich der Auswirkungen der Globalisierung auf den Prozess der Familiengründung eine bemerkenswerte Ausnahme dar. Der irische Fall ist nahezu ein ‚Bilderbuchbeispiel' dafür, wie ein Land von Globalisierung profitieren kann, indem es sich der Konkurrenz auf dem Weltmarkt stellt, offene Handelsbeziehungen fördert und steuerliche Anreize für ausländische Investoren setzt (Layte et al. 2005). Irland, das Ende der 1990er Jahre nahezu Vollbeschäftigung realisieren konnte, ist das einzige Land im Rahmen der Untersuchungen des GLOBALIFE-Projekts, in dem die Globalisierung zu einer *Abnahme* von Erwerbsunsicherheiten geführt hat. Seit Mitte der 1990er Jahre ist in Irland entsprechend auch ein deutlicher Wiederanstieg der Heirats- und Geburtenraten zu beobachten. Es gilt jedoch zu beachten, dass sich der Konkurrenzvorteil Irlands gegenüber anderen modernen Industriestaaten insbesondere aus der Tatsache ergibt, dass andere Länder bislang ihre Unternehmenssteuern nicht so deutlich gesenkt haben. Der erfolgreiche Weg Irlands kann deswegen nicht von allen Ländern gleichzeitig beschritten werden, weil damit der Vorteil eines nationalen Sonderweges verloren ginge.

Wichtig ist in diesem Zusammenhang, darauf hinzuweisen, dass es bei der Strukturierung von Entscheidungen zur Familiengründung nicht auf das *absolute* Unsicherheitsniveau ankommt, sondern auf das in einem Land von den Arbeitskräften jeweils subjektiv erlebte *relative* Unsicherheitsniveau. Junge Erwachsene vergleichen sich im Alltag in jedem Land mit ‚signifikanten Anderen' (wie Freunden, Verwandten, Bekannten oder beruflichen Vorbildern), wenn sie ihre individuelle Arbeitsmarktlage beurteilen. So ist beispielsweise in den USA das absolute Unsicherheitsniveau für die junge Generation insgesamt weit höher als in vielen europäischen Ländern. Es kommt dort häufiger zu Hire-and-Fire-Prozessen, aber die Arbeitslosen können darauf vertrauen, dass sie aufgrund geringer Mobilitätsbarrieren im Arbeitsmarkt rasch wieder einen anderen Job finden können, also zum ‚Insider' werden.

Arbeitsmarktunsicherheit, Berufsmobilität und Flexibilität hat dort deswegen auch eine andere soziale Bedeutung und wird subjektiv anders wahrgenommen als in den Insider-Outsider-Märkten Europas, in denen das ‚Outsider-Sein' oft einen identitätsgefährdenden, dauerhaften Ausschluss von der Arbeit bedeutet und flexible Beschäftigungsverhältnisse in der Regel nur als eine Behelfs- und Übergangslösung zu einer dauerhaften Beschäftigung betrachtet werden. Junge Personen in flexibilisierten Beschäftigungsformen werden deswegen in den europäischen Insider-Outsider-Märkten ihr Schicksal als gravierend negativer erfahren als in den USA. Der sich im Zuge der Globalisierung vollziehende Übergang von einem Insider-Outsider-Arbeitsmarkt zu einem flexiblen Arbeitsmarkt wird deswegen von der jungen Generation nicht nur als schmerzvoller erlebt, sondern wird sich auch über längere Zeiträume hinziehen – bis sich in den Strukturen des nationalen Arbeitsmarktes die flexibleren Beschäftigungsverhältnisse in voller Breite als Standardbeschäftigungsform etabliert haben.

## 5.2 Globalisierung und der Wandel der Erwerbsverläufe von Frauen

### 5.2.1 Grundlegende Entwicklungsmuster der Erwerbs- und Familienarbeit von Frauen

Seit Beginn der 1960er Jahre nehmen Frauen mittleren Alters in Europa und Nordamerika zunehmend aktiv am Erwerbsleben teil. Mehrere Faktoren haben zu dieser zunehmenden Integration von Frauen in den Arbeitsmarkt beigetragen: Zum einen durchlaufen Frauen in später geborenen Generationen infolge der *Bildungsexpansion* eine längere Ausbildung in einer größeren Vielzahl von Berufsfeldern. Aufgrund dieser quantitativen und qualitativen Verbesserung ihrer Bildungsteilnahme weisen junge Frauen einerseits ein größeres *Interesse* an einer eigenen Berufstätigkeit, andererseits aber auch verbesserte *Voraussetzungen* für eine erfolgreiche Arbeitsmarktkarriere auf als Frauen früherer Generationen. Darüber hinaus haben auch jüngere *soziodemographische Veränderungen* den Anstieg weiblicher Erwerbstätigkeit in den vergangenen Jahrzehnten gefördert. Hierzu zählen ein immer späteres Heiratsalter, die sinkende Zahl von Kindern pro Familie, die Zunahme von Kinderlosigkeit sowie steigende Scheidungsraten. Schließlich hat die in einigen Ländern *abnehmende Sicherheit der Erwerbskarriere von Ehemännern* für mehr weibliche Erwerbsbeteiligung gesorgt. Infolge dieser Veränderungen haben weibliche Erwerbseinkommen für die materielle Sicherheit von Frauen und von deren Familien zunehmend an Bedeutung gewonnen.

Trotz der steigenden Erwerbsintegration von Frauen werden in allen modernen Gesellschaften unbezahlte Familien- und Pflegetätigkeiten jedoch noch weitestgehend ausschließlich von Frauen übernommen. In der Familienphase investieren Ehepaare vielfach eher in die kontinuierliche Erwerbskarriere des Ehemanns als in diejenige der Ehefrau. In Situationen, in denen familiale Pflegeleistungen, etwa für eigene Kinder, erbracht werden müssen, wird also in der Regel die Erwerbskarriere der Frau und nicht die des Mannes eingeschränkt. Dieses Verhalten begrenzt zum einen die Verdienstmöglichkeiten von Frauen und kann zum anderen auch langfristig deren Beschäftigungskontinuität und Karrierechancen beeinträchtigen, insbesondere, wenn Frauen ihre Erwerbstätigkeit zugunsten derjenigen des Ehemannes ganz aufgeben oder sie zeitlich und räumlich an diejenige ihres Partners anpassen. Die daraus resultierenden Erwerbsunterbrechungen und Arbeitszeitreduzierungen sind für die betroffenen Frauen meist mit einem Verlust an beruflicher Erfahrung, an innerbetrieblichem Einfluss sowie reduzierter Teilhabe an sozialen Netzwerken verbunden. Benachteiligungen in der Erwerbskarriere betreffen jedoch nicht nur diejenigen Frauen, die *tatsächlich* ihre Erwerbskarriere aus familiären Gründen unterbrechen. Auch denjenigen Frauen, die keine derartige Unterbrechung planen, wird vielfach ein derartiges Verhalten als möglich oder wahrscheinlich unterstellt, und mit diesem Argument werden ihnen Arbeitsplätze, Beförderungen und Weiterbildungsmöglichkeiten allein aufgrund ihres Geschlechts vorenthalten: die so genannte ‚statistische Diskriminierung'.

Frauen finden sich dementsprechend überproportional in flexiblen Arbeitsformen wieder. Zur Legitimierung dieser Konzentration ‚flexibilisierter' Arbeitsformen auf Frauen geben Arbeitgeber verschiedene Gründe an. Dazu gehören die im Vergleich zu Männern geringere Berufserfahrung, die höhere Wahrscheinlichkeit einer späteren Erwerbsunterbrechung, die Möglichkeit, auf eine Alternativrolle (z.B. als Ehefrau und Mutter) auszuweichen oder das (angebliche) Angewiesensein von Frauen auf flexible Arbeit, um so Beruf und Familie vereinbaren zu können. Diese für Frauen oft notwendige persönliche Flexibilität, d.h. die Option, Arbeit bei parallelen Betreuungspflichten ggf. kurzfristig aufgeben, unterbrechen oder reduzieren und *nach eigenen Bedürfnissen* zeitlich flexibel gestalten zu können, entspricht jedoch meist nicht der von Unternehmern gewünschten Flexibilität, die *dem Arbeitgeber* kurzfristige Entscheidungsspielräume zubilligt. De facto wird sie der letzteren vielfach untergeordnet. Im Gegensatz zu flexibel organisierten, aber grundsätzlich sicheren Beschäftigungsformen ist die von Unternehmern gewünschte Flexibilität oftmals verbunden mit unsicheren, prekären Formen der Beschäftigung.

Dieser Prozess der Benachteiligung von Frauen am Arbeitsmarkt wird sowohl durch die Arbeitgeber als auch durch die weiblichen Arbeitskräfte selbst legitimiert. Denn wahrscheinlich akzeptieren Frauen eher als Männer flexible Arbeitsformen, um parallelen familialen Verpflichtungen nachkommen zu können, wenn andere, die Vereinbarkeit von Beruf und Familie fördernde Maßnahmen nicht oder nur unzureichend vorhanden sind.

## 5.2.2 Globalisierung und die Verlagerung prekärer Arbeitsformen auf Frauen

Im Zuge der Globalisierung nimmt die Nachfrage von Unternehmen nach flexiblen Arbeitsformen weiter zu. Es ist daher davon auszugehen, dass sich im Globalisierungsprozess verschiedene Formen der Benachteiligung am Arbeitsmarkt zu Ungunsten von Frauen kumulieren: prekäre, unsichere und gering bezahlte Beschäftigungsverhältnisse, Teilzeitstellen oder Stellen mit wechselnden Arbeitszeiten, Stellen mit geringerer Arbeitsplatzautonomie, Kontrolle oder Verantwortung, Jobs mit geringeren beruflichen Aufstiegsmöglichkeiten, mit hohen Abstiegs- oder Arbeitslosigkeitsrisiken (Hofmeister et al. 2006).

Insbesondere die letztgenannten drei mit der Flexibilisierung von Beschäftigungsverhältnissen verbundenen Risiken für Frauen wurden in der dritten Phase des GLOBALIFE-Projektes ausführlich untersucht. Dabei standen vier zentrale Forschungsfragen im Mittelpunkt:

1. Wie wirkt sich der Globalisierungsprozess grundsätzlich auf die *Erwerbsbeteiligung von Frauen* aus? Drängt die mit dem Globalisierungsprozess verbundene Ausbreitung flexibler Arbeitsformen Frauen in die Alternativrolle der Hausfrau und Mutter? Oder schafft sie *neue Beschäftigungschancen* für Frauen, und trägt sie damit zur Verkürzung familienbedingter Erwerbsunterbrechungen bei?
2. Wie beeinflussen Globalisierung und Flexibilisierung die *Qualität der Beschäftigungsverhältnisse von Frauen*? Ermöglichen flexible Arbeitsformen eine bessere *Arbeitsmarktintegration von Frauen* und erleichtern sie deren Zugang zu *internen Arbeitsmärkten*? Oder führen sie vielmehr zu einer disproportionalen *Verlagerung von Beschäftigungsunsicherheiten auf Frauen*, die dadurch zunehmend in eine ‚*Außenseiterrolle'* auf dem Arbeitsmarkt gedrängt werden?
3. Wie nehmen nationale *Wohlfahrtsstaaten* Einfluss auf die Erwerbsverläufe von Frauen im Globalisierungsprozess? *Profitieren* in bestimmten Ländern *bestimmte Gruppen von Frauen* von globalisierungsbedingten Veränderungen auf dem Arbeitsmarkt, oder werden sie durch diese *benachteiligt*?
4. Welche Rolle spielen im Globalisierungsprozess *Humankapitalfaktoren* wie Bildung oder Berufserfahrung für Frauen? Und inwiefern wirken sich haushaltsbezogene Kontextfaktoren, wie etwa das Vorhandensein von *Kindern* oder das Fehlen eines *Ehepartners,* auf die Erwerbsbeteiligung von Frauen in einer globalisierten Welt aus?

Die Ergebnisse der dritten Projektphase des GLOBALIFE-Projekts zeigen für Frauen in der Mitte ihres Lebenslaufs eine Entwicklung, die sich deutlich von den Ergebnissen für Männer im selben Lebensabschnitt unterscheidet (Blossfeld et al. 2006). Dabei offenbaren sich in den untersuchten Ländern verschiedene Auswirkungen des Globalisierungs- und Flexibilisierungsprozesses auf die Integration von Frauen in das Erwerbsleben: (1) In einer Reihe von Ländern (in Spanien, Italien, Deutschland, den Niederlanden, Schweden, Großbritannien und in den Vereinigten Staaten) hat die *Schaffung neuer, flexibler Beschäftigungsmöglichkeiten* für Frauen im Globalisierungsprozess, die wachsende *Notwendigkeit eines zweiten Haushaltseinkommens* sowie die zunehmende *gesellschaftliche Akzeptanz* der Erwerbstätigkeit verheirateter Frauen zu *einer besseren Integration der Frauen in nationale Arbeitsmärkte* und zu einer *Verkürzung von Erwerbsunterbrechungen* beigetragen (Buchholz/Grunow 2006, Golsch 2006, Hofmeister 2006, Kalmijn/Luijkx 2006, Korpi/Stern 2006, Pisati/Schizzerotto 2006, Simó Noguera 2006). (2) In Ländern mit *zuvor* bereits relativ *hohen weiblichen Erwerbsquoten* ergeben sich im Globalisierungsprozess hingegen divergierende Trends: *Schweden* ist es gelungen, die ausgesprochen hohe weibliche Erwerbsbeteiligung unter *Beibehaltung von Beschäftigungssicherheit* im Globalisierungsprozess noch weiter auszubauen (Korpi/Stern 2006). Dagegen ist die *Erwerbsbeteiligung* von Frauen in *Dänemark* infolge der Einführung von *Urlaubsregelungen leicht* gesunken (Grunow/Leth-Soerensen 2006). Und auch in den *osteuropäischen* Ländern zeigen sich im Zuge der Integration in die Weltwirtschaft bei der Frauenerwerbsquote *stagnierende oder sogar rückläufige* Entwicklungen (Bukodi/Róbert 2006, Hamplová 2006, Helemäe/Saar 2006, Plomien 2006).

Gleichzeitig belegen die Ergebnisse des GLOBALIFE-Projekts *länderübergreifend* eine Tendenz zur *Verlagerung von Beschäftigungsunsicherheiten auf Frauen* als ‚Außenseiter' des Arbeitsmarktes. Frauen sind überproportional in den *unsicheren, flexiblen Beschäftigungsverhältnissen* zu finden, die sich im Zuge des Globalisierungsprozesses ausweiten. Globalisierung trägt damit zu einer ‚*Marginalisierung' von Frauen auf dem Arbeitsmarkt* bei. In keinem der untersuchten Länder hat die Beschäftigungssicherheit von Frauen im Kohortenvergleich zugenommen. Nur in Dänemark, Schweden und den Niederlanden war ihr Erwerbsverlauf im Globalisierungsprozess stabil (Grunow/Leth-Soerensen 2006, Kalmijn/Luijkx 2006, Korpi/Stern 2006).

Ebenso wie für Männer sind auch für Frauen im mittleren Lebensalter *individuelle Ressourcen, insbesondere in Form von Bildungskapital,* von zentraler Bedeutung für den Verlauf ihrer Erwerbskarrieren (Hofmeister/Blossfeld 2006). Dieser *Bildungseffekt* wirkt zudem *kumulativ: Gut gebildete,* junge Frauen in modernen, wissensbasierten Wirtschaftsbereichen verfügen über die größten Chancen, *Arbeitslosigkeit* zu *vermeiden* und *beruflich aufzusteigen.* Benachteiligt sind demgegenüber im Globalisierungsprozess Frauen mit *geringer Bildung, mit wenig Berufserfahrung* und mit häufigeren und längeren Phasen der Arbeitslosigkeit und früheren familiären Erwerbsunterbrechungen. Sie tragen ein besonders hohes Risiko, in unsicheren, prekären Beschäftigungsverhältnissen arbeiten zu müssen oder (wieder) arbeitslos zu werden.

Ein *erwerbstätiger Ehepartner* mit regelmäßigem Einkommen gibt Frauen jedoch die Option, bei der Arbeitsplatzsuche geringer qualifizierte Jobs abzulehnen, während alleinstehende Frauen diese aufgrund finanzieller Notwendigkeiten eher annehmen müssen. Auch das Vorhandensein von (mehreren) *Kindern* führt zu einer *Benachteiligung* von Frauen am Arbeitsmarkt: Neben der skizzierten statistischen Diskriminierung durch Arbeitgeber haben Frauen mit familiären Verpflichtungen in den meisten Ländern beim Wettbewerb um Arbeitsplätze Flexibilitätsnachteile. *Benachteiligt* auf dem globalisierten Arbeitsmarkt sind darüber hinaus vor allem Frauen, die ihre *Erwerbstätigkeit länger familienbedingt unterbrechen* und erst in einem höheren Alter auf den Arbeitsmarkt zurückkehren.

5.2.3 Die Auswirkungen nationaler Institutionen
auf weibliche Erwerbsverläufe im Globalisierungsprozess

Nationale Institutionen üben im Globalisierungsprozess einen starken Einfluss auf die Arbeitsmarktbindung von Frauen aus und spielen eine zentrale Rolle für den Verlauf ihrer Erwerbskarrieren:

In den *sozialdemokratischen* Ländern sind Frauen meist umfassend und nahezu vollständig in das Erwerbsleben integriert. Der Ausbau des öffentlichen und privaten Dienstleistungssektors und die staatliche Förderung familienfreundlicher Maßnahmen eröffnen Frauen hier, trotz wachsender Fluktuationen im Globalisierungsprozess, gute, stabile Beschäftigungsmöglichkeiten und verkürzen die Dauer möglicher Arbeitslosigkeitsepisoden (Grunow/ Leth-Sørensen 2006, Korpi/Stern 2006).

In *konservativen* (z.B. Deutschland) und *südeuropäischen* Staaten (Italien, Spanien) existieren – insbesondere infolge der fehlenden Infrastruktur zur Kleinkinderbetreuung – nur unzureichende Möglichkeiten zur Vereinbarkeit (Buchholz/Grunow 2006, Pisati/Schizzerotto 2006, Simó Noguera 2006). Hier müssen Frauen oft zwischen Erwerbskarriere und Familie wählen. Frauen in diesen Ländern entscheiden sich daher häufiger dafür, kinderlos zu bleiben oder weniger Kinder zu bekommen als eigentlich gewünscht. Darüber hinaus spielt insbesondere in den konservativen Staaten (Deutschland und v.a. in den Niederlanden) Teilzeitarbeit eine besonders große Rolle für Frauen.

*Liberal* orientierte Staaten, die wenig Unterstützung für Familien bieten und arbeitsmarktpolitisch einer ‚laissez-faire'-Politik folgen (z.B. Estland, USA), drängen hingegen insbesondere Frauen mit geringem Einkommen dazu, informelle Lösungen für die Betreuung ihrer Kinder zu suchen und jede Form von Erwerbstätigkeit zur finanziellen Unterstützung ihrer Familien anzunehmen (Helemäe/Saar 2006, Hofmeister 2006).

Mehrere Länderstudien in den *postsozialistischen* Staaten demonstrieren schließlich eindrucksvoll die drastischen Auswirkungen des Falls des ‚Eisernen Vorhangs' und der damit verbundenen plötzlichen Integration dieser Länder in die Weltwirtschaft auf das Erwerbs- und Familienleben von Frauen: Während einerseits die wirtschaftliche Notwendigkeit die Erwerbstätigkeit beider Ehepartner erfordert, fehlen andererseits flexible Arbeitsformen. Dies führt zu einer Polarisierung zwischen Vollzeit arbeitenden Frauen auf der einen und erwerbslosen Frauen auf der anderen Seite. Die während des ‚Sozialismus' staatlich erzwungene Doppelbelastung von Frauen durch Familien- und Erwerbsarbeit hat zudem in diesen Ländern in jüngerer Vergangenheit partiell zu einem Popularitätsgewinn des klassischen Ernährermodells beigetragen.

### 5.2.4 Mittlere Erwerbskarrieren im Geschlechtervergleich

Die Auswirkungen des Globalisierungsprozesses auf die Erwerbsverläufe von Frauen unterscheiden sich signifikant von den Auswirkungen auf die mittleren Erwerbskarrieren von Männern. Während sich für Frauen ein Trend zur Marginalisierung im Arbeitsmarkt erkennen lässt, erweisen sich männliche Erwerbsverläufe im Globalisierungsprozess als vergleichsweise stabiler. Die Ergebnisse des GLOBALIFE-Projekts zeigen, dass Männer aus jüngeren Geburtskohorten zwar mit etwas größerer Arbeitsmarktunsicherheit konfrontiert werden als ältere Geburtsjahrgänge (Blossfeld et al. 2006). Globalisierung führt jedoch *keinesfalls*, wie vielfach angenommen, in allen modernen Gesellschaften zu einer zunehmenden *Aushöhlung traditioneller männlicher Beschäftigungsverhältnisse* bzw. zur Verbreitung von ‚*Patchwork-Karrieren'*. Nur für *einzelne Länder* lässt sich eine *allgemeine Destabilisierung* der Erwerbskarrieren von Männern nachweisen. In *sozialdemokratischen, familienorientierten* und – in geringerem Ausmaß – auch in *konservativen* Wohlfahrtsregimen ist für die Mehrheit der Männer eine hohe *Stabilität der Erwerbskarrieren* zu beobachten. Hingegen finden sich in den USA, in Mexiko sowie in *Osteuropa* eindeutige Anzeichen für eine *steigende Erwerbsunsicherheit bei Männern im mittleren Karriereverlauf.*

Gleichzeitig zeigen die GLOBALIFE-Forschungsergebnisse, dass länderübergreifend ein Trend zur Herausbildung von *spezifischen männlichen ‚Verlierern' der Globalisierung* existiert: In allen untersuchten Ländern findet man eine quantitativ bedeutsame Gruppe männlicher *Langzeitarbeitsloser*, denen es nicht gelingt, erfolgreich in den Arbeitsmarkt zurückzukehren. Eine Reihe männlicher Arbeitnehmer ‚*pendelt'* darüber hinaus *zwischen Arbeitslosigkeit und Jobs mit geringem beruflichem Status*. Der relative Umfang dieser Gruppe von ‚Globalisierungsverlierern' variiert zwischen den untersuchten Ländern; er fällt jedoch insbesondere in den Vereinigten Staaten und Mexiko ausgesprochen groß aus.

Für die Zugehörigkeit zu dieser Gruppe von männlichen ‚Risikoarbeitnehmern' spielen – analog zu den Ergebnissen für Frauen – *individuelle Ressourcen*, insbesondere *Bildungsabschlüsse* und *berufliches Humankapital*, die ausschlaggebende Rolle (Hofmeister/Blossfeld 2006, Mills/Blossfeld 2006). Vor allem männliche Arbeitnehmer mit umfangreichen Humankapitalressourcen erweisen sich auf dem Arbeitsmarkt als ‚geschützte' Gruppe: Paradoxerweise müssen Unternehmen zwar einerseits unter Globalisierungsdruck flexibler reagieren. Sie müssen aber andererseits auch darauf achten, bei qualifizierteren Positionen ein *Vertrauensverhältnis* mit ihrem Personal aufrechtzuerhalten, um diese *langfristig an sich zu binden* und *Personalfluktuationen bei hochqualifizierten Mitarbeitern* zu *vermeiden*. Diese ambivalenten Ziele (Flexibilität versus Stabilität/Kontinuität) führen in größeren Betrieben zu einer *Segmentierung* der Arbeitskräfte in Kern- und Randgruppen, in ‚*Insider'* und ‚*Outsider'* des Arbeitsmarktes, wobei sich im Globalisierungsprozess die Grenze zwischen denjenigen, die zu den Insidern und denjenigen, die zu den Outsidern gehören, zunehmend verschiebt, im wesentlichen zuungunsten der weniger Qualifizierten.

Neben diesen individuellen Faktoren spielen auch betriebliche Merkmale wie *Wirtschaftszweig* und *Firmengröße* eine zentrale Rolle für das Ausmaß von Beschäftigungsunsicherheiten von Männern in der Karrieremitte. Arbeitskräfte in international wettbewerbsfähigen Industrien ebenso wie Beschäftigte im öffentlichen Sektor weisen zumeist stabilere Karrieremuster auf. In Großbetrieben verringern darüber hinaus der stärkere Einfluss von Gewerkschaften sowie ein höherer Beschäftigungsschutz das Risiko für männliche Arbeitnehmer, in der Lebensmitte arbeitslos zu werden.

## 5.3 Globalisierung und der Wandel später Erwerbskarrieren

### 5.3.1 Globalisierung, Flexibilisierung und die Arbeitsmarktsituation älterer Arbeitnehmer

Die vierte und abschließende Forschungsphase des GLOBALIFE-Projekts zeigte schließlich, dass nicht nur junge Arbeitsmarkteinsteiger und Männer und Frauen in der Mitte ihres Erwerbslebens von den Auswirkungen der Globalisierung betroffen sind. Vielmehr erfuhren auch die Erwerbsverläufe älterer Arbeitnehmer im Globalisierungsprozess eine bemerkenswerte Transformation. Ursächlich für diesen Wandel später Erwerbskarrieren war eine zunehmende Diskrepanz zwischen wachsenden Flexibilitätsanforderungen an Arbeitskräfte einerseits – und den andererseits nur begrenzten Möglichkeiten der Flexibilisierung der Arbeitsverhältnisse und Qualifikationsprofile älterer Arbeitnehmer, die sich durch die Globalisierung noch verstärkte.

Unter den Bedingungen globaler Weltmarktkonkurrenz müssen Unternehmen in zunehmendem Maße in der Lage sein, sich kontinuierlich flexibel auf wandelnde ökonomische Rahmenbedingungen einzustellen: Dies kann zum einen beinhalten, sich neuen Marktentwicklungen *numerisch* flexibel – also flexibel im Hinblick auf den *Umfang* der eigenen Belegschaft – anpassen zu können. Zum anderen müssen innerbetriebliche *Lohnstrukturen* innerhalb kurzer Zeiträume an sich stetig wandelnde Wettbewerbsbedingungen angepasst werden können. Zunehmende Flexibilitätsanforderungen stellen sich für Unternehmen jedoch nicht nur im Hinblick auf die Ausgestaltung von Arbeitsverhältnissen. Im Zuge des durch Globalisierung beförderten Bedeutungszuwachses neuer Informations- und Kommunikationstechnologien verbreiten sich technologische Innovationen immer schneller, so dass ‚klassische' berufliche Qualifikationen rapide an Bedeutung verlieren. Um im Weltmarkt konkurrenzfähig zu bleiben, sind Unternehmen daher darauf angewiesen, ein adäquates *Qualifikationsprofil* der eigenen Belegschaft sicherzustellen und dieses kontinuierlich an sich wandelnde technologische Neuerungen anzupassen.

Im Hinblick auf diese globalisierungsbedingten Flexibilitätserfordernisse weisen ältere Arbeitnehmer im Vergleich zu jüngeren Arbeitsmarktkonkurrenten mehrere komparative Wettbewerbsnachteile auf. Ältere Arbeitnehmer verfügen meist nur über *veraltete technologische Kenntnisse und berufliche Qualifikationen*, die es ihnen erschweren, sich rapidem technologischem Wandel anzupassen. Der früher bedeutsame Vorteil älterer Arbeitnehmer, den sie hinsichtlich ihrer Arbeits*erfahrung* gegenüber jungen Arbeitsmarkteinsteigern besaßen, verliert rapide an Bedeutung. Gleichzeitig ist eine Requalifizierung älterer Arbeitskräfte durch *Fort- und Weiterbildungsmaßnahmen* aufgrund ihrer wenigen verbleibenden Erwerbsjahre für Arbeitgeber oftmals kostenintensiv. Junge Arbeitskräfte besitzen demgegenüber modernere technologische Qualifikationen, ihre Ausbildung entspricht oft neuesten beruflichen Standards, und ggf. notwendige Fortbildungsmaßnahmen amortisieren sich bei ihnen über einen längeren Zeitraum.

In einer Reihe von Ländern beziehen ältere Arbeitnehmer zudem altersbedingt höhere ‚*Senioritätslöhne*'. Entsprechend sind Arbeitnehmer in ihrer späten Erwerbskarriere oft sehr viel teurer als ihre jüngeren Mitbewerber, ohne dass dieser Lohnunterschied mit einer höheren Produktivität des älteren Arbeitnehmers verbunden ist. Ihre Arbeitsverhältnisse sind oft durch einen ausgeprägten *Kündigungs- und Bestandsschutz* gesichert, der sich nur bedingt aufweichen lässt. Lohnkürzungen oder Kündigungen älterer Arbeitnehmer sind darüber hinaus auch personalpolitisch nur bedingt realisierbar, da sie die Motivation und das Vertrauen der ‚Kernbelegschaft' des Unternehmens empfindlich beeinträchtigen können. Demgegenüber haben jüngere Arbeitnehmer im Zuge des Globalisierungsprozesses eine Destabilisierung und Flexibilisierung ihrer Erwerbskarriere erfahren (vgl. Abschnitt 5.1). Ihre Arbeitsverhältnisse sind dementsprechend weniger rigide durch Arbeitsverträge reguliert, und sie beziehen meist geringere Löhne.

Ältere Arbeitnehmer werden daher von Unternehmen oft als weniger flexible, nicht adäquat qualifizierte und kostenintensive Arbeitskräfte angesehen. Es liegt damit sowohl im Interesse von Unternehmen als auch einer an der Attraktivität des eigenen Wirtschaftsstandorts orientierten Politik, Lösungen für die skizzierte Diskrepanz zwischen steigenden Flexibilitätsanforderungen und dem begrenzten Flexibilisierungspotential älterer Arbeitnehmer zu finden.

### 5.3.2 Nationale Strategien: Frühverrentung versus Beibehaltung älterer Arbeitnehmer

Eine Möglichkeit zur Auflösung dieses Widerspruchs stellen attraktive finanzielle Anreize für einen frühzeitigen Erwerbsausstieg älterer Arbeitnehmer dar. In der Tat belegen vergleichende Arbeitsmarktdaten, dass sich in fast allen westlichen Industriegesellschaften seit den 1970er Jahren ein Trend zu einem immer früheren Ausstieg älterer Arbeitnehmer aus dem Arbeitsmarkt vollzog (vgl. OECD 2006). Detailliertere Analysen des GLOBALIFE-Projektes zeigen aber, dass sich das Ausmaß dieses Frühverrentungstrends in verschiedenen OECD-Ländern deutlich unterscheidet (vgl. Hofäcker/Pollnerová 2006). Zur Bewältigung der problematischen Arbeitsmarktsituation älterer Arbeitnehmer im Globalisierungsprozess verfolgen moderne Gesellschaften also offenbar unterschiedliche Strategien, die sich in drei verschiedene (Ideal)-Typen unterscheiden lassen (vgl. Buchholz et al. 2006).

Insbesondere die mittel- und z.T. auch die südeuropäischen Staaten folgen zur Bewältigung des globalen Wettbewerbsdrucks und des wirtschaftlichen Strukturwandels einer Strategie der einseitigen Förderung eines *Erwerbsausstiegs älterer Arbeitnehmer*. Hier erweist sich die Diskrepanz zwischen den im Globalisierungsprozess steigenden Flexibilitätsanforderungen und dem Flexibilisierungspotential älterer Arbeitnehmer als besonders groß: Ein hochgradig standardisiertes, weitgehend auf die frühe Erwerbskarriere ausgerichtetes Bildungssystem mit wenigen Fort- und Weiterbildungsmöglichkeiten führt in den mittel- und südeuropäischen Staaten dazu, dass ältere Arbeitnehmer im Vergleich zu jüngeren Arbeitsmarktkonkurrenten oft beträchtliche Qualifikationsnachteile aufweisen. Gleichzeitig beschränken ein ausgeprägter Kündigungsschutz und ein etabliertes Senioritätssystem in der Entlohnung die Möglichkeiten der Flexibilisierung ihrer Arbeitsverhältnisse. Als Ausweg aus diesem Dilemma wurden in den süd- und mitteleuropäischen Ländern bereits existierende Frühverrentungsmöglichkeiten im Zuge des Globalisierungsprozesses erweitert, neue Frühverrentungsoptionen geschaffen und z.T. durch zusätzliche wohlfahrtsstaatliche ‚Brücken in den (Vor-) Ruhestand' ergänzt (vgl. Beckstette et al. 2006, Buchholz 2006, Henkens/Kalmijn 2006). Die Attraktivität derartiger staatlicher Frühverrentungsoptionen wird in vielen Fällen noch durch zusätzliche betriebliche Abfindungen (‚goldener

Handschlag') erhöht. Zusammengenommen ermöglichen diese Programme älteren *Arbeitnehmern* einen vorzeitigen Erwerbsausstieg bei gleichzeitiger Wahrung eines adäquaten Lebensstandards. *Unternehmen* erhalten gleichzeitig die Möglichkeit, ihre Belegschaft zu restrukturieren und ggf. neue jüngere Arbeitskräfte einzustellen. Auch *Wohlfahrtsstaaten* profitieren von derartigen Arrangements, da durch sie die Attraktivität des nationalen Produktionsstandorts für Unternehmen erhöht und gleichzeitig der nationale Arbeitsmarkt entlastet wird.

Trotz dieser evidenten Vorteile stellt die Frühverrentungsstrategie eine kostenintensive Option für Volkswirtschaften und Betriebe zur Lösung des Flexibilisierungsdilemmas dar. Andere Gesellschaften verzichten weitgehend auf derartige Frühverrentungsmaßnahmen und ermöglichen durch die Förderung lebenslangen Lernens sowie durch aktive Beschäftigungspolitik älteren Arbeitnehmern, sich flexibel an die Herausforderungen des strukturellen und technologischen Wandels anzupassen. Empirisch lassen sich zwei Strategien einer derartigen *Beibehaltung älterer Arbeitskräfte* unterscheiden:

Die *liberalen* Staaten (Vereinigte Staaten, Großbritannien) verfolgen weitgehend ein Modell der *Beibehaltung älterer Arbeitskräfte durch den Markt*, in dem zur Anpassung älterer Arbeitskräfte an neue Flexibilitätserfordernisse weitgehend auf einen *flexiblen Arbeitsmarkt* und ein wenig standardisiertes (Aus-)Bildungssystem vertraut wird. Geringe Mobilitätsbarrieren im Arbeitsmarkt und die dezentrale Organisation des Erwerbs berufsrelevanter Qualifikationen ‚on-the-job' ermöglichen es älteren Arbeitnehmern, sich *flexibel* durch *Arbeitsmarktmobilität* an wandelnde Anforderungen anzupassen. Gleichzeitig begrenzen *niedrige staatliche Renten* und die hohe Bedeutung *privater Absicherung* durch Kapitalanlagen oder Betriebsrenten die Möglichkeiten eines vorzeitigen Erwerbsausstiegs. Ältere Arbeitnehmer in den liberalen Staaten weisen entsprechend *lange Erwerbskarrieren* auf und steigen oft erst *später aus dem Erwerbsleben* aus. Aufgrund der weitgehenden Zurückhaltung des Staates und des Vertrauens auf den Marktmechanismus neigt das liberale System jedoch dazu, soziale Ungleichheiten auf dem Arbeitsmarkt über das Rentenalter hinaus zu verlängern: Arbeitnehmer mit geringen finanziellen Ressourcen sind unter Umständen sogar nach Erreichen des Rentenalters erwerbstätig bzw. kehren aus dem Ruhestand auf den Arbeitsmarkt zurück (vgl. Warner/Hofmeister 2006).

Demgegenüber unterstützen die *sozialdemokratischen* Staaten Skandinaviens (in der GLOBALIFE-Studie Schweden, Norwegen und Dänemark) die Anpassungsfähigkeit älterer Arbeitnehmer an globalisierungsbedingte Flexibilitätserfordernisse durch aktives staatliches Engagement (*Beibehaltung älterer Arbeitnehmer durch den Staat*). Eine aktive Arbeitsmarktpolitik sowie die staatliche Förderung lebenslangen Lernens und beruflicher Weiterqualifikation unterstützen hier die Beschäftigungsfähigkeit älterer Arbeitnehmer, so dass deren Erwerbskarrieren im Vergleich zu dem an Arbeitsmarktmobilität orientierten liberalen Modell kontinuierlicher und stabiler verlaufen. Gleichzeitig begünstigen Rentensysteme mit geringeren Vorruhestandsanreizen eine lange Erwerbskarriere und einen späteren Erwerbsausstieg. Wenngleich im Zuge steigender Arbeitslosenquoten auch die sozialdemokratischen Staaten vereinzelte Frühverrentungsoptionen einführten, verbleibt die Erwerbsbeteiligung älterer Arbeitnehmer hier deutlich über dem internationalen Durchschnitt (vgl. Aakvik et al. 2006, Hofäcker/Leth-Sørensen 2006, Sjögren Lindquist 2006).

### 5.3.3 Der Wandel später Erwerbskarrieren und die Entwicklung sozialer Ungleichheit

Neben den skizzierten internationalen Unterschieden bestätigen die Ergebnisse der vierten Phase des GLOBALIFE-Projektes die bereits in den vorangegangenen Projektphasen demonstrierte zentrale Bedeutung von Humankapitalfaktoren für individuelle Erwerbsverläufe. *Individuelle Ressourcen* (insbesondere in Form von Bildung und beruflichen Qualifikationen) stellen auch für ältere Arbeitnehmer eine zentrale Einflussgröße für ihren späten Erwerbsverlauf dar: *Höher gebildete* Arbeitnehmer bleiben in der Regel *länger erwerbstätig* und haben ein *geringeres Risiko für Arbeitslosigkeit und berufliche Abstiege*. Darüber hinaus zeigen die Ergebnisse, dass *die Gefahr* eines erzwungenen Ausstiegs aus dem Arbeitsmarkt bzw. eines beruflichen Abstiegs für Arbeitnehmer in denjenigen Betrieben am größten ist, die in besonderem Maße dem globalen Wettbewerb bzw. wirtschaftlicher Restrukturierung unterworfen sind (z.B. in der verarbeitenden Industrie oder der Schwerindustrie).

Trotz der daraus resultierenden sozialen Selektivität in der Länge, Stabilität und Qualität später Erwerbskarrieren lässt sich im relativen *Lebensstandard älterer Arbeitnehmer* im Globalisierungsprozess kaum eine *Verschlechterung* feststellen. Ein früher Erwerbsausstieg wurde im Großteil der untersuchten Länder durch großzügige *staatliche und betriebliche Kompensationsleistungen* materiell weitgehend ausgeglichen. In den liberalen Staaten stellt hingegen eine Kombination von staatlicher und privater Absicherung für weite Teile der Bevölkerung das materielle Auskommen im Alter sicher. Eine bemerkenswerte Ausnahme stellt jedoch *Estland* dar. Hier führte der Versuch einer Übertragung des liberalen Modells bei weitgehend geschlossenen Arbeitsmarktstrukturen zu einer *bedenklichen Verschlechterung der finanziellen Lage älterer Arbeitnehmer*: Einerseits garantierten staatliche Renten- und Sozialleistungen älteren Esten keinen ausreichenden Lebensstandard im Alter, andererseits hinderte ein rigider ‚Insider-Outsider-Arbeitsmarkt' ältere Esten daran, ihren Lebensstandard durch Erwerbstätigkeit zusätzlich abzusichern. Der Fall Estlands verweist damit auf die notwendige wechselseitige Abstim-

*Globalisierung, Flexibilisierung und der Wandel von Lebensläufen* 43

mung verschiedener wohlfahrtsstaatlicher Institutionen, um älteren Arbeitnehmern eine materiell angemessene Anpassung an die durch Globalisierung ausgelösten Wandlungsprozesse zu ermöglichen.

### 5.3.4 Umkehr des Frühverrentungstrends?

Jüngere Arbeitsmarktdaten zeigen, dass sich seit Ende der 1990er Jahre in einer Reihe moderner Gesellschaften erste Anzeichen für eine Umkehr des bislang beobachteten Frühverrentungstrends abzeichnen. Aus mehreren Gründen ist davon auszugehen, dass es sich dabei nicht nur um einen vorübergehenden konjunkturellen Effekt, sondern um eine langfristige Trendwende in der Erwerbsbeteiligung älterer Arbeitnehmer handelt. Unterschiedlichste nationale Rentensysteme geraten sowohl *demographisch* als auch durch die zunehmende *Lebensarbeitszeitverkürzung* finanziell unter Druck, da öffentliche Kassen durch das zunehmende *Ungleichgewicht* zwischen *Einzahlern* und *Anspruchsberechtigten* belastet werden. Entsprechend reduzieren viele OECD-Staaten die durch ihre Rentensysteme und andere wohlfahrtsstaatlichen Institutionen angebotenen Frühverrentungsanreize, so dass ein vorzeitiger Erwerbsausstieg finanziell immer unattraktiver wird (vgl. OECD 2006). Ähnliche Tendenzen zeigen sich auch hinsichtlich betrieblicher Rentenanreize. Großzügige *betriebliche Rentensysteme* führen – wie sich derzeit in den USA zeigt – mittelfristig dazu, dass *Unternehmen ihre internationale Konkurrenzfähigkeit einbüßen*. Die damit einhergehende Verlagerung der Verantwortung für die Alterssicherung auf den Einzelnen spricht daher für eine graduelle Rückkehr zu längeren Erwerbskarrieren. Durch die gefallenen Geburtenraten in modernen Ländern stehen zudem langfristig *nicht mehr genügend junge Arbeitskräfte* zur Verfügung, die die Positionen älterer Arbeitnehmer übernehmen können. Langfristig ist daher davon auszugehen, dass – sowohl individuell als auch volkswirtschaftlich betrachtet – wieder längere Erwerbskarrieren angestrebt werden müssen.

## 6 Fazit

Die skizzierten Ergebnisse demonstrieren, in welch differentieller Weise sich die Prozesse der Globalisierung und Flexibilisierung auf verschiedene zentrale Übergänge in den Familien- und Erwerbsverläufen in modernen Gesellschaften ausgewirkt haben. Als länderübergreifendes Ergebnis lässt sich jedoch festhalten,

(1) dass Globalisierung makrostukturell die Unsicherheit in modernen Gesellschaften deutlich erhöht hat.

(2) dass die Unsicherheit jedoch nicht alle Individuen in gleicher Weise trifft, sondern sehr stark auf bestimmte Gruppen (Berufseinsteiger, Arbeitslose, Frauen nach einer familiären Erwerbsunterbrechung) kanalisiert wird. Diejenigen Personen, die nicht fest im Erwerbsleben verankert sind bzw. sich an den Rändern des Arbeitsmarktes oder in unsicheren Beschäftigungsverhältnissen befinden, sind besonders durch Verlagerungen von Marktrisiken zu ihren Ungunsten betroffen.

(3) dass der Globalisierungsprozess durch seine differentielle Wirkung auf spezifische Personengruppen zu einer *Verstärkung sozialer Ungleichheiten* in westlichen Industriegesellschaften geführt hat. Aufgrund der zunehmenden Bedeutung von Märkten werden *individuelle Arbeitsmarktressourcen* (wie etwa Bildung, berufliche Qualifikationen, Berufserfahrung oder Alter) für den Erwerbsverlauf immer wichtiger und verstärken damit noch die bereits durch das Bildungssystem angelegten Ungleichheiten innerhalb moderner Gesellschaften.

# Literatur

Aakvik, A./Dahl, S.-Å./Vaage, K. (2006): Late Careers and Career Exits in Norway. In: Blossfeld et al. 2006a, 235-254.
Beckstette, W./Lucchini, M./Schizzerotto, A. (2006): Men's Late Careers and Career Exits in Italy. In: Blossfeld et al. 2006a, 101-118.
Berkowitz King, R. (2005): The Case of American Women – Globalization and the Transition to Adulthood in an Individualistic Regime. In: Blossfeld et al., 305-325.
Bernardi, F./Nazio, T. (2005): Globalization and the Transition to Adulthood in Italy. In: Blossfeld et al., 349-374.
Blossfeld, H.-P./Klijzing, E./Mills, M./Kurz, K. (Hrsg.) (2005): Globalization, Uncertainty and Youth in Society. London: Routledge.
Blossfeld, H.-P./Buchholz, S./Hofäcker, D. (Hrsg.) (2006a): Globalization, Uncertainty and Late Careers in Society. London: Routledge.
Blossfeld, H.-P./Hofmeister, H. (Hrsg.) (2006): Globalization, Uncertainty and Women's Careers: An International Comparison. Cheltenham, Northampton: Elgar.
Blossfeld, H.-P./Mills, M./Bernardi, F. (Hrsg.) (2006b): Globalization, Uncertainty and Men's Careers: An International Comparison. Cheltenham, Northampton: Elgar.
Buchholz, S. (2006): Men's Late Careers and Career Exits in West Germany. In: Blossfeld et al. 2006a, 55-78.
Buchholz, S./Grunow, D. (2006): Women's Employment in West Germany. In: Blossfeld/Hofmeister, 61-83.
Buchholz, S./Hofäcker, D./Blossfeld, H.-P. (2006): Globalization, Accelerating Economic Change and Late Careers – A Theoretical Framework. In: Blossfeld et al. 2006a, 1-23.

Bukodi, E./Robert, P. (2006): Women's Career Mobility in Hungary. In: Blossfeld/ Hofmeister, 171-198.
Bygren, M./Duvander, A.-Z./Hultin, M. (2005): Elements of Uncertainty in Life Courses – Transitions to Adulthood in Sweden. In: Blossfeld et al., 135-158.
Dreher, A. (2006): Does Globalization Affect Growth? Evidence From a New Index of Globalization. In: Applied Economics, 38, 10: 1091-1110.
Esping-Andersen, G. (1990): The Three Worlds of Welfare Capitalism. Cambridge: Polity Press.
Ferrera, M. (1996): The ‚Southern Model' of Welfare in Social Europe. In: Journal of European Social Policy, 6, 1: 17-37.
Francesconi, M./Golsch, K. (2005): The Process of Globalization and Transitions to Adulthood in Britain. In: Blossfeld et al., 249-276.
Golsch, K. (2006): Women's Employment in Britain. In: Blossfeld/Hofmeister, 275-301.
Grunow, D./Leth-Soerensen, S. (2006): Danish Women's Unemployment, Job Mobility and Non-Employment, 1980s and 1990s: Marked by Globalization? In: Blossfeld/Hofmeister, 142-167.
Hamplová, D. (2006): Women and the Labor Market in the Czech Republic: Transition From a Socialist to a Social Democratic Regime? In: Blossfeld/Hofmeister, 224-246.
Helemäe, J./Saar, E. (2006): Women's Employment in Estonia. In: Blossfeld/Hofmeister, 199-223.
Henkens, K./Kalmijn, M. (2006): Labor Market Exits of Older Men in the Netherlands – An Analysis of Survey Data 1979-1999. In: Blossfeld et al. 2006a, 79-99.
Hofäcker, D./Leth-Sørensen, S. (2006): Late Careers and Career Exits of Older Danish Workers. In: Blossfeld et al. 2006a, 255-279.
Hofäcker, D./Pollnerová, S. (2006): Late Careers and Career Exits: An International Comparison of Trends and Institutional Background Patterns In: Blossfeld et al. 2006a, 25-53.
Hofmeister, H. (2006): Women's Employment Transitions and Mobility in the United States: 1968 to 1991. In: Blossfeld/Hofmeister, 302-326.
Hofmeister, H./Blossfeld, H.-P. (2006): Women's Careers in an Era of Uncertainty: Conclusions From a 13-Country International Comparison. In: Blossfeld/Hofmeister, 433-450.
Hofmeister, H./Blossfeld, H.-P./Mills, M. (2006): Globalization, Uncertainty and Women's Mid-Career Life Courses: A Theoretical Framework. In: Blossfeld/Hofmeister, 3-31.
Kalmijn, M./Luijkx, R. (2006): Changes in Women's Employment and Occupational Mobility in the Netherlands: 1955-2000. In: Blossfeld/Hofmeister, 84-112.
Katus, K./Puur; A./Sakkeus, L. (2005): Transition to Adulthood in Estonia – Evidence From the FFS. In: Blossfeld et al., 215-247.
Korpi, T./Stern, C. (2006): Globalization, Deindustrialization and the Labor Market Experiences of Swedish Women, 1950 to 2000. In: Blossfeld/Hofmeister, 115-141.
Kurz, K./Steinhage, N./Golsch, K. (2005): Case Study Germany – Global Competition, Uncertainty and the Transition to Adulthood. In: Blossfeld et al., 51-81.

Layte, R./O'Connell, P.J./Fahey, T./McCoy, S. (2005): Ireland and Economic Globalization – The Experiences of a Small Open Economy. In: Blossfeld et al., 403-422.
Liefbroer, A. C. (2005): Transition From Youth to Adulthood in the Netherlands. In: Blossfeld et al., 83-103.
Mills, M./Blossfeld, H.-P./Klijzing, E. (2005): Becoming an Adult in Uncertain Times: A 14-Country Comparison of the Losers of Globalization. In: Blossfeld et al., 423-441.
Mills, M./Blossfeld, H.-P. (2006): Globalization, Patchwork Careers and the Individualization of Inequality? A 12-Country Comparison of Men's Mid-Career Job Mobility. In: Blossfeld et al. 2006b, 457-482.
Nilsen, Ø.A. (2005): Transitions to Adulthood in Norway. In: Blossfeld et al., 159-176.
OECD (1995) The Transition From Work to Retirement. Paris: OECD.
OECD (2006): Ageing and Employment Policies – Live Longer – Work Longer. Paris: OECD.
Parrado, E.A. (2006): Labor Force Dynamics and Occupational Attainment Across Three Cohorts of Women in Urban Mexico. In: Blossfeld/Hofmeister, 329-351.
Pisati, M./Schizzerotto, A. (2006): Mid-Career Women in Contemporary Italy: Economic and Institutional Changes. In: Blossfeld/Hofmeister, 352-375.
Plomien, A. (2006): Women and the Labor Market in Poland: From Socialism to Capitalism. In: Blossfeld/Hofmeister, 247-271.
Róbert, P./Bukodi, E. (2005): The Effects of the Globalization Process on the Transition to Adulthood in Hungary. In: Blossfeld et al., 177-213.
Simó Noguera, C./Castro Martín, T./Soro Bonmatí, A. (2005): The Spanish Case – The Effects of the Globalization Process on the Transition to Adulthood. In: Blossfeld et al., 375-202.
Simó Noguera, C. (2006): Hard Choices: Can Spanish Women Reconcile Job and Family? In: Blossfeld/Hofmeister, 376-401.
Sjögren Lindquist, G. (2006): Late Careers and Career Exits in Sweden. In: Blossfeld et al. 2006a, 211-231.
Warner, D./Hofmeister, H. (2006): Late Career Transitions Among Men and Women in the United States. In: Blossfeld et al. 2006a, 141-181.

# Der Traum einer kontinuierlichen Beschäftigung – Erwerbsunterbrechungen bei Männern und Frauen

Dana Müller[*]

## 1 Einleitung

Die Erwerbstätigkeit nimmt einen zentralen Stellenwert im Lebensverlauf ein. Neben der Sicherung des Lebensunterhalts während der Erwerbsphase ist sie notwendig für den Erhalt einer staatlichen Rente im Ruhestand. Sie dient der Befriedigung von persönlichen Bedürfnissen und dem Erreichen gesellschaftlicher Wertschätzung. Erwerbsunterbrechungen, wie z.b. durch Arbeitslosigkeit, führen aufgrund der sozialen Sicherungssysteme zwar nicht zum materiellen Existenzverlust. Sie können jedoch nachhaltige Auswirkungen auf den weiteren Erwerbsverlauf haben. Bei einer Betrachtung der derzeitigen Lage Deutschlands, die u.a. gekennzeichnet ist von anhaltender Arbeitslosigkeit und Zunahme unsicherer Beschäftigungsverhältnisse, ist eine stetige Erwerbstätigkeit von der Ausbildung bis zur Rente kaum noch vorstellbar. Dieser Beitrag untersucht, ob die am Arbeitsmarkt in Deutschland lange vorherrschende kontinuierliche Beschäftigung heute noch möglich oder eher zu einem Traum geworden ist.

Hierbei wird zunächst der Wandel von Erwerbsverläufen der letzten fünf Jahrzehnte unter Berücksichtigung der sozialstrukturellen Veränderungen in Deutschland zusammenfassend beschrieben. Den theoretischen Hintergrund bildet hierbei die Diskussion zur Institutionalisierung versus De-Institutionalisierung von Lebensverläufen. Während bis Anfang der 1970er Jahre der institutionalisierte Lebenslauf dominierte, kam es anschließend – einhergehend mit strukturellen Veränderungen, z.B. der Zunahme der Frauenerwerbstätigkeit, der Ausdehnung des tertiären Sektors oder der Produktionsverlagerung ins Ausland – zu einem Stillstand der Institutionalisierung. Eine Anpassung an die veränderten Rahmenbedingungen führte zu einem Wandel von Lebens- und Erwerbsverläufen. Das Aufbrechen bestehender starrer institutioneller Regelungen wird als Prozess der De-Institutionalisierung des Lebensverlaufs interpretiert. Nach den theoretischen Erläuterungen erfolgt in einem zweiten

---

[*] Für die hilfreichen Kommentare danke ich den Teilnehmern und Teilnehmerinnen der Tagung „Flexibilisierung: Folgen für Familie und Sozialstruktur" vom 12. bis 13. Mai 2006 in Zürich. Insbesondere danke ich Stefan Bender, Agnes Dundler, Peter Jacobebbinghaus, Annette Kohlmann, Alexandra Schmucker und Marc Szydlik für die Unterstützung und konstruktiven Anmerkungen.

Schritt die empirische Untersuchung zum Wandel von Erwerbsverläufen. Vier Kohorten werden hinsichtlich verschiedener Statusübergänge (z.B. Eintritt in den Erwerbsverlauf) und Statuspassagen (z.B. Dauer der Arbeitslosigkeit) analysiert. Im Mittelpunkt steht hierbei die Betrachtung des gesamten Erwerbsverlaufs von Männern und Frauen[1].

## 2  Erwerbsverläufe im Wandel

Im Mittelpunkt des modernen Lebenslaufs steht die Erwerbsphase. Als Vorbereitung auf die Erwerbsphase dient die Schul- und Berufsausbildung (Vorbereitungsphase), und am Ende der Erwerbsphase steht der Eintritt in den Ruhestand. Die staatlichen Bildungs- und Rentensysteme dienen einerseits der Strukturierung des Lebenslaufs um die Erwerbsphase. Andererseits beeinflusst das Bildungssystem die beruflichen Möglichkeiten im späteren Erwerbsverlauf, und die Höhe der gesetzlichen Rente wird durch die Beschäftigungsdauer und die Höhe des Erwerbseinkommens bestimmt. Die Gliederung individueller Lebensläufe mittels institutioneller Regelungen, die sich am chronologischen Alter orientieren, kennzeichnet die Institutionalisierung des Lebensverlaufs (vgl. Kohli 1985). Die Verlängerung der Lebenszeit und der Ausbau der Bildungs- und Rentensysteme führten zu relativ gleichartigen Mustern von Lebensverläufen mit definierten Übergängen. Der moderne Lebenslauf unterliegt somit einer Dreiteilung, dessen struktureller Kern die Erwerbsarbeit ist (vgl. Kohli 1985, 1994).

Entscheidend zur Kontinuität des Lebenslaufs tragen die sozialen Systeme bei. Zum einen sind die Sozialversicherungssysteme zugeschnitten auf eine kontinuierliche und langfristige Erwerbsphase in abhängiger Beschäftigung, da sie primär auf beitragsfinanzierten Versicherungsleistungen beruhen. Zum anderen sichern sie die materielle Existenz, wenn Brüche auftreten wie z.B. Arbeitslosigkeit (vgl. Mayer/Müller 1994, Mayer 2001).

Durch die zunehmende Institutionalisierung in der Nachkriegszeit hat sich eine Normalbiographie herausgebildet, die einen erwartbaren Lebenslauf ermöglichte. Die Stabilität der Erwerbsverhältnisse in den 1950er und 1960er Jahren, einer Zeit, die durch Wirtschaftsaufschwung, expandierende Arbeitsmärkte und steigenden Wohlstand charakterisiert ist, hatte dabei einen entscheidenden Einfluss. Parallel hierzu konnte sich in dieser Zeit das Normalarbeitsverhältnis herausbilden, verstanden als ein auf Dauer bestehendes sozialversicherungspflichtiges Arbeitsverhältnis in Vollzeit, mit festem Arbeitszeitmuster, geregeltem Lohn und Weisungsgebundenheit des Arbeitnehmers gegenüber dem Arbeitgeber (Mückenberger 1985, Hoffmann/Walwei 1998).

---

1  Alle Ausführungen werden sich auf Westdeutschland beziehen, da für ostdeutsche Erwerbsverläufe erst ab 1990 vergleichbare Daten vorliegen.

Das Normalarbeitsverhältnis ist jedoch nach Mückenberger (1985) eine Fiktion. Zum einen habe es schon immer abweichende Arbeitsverhältnisse gegeben, und zum anderen sei es „vielmehr auch eine juristisch anerkannte und darum ‚gesetzte Fiktion'" (Kress 1998: 490). Der Staat, Unternehmen und Gewerkschaften orientieren sich am Normalarbeitsverhältnis, was sich in den gesetzlichen Regelungen und der gewerkschaftlichen Tarifpolitik widerspiegelt. Für den Einzelnen ergibt sich damit die Möglichkeit einer Kontinuität im Erwerbsleben sowie Stabilität in der materiellen Absicherung, z.B. bei Brüchen im Erwerbsleben und im Ruhestand (vgl. Osterland 1990). Der Lebensverlauf wird somit für viele vorausschaubar und planbar.

Das Normalarbeitsverhältnis gilt jedoch nicht für beide Geschlechter gleichermaßen, sondern ist zugeschnitten auf den männlichen Erwerbsverlauf. Das Familienleben sowie die Geburt und Erziehung der Kinder bestimmten das Leben der meisten Frauen. Gesetzliche Regelungen und Normen unterstützten dabei das männliche Ernährermodell und das traditionelle Rollenbild der Frau. Die außerhäusliche Erwerbsarbeit der Frauen war nur notwendig, wenn das Haushaltseinkommen nicht ausreichte (vgl. Sørensen 1990, Prinz 1994). Erste familienpolitische Änderungen gab es bereits in den 1960er Jahren. Während in den 1950er Jahren die Versorgerehe als Vorbild galt, wurde in den 1960er Jahren das Dreiphasenmodell – Berufstätigkeit bis zur Geburt des Kindes, Familienphase, Rückkehr zur Erwerbstätigkeit – familienpolitisch postuliert. Von einer Annäherung an den männlichen Erwerbsverlauf kann nur teilweise gesprochen werden. Trotz gleicher Ausgangsbedingungen, ermöglicht durch das Bildungssystem Deutschlands, betrifft die Unterbrechung der Erwerbstätigkeit zur Gründung einer Familie nach wie vor die Frauen. Bei einer Rückkehr in die Erwerbstätigkeit ist es vorrangig ihre Aufgabe, Familie und Beruf zu koordinieren. Nicht zuletzt aufgrund eingeschränkter Betreuungsmöglichkeiten (vgl. Engstler/Menning 2003: 119ff.) gehen Frauen Beschäftigungsverhältnisse ein, die vom Normalarbeitsverhältnis abweichen, um Familie und Beruf vereinbaren zu können.

Seit Beginn der 1970er Jahre haben sich gravierende Veränderungen in der Sozial- und Wirtschaftsstruktur vollzogen, die in der Literatur als Phase der De-Institutionalisierung, De-Standardisierung, Individualisierung und Flexibilisierung, einhergehend mit dem Wandel von Lebensverläufen, gewertet werden. Zahlreiche wissenschaftliche Veröffentlichungen spiegeln die Diskussion um den sozialen Wandel von Lebensverläufen wider (u.a. Berger/ Hradil 1990, Mayer et al. 1991, Berger/Sopp 1992, Mayer/Müller 1994, Zapf et al. 1996, Heinz et al. 1998, Nave-Herz 2002).

Interessant für den Erwerbsverlauf sind die Veränderungen auf dem Arbeitsmarkt. Kennzeichnend für den deutschen Arbeitsmarkt sind seit Mitte der 1970er Jahre ein hohes Arbeitslosigkeitsniveau und die Zunahme von atypischen, also vom Normalarbeitsverhältnis abweichenden Beschäftigungen wie

Teilzeit, Leiharbeit, befristete und geringfügige Beschäftigungen. Grafik 1 veranschaulicht die Beschäftigungsentwicklung in Westdeutschland seit 1960. Auffällig sind hierbei die gestiegene abhängige Erwerbsbeteiligung seit Mitte der 1970er Jahre, die bereits erwähnte Zunahme der Arbeitslosigkeit[2] und der Anstieg der Teilzeitbeschäftigung, die vorrangig auf Frauen zutrifft (vgl. Bundesministerium für Arbeit und Soziales 2006).

In Anlehnung an Struck (2006) können die Ursachen des Strukturwandels am Arbeitsmarkt in fünf Punkten zusammengefasst werden:

1. Veränderung von Arbeitsnachfrage und Arbeitsangebot durch die Zunahme der Frauenerwerbstätigkeit, Zuwanderung[3] und Verschiebung der Beschäftigung in den tertiären Sektor[4] (sektoraler Strukturwandel),
2. wirtschaftliche Veränderungen und Anpassung von Seiten der Unternehmen mittels Rationalisierungsstrategien wie z.b. Produktionsverlagerung ins Ausland,
3. veränderte Qualifikationsanforderungen im Zuge der Technisierung und Informatisierung,
4. veränderte Beschäftigungsinteressen durch das Bedürfnis nach Selbstentfaltung und den gegebenen Möglichkeiten, diese zu befriedigen mit dem Hintergrund der Absicherung von Risiken durch die sozialen Systeme sowie
5. rechtliche und institutionelle Änderungen zur Unterstützung einer höheren Flexibilität am Arbeitsmarkt wie bspw. durch das Beschäftigungsförderungsgesetz[5].

Die beschriebenen Veränderungen des Arbeitsmarktes verdeutlichen, dass die Stabilität von Beschäftigungen nicht mehr in dem Umfang gewährleistet werden kann, wie es bis zu Beginn der 1970er Jahre möglich war. Stattdessen werden die starren institutionellen Regelungen aufgebrochen, um das Gleichgewicht am Arbeitsmarkt wieder herzustellen. Dabei werden instabile Beschäftigungen zugelassen, die zur Diskontinuität im Erwerbsverlauf beitragen. Jedoch kann nicht geschlussfolgert werden, dass instabile Beschäftigungen zwangsläufig in die Arbeitslosigkeit führen.

---

2   Um ein vollständiges Bild der Unterbeschäftigung zu erhalten, müsste zu den Arbeitslosen noch die „Stille Reserve" gezählt werden. Dies sind Personen, die nicht erwerbstätig aber erwerbsfähig sind und nicht in der Arbeitslosenstatistik auftauchen (vgl. Fuchs et al. 2005).
3   Nicht nur die Zuwanderung von Personen aus dem Ausland bzw. der Aus- und Übersiedler ist hier von Bedeutung, sondern auch die Veränderungen, die sich in Folge der Einheit Deutschlands ergaben.
4   Anzumerken ist hier, dass der Tertiärisierungsprozess nach Blossfeld (1984) „die wesentliche Grundvoraussetzung zur Verbesserung der beruflichen Lage der Frauen geliefert" hat (ebd.: 41).
5   Das Beschäftigungsförderungsgesetz von 1985 regelte z.B. die befristete Beschäftigung neu und lockerte für Kleinbetriebe den Kündigungsschutz (vgl. Kress 1989).

*Der Traum einer kontinuierlichen Beschäftigung* 51

Grafik 1: *Beschäftigungsentwicklung in Westdeutschland (mit West-Berlin)*

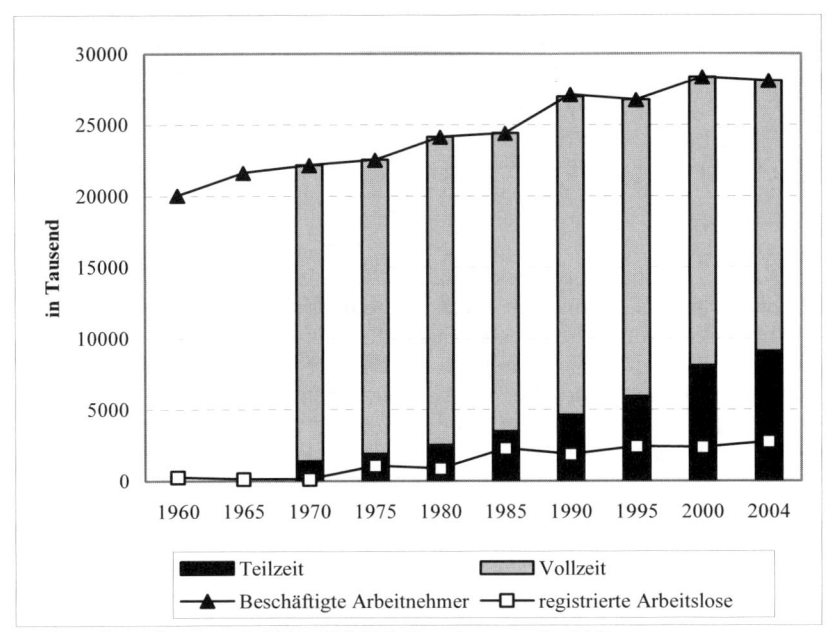

Quelle: Allmendinger et al. 2005: 200-207. Berechnungen des IAB.

Eine befristete Beschäftigung kann beispielsweise in ein unbefristetes Arbeitsverhältnis münden. Jedoch gehen instabile Beschäftigungen mit höheren Risiken einher, zum einen arbeitslos zu werden und zum anderen nicht die notwendige Beschäftigungsdauer und die Höhe des Einkommens zu erzielen, die eine eigenständige materielle Sicherung im Ruhestand gewährleisten. Zahlreiche Einflussfaktoren (individuelle und kontextuelle Faktoren[6]) erhöhen und verringern die Stabilität von Beschäftigungen (z.B. Bender et al. 2000, Struck 2006). Untersuchungen über den Einfluss von Bildung zeigen seit Jahrzehnten das gleiche Bild. Akademiker tragen das geringste Risiko, arbeitslos zu werden, während Geringqualifizierte das höchste Risiko aufweisen (vgl. Reinberg/Hummel 2005).

Die Darstellung des Wandels von Erwerbsverläufen verdeutlicht bereits, dass die Institutionalisierung des Lebenslaufs in seiner Dreiteilung zwar noch gegeben ist, aber Brüche bzw. Aufweichungen sowohl am Anfang als auch

---

6 Zu den kontextuellen Faktoren zählen z. B. Reformen wie das Arbeitnehmerüberlassungsrecht oder betriebliche Faktoren wie die Betriebsgröße. Individuelle Faktoren sind Bildung, Beschäftigungsdauer im Betrieb und Engagement.

innerhalb und am Ende des Erwerbsverlaufs wahrscheinlicher werden. Es wird davon ausgegangen, dass die Phase der Standardisierung der Erwerbsverläufe, die bis zu Beginn der 1970er Jahre währte, eine Ausnahme darstellt und nicht die Normalität. Diese These greifen bereits Berger und Sopp (1992) auf und kommen zu dem Schluss, dass die 1950er und 1960er „(...) kaum als ‚normale' oder als ‚Standardperiode' in der deutschen Geschichte angesehen werden kann" (Berger/Sopp 1992: 179). Sie untersuchten Erwerbsverläufe, deren Beobachtungszeitraum bereits Anfang der 1980er Jahre endet. Mit den vorliegenden Daten, die bis 2003 reichen, ist es möglich, einen längeren Beobachtungszeitraum zu analysieren und die These erneut zu prüfen. In einer zweiten These wird davon ausgegangen, dass Personen Planung und materielle Sicherheit in ihrem Erwerbsverlauf anstreben und somit diskontinuierliche Erwerbsverläufe zu vermeiden versuchen, indem sie u.a. auch atypische Beschäftigungsverhältnisse eingehen. Einerseits können sie dadurch individuelle Bedürfnisse befriedigen, andererseits materielle Sicherheit im Ruhestand erreichen. Personen haben die Möglichkeit, ihren Erwerbsverlauf selbst zu gestalten, bzw. sie können Einfluss darauf nehmen und werden entsprechend ihrer Bildungs- und Berufchancen agieren, um in Beschäftigung zu bleiben.

## 3 Datenbasis und Vorgehensweise

Die Analyse des gesamten Erwerbsverlaufs steht im Mittelpunkt dieses Beitrags. Deshalb werden Daten benötigt, die einerseits einen langen Zeitraum abbilden und anderseits genaue Zeitangaben ausweisen[7].

Für die Analysen wird deshalb auf die IAB-Beschäftigtenstichprobe 1975-1995 mit Ergänzungsteil I und II zurückgegriffen. Es handelt sich hierbei um einen einzigartigen Datensatz, der sowohl Daten der Bundesagentur für Arbeit (BA) als auch Daten der Deutschen Rentenversicherung enthält und den gesamten Erwerbsverlauf von Personen abbildet, die sozialversicherungspflichtig (svp.) beschäftigt waren.

Die Basis des verwendeten Datensatzes ist die IAB-Beschäftigtenstichprobe 1975-1995. Die Daten entstammen aus der Historikdatei der Beschäftigtenstatistik[8], die im Institut für Arbeitsmarkt- und Berufsforschung geführt wird. Die Grundlage der Historikdatei bildet das Meldeverfahren zur Sozialversicherung, den Pflichtmeldungen der Arbeitgeber über ihre sozialversicherungspflichtigen Arbeitnehmer. Für die IAB-Beschäftigtenstichprobe wurde eine 1%-Stichprobe aus der Gesamtheit aller Personen, die im Zeitraum von

---

7 Erwerbsverläufe können ebenfalls mit den Daten aus der Lebensverlaufsstudie des Max-Planck-Instituts für Bildungsforschung oder dem Sozio-ökonomischen Panel untersucht werden.
8 Die Beschäftigtenstatistik wird von der Bundesagentur für Arbeit (BA) erstellt.

1975-1995 mindestens einmal svp. beschäftigt waren, gezogen[9]. Zusätzlich wurden Leistungsbezugszeiten und Betriebsinformationen in die Stichprobe aufgenommen. Bei den Angaben in der Stichprobe handelt es sich um tagesgenaue Informationen zu svp. Beschäftigungsverhältnissen und zum Leistungsbezug für einen Zeitraum von 21 Jahren (vgl. Bender et al. 1996, Bender et al. 1999). Mit der IAB-Beschäftigtenstichprobe allein ist es nicht möglich, den gesamten Erwerbsverlauf zu untersuchen. Deshalb wurden weitere Informationen zur IAB-Beschäftigtenstichprobe hinzugespielt, um Beschäftigungs- und Arbeitslosenzeiten vor 1975 analysieren zu können.

Diese Informationen stammen vom Verband deutscher Rentenversicherungsträger (jetzt Deutsche Rentenversicherung Bund) und werden als Ergänzungsteil I bezeichnet. Auch diese Informationen sind zum größten Teil den Meldungen zur Sozialversicherung entnommen[10]. Mit Hilfe dieser zusätzlichen Angaben ist es nun möglich, die gesamte sozialversicherungspflichtige Erwerbsbiographie und Leistungsbezugszeiten bis 1995 zu analysieren. Des Weiteren sind Zusatzinformationen über Zeiten zur Mutterschaft und Krankheit enthalten (für eine detaillierte Beschreibung siehe Wübbeke 2005a, 2005b). Ein weiterer Vorteil der Rentendaten ist, dass vor der Berechnung der Rente die vorliegenden Informationen zur Person von Seiten des Antragsstellers geprüft werden (Kontenklärung). Durch die Prüfung liegen letztendlich genaue Daten vor.

Da die IAB-Beschäftigtenstichprobe 1975-1995 mit Ergänzungsteil I nur bis 1995 reicht, wurden die Informationen, die in der IAB-Beschäftigtenstichprobe enthalten sind, aus der gleichen Quelle bis 2003 ergänzt und als Ergänzungsteil II definiert. Zusammenfassend liegt nun ein Datensatz vor (vgl. Abbildung 1), der tagesgenaue, verlässliche und vollständige Informationen zu den versicherungsrechtlich relevanten Merkmalen enthält. Probleme, die sich mittels retrospektiver Befragungen ergeben würden, wie Erinnerungslücken, treten bei prozessproduzierten Daten nicht auf, ebenso wenig wie Antwortverweigerungen oder Panelmortalität.

Selbstständige[11], Beamte und mithelfende Familienangehörige werden in den Daten nicht erfasst, da sie nicht in den Aufgabenbereich der BA und der Deutschen Rentenversicherung fallen. Entsprechend fehlen auch Informationen zur Partnerschaft und zum Haushaltskontext. Atypische Beschäftigungen wie Teilzeitarbeit (ab 1975) oder geringfügige Beschäftigungen (ab 1999) sind zwar in den Daten ab einem bestimmten Zeitpunkt enthalten, werden

---

9   Die IAB-Beschäftigtenstichprobe ist eine repräsentative Stichprobe für alle sozialversicherungspflichtig Beschäftigten. Sie ist nicht repräsentativ für die Zeiten in Arbeitslosigkeit.
10  Jedoch werden nur die Informationen, die sowohl die BA als auch die Deutsche Rentenversicherung für ihre Aufgabenerfüllung benötigen, in den beiden Institutionen vorgehalten. Eine andere Informationsquelle für die Deutsche Rentenversicherung wäre das Einwohnermeldeamt, das die Geburten übermittelt.
11  Selbstständige können auf Antrag rentenversicherungspflichtig werden bzw. freiwillig Beiträge in das deutsche Rentensystem einzahlen.

aber nicht als Unterscheidungskriterium verwendet. Wichtig ist für diesen Beitrag, den gesamten Erwerbsverlauf bzw. Altersbereiche zu untersuchen, in denen alle benötigten Informationen über den gesamten Zeitraum vorliegen.

Abbildung 1: *IAB-Beschäftigtenstichprobe mit Ergänzungsteil I und II*

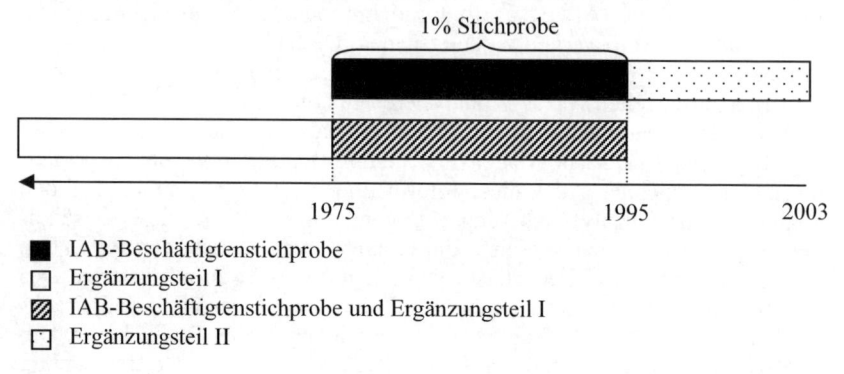

1% Stichprobe

1975   1995   2003

■ IAB-Beschäftigtenstichprobe
☐ Ergänzungsteil I
▨ IAB-Beschäftigtenstichprobe und Ergänzungsteil I
⋯ Ergänzungsteil II

Für die Analysen von Veränderungen im Erwerbsverlauf wird ein Kohortenansatz gewählt. Die Geburt gilt hierbei als kohortendefiniertes Ereignis (Mayer/Huinink 1990). Vier Kohorten, die jeweils drei Geburtsjahrgänge umfassen, wurden für die Analyse ausgewählt: die Kohorten 1929-1931, 1939-1941, 1949-1951 und 1959-1961. Da die Geburtsjahrgänge eng beieinander liegen, werden kaum heterogene Schicksale der einzelnen Geburtsjahrgänge erwartet. Insgesamt stehen Informationen zu 73.142 Personen zur Verfügung. Die Verteilungen von Männern und Frauen nach den einzelnen Kohorten sind in Tabelle 1 abgebildet:

Tabelle 1: *Anzahl der Personen nach Kohorten und Geschlecht*

|  | Männer | Frauen |
|---|---|---|
| Geburtsjahrgänge 1929-1931 | 5.786 | 3.856 |
| Geburtsjahrgänge 1939-1941 | 10.108 | 8.258 |
| Geburtsjahrgänge 1949-1951 | 9.610 | 8.919 |
| Geburtsjahrgänge 1959-1961 | 13.585 | 13.020 |
| n | 39.089 | 34.053 |

Datenbasis: IAB-Beschäftigtenstichprobe 1975-1995 mit Ergänzungsteil I und II, eigene Berechnungen.

Für die Untersuchung wurden Altersgruppen, die jeweils zehn Jahre umfassen, gebildet, um Erwerbssequenzen gleicher Länge analysieren zu können. Der Vorteil von Altersgruppen ist, dass perioden- und kohortenspezifische

Einflüsse für verschiedene Altersbereiche erfasst werden und somit Inter- und Intrakohortenvergleiche vorgenommen werden können. Ein Nachteil ist, dass für die jüngeren Kohorten nicht der gesamte Erwerbsverlauf untersucht werden kann, sondern nur bis zum Ende des Beobachtungszeitraumes.

Im Mittelpunkt des Artikels steht die Kontinuität von Beschäftigung. Deshalb ist es notwendig, Kontinuität und Diskontinuität von Erwerbsverläufen zu definieren. Als Anhaltspunkt für Kontinuität dient der Erhalt einer gesetzlichen Rente im Ruhestand, ohne auf andere Sozialsicherungsleistungen wie z.B. Sozialhilfe zurückgreifen zu müssen. Kontinuität kennzeichnet somit eine stetige Dauer in einem bzw. mehreren Beschäftigungsverhältnissen. Brüche von kurzer Dauer unterbrechen zwar kurzfristig gesehen die Kontinuität, werden aber aufgefangen durch die sozialen Sicherungssysteme und verursachen langfristig keine Nachteile für die materielle Existenzsicherung im Alter. Ausschlaggebend ist hierbei die dominierende Verlaufsform, und zwar die Beschäftigung. Anders verhält es sich bei diskontinuierlichen Verläufen. Treten z.B. mehrere Arbeitslosigkeitsphasen auf, die längere Zeiträume umfassen, und mehren sich die Statuswechsel, dann kann nicht mehr von Kontinuität ausgegangen werden, da sich das Risiko der Altersarmut erhöht.

Die Zuordnung von kontinuierlichen und diskontinuierlichen Erwerbsverläufen erfolgt für beide Geschlechter gleich. Die Unterbrechung der Erwerbstätigkeit für die Gründung einer Familie führt nicht zu diskontinuierlichen Erwerbsverläufen, wenn eine Rückkehr in das Erwerbsleben stattfindet. Erst das Ausbleiben des Wiedereintritts in den Arbeitsmarkt bzw. eine späte Rückkehr hat nachhaltige Auswirkungen wie z.B. den Verlust des Anspruches auf die gesetzliche Rente bzw. eine verminderte Rente oder die vollständige materielle Abhängigkeit vom Ehepartner.

Neben der Bestimmung der Begriffe Kontinuität und Diskontinuität ist es notwendig, Statusübergänge und Statuspassagen auch hinsichtlich der zur Verfügung stehenden Daten zu definieren. Das Eintrittsalter in eine Beschäftigung wurde erst gezählt, wenn eine Person ein Jahr abhängig beschäftigt war. Somit werden kürzere Beschäftigungszeiten z.B. während des Studiums ausgeschlossen[12]. Eine Person bekommt erst dann den Zustand ‚arbeitslos' zugewiesen, wenn sie vorher abhängig beschäftigt war und danach mindestens eine Arbeitslosigkeitsepisode mit Leistungsbezug bestand (in Anlehnung an Fitzenberger/Wilke 2004). Lücken ohne Leistungsbezug können nicht definiert werden, da es sich hier um eine Selbstständigkeit, den Wechsel zum Beamtenstatus oder freiwillige Arbeitslosigkeit handeln könnte. Entsprechend

---

12  Anzumerken ist, dass die Ausbildung als Beschäftigung gilt. Die ersten drei Jahre vor dem 25. Lebensjahr werden immer als Beschäftigung im Datenteil der Deutschen Rentenversicherung gezählt. Späte Eintritte in eine svp. Beschäftigung können daher rühren, dass zuvor eine Selbstständigkeit bestand, die Person mithelfender Familienangehöriger oder geringfügig beschäftigt war.

der Definition von Kontinuität wurden bei der Berechnung von Dauern Lücken bis zu 31 Tagen ignoriert. Eine Lücke von weniger als 32 Tagen wird bei ansonsten stetiger Beschäftigung keine Auswirkungen auf den weiteren Erwerbsverlauf haben und kann somit ignoriert werden. Eine kurze Beschäftigung bis zu 31 Tagen bei ansonsten stetiger Arbeitslosigkeit hat kaum Auswirkungen auf die Verbesserung der Situation und kann ebenfalls außer Acht gelassen werden.

## 4 Ergebnisse

Die Veränderungen der Erwerbsbeteiligung sind in Grafik 2, getrennt nach Männern und Frauen, abgebildet. Der Anteil der Erwerbstätigen wurde zum Stichtag 30.6. im jeweiligen Alter ermittelt.

Auffällig bei den Männern ist zunächst, dass die jüngeren Kohorten 1949-51 und 1959-61 eine geringere Beschäftigungsbeteiligung im jüngeren Alter aufweisen als die Kohorte 1939-41. Es handelt sich hierbei um den bekannten Verschiebungseffekt durch den längeren Verbleib im Bildungssystem, ausgelöst durch die Bildungsexpansion[13]. Während knapp über 60 Prozent der zwei jüngsten Kohorten im Alter von 20 abhängig beschäftigt waren, betrug der Anteil bereits 80 Prozent bei den Männern der Kohorte 1939-41 im gleichen Alter. Die hohe Beschäftigungsbeteiligung dieser Kohorte war zu Beginn der 1960er Jahre, die durch Stellenzuwachs, niedrige Arbeitslosenquoten und einer Knappheit an Arbeitskräften gekennzeichnet war. Die Erwerbsbeteiligung der ältesten Kohorte im Alter 20 befand sich dagegen annähernd auf dem gleichen Niveau wie bei den jüngsten Kohorten. Sie hatten beim Eintritt in die Erwerbstätigkeit die Auswirkungen der Nachkriegszeit zu bewältigen. Der deutlich erkennbare Einbruch der Erwerbsbeteiligung der Männer um das Alter 20 kennzeichnet die Wehrdienstzeit. Die Geburtskohorten 1929-30 sind davon nicht betroffen, weil sie bei der Einführung der Wehrpflicht in der BRD 1955 bereits das Einzugsalter überschritten hatten. Bei Betrachtung der Erwerbsbeteiligung der Männer im Alter von 30 bis 40 bzw. 50 zeigt sich deutlich, dass der Anteil in svp. Beschäftigung bei den älteren Geburtskohorten durchgängig bei über 80 Prozent liegt. Die Ver-

---

13 Das Eintrittsalter in Beschäftigung wurde differenziert nach Bildungsabschluss untersucht. Die zwei jüngsten Kohorten weisen einen höheren Anteil an Personen mit Abitur und Hochschulabschluss auf (über 20 Prozent) als die zwei älteren Kohorten (unter 14 Prozent). Die Untersuchung wurde nur für Männer durchgeführt, da bei den Frauen ein Selektionsproblem aufgrund der Stichprobenziehung vorliegt. Frauen der Kohorte 1929-1931 mussten z.B. mindestens einmal im Alter von 44-64 abhängig beschäftigt sein, um in die Stichprobe zu gelangen. Letztendlich fehlen Frauen in der Stichprobe, die ausschließlich vor 1975 erwerbstätig waren.

*Der Traum einer kontinuierlichen Beschäftigung*

schlechterung der Situation auf dem Arbeitsmarkt, verbunden mit einem Anstieg der Arbeitslosigkeit ab Mitte der 1970er Jahre, prägte bei den jüngeren Kohorten bereits den Eintritt in die Erwerbstätigkeit. Der Beschäftigtenanteil der Kohorten 1949-51 und 1959-61 beträgt knapp über 70 Prozent ab dem Alter 26 bzw. 29. Das Sinken der Erwerbsbeteiligung der jüngeren Kohorten beginnt in den 1980er Jahren.

Für die Kohorten 1929-31 und 1939-41 ist es möglich, die Erwerbsbeteiligung über einen längeren Zeitraum zu betrachten. Auffällig ist, dass der Anteil in Beschäftigung vor dem 60. Lebensjahr rapide sinkt. Nur wenige Personen verbleiben bis zum gesetzlichen Rentenalter in svp. Beschäftigung. Der frühe Austritt aus dem Erwerbsleben ist für diese Kohorten möglich, weil die hohen Beschäftigungsanteile ein Zeichen für kontinuierliche Erwerbsverläufe über einen langen Zeitraum abbilden. Somit war die Alterssicherung durch eine gesetzliche Rente bereits vor dem gesetzlichen Rentenalter erreicht. Ein früher Austritt aus dem Erwerbsleben ist nicht unbedingt von den Personen gewollt. Altersteilzeit und Abfindungen fördern einen Austritt vor dem gesetzlichen Rentenalter (vgl. Krone/Müller 2000, Büttner et al. 2004).

Grafik 2: *Anteil der Personen in svp. Beschäftigung zum Stichtag 30.06. nach Geschlecht und Kohorten*

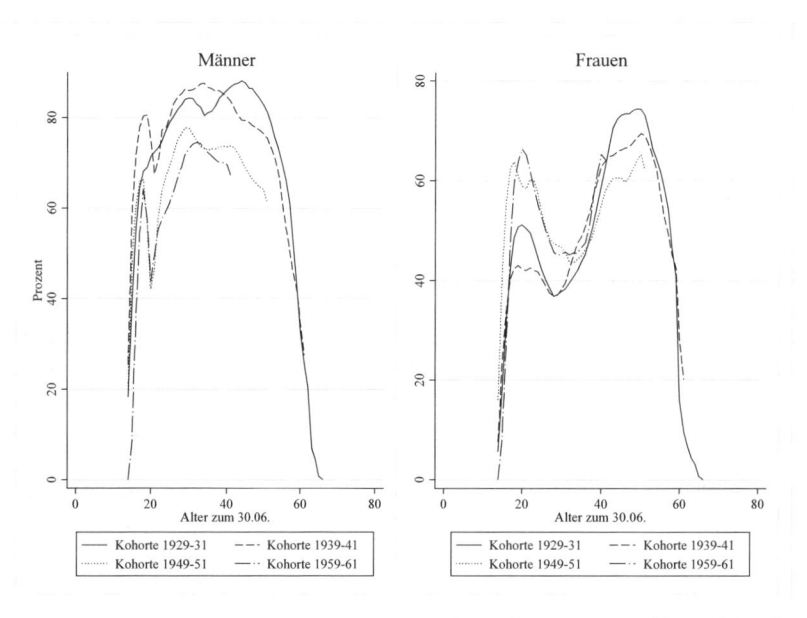

Datenbasis: IAB-Beschäftigtenstichprobe 1975-1995 mit Ergänzungsteil I und II, eigene Berechnungen. Männer: 39.086, Frauen: 34.042.

Bei den Frauen zeigt sich zunächst bei den jüngeren Kohorten, dass der Anteil der Erwerbstätigen im Alter 20 ähnlich ist wie bei den Männern der gleichen Kohorte. Der geringe Beschäftigtenanteil um das Alter 20 ist bei den älteren Kohorten nicht verwunderlich. Frauen stiegen entsprechend dem damals dominierenden Rollenbild „Hausfrau und Mutter" nach der Heirat beziehungsweise nach der Geburt eines (ersten) Kindes aus dem Erwerbsleben aus. Jedoch wird der geringe Beschäftigtenanteil der älteren Kohorten noch durch den Selektionseffekt der Stichprobenziehung verstärkt (siehe Fußnote 11).

Die rapide Verringerung des Anteils der erwerbstätigen Frauen ab dem Alter 20 kennzeichnet die Altersspanne, in der traditionell die Familienphase beginnt. Bei den Frauen der älteren Kohorten setzt diese früher ein als bei den jüngeren Kohorten. Dies spiegelt die bekannte Verschiebung des Erstgebäralters wider. Der Anteil der Erwerbsbeteiligung steigt ab Anfang 30 bei den zwei ältesten Kohorten bzw. ab Mitte 30 bei den zwei jüngeren Kohorten und erreicht bei allen Kohorten ab dem Alter 40 über 60 Prozent. Der Austritt aus dem Erwerbsleben verläuft bei den Frauen der Kohorten 1929-31 und 1939-41 ähnlich wie bei den Männern. Bereits über die Hälfte der Frauen scheidet vor dem 60. Lebensjahr aus dem Erwerbsleben aus.

Zusammenfassend zum Wandel der Erwerbsbeteiligung lässt sich feststellen, dass die Männer der Kohorte 1929-31 und 1939-41 eine durchgehend hohe Erwerbsbeteiligung in der Haupterwerbsphase im Alter von 30-50 aufweisen. Hingegen zeigen die jüngeren Kohorten eine deutlich geringere Erwerbsbeteiligung bis zum Ende des Beobachtungszeitraumes. Bereits beim Eintritt in das Erwerbsleben fanden die jüngsten Kohorten verschlechterte Ausgangsbedingungen auf dem Arbeitsmarkt vor, während die ältesten Kohorten vom Wirtschaftsaufschwung ab den 1960er Jahren profitierten. Die veränderte Beschäftigungsbeteiligung zwischen den Kohorten verdeutlicht zunächst, dass diskontinuierliche Erwerbsverläufe bei den Kohorten 1949-51 und 1959-61 tendenziell häufiger auftreten als bei den älteren Kohorten. Bei den Frauen zeigt sich für die zwei jüngsten Kohorten eine Annäherung an den männlichen Erwerbsverlauf beim Eintritt in die Erwerbsphase. Jedoch bleibt die Beschäftigungsbeteiligung der Frauen nach Beendigung der Familienphase weit unter der Beschäftigungsbeteiligung der Männer. Der geringe Anteil in abhängiger Beschäftigung bei den zwei älteren Kohorten liegt im damals vorherrschenden traditionellen Rollenbild der Frau begründet und der gegebenen Möglichkeit der Versorgerehe mit dem Mann als Hauptemährer der Familie. Die gestiegene Erwerbsbeteiligung der Frauen ab den 1970er Jahren spiegelt sich in den Untersuchungsergebnissen wider. Die Erwerbsbeteiligung der Frauen der Kohorten 1929-31 und 1939-41 stieg ab dem Alter 40 auf weit über 60 Prozent an.

*Der Traum einer kontinuierlichen Beschäftigung* 59

Grafik 3: *Beschäftigungsdauer ab dem Alter 30 (Kaplan-Meier Schätzer) nach Kohorten und Geschlecht*[14]

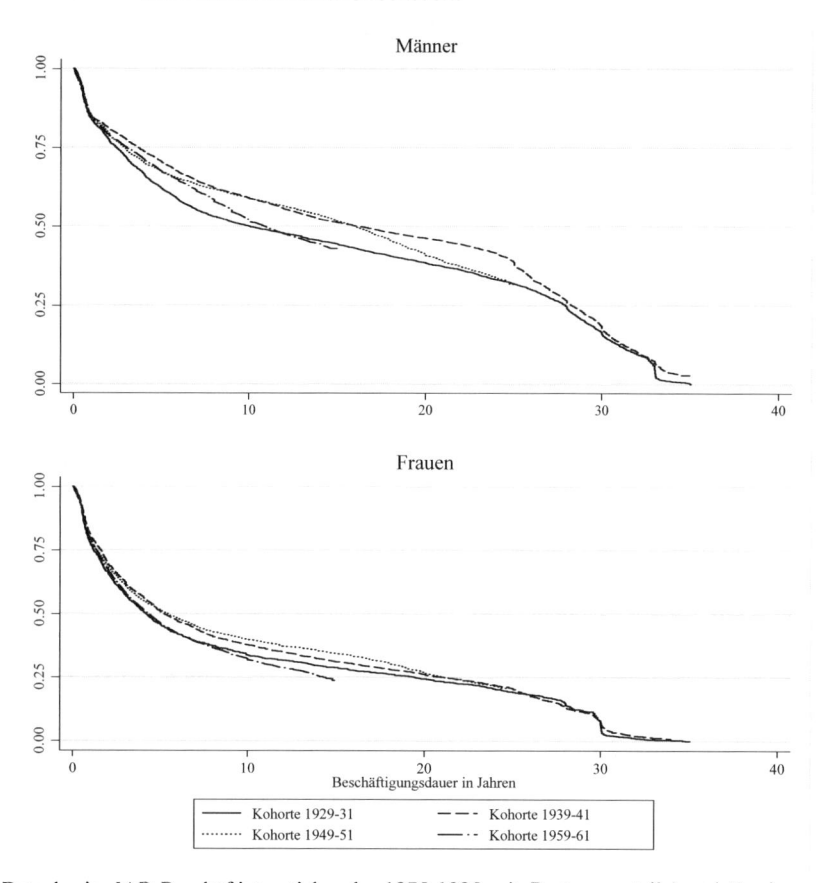

Männer

Frauen

Beschäftigungsdauer in Jahren

— Kohorte 1929-31     – – – Kohorte 1939-41
······ Kohorte 1949-51   — ·· Kohorte 1959-61

Datenbasis: IAB-Beschäftigtenstichprobe 1975-1995 mit Ergänzungsteil I und II, eigene Berechnungen. Männer: 31.078, Frauen: 14.776.

Die Veränderungen der Erwerbsbeteiligung lassen nur oberflächlich Aussagen zur Kontinuität von Erwerbsverläufen zu. Deshalb wird mittels Ereignisdatenanalyse die Dauer in svp. Beschäftigung untersucht. In die Analyse wurden Personen einbezogen, die zum Stichtag 30.6. abhängig beschäftigt und 30 Jahre alt waren (siehe Grafik 3). Dies betrifft 80 Prozent aller Männer und 43 Prozent aller Frauen im generierten Datensatz.

---

14 Die Schätzergebnisse können bei der Autorin nachgefragt werden (siehe Autorenangaben am Ende des Bandes).

Analysiert wird der Verbleib in Beschäftigung bis zum Zustandswechsel[15]. Auffallend ist zunächst, dass die Hälfte der Männer der ältesten (1929-31)[16] und der jüngsten Kohorte (1959-61) bereits nach weniger als elf Jahren einen Zustandswechsel aufweisen. Stetige Beschäftigung zeigt sich vor allem bei den Männern der Kohorten 1939-41 und 1949-51. Mehr als 16 Jahre Beschäftigung erreicht die Hälfte der Männer dieser Kohorten. Rund ein Drittel der Männer der Kohorten 1929-31, 1939-41 und 1949-51 kann sogar auf mehr als 25 Jahre kontinuierlicher Beschäftigung in einem oder mehreren aufeinander folgenden Beschäftigungsverhältnissen zurückblicken.

Bei den Frauen wechseln bereits 50 Prozent in allen Kohorten weit vor dem Ablauf von zehn Jahren den Zustand. Annähernd 25 Prozent in den Kohorten 1929-31, 1939-41 und 1949-51 weisen eine stetige Beschäftigung von 20 Jahren auf. Zusammenfassend zur Beschäftigungsdauer ist festzustellen, dass Männer in höherem Ausmaß stabile abhängige Beschäftigung ab dem Alter 30 aufweisen als Frauen. Bei den Männern liegen vor allem bei den zwei mittleren Kohorten stetige Beschäftigungsdauern über einen sehr langen Zeitraum vor. Jedoch wird auch deutlich, dass ca. 30 Prozent der Männer in allen Kohorten Beschäftigungsdauern von unter fünf Jahren aufweisen. In welchen Status die Personen wechseln, wurde bei dieser Analyse nicht untersucht, da das Hauptinteresse auf der kontinuierlichen Beschäftigung lag. Der Zustandswechsel kann den Übergang in eine Arbeitslosigkeit, aber auch in die Selbstständigkeit oder in den Beamtenstatus markieren. Aufschluss über die Zeiten von Arbeitslosigkeit wird die folgende Analyse zum Beschäftigungsintegrationsgrad geben.

Der Beschäftigungsintegrationsgrad beinhaltet den Anteil der Beschäftigungsdauer an der Beschäftigungs- und Arbeitslosigkeitsdauer. Für diese Analyse wurde aufgrund des begrenzten Beobachtungszeitraumes der jüngsten Kohorten die Altersspanne 30 bis 40 ausgewählt. Die Dauer der Beschäftigungs- bzw. Arbeitslosigkeitszeiten ergibt nicht zwangsläufig die Summe von zehn Jahren, da Lücken in diesem Zeitraum enthalten sein können[17]. ‚100 Prozent' bedeutet hierbei, dass eine Person zwischen dem 30. und 40. Lebensjahr ausschließlich erwerbstätig war. Dagegen meint ‚0 Prozent', dass ausschließlich Arbeitslosigkeit vorliegt. Entsprechend bedeuten ‚50 Prozent',

---

15 Bei der berechneten Beschäftigtendauer ist nicht die Zugehörigkeit zu einem Betrieb abgebildet, sondern die stetige Beschäftigung, die Betriebswechsel beinhalten kann. Betriebswechsel können hier nicht ausgewiesen werden, da in den Rentendaten keine Angaben zur Betriebsnummer vorliegen. Lücken von maximal einem Monat werden nicht als Zustandswechsel gewertet. Es handelt sich hierbei um rechtszensierte Daten, da ein Zustandswechsel nicht bei allen Personen beobachtet werden kann.
16 Es wird angenommen, dass die kürzeren Beschäftigungsdauern der ältesten Kohorte auf die industrielle Strukturkrise in den 60er Jahren (Böhme 1977), die vor allem den Bergbau und das Baugewerbe betraf, zurückzuführen ist.
17 In die Analyse gehen nur Arbeitslosigkeitsdauern mit Leistungsbezug sowie sozialversicherungspflichtige Beschäftigungsdauern ein.

*Der Traum einer kontinuierlichen Beschäftigung* 61

dass Arbeitslosigkeits- und Beschäftigungsdauer jeweils den gleichen Anteil aufweisen. Für eine bessere Darstellung wurde der Beschäftigungsintegrationsgrad gruppiert (Tabelle 2). Auffallend ist, dass die Mehrheit der Männer und Frauen in jeder Kohorte keine Arbeitslosigkeit mit Leistungsbezug in der Altersspanne 30 bis 40 erlebt haben.

Tabelle 2: *Beschäftigungsintegrationsgrad im Alter von 30 bis 40 Jahren nach Geschlecht und Kohorten*

| Beschäftigungsintegrationsgrad (gruppiert) in Prozent | Kohorte 1929-31 | Kohorte 1939-41 | Kohorte 1949-51 | Kohorte 1959-61 |
|---|---|---|---|---|
| | | Männer | | |
| 0 bis < 25 | 0,1 | 0,1 | 2,4 | 1,9 |
| 25 bis < 50 | 0,0 | 0,2 | 2,4 | 3,0 |
| 50 bis < 75 | 0,4 | 1,2 | 4,9 | 6,1 |
| 75 bis < 100 | 6,8 | 13,7 | 17,6 | 19,2 |
| 100 | 92,7 | 84,7 | 72,8 | 69,8 |
| Gesamt | 100 | 100 | 100 | 100 |
| n | 5.476 | 9.854 | 8.858 | 12.368 |
| | | Frauen | | |
| 0 bis < 25 | 0,3 | 0,6 | 2,2 | 2,0 |
| 25 bis < 50 | 0,1 | 0,3 | 1,6 | 1,6 |
| 50 bis < 75 | 0,2 | 1,7 | 5,2 | 4,7 |
| 75 bis < 100 | 5,7 | 13,9 | 19,7 | 17,0 |
| 100 | 93,8 | 83,5 | 71,3 | 74,8 |
| Gesamt | 100 | 100 | 100 | 100 |
| n | 2.847 | 6.801 | 7.036 | 11.292 |

Datenbasis: IAB-Beschäftigtenstichprobe 1975-1995 mit Ergänzungsteil I und II, eigene Berechnungen. Bei „Gesamt" können Rundungsfehler auftreten.

Während unter acht Prozent der ältesten Kohorten 1929-31 und unter 18 Prozent der Kohorte 1939-41 Arbeitslosigkeit im Alter zwischen 30 und 40 erfahren haben, sind bereits mehr als ein Viertel der Männer und Frauen der beiden jüngeren Kohorten (1949-51 und 1959-61) von Arbeitslosigkeit betroffen. Zwischen vier und fünf Prozent der Männer und Frauen der zwei jüngsten Kohorten weisen sogar eine längere Arbeitslosigkeitsdauer als Beschäftigungsdauer auf. Die Kohortenunterschiede treten noch stärker zum Vorschein, wenn die erste Arbeitslosigkeit mit Leistungsbezug analysiert wird[18]. Positiv scheint zunächst, dass annähernd die Hälfte aller Männer und

---

18 In der nachfolgenden Betrachtung erfolgte keine Standardisierung des Untersuchungszeitraums beim Vergleich der Kohorten, d.h. die Analysen enthalten unterschiedliche Beo-

Frauen in jeder Kohorte keine Arbeitslosigkeit im gesamten Beobachtungszeitraum aufweisen[19]. Die Hälfte der Männer der Kohorte 1929-31 hatte ihre erste Arbeitslosigkeit bis zum Alter 42 erfahren[20]. 36 Prozent dieser Kohorte erlebten ihre erste Arbeitslosigkeit sogar erst ab dem Alter 50. Das mittlere Alter der ersten Arbeitslosigkeit verschiebt sich ab der Kohorte 1949-51 immer stärker in die frühere Erwerbsphase und beträgt bei der jüngsten Kohorte bereits 22 Jahre. Die Ergebnisse bei den Frauen sind ähnlich wie bei den Männern der jeweiligen Kohorte.

Die Berechnung des mittleren Alters der ersten Arbeitslosigkeit verdeutlicht, dass Arbeitslosigkeit kein „Altersrisiko" mehr darstellt, sondern alle Altersgruppen davon betroffen sein können. Es handelt sich somit um einen Perioden- und keinen Alterseffekt. Die Ergebnisse zeigen deutliche Unterschiede zwischen den Kohorten und Männern und Frauen im Hinblick auf das Arbeitslosigkeitsrisiko. Die Chancen werden vor allem für die jüngeren Kohorten für Männer und Frauen zunehmend ungünstiger, da sie im Vergleich zu den älteren Kohorten noch einen langen Zeitraum im Erwerbsleben bis zum Eintritt in den Ruhestand vor sich haben.

Abschließend werden die Ergebnisse zur Dauer der Arbeitslosigkeit vorgestellt. Die Haupterwerbsphase wird erneut für die Untersuchung der Dauer ausgewählt. Es wird die Arbeitslosigkeitsdauer[21] von den Personen analysiert, die im Alter von 30 bis 40 arbeitslos wurden. Da mehrere Arbeitslosigkeitsepisoden in diesem Zeitraum auftreten können, wird nur die erste betrachtet (siehe Grafik 4). Das Ende der Arbeitslosigkeit kennzeichnet den Übergang in Beschäftigung.

Bei den Männern zeigt sich deutlich, dass die älteren Kohorten 1929-31 und 39-41 kürzere Arbeitslosigkeitsdauern aufweisen als die Kohorten 1949-51 und 1959-61. Während die Hälfte der Männer aller Kohorten nach einer kurzen Arbeitslosigkeitsdauer weit unter einem Jahr wieder in Beschäftigung ist, treten starke Differenzen zwischen den Kohorten bei den restlichen 50 Prozent der Männer auf. Weniger als ein Viertel der Männer der Kohorte 1929-31 und knapp ein Drittel der Kohorte 1939-41 erlebte eine Arbeitslosigkeitsdauer von über einem Jahr.

---

bachtungszeiträume für die einzelnen Kohorten. Dies hat einen Einfluss auf die Ergebnisse und kann bei den jüngeren Kohorten zu einer Verzerrung der Ergebnisse nach unten führen. Jedoch verdeutlichen bereits die Ergebnisse zum Beschäftigungsintegrationsgrad, dass der Erwerbsverlauf der jüngeren Kohorten häufiger von Unterbrechungen durch Arbeitslosigkeit im Alter von 30 bis 40 Jahren gekennzeichnet ist als bei den älteren Kohorten.

19 Keine Arbeitslosigkeit trat bei 48 Prozent der Männer und 53 Prozent der Frauen der Kohorte 1929-31, bei 45 bzw. 50 Prozent der Kohorte 1939-41, 57 bzw. 51 Prozent der Kohorte 1949-51 und bei 50 bzw. 44 Prozent der Kohorte 1959-61 auf.
20 Personen, die keine Arbeitslosigkeit aufweisen, sind bei diesen Berechnungen ausgeschlossen.
21 Die Dauer der Arbeitslosigkeit kann auch Zeiten umfassen, die nicht an Leistungsbezug gekoppelt sind.

Der Traum einer kontinuierlichen Beschäftigung

Bei den jüngeren Kohorten 1949-51 und 1959-61 wiesen bereits rund ein Viertel der Männer pro Kohorte Arbeitslosigkeitsdauern von über zwei Jahren auf. Allgemein lässt sich für die Männer feststellen, dass die Mehrheit in jeder Kohorte eine kurze erste Arbeitslosigkeitsdauer im Alter von 30 bis 40 aufweist. Allerdings sind bereits die jüngeren Kohorten 1949-51 und 1959-61 von längeren Arbeitslosigkeitsdauern betroffen als die älteren Kohorten.

Grafik 4: *Erste Arbeitslosigkeitsdauer im Alter von 30-40 Jahren (Kaplan-Meier Schätzer) nach Kohorten und Geschlecht*[22]

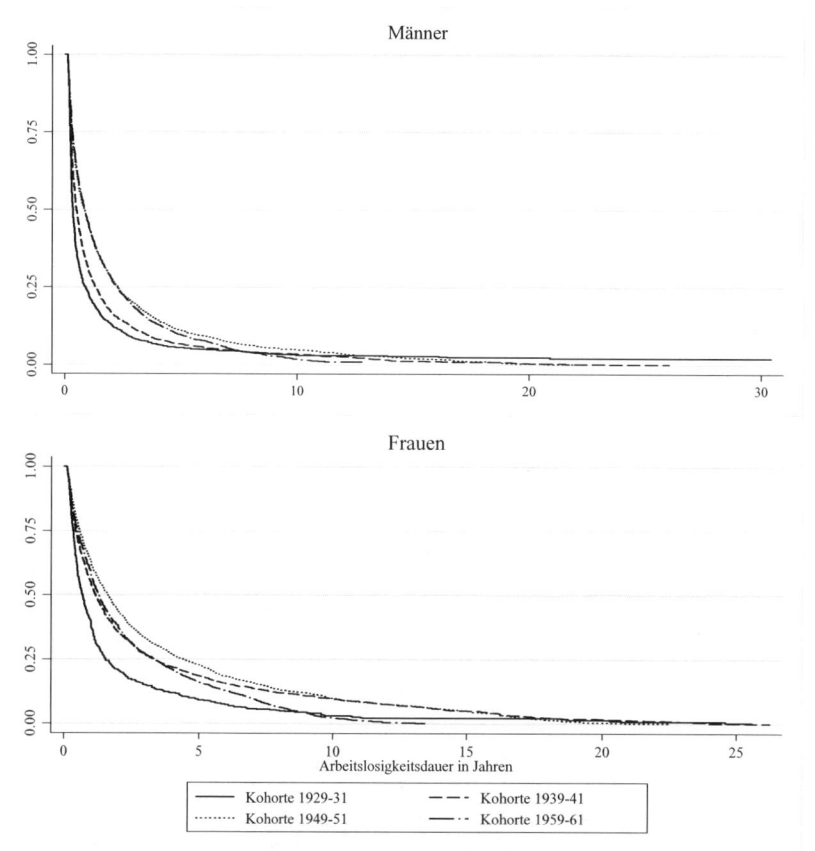

Männer

Frauen

——— Kohorte 1929-31    — — - Kohorte 1939-41
·········· Kohorte 1949-51    ——·· Kohorte 1959-61

Datenbasis: IAB-Beschäftigtenstichprobe 1975-1995 mit Ergänzungsteil I und II, eigene Berechnungen. Männer: 10.442, Frauen: 9.695.

---

22 Die Schätzergebnisse können bei der Autorin nachgefragt werden (siehe Autorenangaben am Ende des Bandes).

Bei den Frauen zeigt sich ein anderes Bild. Die erste Arbeitslosigkeit im Alter zwischen 30 und 40 beträgt bei der Mehrheit der Frauen, ausgenommen die Frauen der Kohorte 1929-31, bereits über ein Jahr. Während mehr als ein Drittel der Frauen der Kohorte 1929-31 länger als ein Jahr arbeitslos sind, bevor sie wieder abhängig beschäftigt sind, erhöht sich die Arbeitslosigkeitsdauer bei den jüngeren drei Kohorten. Am stärksten von langer Arbeitslosigkeit sind die Frauen der Kohorte 1949-51 betroffen. Ein Drittel dieser Kohorte weist Arbeitslosigkeitsdauern von über drei Jahren auf. Es wird davon ausgegangen, dass die Betreuung der Kinder hierbei eine entscheidende Rolle spielt. Aufgrund der Verschiebung des Erstgebäralters bei den jüngeren Kohorten verschiebt sich die Betreuungsphase im Lebensverlauf nach hinten. Zudem sind die Betreuungseinrichtungen in Westdeutschland nicht flächendeckend vorhanden (vgl. Engstler/Menning 2003) und die Öffnungszeiten nicht auf eine Ganztagsbetreuung ausgerichtet. Frauen sind somit einem höheren Risiko ausgesetzt, längerfristig ohne Beschäftigung zu bleiben.

## 5 Fazit

Die Betrachtung von Erwerbsverläufen mit Hilfe von Prozessdaten – wie die hier vorliegende IAB-Beschäftigtenstichprobe mit Zusatzinformationen der Deutschen Rentenversicherung – wird in Zukunft wichtiger werden. Obwohl Prozessdaten ein begrenztes Merkmalsspektrum aufweisen, haben sie Vorteile gegenüber Befragungsdaten. Prozessdaten bieten große Fallzahlen, die durch Befragungen nicht realisierbar sind. Des Weiteren treten keine Probleme wie z.B. Erinnerungslücken oder Antwortverweigerungen auf, die sich mittels retrospektiver Befragungen ergeben würden. Die Analyse von dis- bzw. kontinuierlichen Verläufen ist somit unabhängig von spezifischen Rahmenbedingungen, die bei Befragungen gegeben sind. Anwendungen mit Prozessdaten werden in Zukunft zunehmen, da sie durch die neu entstandene Infrastruktur von Forschungsdaten- und Servicezentren Wissenschaftlern für Analysen einfacher zugänglich gemacht werden.

Im vorliegenden Beitrag wurden für vier Kohorten (1929-31, 1939-41, 1949-51 und 1959-61) die Erwerbsbeteiligung, die kumulierte Beschäftigungsdauer ab dem Alter 30, das Verhältnis von Erwerbstätigkeit und Arbeitslosigkeit und die Dauer der Arbeitslosigkeit betrachtet. Generell lässt sich sagen, dass jüngere Kohorten stärker von der Zunahme diskontinuierlicher Erwerbsverläufe betroffen sind als die älteren Kohorten. Während bei den älteren Kohorten Arbeitslosigkeit keine bzw. erst am Ende der Erwerbsphase eine Rolle spielt, erleben die jüngeren Kohorten bereits zu Beginn des Erwerbsleben die erste Arbeitslosigkeit. Der Erwerbsverlauf ist für Frauen und Männer nicht identisch. Beide haben – aus unterschiedlichen Gründen –

mit Erwerbsunterbrechungen zu kämpfen. Trotz erschwerter Arbeitsmarktbedingungen gelingt zumindest der Mehrheit der Männer eine schnelle Rückkehr ins Erwerbsleben.

Bezug nehmend auf die These von Berger und Sopp (1992) sind die 1950er und 1960er Jahre als außergewöhnliche Zeit zu betrachten, denn den Traum einer kontinuierlichen Beschäftigung konnten vor allem die Männer der älteren Kohorten realisieren. Sie profitierten von den Zeiten des Wirtschaftsaufschwungs in dieser Periode, die eine Standardisierung der Erwerbsverläufe und stetige Beschäftigungen ermöglichte. Auch unter veränderten bzw. schlechteren Arbeitsmarktbedingungen konnten die kontinuierlichen Erwerbsverläufe fortgesetzt werden. Dies wird durch die hier vorliegenden Ergebnisse weitestgehend bestätigt.

Eine kontinuierliche Beschäftigung ist generell realisierbar, aber nicht für alle gleichermaßen. Fehlende Bildung, die Branche in der man arbeitet, uneingeschränkte oder fehlende institutionelle Regelungen sowie die historische Zeit sind einige Beispiele für Einflussfaktoren, die eine kontinuierliche Beschäftigung zum Traum werden lassen. Es bleibt eher ein unerfüllter Traum für Frauen als für Männer. Während eine Angleichung des weiblichen an den männlichen Erwerbsverlauf bei den jüngeren Kohorten stattfindet, sind es nach wie vor die Frauen, die ihren Erwerbsverlauf für die Familienphase unterbrechen und schließlich versuchen, Beruf und Familie miteinander zu vereinbaren.

## Literatur

Allmendinger, J./Eichhorst, W./Walwei, U. (2005) (Hrsg.): IAB Handbuch Arbeitsmarkt – Analysen, Daten, Fakten (Bd. 1). Frankfurt/Main, New York: Campus.
Bender, S./Haas, A./Klose, C. (1999): Die IAB-Beschäftigtenstichprobe 1975-1995. In: ZA-Informationen, 45: 104-115.
Bender, S./Haas, A./Rohwer, G./Rudolph, H. (1996): Die IAB-Beschäftigtenstichprobe 1975-1990. Beiträge zur Arbeitsmarkt- und Berufsforschung, 197. Nürnberg: IAB.
Bender, S./Konietzka, D./Sopp, P. (2000): Diskontinuität im Erwerbsverlauf und betrieblicher Kontext. In: Kölner Zeitschrift für Soziologie und Sozialpsychologie, 52, 3: 475-499.
Berger, P.A./Hradil, S. (1990) (Hrsg.): Lebenslagen, Lebensläufe, Lebensstile. Soziale Welt (Sonderband 7). Göttingen: Schwartz.
Berger, P.A./Sopp, P. (1992): Bewegte Zeiten? Zur Differenzierung von Erwerbsverlaufsmustern in Westdeutschland. In: Zeitschrift für Soziologie, 21, 3: 166-185.
Blossfeld, P. (1984): Bildungsexpansion und Tertiärisierungsprozeß: Eine Analyse der Entwicklung geschlechtsspezifischer Arbeitsmarktchancen von Berufsanfängern unter Verwendung eines log-linearen Pfadmodells. In: Zeitschrift für Soziologie, 13, 1: 20-44.

Böhme, G. (1977): Arbeitsmarkt und Arbeitsverwaltung in der BRD. In: Kritische Justiz, 10, 3: 272-288.

Bundesministerium für Arbeit und Soziales (2006): Statistisches Taschenbuch 2006 – Arbeits- und Sozialstatistik. http://www.bmas.bund.de/BMAS/Redaktion/Pdf/Publikationen/statistisches-taschenbuch-2006,property=pdf,bereich=bmas,sprache=de,rwb=true.pdf (Stand: Juni 2006).

Büttner, R./Knuth, M./Wojtkowski, S. (2004): Spätere Zugänge in Frührenten – Regelaltersrente auf dem Vormarsch: Verschiebung der Altersgrenzen und Abschlagsregelungen bewirken Verhaltensveränderung der Versicherten. Internet-Dokument. Gelsenkirchen, Düsseldorf: Institut Arbeit und Technik, Hans-Böckler-Stiftung. Altersübergangs-Report, Nr. 2004-01.

Engstler, H./Menning, S. (2003): Die Familie im Spiegel der amtlichen Statistik – Lebensformen, Familienstrukturen, wirtschaftliche Situation der Familien und familiendemographische Entwicklung in Deutschland. Berlin: Bundesministerium für Familie, Senioren, Frauen, und Jugend.

Fitzenberger, B./Wilke, R. (2004): Unemployment Durations in West-Germany Before and After the Reform of the Unemployment Compensation System During the 1980s. In: Zentrum für Europäische Wirtschaftsforschung, Discussion Paper 04-24.

Fuchs, J./Walwei, U./Weber, B. (2005): Arbeitsmarktanalyse: Die „Stille Reserve" gehört ins Bild vom Arbeitsmarkt. IAB-Kurzbericht 21.

Heinz, W.R./Dressel, W./Blaschke, D./Engelbrech, G. (1998) (Hrsg.): Was prägt Berufsbiographien? Lebenslaufdynamik und Institutionenpolitik. Beiträge zur Arbeitsmarkt- und Berufsforschung, 215. Nürnberg: IAB.

Hoffman, E./Walwei, U. (1998): Normalarbeitsverhältnis: ein Auslaufmodell? Überlegungen zu einem Erklärungsmodell für den Wandel der Beschäftigungsformen. In: Mitteilungen aus der Arbeitsmarkt- und Berufsforschung, 31, 3: 409-425.

Kohli, M. (1985): Die Institutionalisierung des Lebenslaufs – Historische Befunde und theoretische Argumente. In: Kölner Zeitschrift für Soziologie und Sozialpsychologie. 37, 1: 1-29.

Kohli, M. (1994): Institutionalisierung und Individualisierung der Erwerbsbiographie. In: Beck, U./Beck-Gernsheim, E. (Hrsg.), Riskante Freiheiten – Individualisierung in modernen Gesellschaften. Frankfurt/Main: Suhrkamp, 219-244.

Kress, U. (1998): Vom Normalarbeitsverhältnis zur Flexibilisierung des Arbeitsmarktes – Ein Literaturbericht. In: Mitteilungen aus der Arbeitsmarkt- und Berufsforschung, 31, 3: 488-505.

Krone, S./Müller, A. (2000): Neue Sozialpläne: Von der Abfindung zum Beschäftigungstransfer. In: Institut für Arbeit und Technik: Jahrbuch 1999/2000. Gelsenkirchen, 158-179.

Mayer, K.U./Huinink, J. (1990): Alters-, Perioden- und Kohorteneffekte in der Analyse von Erwerbsverläufen oder: Lexis ade? In: Mayer, K.U. (Hrsg.), Lebensverläufe und sozialer Wandel. Kölner Zeitschrift für Soziologie und Sozialpsychologie (Sonderband 31). Opladen: Westdeutscher Verlag, 442-459.

Mayer, K.U./Allmendinger, J./Huinink, J. (1991) (Hrsg.): Vom Regen in die Traufe: Frauen zwischen Familie und Beruf. Frankfurt/Main, New York: Campus.

Mayer, K.U./Müller, W. (1994): Individualisierung und Standardisierung im Strukturwandel der Moderne – Lebensverläufe im Wohlfahrtsstaat. In: Beck, U./Beck-

Gernsheim, E. (Hrsg.), Riskante Freiheiten – Individualisierung in modernen Gesellschaften. Frankfurt/Main: Suhrkamp, 265-295.

Mayer, K.U. (2001): Lebensverlauf. In: Schäfers, B./Zapf, W. (Hrsg.), Handwörterbuch zur Gesellschaft Deutschlands. Opladen: Leske + Budrich.

Mückenberger, U. (1985): Die Krise des Normalarbeitsverhältnisses – Hat das Arbeitsrecht noch Zukunft? In: Zeitschrift für Sozialreform, 31, 7/8: 415-434, 457-475.

Nave-Herz, R. (2002): Familie heute – Wandel der Familienstrukturen und Folgen für die Erziehung. Darmstadt: Wissenschaftliche Buchgesellschaft (2. überarb. Auflage).

Osterland, M. (1990): „Normalbiographie" und „Normalarbeitsverhältnis". In: Berger, P.A./Hradil, S. (Hrsg.), Lebenslagen, Lebensläufe, Lebensstile. Soziale Welt (Sonderband 7). Göttingen: Schwartz, 351-362.

Prinz, K. (1994): Folgen der Kindererziehung für Erwerbsverläufe und Lebenseinkommen. In: Deutsche Rentenversicherung, 3/4: 259-278.

Reinberg, A./Hummel, M. (2005): Vertrauter Befund: Höhere Bildung schützt auch in der Krise vor Arbeitslosigkeit. IAB-Kurzbericht 9.

Sørensen, A. (1990): Unterschiede im Lebenslauf von Frauen und Männern. In: Mayer, K.U. (Hrsg), Lebensverläufe und Sozialer Wandel. Kölner Zeitschrift für Soziologie und Sozialpsychologie (Sonderband 31). Opladen: Westdeutscher Verlag, 305-321.

Struck, O. (2006): Flexibilität und Sicherheit – Empirische Befunde, theoretische Konzepte und institutionelle Gestaltung von Beschäftigungsstabilität. Wiesbaden: Verlag für Sozialwissenschaften.

Wübbeke, C. (2005a): Der Übergang in den Rentenbezug im Spannungsfeld betrieblicher Personal- und staatlicher Sozialpolitik (Textband). Beiträge zur Arbeitsmarkt- und Berufsforschung, 290.1. Nürnberg: IAB.

Wübbeke, C. (2005b): Der Übergang in den Rentenbezug im Spannungsfeld betrieblicher Personal- und staatlicher Sozialpolitik (Anlageband). Beiträge zur Arbeitsmarkt- und Berufsforschung, 290.2. Nürnberg: IAB.

Zapf, W./Schupp, J./Habich, R. (1996) (Hrsg.): Lebenslagen im Wandel: Sozialberichterstattung im Längsschnitt. Frankfurt/Main, New York: Campus.

# Mehrfachausbildungen und die Folgen für die Erwerbstätigkeit. Oder: Wer ist am erfolgreichsten?

Wolfgang Lauterbach, Mareike Weil

## 1 Untersuchungsrahmen

In der sozialwissenschaftlichen Debatte gilt der Arbeitsmarkt als ein durch Institutionen beeinflusster Markt, der die Chancengleichheit und die durch Einkommen bestimmte kurz- und langfristige individuelle oder familiale Wohlstandsposition maßgeblich beeinflusst (Sesselmeier/Blauermel 1997, Hinz/Abraham 2005). Von besonderer Bedeutung ist, dass die Wohlstandsposition maßgeblich durch Faktoren bestimmt wird, die dem Eintritt in den Arbeitsmarkt vorgelagert sind: Dies sind ganz wesentlich die soziale Herkunft, die schulische und die berufliche Ausbildung. Deshalb war in der arbeitsmarktsoziologischen Debatte in den letzten Jahren der Übergang in den Arbeitsmarkt von besonderer Bedeutung (Konietzka 1999, 2002, Hillmert/ Mayer 2004, Abraham/Hinz 2005, Seibert/Solga 2005). Dabei ist das Augenmerk vor allem auf den Übergang von der Schule in den ersten langfristigen Beruf gerichtet, denn dieser Übergang ist ganz wesentlich von der beruflichen Ausbildung geprägt. Der Eintritt in die erste längerfristige Tätigkeit baut auf den erlernten Beruf auf.

In den 1990er Jahren wurde jedoch immer wieder darauf hingewiesen, dass das berufliche Ausbildungssystem nicht mehr den gegenwärtigen Anforderungen eines modernen Arbeitsmarktes entspricht. Besonders augenfällig war das veränderte Verhalten junger Erwachsener: Junge Erwachsene begannen Mehrfachausbildungen abzuschließen oder wechselten zwischen zwei oder mehreren beruflichen Ausbildungen (Leisering et al. 1994). Hinsichtlich der Befunde über die verlängerten Übergänge in den Arbeitsmarkt wurde in der Literatur die Abkehr vom 2-Schwellen-Modell als standardisiertes Beschreibungsmodell für die Übergänge zwischen dem Schulbildungs- und Ausbildungssystem (erste Schwelle) sowie zwischen dem Ausbildungs- und Arbeitsmarktsystem (zweite Schwelle) z.B. von Mayer (2004) betont, der den Weg in die „7-Schwellen-Gesellschaft" (ebd.: 205) beschreibt. Der Vorstellung, dass nach der Schule im direkten zeitlichen Anschluss eine berufliche Ausbildung absolviert wird und danach die erste Hauptberufstätigkeit beginnt, wird der Anteil von jungen Erwachsenen mit mehreren Ausbildungen nicht mehr gerecht (Mertens 1976: 68).

Das Ausbildungsverhalten in den 1990er Jahren führte dazu, dass die Phase zwischen dem Ende der Schulausbildung und dem Beginn der ersten Hauptberufstätigkeit für immer größere Gruppen immer länger wurde. Konietzka bezeichnete die berufliche Ausbildungsphase in den späten 1980er und 1990er Jahren treffenderweise als „Spielwiese" (Konietzka 1999: 193) für die Suche nach einer geeigneten Ausbildung und darauf aufbauend nach einem geeigneten Beruf. Unklar blieb bisher aber vor allem, welche unterschiedlichen Muster von Mehrfachqualifikationen sich in den letzten Jahren herausgebildet haben und wie diese von den unterschiedlichen Schulformen und den Qualifikationen abhängen. Diese Fragen wollen wir mit den Daten der LifE Studie beantworten.

## 2 Die Bedeutung des beruflichen Qualifikationserwerbs von jungen Erwachsenen für den Zugang zum Arbeitsmarkt – Bisherige Befunde

Das Ausbildungssystem gleicht einem „qualifikatorischen Raum" (Maurice et al. 1979: 308), der durch überregionale Verbreitung und Einheitlichkeit im Qualifikationserwerb gekennzeichnet ist. Das System baut auf drei Säulen auf: dem dualen Ausbildungssystem, dem vollzeitschulischen Ausbildungssystem und dem universitären System. Diese drei Säulen des deutschen Ausbildungssystems existieren segmentär nebeneinander und koppeln bestimmte Berufslaufbahnen an die entsprechenden Ausbildungen in den drei Systemen.

### 2.1 Die Bedeutung des Qualifikationserwerbs für die Arbeitsmarktintegration

Unabhängig von speziellen betrieblichen Kenntnissen hat die berufliche Qualifikation eine große Bedeutung für den Erwerbsverlauf und ist das entscheidende Kennzeichen des Bildungsabschnittes zwischen Schulabschluss und erster hauptberuflicher Erwerbstätigkeit. Für Personen, die eine Qualifikation erworben haben, wird sichergestellt, dass sie diese auch tatsächlich in einer beruflichen Tätigkeit ausüben können. Das Ausmaß der Bedeutung von beruflichen Qualifikationen für die Arbeitsmarktintegration wird an der seit Jahren hohen Arbeitslosenquote von Personen deutlich, die keine berufliche Ausbildung absolviert haben (Allmendinger et al. 2005). Die 1980er und 1990er Jahre sind durch den Anstieg der Arbeitslosenquote unqualifizierter Personen von fünf Prozent im Jahre 1980 auf 24 Prozent im Jahre 1998 gekennzeichnet (Hillmert 2004: 28). Im Jahre 2004 betrug die Arbeitslosenquote von Personen ohne Berufsabschluss in Westdeutschland 21 Prozent, in Ostdeutschland sogar 51 Prozent (Allmendinger et al. 2005). Viele Jugendliche, die keine berufliche Ausbildung abgeschlossen haben, befinden sich zudem in einer besonderen beruflichen Qualifizierungsmaßnahme (Dietrich 2004). Durch die berufliche Qualifikation wird aber nicht nur entschieden, ob ein hohes Arbeitslosigkeitsrisiko besteht. Sie beeinflusst außerdem die berufliche Mobilität. Denn Berufsmobilität wird durch die segmentär organisierte Ausbildungsorganisation extrem stark kanalisiert:

„Since access to jobs and career lines is strongly dependent on educational attainments, the chances of transcending these barriers during work life is small. At the same time, the educational credentials provide a generally recognized asset, preventing certificate holders from status loss. These conditions limit the amount of mobility, apart from systematic short distance promotions" (König/Müller 1986: 91).

So kann das Ausbildungssystem in Deutschland als ein ‚gatekeeper' für den Arbeitsmarkt bezeichnet werden.

## 2.2 Besondere Merkmale des Arbeitsmarktzugangs für junge Erwachsene

Die Organisation des deutschen Ausbildungssystems ist in international vergleichender Perspektive als sehr gut zu bezeichnen (Heinz 2003). Beim Berufszugang sind beispielsweise zu Beginn der 1990er Jahre 80 Prozent der Absolventen einer Ausbildung ausbildungsadäquat beschäftigt (Büchtemann et al. 1994: 132f.). Diejenigen, die einen Hochschulabschluss absolvierten, haben die geringste Arbeitslosenquote im Vergleich zu jungen Erwachsenen ohne Berufsausbildung und denjenigen mit einer abgeschlossenen Lehre (Allmendinger et al. 2005).

Dennoch hat sich in den letzten beiden Jahrzehnten der Übergang in den Arbeitsmarkt stark gewandelt. Zwei Veränderungen waren besonders auffallend. Erstens wurde beobachtet, dass in der Kohortenabfolge das Alter beim Ersteintritt in den Arbeitsmarkt anstieg und wesentlich vom Geschlecht und Abschlussniveau der schulischen Bildungsqualifikation abhängig ist. Während bei Männern und Frauen mit Hauptschul- oder Realschulabschluss das Alter beim Übergang in die erste Hauptberufstätigkeit in der Kohortenfolge nur sehr gering anstieg, erhöhte sich das Alter von Männern und Frauen, die das Abitur erwarben, deutlich: Schulisch hochqualifizierte Männer, die um 1950 geboren wurden, nehmen mit 24 Jahren die erste Haupterwerbstätigkeit auf, für die um 1960 geborenen Männer mit gleichem Schulbildungsniveau stieg das Alter auf nahezu 30 Jahre an, was einen Anstieg um 25 Prozent bedeutet. Bei schulisch hochqualifizierten Frauen stieg das Alter von 21 auf 26 Jahre an, was einem Anstieg von 24 Prozent gleichkommt (Konietzka 1999). Hinsichtlich der Zeitspanne zwischen dem Ende der Schulausbildung und dem Beginn der ersten Hauptberufstätigkeit zeigte sich zweitens, dass die

Phase zwischen beiden Ereignissen ebenso markant angestiegen ist und wiederum nach dem Abschluss der schulischen Ausbildung variiert. Die Dauer zwischen dem Ende der Schulausbildung und dem Beginn einer ersten Erwerbstätigkeit stieg bei Abiturienten der Geburtskohorte 1960 auf zehn Jahre an. Hauptschüler der gleichen Geburtskohorte hingegen verzeichnen zwischen dem Ende der Schulausbildung und dem ersten Hauptberuf nur eine Zeitspanne von dreieinhalb Jahren (Konietzka 1999).

## 2.3 Der Wandel des qualifikatorischen Raums in den 1990er Jahren

Neueste Befunde zeigen nun, dass junge Erwachsene in der Phase zwischen Schulabschluss und Arbeitsmarkteinstieg zahlreiche berufsbezogene Maßnahmen durchlaufen (z.B. Dietrich 2004). Das heißt, dass ein wesentlicher Grund für ein späteres Eintreten in den Arbeitsmarkt dem aufeinander folgenden Durchlaufen mehrerer berufsbezogener Bildungsphasen geschuldet ist. Jacob (2004) hebt beispielsweise in ihren Arbeiten hervor, dass Mehrfachausbildungen von beiden Geschlechtern absolviert werden, allerdings häufiger von Männern. Jacobs Befunden nach hat nahezu jeder zweite Mann der Geburtskohorte um 1960 zwei Ausbildungen absolviert, während es bei den Frauen nur jede dritte war. Der Berufsbildungsbericht des Jahres 2005 (BMBF 2005) zeigt zudem, dass berufsbezogene Maßnahmen, wie Praktika oder Volontariate, ebenso verstärkt besucht werden.

Begründet wird diese Entwicklung durch zwei Faktoren: Zum einen dient die Aneinanderreihung mehrerer Ausbildungen der Absicherung eines mit Risiken behafteten Studiums. So zeigt sich häufig, dass von Abiturienten eine berufliche Ausbildung vorgezogen und nachfolgend ein Studium absolviert wird. Hillmert und Jacob (2004) verweisen darauf, dass Mehrfachausbildungen mit Höherqualifizierungen einhergehen. Zum anderen zeigt sich aber auch, dass zahlreiche Umstiege stattfinden, weil eine neue Qualifikation angestrebt wird. Ausbildungen können also zu einem Teil mit Weiterqualifikationen und zum anderen Teil mit qualifikatorischen Umstiegen begründet werden.

Unabhängig davon, welche beruflichen Tätigkeiten innerhalb dieser Phase verrichtet werden, trifft deshalb das in den 1970er Jahren geprägte Modell des 2-Schwellen-Übergangs als alleiniges Beschreibungsmodell des Übergangs von der Schule in den Beruf für einen Teil der jungen Erwachsenen in den 1980er und den 1990er Jahren nicht mehr zu. Aufgrund der Ausdehnung des qualifikatorischen Raumes zwischen Schulabschluss und erster hauptberuflicher Erwerbstätigkeit lässt sich der Übergang vom schulischen Bildungssystem in das Arbeitsmarktsystem mit dem Begriff der ‚Schwellenbiografie' zutreffender beschreiben: Junge Erwachsene müssen mit dem Ende der Schulzeit mehrere Schwellen überschreiten, bevor sie in eine dauerhafte Erwerbstätigkeit – dem Normalarbeitsverhältnis gleichend – übertreten (Mayer 2004).

## 3 Untersuchungsfrage und theoretische Untersuchungsperspektive

Nun ist in der Forschung mittlerweile hinlänglich bekannt, dass Mehrfachausbildungen abgeschlossen werden, weitgehend unbekannt ist aber noch, welche Konsequenzen für den Berufsverlauf aus der Tatsache folgen, dass mehr als eine Ausbildung begonnen wurde. Daraus leitet sich die Untersuchungsfrage ab: Welche Folgen hat die Aufnahme einer weiteren Ausbildung nach der Erstausbildung für die Erwerbstätigkeit?

Der Analyse liegt die Episodendefinition von Mehrfachausbildungen zu Grunde. Mehrfachausbildungen werden als mindestens zwei begonnene Ausbildungen[1] definiert. Der Vorteil dieser Definition liegt darin, alle Ausbildungen unabhängig von deren Ausbildungsende (*Abschluss oder Abbruch*) zu erfassen. Jede begonnene Ausbildung wird als eine individuelle Investition in das eigene Qualifikationsprofil betrachtet, die auch aus verschiedenen Gründen abgebrochen werden kann.

### 3.1 Die Entscheidung für eine weitere Ausbildung als Kosten-Nutzen-Kalkül

Lebensverläufe und speziell Ausbildungs- und Erwerbsverläufe sollen hier nicht ausschließlich über die ihnen zu Grunde liegenden institutionellen Vorgaben nachgezeichnet werden. Bereits vorliegende Studien der Lebensverlaufsforschung haben das zahlreich getan. Eine Ausnahme stellt beispielsweise Jacob dar, die die Gestalt des Lebensverlaufs durch „ [...] individuelle Entscheidungen zwischen unterschiedlichen Handlungsalternativen, die sich auf Kenntnisse über institutionelle Vorgaben stützen und denen zielgerichtetes perspektivisches Denken zu Grunde liegt [...]" (Jacob 2004: 24), definiert. Hinsichtlich der Entscheidung für eine Handlungsalternative geht Jacob

---

1 Als Ausbildungen werden hier alle voll beruflich qualifizierenden Aus- und Fortbildungen verstanden, die standardisiert und staatlich geregelt sind und mit einem anerkannten Ausbildungs- oder Fortbildungsberuf oder einem akademischen Grad beendet werden. Berufsausbildungen im dualen und vollzeitschulischen System, universitäre Ausbildungen, Meister- und Technikerausbildungen und Fortbildungen, die mit einer staatlichen Prüfung abschließen (z.B. Fachwirte) sowie Promotionen werden in den Ausbildungsbegriff einbezogen. Praktika und Weiterbildungen in Lehrgängen, Volontariate, Traineeprogramme und Fachoberschulausbildungen stellen keine voll beruflich qualifizierenden Ausbildungen dar und werden nicht in die Analyse einbezogen.

aus der Perspektive der Rational Choice Theorie von nutzenmaximierenden Akteuren aus. Individuen handeln insofern rational, indem sie sich aus einem Umfang an möglichen Handlungsoptionen für diejenige entscheiden, die deren Nutzen maximiert und Kosten minimiert.

Dieser Argumentationslinie folgend ist die berufliche Qualifizierungsphase im Ausbildungssystem von gewinnsteigernden Entscheidungen geprägt. Innerhalb des institutionellen Spielraumes an Handlungsmöglichkeiten, beispielsweise für Abiturienten nach der ersten beruflichen Ausbildung eine weitere universitäre Ausbildung zu beginnen oder die erste Erwerbstätigkeit aufzunehmen, erfolgt eine Abwägung, wie folgenreich bzw. gewinnbringend zum Beispiel das zusätzliche Studium nach der Berufsausbildung ist. Aus der engen Verknüpfung zwischen Qualifikation und Arbeitsmarktzugang (siehe Abschnitt 2.1) bezieht sich die Nutzenmaximierung im Rahmen von Ausbildungsentscheidungen auf die Erwerbstätigkeit.

Für die Forschungsfrage nach den Folgen von Mehrfachausbildungen für den Arbeitsmarktzugang heißt das: Junge Erwachsene ordnen – in institutionell vordefinierten Übergangssituationen – dem Beginn einer weiteren Ausbildung einen Wert zu. Die Institution des segmentär organisierten Schulbildungssystems kanalisiert dabei den Zugang zu den drei Ausbildungszweigen des deutschen Ausbildungssystems: den vollzeitschulischen, den beruflich dualen und den akademischen Ausbildungen. Während Haupt- und Realschulabsolventen ausschließlich vollzeitschulische bzw. dual berufliche Ausbildungen aufnehmen können, ist Jugendlichen, die das Abitur erworben haben, zusätzlich der Zugang zum universitären Ausbildungssystem geöffnet. Die Entscheidung für eine weitere Ausbildung wird hinsichtlich der Ausbildungsart (Berufsausbildung oder Studium) institutionell eingeschränkt. Der Wert einer weiteren Ausbildung bezieht sich dabei auf den Gewinn für bestimmte Arbeitsmarktpositionen nach dem Ausbildungsabschluss, wobei die Arbeitsmarktposition schon allein durch die Ausbildungsart mitbestimmt wird. Beispiele für den Nutzen einer weiteren Qualifikation sind Höherqualifizierungen, Arbeitslosigkeitsvermeidung oder berufliche Umorientierungen auf dem Arbeitsmarkt, die unterschiedliche Arbeitsmarktpositionen zur Folge haben (Jacob 2004). Die Folgen einer weiteren Ausbildung für die Erwerbsposition sind deshalb auf die Motive von Mehrfachausbildungen, d.h. auf den erwarteten Nutzen, zurückzuführen.

## 3.2 Untersuchungshypothesen

Den theoretischen Ausführungen folgend hängt die rationale Wahl zur Aufnahme einer weiteren Ausbildung von der Nutzensteigerung ab, die mit einer weiteren Qualifikation für die Erwerbsposition verbunden ist. Indikatoren für den Gewinn, den eine weitere Qualifikation einbringt, sind beispielsweise die

Höhe des (zukünftigen) Einkommens, die (erwartete) Beschäftigungsstabilität im erlernten Beruf oder die (voraussichtliche) Vereinbarkeit von Beruf und Familie (Jacob 2004). Die durch gezielte Ausbildungsaktivitäten angestrebte Erwerbsposition auf dem Arbeitsmarkt wird auch durch das gesellschaftliche Berufsprestige der ausgeübten Erwerbstätigkeit widergespiegelt. Denn die mit dem Berufsprestige verknüpften sozio-ökonomischen Privilegien und Einflusschancen stellen für Individuen einen Nutzen dar.

Die abhängige Variable der vorliegenden Analyse ist das Berufsprestige der hauptberuflichen Erwerbstätigkeit, das mit der Magnitude-Prestige-Skala (MPS) von Wegener (1985, 1988) gemessen wird[2]. Es wird angenommen, dass das Prestige des Hauptberufes von jungen Erwachsenen danach variiert, ob eine weitere Qualifikation nach der Erstausbildung erworben oder der Hauptberuf ohne eine weiterqualifizierende Ausbildung begonnen wurde. Denn aus einzelnen Studien über Mehrfachausbildungen ist bereits bekannt, dass zwei aneinander anschließende Ausbildungen zu einem großen Anteil aus Gründen der Weiterqualifikation absolviert werden (Jacob 2004). Aus theoretischer Perspektive heißt das, dass die Erwartung, das Berufsprestige durch eine weitere Ausbildung zu erhöhen, die Kosten eines verlängerten Ausbildungsverlaufes übersteigt.

Zusammenfassend kann formuliert werden: Die Entscheidung für eine weitere Ausbildung ist erstens von den institutionellen Rahmenbedingungen abhängig und wird zweitens vor dem Hintergrund einer erwarteten beruflichen Prestigesteigerung getroffen. Aus den theoretischen Überlegungen werden folgende Hypothesen abgeleitet:

**Institutionelle Rahmenbedingungen**

Hypothese 1   Das Berufsprestige des ersten ausgeübten Hauptberufes von jungen Erwachsenen mit hohem schulischem Bildungsniveau ist höher als das Berufsprestige von jungen Erwachsenen mit niedrigem schulischem Bildungsniveau.

Hypothese 2   Das Berufsprestige des Hauptberufes, der im mittleren Erwachsenenalter mit 35 Jahren ausgeübt wird, ist bei Personen mit hohem Schulbildungsniveau höher als das Berufsprestige von Personen mit niedrigem Schulbildungsniveau.

**Ausbildungskontext**

Hypothese 3   Nimmt die Person nach der ersten Ausbildung eine weitere Ausbildung auf, ist das Berufsprestige des ersten Hauptbe-

---

2   Die Magnitude-Prestige-Skala (MPS) ist eine Skala zur Erfassung des beruflichen Status in Deutschland, die Wegener (1985, 1988) auf der Basis der ISCO-Klassifikation konstruierte. Die metrische Skala reicht von einem minimalen Berufsprestigewert von 20 für Handlanger und ungelernte Arbeiter bis zu einem maximalen Skalenwert von 186,8 für das Berufsprestige von Ärzten (ausführlich zur Skalenkonstruktion: Wolf 1995).

| | rufes größer im Vergleich zu dem Berufsprestige der Personen, die dies nicht tun. |
|---|---|
| Hypothese 4 | Nimmt die Person nach der ersten Ausbildung eine weitere Ausbildung auf, ist das Berufsprestige der Haupterwerbstätigkeit im mittleren Erwachsenenalter mit 35 Jahren größer im Vergleich zu dem Berufsprestige der Personen, die dies nicht tun. |

Das Berufsprestige des ersten Hauptberufes bildet dabei den kurzfristigen Nutzen, das Berufsprestige der hauptberuflichen Erwerbstätigkeit im Alter von 35 Jahren bildet dagegen den langfristigen Nutzen der Entscheidung für eine weitere Ausbildung im Sinne einer Weiterqualifikation ab.

## 4 Datengrundlage und Systematisierung individueller Ausbildungspfade

Für die Beantwortung der Untersuchungsfrage wird auf die Daten des im Jahre 2002 durchgeführten Follow-Up »*L*ebensverläufe *i*ns *f*rühe *E*rwachsenenalter (LifE) – Die Bedeutung von Erziehungserfahrungen und Entwicklungsprozessen für die Lebensbewältigung« der Konstanzer Längsschnittstudie »Entwicklung im Jugendalter« (1979-1983) zurückgegriffen. Es handelt sich um ein Gemeinschaftsprojekt der Universitäten Konstanz, Zürich und Münster, das durch die Deutsche Forschungsgemeinschaft und den Schweizer Nationalfonds gefördert wurde[3]. Eine der Hauptaufgaben der Follow-Up-Studie ist es, nach den Antezedensbedingungen im Jugendalter für eine gelingende bzw. belastete Lebensbewältigung im Erwachsenenalter zu suchen. So liegt das spezifische Potenzial der LifE Studie darin, dass sie die Möglichkeit bietet zu untersuchen, wie sich eine Generation vom Jugendalter bis in das Erwachsenenalter entwickelt. Die LifE Studie enthält Informationen über die Altersspanne von 12 bis 35 Jahren einer Kohorte, die 1966/67 geboren wurde. Diese Kohorte befand sich 1982 in der 9. Schulstufe. Insgesamt können mit dem Datensatz mehr als 1500 Wege von der Schulformzugehörigkeit ab dem Alter von zwölf Jahren bis zum Schul- und Ausbildungsabschluss sehr detailliert nachgezeichnet werden. Darüber hinaus kann der Übergang in den ersten Beruf betrachtet und zusätzlich der Beruf in der mittleren Erwachsenenphase im Alter von 35 Jahren untersucht werden. Die Untersuchungsgruppe besteht aus allen wiederbefragten ehemaligen Hauptschülern, Realschülern und Gymnasiasten, die keine, eine oder mehr als eine Ausbildung begonnen haben. Diese Stichprobe umfasst insgesamt 1527 Personen.

---

3 Die Autoren der Studie sind Helmut Fend, Werner Georg, Fred Berger, Urs Grob und Wolfgang Lauterbach.

Für die Untersuchung des kurz- und langfristigen Gewinns von Mehrfachausbildungen für den ersten Hauptberuf und den Beruf im Alter von 35 Jahren ist die Unterscheidung, ob Mehrfachausbildungen *vor* dem Erwerbseinstieg unternommen werden oder ob sie dem Erwerbseinstieg zeitlich *nachgelagert* sind, besonders bedeutsam. Denn Mehrfachausbildungen vor dem Berufseinstieg wirken sich auf die daran anschließende erste Erwerbstätigkeit aus, Mehrfachausbildungen nach dem Berufseinstieg können erst den späteren Erwerbsverlauf beeinflussen.

In Abbildung 1 werden die Übergangsbewegungen zwischen dem Schulbildungs-, Ausbildungs- und Arbeitsmarktsystem systematisiert aufgezeigt. In Analogie zu dem 2-Schwellen-Modell können entsprechend zwei weitere Modelle als Mehr-Schwellen-Modelle bezeichnet werden, die einen destandardisierten Übergang in den Arbeitsmarkt beschreiben: erstens die Aufnahme von Mehrfachausbildungen vor dem Erwerbseinstieg (*Mehr-Schwellen-Modell 1*) und zweitens die Rückkehr ins Ausbildungssystem nach der ersten Erwerbstätigkeit (*Mehr-Schwellen-Modell 2*). Beide Mehr-Schwellen-Modelle implizieren, dass diese Übergangsbewegungen eine stabile Integration in das Arbeitsmarktsystem verzögern. Als Schwellen werden hier nicht nur die Übergänge zwischen den Institutionen Schulbildungssystem – Ausbildungssystem – Arbeitsmarktsystem, sondern auch die Aneinanderreihung von Ausbildungen und der Wechsel zwischen zwei Ausbildungen bezeichnet.

*Abbildung 1:* *Übergangsmuster zwischen dem Schulbildungs-, Ausbildungs- und Arbeitsmarktsystem*

| | Übergang in das Ausbildungssystem | Übergang in das Arbeitsmarktsystem | (Bildungs-)Rückkehr in das Ausbildungssystem |
|---|---|---|---|
| 2-Schwellen-Modell | Schulabschluss | Ausbildung | Berufseinstieg |
| Mehr-Schwellen-Modell 1 | Schulabschluss | mind. zwei Ausbildungen | Berufseinstieg |
| Mehr-Schwellen-Modell 2 | Schulabschluss | eine Ausbildung | Berufseinstieg | eine oder mehrere Ausbildungen |

Die folgenden Grafiken zeigen die prozentualen Verteilungen der befragten Jugendlichen auf das 2-Schwellen-Modell, das Übergangsmodell, welches Mehrfachausbildungen vor dem Erwerbseinstieg erfasst sowie das Modell, das Mehrfachausbildungen aus der Erwerbstätigkeit heraus beschreibt. Der Vergleich zeigt für Männer und Frauen gleichermaßen, dass ein großer Anteil

*Mehrfachausbildungen und die Folgen für die Erwerbstätigkeit* 77

Grafik 1: *Übergangsmuster zwischen dem Schulbildungs-, Ausbildungs- und Arbeitsmarktsystem von Männern und Frauen*

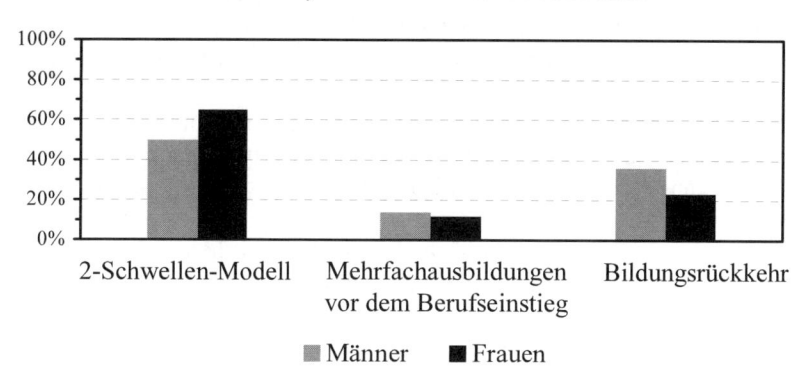

■ Männer ■ Frauen

Datenbasis: LifE Studie, eigene Berechnungen, n=1222.

Grafik 2: *Übergangsmuster zwischen dem Schulbildungs-, Ausbildungs- und Arbeitsmarktsystem von Männern und Frauen mit verschiedenen Schulabschlüssen*

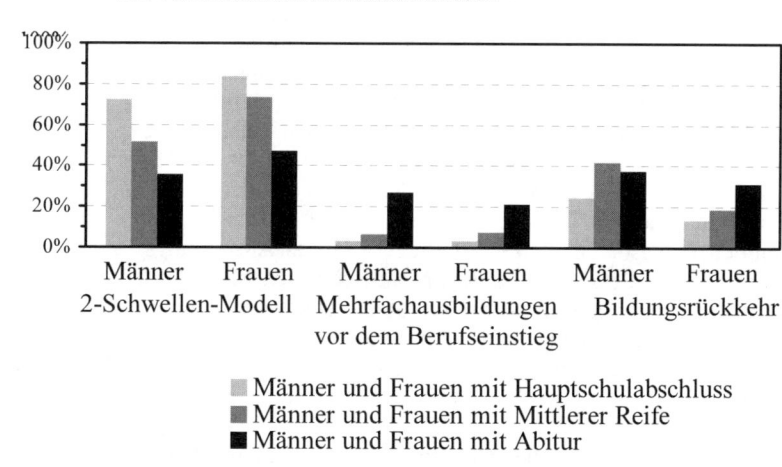

■ Männer und Frauen mit Hauptschulabschluss
■ Männer und Frauen mit Mittlerer Reife
■ Männer und Frauen mit Abitur

Datenbasis: LifE Studie, eigene Berechnungen, n=1222.

der Jugendlichen nach dem Prinzip des 2-Schwellen-Übergangsmodells in den Arbeitsmarkt einmündet (Grafik 1). Die Hälfte der Männer und 65 Prozent der Frauen folgen dem 2-Schwellen-Modell, indem sie nach dem Schulabschluss eine Ausbildung absolvieren und daran anschließend in die Erwerbstätigkeit einsteigen.

Ein großer Anteil der jungen Männer und Frauen beginnt dagegen mehrere Ausbildungen. 50 Prozent der Männer und 35 Prozent der Frauen beginnen Mehrfachausbildungen, was deutlich auf die Veränderung im Ausbildungsverhalten junger Erwachsener in den 1980er und 1990er Jahren hinweist. Dabei kommen Übergänge aus der Erwerbstätigkeit heraus in eine weitere Ausbildung am häufigsten vor, wenn Mehrfachausbildungen begonnen werden. 23 Prozent der Frauen und 36 Prozent der Männer kehren nach dem Übergang von der ersten Ausbildung in den Arbeitsmarkt wieder in das Ausbildungssystem zurück. Dagegen beginnen 14 Prozent der Männer bzw. zwölf Prozent der Frauen Mehrfachausbildungen vor dem Berufseinstieg. In den meisten Fällen von Mehrfachausbildungen geht also eine erste Erwerbstätigkeit voraus. Vor allem sind es aber die jungen Männer, die nach dem Berufseinstieg weitere Ausbildungen aufnehmen.

Vergleicht man die Anteile der Personen, die nach den unterschiedlichen Schwellen-Modellen kurz- oder langfristig in den Arbeitsmarkt einmünden, nach den drei Schulbildungsgruppen, dann zeigen sich folgende Ergebnisse (Grafik 2): Männer und Frauen, die einen Hauptschulabschluss erworben haben, folgen zu 72 bzw. 84 Prozent dem 2-Schwellen-Weg in den Arbeitsmarkt. Wenn Mehrfachausbildungen von diesen jungen Männern und Frauen unternommen werden, dann bevorzugt nach dem Berufseinstieg (25 Prozent der Männer bzw. 13 Prozent der Frauen), hauptsächlich aber von jungen Männern. Für Personen mit Mittlerer Reife zeigt sich ein ähnlicher Befund, wobei der Anteil der Ausbildungsrückkehrer größer ist. Von ehemaligen männlichen Realschülern kehren mehr als 40 Prozent, von den ehemaligen weiblichen Absolventen fast 20 Prozent in das Ausbildungssystem zurück. Der Anteil der Personen, die dem Mehr-Schwellen-Modell mit Mehrfachausbildungen vor dem Berufseinstieg folgen, steigt von drei Prozent (Männer bzw. Frauen mit Hauptschulabschluss) auf sieben Prozent bei Männern und Frauen an, also auf einem sehr geringen Niveau. Die Hälfte der Männer und beinahe 75 Prozent der Frauen folgen nach dem Realschulabschluss dem 2-Schwellen-Modell.

Die Ausbildungspfade männlicher und weiblicher Abiturienten sind im Vergleich dazu sehr verschieden. Ein deutlich geringerer Anteil von ihnen mündet nach dem 2-Schwellen-Modell in den Arbeitsmarkt ein. Bei weniger als der Hälfte der Abiturienten erfolgt nach diesem Prinzip der Übergang in die erste Erwerbstätigkeit (36 Prozent der Männer, 47 Prozent der Frauen).

Abiturienten nehmen den ersten Hauptberuf dagegen häufiger erst im Anschluss an mehrere Ausbildungen auf. Vor allem Männer beginnen vor dem Übergang in den ersten Beruf zwei oder mehrere Ausbildungen. 27 Prozent bzw. mehr als 20 Prozent der ehemaligen männlichen und weiblichen Abiturienten folgen dem ersten Mehr-Schwellen-Modell. Der Anteil der Bildungsrückkehrer unter den Abiturienten bleibt zudem bei den Männern mit nahezu 40 Prozent auf einem hohen Niveau im Vergleich zu den männlichen Jugendlichen mit Mittlerer Reife und erhöht sich auf 32 Prozent bei den weiblichen Jugendlichen.

Insgesamt bestätigen diese Befunde einerseits die empirischen Ergebnisse bisheriger Untersuchungen: Jugendliche gehen in den 1990er Jahren zunehmend destandardisierte Ausbildungswege. Andererseits verweisen sie darauf, dass sich im Zuge verlängerter Ausbildungsverläufe Muster von Übergangsmöglichkeiten in den Arbeitsmarkt herauskristallisieren und als Mehr-Schwellen-Modelle neben dem 2-Schwellen-Modell für die Beschreibung des Integrationsprozesses in den Arbeitsmarkt in den 1990er Jahren dienen können. Im Rahmen der Untersuchungsfrage wird dabei die Perspektive auf die Mehrfachausbildungen vor dem Berufseinstieg eingeschränkt (siehe oben). Im Vergleich treten Übergänge in das Ausbildungssystem aus der Erwerbstätigkeit heraus häufiger auf. Zudem zeigen sich gravierende Unterschiede hinsichtlich des schulischen Bildungsniveaus und des Geschlechts: Abiturienten und junge Männer nehmen häufiger zwei oder mehrere Ausbildungen auf als Jugendliche mit mittlerem oder niedrigem Schulbildungsniveau und Frauen. Für diese Jugendlichen ist die Ausbildungsphase deutlich länger.

## 5 Zum kurz- und langfristigen Nutzen von Mehrfachausbildungen

Für die Untersuchungsfrage nach den Konsequenzen von Mehrfachausbildungen für das kurz- und langfristige Berufsprestige liegt der Analysefokus auf denjenigen Männern und Frauen, die nach der Erstausbildung eine weitere Ausbildung *vor dem Berufseinstieg* abschließen im Vergleich zu denen, die nur eine Ausbildung vor dem Berufseinstieg absolvieren oder ohne eine Ausbildungsqualifikation in den Arbeitsmarkt eintreten. Wie die erste Ausbildung vor einer weiteren Ausbildung beendet wird, d.h. ob sie mit einem Ausbildungszertifikat abgeschlossen wird oder ob die Ausbildung frühzeitig abgebrochen wird, spielt dabei eine besondere Rolle. Mehrfachausbildungen, die dem Arbeitsmarkteintritt nachgelagert sind, werden nicht in die Analyse einbezogen.

## 5.1 Die Dauer bis zur Aufnahme einer weiteren Ausbildung nach der Erstausbildung

Die Verlängerung der Phase im Ausbildungssystem ist nicht nur eine Folge von einer Mehrzahl an unterschiedlichen Ausbildungen, sondern auch von den ‚Ausbildungslücken', die beispielsweise zwischen zwei aufeinander folgenden Ausbildungen vor dem Berufseinstieg entstehen. Die Episodendefinition von Mehrfachausbildungen, die dieser Untersuchung zugrunde liegt, ermöglicht eine differenzierte Beschreibung der Zeitdauern zwischen zwei Ausbildungen in Abhängigkeit vom Ende der Erstausbildung. Zwei Fragen leiten sich ab: Wie viel Zeit vergeht nach dem Abschluss der Erstausbildung, bis eine weitere Ausbildung begonnen wird? Und wie lange dauert es nach dem Abbruch der Erstausbildung, bis eine weitere Ausbildung aufgenommen wird?

Für die Analyse der Dauer bis zur Aufnahme einer weiteren Ausbildung vor dem Berufseinstieg wird eine Ereignisanalyse (Kaplan-Meier-Schätzung) durchgeführt. Es wird der Anteil der Männer und Frauen geschätzt, die nach einer gewissen Zeit im Anschluss an die erste Ausbildung eine weitere Ausbildung beginnen. Ob die erste Ausbildung abgeschlossen oder abgebrochen wird, spielt für die Dauer bis zur Aufnahme einer weiteren Ausbildung eine entscheidende Rolle. Grafik 3 zeigt die geschätzten Anteile der jungen Männer und Frauen, die die erste Ausbildung abgeschlossen bzw. abgebrochen haben und anschließend eine weitere Ausbildung beginnen. Auf der Zeitachse ist die vergangene Zeit seit dem Ende der Erstausbildung abgetragen. Die Survivorfunktion schätzt, wie viele Personen das Ereignis, d.h. den Beginn der Zweitausbildung, noch nicht realisiert haben.

Grafik 3 legt dar, dass männliche Jugendliche nach dem Abbruch der Erstausbildung häufiger eine weitere Ausbildung aufnehmen als nach dem Ausbildungsabschluss. Die gestrichelte Kurve, die die Ausbildungsabbrüche von Männern kennzeichnet, liegt unterhalb der durchgezogenen Kurve der Ausbildungsabschlüsse. Die Grafik zeigt auch, dass junge Männer nach einem Ausbildungsabbruch schnell eine Zweitausbildung aufnehmen. Im Folgemonat beginnen neun Prozent eine weitere Ausbildung. Nur anderthalb Prozent der Männer nehmen nach dem Ausbildungsabschluss der Erstausbildung eine weitere Ausbildung im nachfolgenden Monat auf. Für weibliche Jugendliche zeigen sich äquivalente Ergebnisse. Wie junge Männer beginnen Frauen nach dem Abbruch der Erstausbildung häufiger eine zweite Ausbildung als nach dem Ausbildungsabschluss. Nach einer abgebrochenen Ausbildung nehmen junge Frauen, wie junge Männer, eine weitere Ausbildung auch schneller auf. 17 Prozent der Frauen beginnen im Folgemonat nach dem Ausbildungsabbruch der Erstausbildung eine weitere Ausbildung, aber nur zwei Prozent nach dem ersten Ausbildungsabschluss.

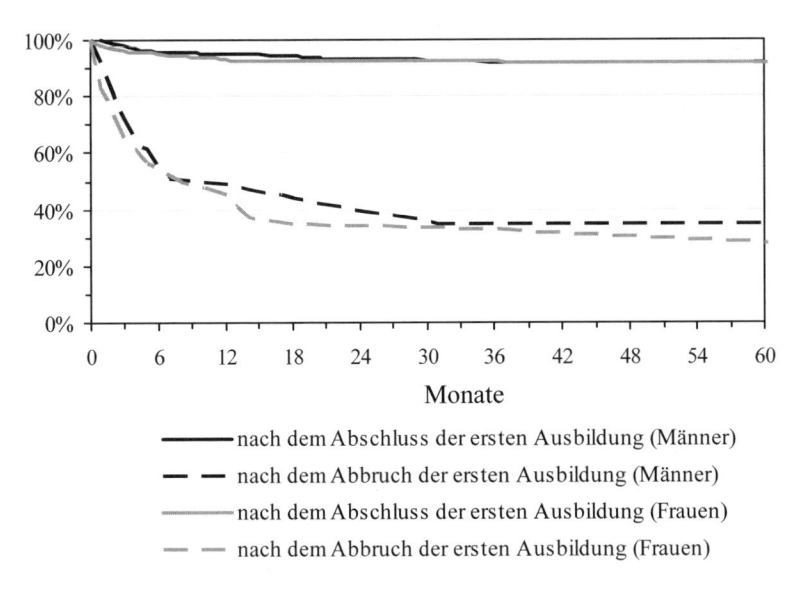

*Mehrfachausbildungen und die Folgen für die Erwerbstätigkeit* 81

Grafik 3: *Dauer bis zur Aufnahme einer weiteren Ausbildung nach der Beendigung der ersten Ausbildung*

——— nach dem Abschluss der ersten Ausbildung (Männer)
— — nach dem Abbruch der ersten Ausbildung (Männer)
——— nach dem Abschluss der ersten Ausbildung (Frauen)
— — nach dem Abbruch der ersten Ausbildung (Frauen)

Datenbasis: LifE Studie, eigene Berechnungen, n=1236 (Abschluss der Erstausbildungen), n=120 (Abbruch der Erstausbildung).

Aus den Befunden lässt sich die Vermutung ableiten, dass die Ausbildungsabbrüche der ersten Ausbildung, denen eine rasche Aufnahme einer weiteren Ausbildung folgt, als ‚Ausbildungsumwege' von den Jugendlichen bewusst in die berufliche Qualifizierungsphase eingefügt werden. Ist der Zugang zu einer Ausbildung an Wartezeiten geknüpft, wird die zeitliche Frist bis zum Ausbildungsbeginn mit alternativen Aktivitäten überbrückt, zum Beispiel mit dem Beginn einer direkt zugänglichen Ausbildung. Mit dieser Vermutung wird zugleich ein Nutzen des Ausbildungsumweges unterstellt, den junge Männer und Frauen für den Erwerbseinstieg erwarten. Dabei ist anzunehmen, dass der Nutzen für das Berufsprestige der Erwerbstätigkeit, welcher nach einer mehr oder weniger langen Wartezeit von der angestrebten Qualifikation erwartet wird, für diese Gruppe der jungen Erwachsenen die Kosten der verlängerten Verweildauer im Ausbildungssystem kompensiert. Denn mit einem verlängerten Verbleib im Ausbildungssystem – aus dem hinsichtlich der abgebrochenen Erstausbildung ‚nur' eine zertifizierte Ausbildungsqualifikation nach Abschluss der Zweitausbildung resultiert – erhöht sich die Anzahl der jüngeren Konkurrenten mit gleichem Qualifikationsniveau (eine tatsächlich abgeschlossene Ausbildung). Es wird vermutet, dass die Kosten der Ausbildungsverlängerung durch den Nutzen eines hohen Berufsprestiges kurz- und langfristig überstiegen werden. Aber wiegt der Nutzen von Ausbildungsumwegen, d.h. Ausbildungsabbrüche, die durch die Aufnahme einer weiteren Ausbildung motiviert sind, auch zwei abgeschlossene Ausbildungen vor dem Berufseinstieg auf? Denn zwei abgeschlossene Ausbildungen bauen in der Regel aufeinander auf und gehen mit einer beruflichen Höherqualifikation einher (Jacob 2004). Diesen Annahmen folgend wird die Frage nach dem tatsächlichen Gewinn von vier verschiedenen Ausbildungspfaden in den ersten Beruf für das kurz- und langfristige Berufsprestige untersucht.

## 5.2 Der Nutzen von vier Ausbildungswegen in die erste Erwerbstätigkeit für das kurz- und langfristige Berufsprestige

Aus den bisherigen Beobachtungen lassen sich die Ausbildungspfade von jungen Erwachsenen in den Arbeitsmarkt vier Übergangsmustern mit unterschiedlicher beruflicher Qualifikationsstruktur zuordnen, die nicht nur durch die Art der Ausbildung, sondern auch von aufeinander folgenden Abbrüchen und Abschlüssen bestimmt sind: Junge Erwachsene münden erstens nach dem traditionellen *2-Schwellen-Übergangsmodell* in den Arbeitsmarkt ein. Diesem Modell entsprechend wird eine Ausbildung begonnen und mit einem Ausbildungszertifikat abgeschlossen. Das zweite Muster umfasst die *Ausbildungsumwege*. Nach dem Ausbildungsabbruch der ersten Ausbildung wird eine weitere Ausbildung begonnen, an die sich nach dem regulären Abschluss die erste Erwerbstätigkeit anschließt. Die Kombination von *zwei abgeschlossenen Ausbildungen* vor dem Berufseinstieg bildet das dritte Muster von Ausbildungspfaden in den ersten Beruf. Die Möglichkeit, *ohne eine zertifizierte berufliche Qualifikation* in die erste hauptberufliche Erwerbstätigkeit einzusteigen, stellt das vierte Übergangsmuster in den Arbeitsmarkt dar. Innerhalb des vierten Musters gibt es zwei Übergangsmöglichkeiten zwischen dem schulischen Bildungs- und Arbeitsmarktsystem. Jugendliche, die entweder nie eine Ausbildung beginnen oder ohne eine abgeschlossene Ausbildung in den Arbeitsmarkt eintreten, d.h. also eine oder mehrere Ausbildungen abbrechen, besitzen keine Ausbildungsqualifikation und werden in diesem Übergangsmuster zusammengefasst.

Die Auswahl eines Ausbildungsweges ist die nutzenmaximierende Entscheidung der Akteure. Dabei wird vermutet, dass der erwartete Nutzen des *zweiten* und *dritten Übergangsmusters* am höchsten ist; das Berufsprestige, das aus beiden Ausbildungswegen resultiert, sollte damit höher sein als das Berufsprestige, das junge Erwachsene durch eine abgeschlossene Ausbildung (*erstes Übergangsmuster*) oder keine Ausbildungsqualifikation (*viertes Übergangsmuster*) erreichen. Die Begründung dieser Vermutung baut dabei zum einen auf den bisherigen empirischen Befunden der Studie von Jacob (2004) auf, nach denen eine weitere Ausbildung zu einem großen Anteil für Weiterqualifikationen genutzt wird. Zum anderen zeigen die Ergebnisse über die Dauer zwischen zwei Ausbildungen (siehe Abschnitt 5.1), dass einer abgebrochenen Ausbildung häufig direkt anschließend eine weitere Ausbildung folgt. Aus der theoretischen Perspektive der Rational Choice Theorie ist die Vermutung ableitbar, dass gewisse Wartezeiten bis zum Zugang zu einer stark nachgefragten Ausbildung durch das Verweilen in ‚Warteausbildungen' auf sich genommen werden, weil diese nachgefragten Ausbildungen mit einem höheren Nutzen für die Erwerbstätigkeit (Erhöhung des Berufsprestiges) verbunden sind. Beide Aspekte begründen damit die Annahme.

Für die Überprüfung der Annahmen zum Schulbildungsniveau und des Ausbildungsverlaufes wird eine Lineare Regression durchgeführt. Die Regressionskoeffizienten geben die durchschnittliche Veränderung des Berufsprestiges in Abhängigkeit des schulischen Bildungskontextes und der vier Übergangsmuster an. Insgesamt werden vier Regressionsmodelle berechnet, die den Einfluss auf das Berufsprestige des ersten Hauptberufes (*kurzfristiger Nutzen*) von Männern (Modell 1) und Frauen (Modell 2) sowie auf den Hauptberuf im Alter von 35 Jahren (*langfristiger Nutzen*) der Männer (Modell 3) und Frauen (Modell 4) schätzen.

In die Regressionsmodelle wird neben der Anzahl an verschiedenen Ausbildungswegen der schulische Bildungskontext der Jugendlichen als institutioneller Einflussfaktor herangezogen, weil die schulischen Bildungsabschlüsse die Zugangsvoraussetzungen zu den beruflichen bzw. universitären Ausbildungen, die eng mit Erwerbspositionen verbunden sind, kanalisieren. Der Variablenblock zum Bildungskontext der Jugendlichen beinhaltet den ersten Schulabschluss der Jugendlichen, den Notendurchschnitt aus den Fächern Deutsch, Mathematik und Englisch sowie eine weitere Variable, die die Schulform, in der sich die Jugendlichen im Alter von 15 Jahren befinden, mit den Bildungsaspirationen im Jugendalter vergleicht. Sie misst die Aufstiegsorientierung im Jugendalter.

Männer und Frauen, die nach dem klassischen 2-Schwellen-Modell in den Arbeitsmarkt einmünden, bilden die Referenzkategorie der Variable, die die vier Ausbildungswege in den Arbeitsmarkt beschreibt. Die Begründung für die Auswahl der Referenzgruppe baut auf der Tatsache auf, dass das 2-Schwellen-Modell lange Zeit als standardisiertes Beschreibungsmodell für den Übergang zwischen Schule und Arbeitsmarkt galt, aber der Anteil der männlichen und weiblichen Jugendlichen, die dem traditionellen 2-Schwellen-Modell folgen, deutlich geringer geworden ist. Durch Veränderung des (Aus-) Bildungsverhaltens junger Erwachsener in der Mitte der 1990er Jahre entsteht eine Gruppe von jungen Erwachsenen mit destandardisierten Ausbildungsverläufen, deren Übergangsbewegungen in den Arbeitsmarkt nicht anhand des traditionellen 2-Schwellen-Übergangsmodells beschrieben werden können und damit konträr jungen Erwachsenen mit einem Ausbildungsabschluss gegenüberstehen. Der klassische Ausbildungsweg in den Arbeitsmarkt umfasst in der Analyse duale oder vollzeitschulische Ausbildungen. Junge Männer und Frauen, die zwischen dem Schulabschluss und dem Arbeitsmarkteintritt eine universitäre Ausbildung absolvieren, werden nicht in die Referenzgruppe einbezogen, weil an die Qualifikationen im universitären Ausbildungssystem Berufe gekoppelt sind, denen ein höheres Berufsprestige auf der Magnitude-Prestige-Skala zugeordnet ist. Die Abkehr vom 2-Schwellen-Modell wird dadurch unterstrichen. Für die Analyse wird aber nicht nur das erste Übergangsmuster hinsichtlich der Art der Ausbildung differenziert. Auch Ausbildungsumwege (zweites Muster) und Ausbildungskombinationen (drittes Muster) gehen mit dem gleichen Argument getrennt nach der Ausbildungsart in die Analyse ein. Es ist zu vermuten, dass bspw. zwei abgeschlossene Ausbildungen im dualen bzw. vollzeitschulischen und universitären System das Berufsprestige deutlicher erhöhen als zwei Ausbildungen, die ausschließlich im dualen oder vollzeitschulischen Ausbildungssystem abgeschlossen werden. Entsprechend ergeben sich sieben Variablenkategorien.

Tabelle 1 enthält die Regressionskoeffizienten der vollständigen Modellschätzungen für das Berufsprestige der ersten Erwerbstätigkeit von Männern und Frauen. Die Modelle 1 und 2 erklären 51 Prozent (für Männer) bzw. 35 Prozent (für Frauen) der Varianz des ersten Berufsprestiges.

Hinsichtlich der Merkmale zum schulischen Bildungskontext zeigt sich, dass sich für Männer mit hohem Bildungsniveau das Berufsprestige des ersten Hauptberufes im Vergleich zu Männern mit Mittlerer Reife durchschnittlich um zehn Prestigepunkte erhöht. Das Berufsprestige von Männern mit niedrigem Bildungsniveau verringert sich um durchschnittlich neun Prestigepunkte im Vergleich zu den männlichen Jugendlichen, die einen Realschulabschluss erwerben. Gute Schulnoten wirken sich auf das Berufsprestige der ersten Erwerbstätigkeit von Männern nicht signifikant aus. Für junge Frauen ist zu beobachten, dass diejenigen mit Abitur ein um durchschnittlich acht Prestigepunkte höheres Berufsprestige und diejenigen mit Hauptschulabschluss ein um 14 Prestigepunkte geringeres Berufsprestige im Einstiegsberuf erreichen als Frauen mit Mittlerer Reife. Die Schulnoten im Jugendalter zeigen für das Berufsprestige der Frauen einen signifikant positiven Effekt. Erhöht sich der Notendurchschnitt um eine Note, dann erhöht sich das Berufsprestige der Frauen im ersten Beruf um mehr als vier Prestigepunkte auf der Wegener Prestigeskala. Für junge Männer und Frauen, die im Jugendalter aufstiegsorientiert sind, erhöht sich das Berufsprestige der ersten Erwerbstätigkeit nur in sehr geringem Maße und nicht signifikant.

Tabelle 1: *Prädiktion des Berufsstatus der ersten hauptberuflichen Erwerbstätigkeit von Männern und Frauen (Lineares Regressionsmodell)*

|  | Modell 1 Männer | Modell 2 Frauen |
|---|---|---|
| Schulischer Bildungskontext |  |  |
| (1) *Erster Schulabschluss* |  |  |
| kein Abschluss, Hauptschulabschluss | -9,15*** | -13,97*** |
| Fachhochschulreife, Abitur | 10,26** | 7,89*** |
| (2) *Bildungsaspirationen-Schulform-Vergleich* |  |  |
| Aufstiegsorientiert | 2,36 | 2,01 |
| (3) *Notendurchschnitt* | 0,95 | 4,11*** |
| Beruflicher Ausbildungskontext |  |  |
| (4) *Ausbildungsqualifikation* |  |  |
| höchstes Qualifikationsniveau: |  |  |
| vollzeitschulische/duale Ausbildung |  |  |
| erste abgebrochen, zweite abgeschlossen | -1,24 | -6,98+ |
| erste abgeschlossen, zweite abgeschlossen | 2,37 | -0,86 |
| höchstes Qualifikationsniveau: universitär |  |  |
| eine Ausbildung abgeschlossen | 39,67*** | 8,26** |
| erste abgebrochen, zweite abgeschlossen | 46,33*** | 26,54** |
| erste abgeschlossen, zweite abgeschlossen | 39,47*** | 19,67*** |
| ohne Ausbildung | 9,46 | -5,56 |
| Konstante | 53,94*** | 60,81*** |
| n | 370 | 399 |
| adj. $R^2$ | 0,51 | 0,35 |

Datenbasis; LifE Studie, eigene Berechnungen. *** $\leq 0,001$, ** $\leq 0,01$, * $\leq 0,05$, + $\leq 0,1$.

In Bezug auf die Art des Ausbildungsweges in den ersten Hauptberuf bilden sich deutliche Effekte auf das Berufsprestige des Einstiegsberufes ab. Zwar zeigen sich kaum erwähnenswerte Effekte der unterschiedlichen Ausbildungspfade im vollzeitschulischen und dualen Ausbildungssystem für Männer und Frauen sowie bei Jugendlichen ohne abgeschlossene Ausbildungen, aber Ausbildungswege, in denen das universitäre Ausbildungssystem durchlaufen und mindestens eine akademische Ausbildung abgeschlossen wird, wirken sich in starkem Maße auf das Berufsprestige des Einstiegsberufes aus. Das durchschnittliche Berufsprestige erhöht sich dabei in Abhängigkeit von den universitären Ausbildungspfaden sehr unterschiedlich.

Während eine abgeschlossene akademische Ausbildung das durchschnittliche Berufsprestige der ersten hauptberuflichen Erwerbstätigkeit der Männer um 40 und der Frauen um acht Prestigepunkte signifikant im Vergleich zu

Männern und Frauen mit einer dualen oder vollzeitschulischen Ausbildungsqualifikation erhöht, steigt es nach einer abgebrochenen und anschließend abgeschlossenen Ausbildung im universitären System für Männer um 46 und Frauen um 27 Prestigepunkte. Zwei abgeschlossene Ausbildungen mit mindestens einem akademischen Ausbildungsabschluss erhöhen das durchschnittliche Berufsprestige um fast 40 (Männer) bzw. 20 (Frauen) Prestigepunkte.

Die Beobachtungen führen zu dem Ergebnis, dass erstens universitäre Ausbildungswege, d.h. (berufliche *und* akademische) Ausbildungsumwege und -kombinationen, das Berufsprestige im Vergleich zu Übergangsbewegungen, die nach einer abgeschlossenen dualen oder vollzeitschulischen Ausbildung in den Arbeitsmarkt führen, in starkem Maße erhöhen. Hinsichtlich der Ausbildungsumwege und -kombinationen im außeruniversitären System ist das nicht der Fall. Die Befunde zeigen zweitens, dass der Ausbildungspfad, der sich aus einem Ausbildungsabbruch und einer abgeschlossenen universitären Ausbildung zusammensetzt, das Berufsprestige der jungen Männer und Frauen zum Berufseinstieg am stärksten erhöht. Ausbildungspfade, die nie begonnen oder nie beendet werden und Ausbildungspfade innerhalb des vollzeitschulischen- und dualen Ausbildungssystems wirken sich unabhängig von der Anzahl der Abschlüsse drittens zwar meist negativ, jedoch nicht signifikant auf das Berufsprestige des Einstiegsberufes aus im Vergleich zu den Übergängen zwischen dem Bildungs- und Arbeitsmarktsystem, bei denen Jugendliche mit einer beruflichen Ausbildung in den Arbeitsmarkt einmünden. D.h., das Berufsprestige von jungen Männern und Frauen, die eine duale oder vollzeitschulische Berufsausbildung abschließen, unterscheidet sich kaum von dem Berufsprestige nach zwei abgeschlossenen Ausbildungen im außeruniversitären System sowie nach keiner abgeschlossenen Ausbildung.

Eine (Teil-) Erklärung des dritten Befundes liefert Tabelle 2, in der die erste Erwerbstätigkeit von Männern und Frauen ohne abgeschlossene Berufsausbildung und die dazugehörigen Prestigewerte der Wegener Skala abgebildet sind. Durchschnittlich besitzen junge Männer und Frauen, die keinen Ausbildungsabschluss erwarben, einen Berufsprestigewert für den ersten Hauptberuf von 53, während die Männer und Frauen mit einer abgeschlossenen dualen oder vollzeitschulischen Berufausbildung durchschnittlich einen um zwei Prestigepunkte höheren Wert (55) auf der Wegener-Skala erreichen. Der geringe Unterschied des durchschnittlichen Berufsprestiges ergibt sich aus einem Anteil der Personen, die ohne eine abgeschlossene Berufsausbildung ein hohes berufliches Prestige der ersten Erwerbstätigkeit erreichen.

Die Tabelle stellt jeweils acht exemplarische Berufstätigkeiten dar, für die auf der Grundlage der Wegener Skala ein Prestigewert von mehr als 60 Punkten zugeordnet ist. Diese Tätigkeiten wurden von 16 Personen tatsächlich im ersten Erwerbverhältnis ausgeübt. Die hauptberufliche erste Tätigkeit als Vertriebsassistent eines jungen Mannes ist dafür ein Beispiel: Nach dem Schulbesuch, den er mit dem Abitur erfolgreich beendet hat, beginnt er 1991 ein

Studium der Betriebswirtschaftslehre, welches er nach knapp vier Jahren abbricht. Unmittelbar daran anschließend nimmt er ein Jurastudium auf und bricht dieses erneut nach mehrjähriger Studiendauer ab. Zwei Monate später trat er als Vertriebsassistent in den Arbeitsmarkt ein[4]. Es zeigt sich, dass die erste Erwerbstätigkeit der Jugendlichen ohne abgeschlossene Ausbildungsqualifikationen hauptsächlich freiberufliche und selbstständige Tätigkeiten sind, die gesellschaftlich relativ hoch angesehen werden und deren Berufsprestige deshalb durchschnittlich kaum Unterschiede zum Berufsprestige des ersten Berufs nach einer abgeschlossenen beruflichen Ausbildung aufweist.

Tabelle 2: *Beispiele für die erste ausgeübte Tätigkeit ohne eine zertifizierte berufliche Qualifikation und hohem Berufsprestige*

| Erste Tätigkeit ohne abgeschlossene Ausbildung | Berufsprestige |
|---|---|
| **Männer** | |
| Vertriebsassistent | 65,4 |
| Freiberuflicher Bühnen- und Kostümbildner | 69,1 |
| Selbstständiger Techniker in der Kältetechnik | 69,8 |
| Musiker im Studio | 85,3 |
| Kaufmännischer Leiter einer Apotheke | 97,4 |
| Freier Redakteur und Autor bei einem Rundfunksender | 104,3 |
| Freiberuflicher Musiklehrer | 129,0 |
| Geschäftsführender Gesellschafter in einem Bau-Dienstleistungsunternehmen | 146,2 |
| **Frauen** | |
| Kundenbetreuerin in einem Schulungsunternehmen | 60,7 |
| Bankangestellte | 61,3 |
| Buchhalterin | 61,3 |
| Kaufmännische Angestellte | 65,4 |
| Sachbearbeiterin, Auftragsabwicklung | 65,4 |
| Krankenschwester in der Altenpflege | 69,2 |
| Selbstständige in einem eigenen Unternehmen | 71,2 |
| Redaktionsassistentin eines Kunstmagazins | 104,3 |

Datenbasis: LifE Studie.

Kurzfristig beeinflussen also die Ausbildungspfade von jungen Männern und Frauen im universitären System das Berufsprestige positiv. Weiterführend stellt sich nun die Frage: Verstärkt sich dieser Effekt langfristig? Lohnen sich bestimmte Ausbildungsinvestitionen sogar noch für das Berufsprestige im Alter von 35 Jahren? Tabelle 3 bildet die Regressionsmodelle für das geschätzte

---

4   Die individuellen Verweildauern im Bildungs- und Ausbildungssystem sind aus dem Datensatz bekannt.

Berufsprestige im Alter von 35 Jahren für Männer (Modell 3) und Frauen (Modell 4) ab. Das Bildungsniveau der Männer und Frauen, gemessen am ersten Schulabschluss, beeinflusst das Berufsprestige langfristig. Männer und Frauen mit Abitur haben ein um 16 bzw. sieben Prestigepunkte durchschnittlich höheres Berufsprestige, Männer und Frauen mit einem Hauptschulabschluss haben ein um elf bzw. zehn Prestigepunkte geringeres Berufsprestige mit 35 Jahren als diejenigen mit Mittlerer Reife. Der Notendurchschnitt und die Aufstiegsorientierung im Jugendalter spielt langfristig keine Rolle für das Berufsprestige.

Tabelle 3: *Prädiktion des Berufsstatus der hauptberuflichen Erwerbstätigkeit im Alter von 35 Jahren von Männern und Frauen (Lineares Regressionsmodell)*

|  | Modell 3 | Modell 4 |
|---|---|---|
|  | Männer | Frauen |
| Schulischer Bildungskontext | | |
| (1) *Erster Schulabschluss* | | |
| kein Abschluss, Hauptschulabschluss | -10,68** | -10,11** |
| Fachhochschulreife, Abitur | 15,50*** | 6,72* |
| (2) *Bildungsaspirationen-Schulform-Vergleich* | | |
| Aufstiegsorientiert | 4,13 | 1,34 |
| (3) *Notendurchschnitt* | 2,38 | 0,60 |
| Beruflicher Ausbildungskontext | | |
| (4) *Ausbildungsqualifikation* | | |
| höchstes Qualifikationsniveau: | | |
| zwei Ausbildungen: abgebrochen, abgeschlossen | -3,85 | 5,79 |
| zwei Ausbildungen: beide abgeschlossen | 0,36 | 13,08** |
| höchstes Qualifikationsniveau: universitäre Ausbildung | | |
| eine Ausbildung abgeschlossen | 32,89*** | 22,05*** |
| zwei Ausbildungen: abgebrochen, abgeschlossen | 37,96*** | 13,32 |
| zwei Ausbildungen: beide abgeschlossen | 30,01*** | 30,32*** |
| ohne Ausbildung | -1,89 | 4,72 |
| Konstante | 64,65*** | 64,85*** |
| n | 354 | 351 |
| adj. $R^2$ | 0,37 | 0,25 |

Datenbasis: LifE Studie, eigene Berechnungen. *** $\leq 0,001$, ** $\leq 0,01$, * $\leq 0,05$, + $\leq 0,1$.

Die positiven Effekte der akademischen Ausbildungspfade auf das Berufsprestige bleiben auf längere Sicht fast ausschließlich erhalten. Die Ausbildungspfade im vollzeitschulischen und dualen Ausbildungssystem, genauso wie Ausbildungspfade ohne abgeschlossene Qualifikation, bilden langfristig für Männer und Frauen keine Prestigeveränderung ab. Eine Ausnahme sind

Frauen, die zwei berufliche Ausbildungen im dualen oder vollzeitschulischen System abgeschlossen haben; für sie erhöht sich das Berufsprestige um durchschnittlich 13 Prestigepunkte im Vergleich zu Frauen mit einer Berufsausbildung im gleichen Ausbildungssystem. Ausbildungswege, in denen das universitäre Ausbildungssystem durchlaufen und mindestens eine akademische Ausbildung abgeschlossen wird, wirken sich hauptsächlich auf das Berufsprestige mit 35 Jahren aus. Während eine abgeschlossene akademische Ausbildung das durchschnittliche Berufsprestige der ersten hauptberuflichen Erwerbstätigkeit der Männer und Frauen um 33 bzw. 22 Prestigepunkte signifikant im Vergleich zu Männern und Frauen mit einer Ausbildungsqualifikation im außeruniversitären System erhöht, steigt das Prestige langfristig nach einer abgebrochenen und anschließend abgeschlossenen Ausbildung im universitären System für Männer um 38 Prestigepunkte. Für Frauen wirken sich Ausbildungsumwege langfristig nicht auf das Berufsprestige aus. Zwei abgeschlossene Ausbildungen mit mindestens einem akademischen Ausbildungsabschluss erhöhen das durchschnittliche Berufsprestige mit 35 Jahren um 30 Prestigepunkte (Männer und Frauen).

## 6 Fazit

Aus den individuellen Übergangsbewegungen zwischen Bildungs-, Ausbildungs- und Arbeitsmarktsystem wurden auf der zu Grunde liegenden Episodendefinition von Mehrfachausbildungen und den institutionellen Bedingungen der Übergangssituationen vier typische Ausbildungsverläufe hinsichtlich der Art der Ausbildung und der Art des Ausbildungsendes differenziert. In dem vorliegenden Beitrag wurden daran anschließend die Folgen der vier verschiedenen Ausbildungswege für das kurz- und langfristige Berufsprestige der ersten Erwerbstätigkeit und der Erwerbstätigkeit mit 35 Jahren untersucht. Es wurde angenommen, dass Ausbildungswege mit zwei abgeschlossenen Ausbildungen vor dem Berufseinstieg sowie Ausbildungs-*um*-wege über eine abgebrochene Erstausbildung und eine abgeschlossene Zweitausbildung das Berufsprestige kurz- und langfristig erhöhen, weil

- erstens aus bisherigen empirischen Befunden bekannt ist, dass zwei aufeinander folgende abgeschlossene Ausbildungen hauptsächlich mit einer Höherqualifizierung einhergehen und auf dem Arbeitsmarkt stark nachgefragte hohe Ausbildungsqualifikationen mit einer Wartezeit verbunden sind,
- zweitens an das daraus folgende höhere Qualifikationsniveau ein höheres Berufsprestige geknüpft ist und
- drittens für nutzenmaximierende Akteure im Sinne der Rational Choice Theorie ein hohes Berufsprestige einen Gewinn darstellt.

Warum die Entscheidung für einen Ausbildungsweg, der zwei Ausbildungen umfasst, mit einem höheren Nutzen für das Berufsprestige verbunden ist, ist damit im Vergleich zu einem Ausbildungsweg, der nur eine Ausbildung beinhaltet, ausführlich begründet.

Für die Analyse sind die institutionalisierten Vorgaben zu berücksichtigen, dass Schulabschlüsse den Zugang zu bestimmten Ausbildungsmöglichkeiten öffnen bzw. schließen. An die Ausbildungsqualifikationen ist das Berufsprestige gebunden, das in der Regel mit der Höhe des Qualifikationsniveaus steigt. Die Hypothesen 1 und 2 werden durch die empirischen Ergebnisse bestätigt. Männer und Frauen mit höherem Schulbildungsniveau haben kurz- und langfristig ein höheres Berufsprestige, Männer und Frauen mit geringem schulischem Bildungsniveau kurz- und langfristig einen niedrigeres Berufsprestige als diejenigen mit mittlerem Bildungsniveau. Außerdem spielt für Frauen der Notendurchschnitt aus Mathematik, Deutsch und Englisch im Jugendalter eine Rolle. Ein besserer Notendurchschnitt wirkt sich auf das Berufsprestige der ersten Erwerbstätigkeit von Frauen positiv aus.

In der Analyse zeigt sich auch, dass sich verlängerte Ausbildungswege, insbesondere diejenigen mit einem Studium, auf das kurz- und langfristige Berufsprestige der hauptberuflichen Erwerbstätigkeit positiv auswirken. Die Hypothesen 3 und 4 werden bestätigt. Für Männer und Frauen, die ihre Zeit im Ausbildungssystem in zwei zertifizierte Ausbildungsqualifikationen investieren oder eine gewisse Wartezeit auf sich nehmen, um eine vom Arbeitsmarkt stark nachgefragte Ausbildung erst später zu beginnen und dann auch später abzuschließen, trifft der erwartete Nutzen von einem höheren Berufsprestige ein im Vergleich zu Personen, die kürzere oder gar keine Zeit in die eigene Ausbildungsqualifikation investieren. Für sie erhöht sich das Berufsprestige deutlich stärker; für Personen mit Ausbildungsumwegen aber kurz- und langfristig – mit Ausnahme der 35jährigen Frauen – am stärksten!

Die Analyse zeigt insgesamt, dass erstens die Untersuchung der abgebrochenen Erstausbildungen interessante Befunde liefert und zweitens innerhalb vordefinierter Übergangssituationen im Schulbildungs- und Ausbildungssystem dem individuellem Handeln für den Qualifikationserwerb – vornehmlich den Absolventen mit Hochschulreife – ein Raum gegeben ist, dessen ‚Nutzung' sehr folgenreich für den weiteren Berufsverlauf, hier insbesondere das Berufsprestige, ist. Abschließend stellt sich die Frage, inwiefern Mehrfachausbildungen die berufliche Qualifizierungsphase von jungen Erwachsenen charakterisieren. Deutliche Unterschiede zeigte die Analyse für Absolventen ohne Schulabschluss oder Hauptschulabschluss, Mittlerer Reife und Hochschulreife. Für junge Männer und Frauen, die als schulische Bildungsqualifikation die Hochschulreife erwerben, ist der direkte Übergang in eine universitäre Ausbildung und der anschließende Erwerbseinstieg zwar nach wie vor bedeutend. Langfristig zeigt sich aber gerade für diese Schulbildungsgruppe eine sinkende Tendenz: Während von ihnen im Jahre 1975 56 Prozent nach dem Schulabschluss ein Studium an der Fachhochschule oder der Universität begannen, sind es im Jahre 1985 nur 28 Prozent[5]. Dagegen ist der Anteil der Abgänge mit Hochschulreife in das duale Ausbildungssystem deutlich angestiegen. 1975 mündeten vier Prozent nach dem Schulabschluss mit Hochschulreife in das duale Ausbildungssystem ein, während 1985 bereits 18 Prozent eine berufliche Ausbildung begannen, die häufig einem Studium vorgelagert ist (Reinberg/Hummel 1999). Hinsichtlich dieser Befunde, insbesondere der Abgänge in das universitäre oder duale Ausbildungssystem Mitte der 1970er Jahre, kann in der vorliegenden Analyse der Anteil der Mehrfachausbildungen von fast 30 Prozent der Männer und 20 Prozent der Frauen mit Hochschulreife, die Mitte der 1980er Jahre ihre erste Ausbildung beginnen, als deutliche Abkehr der jungen Erwachsenen vom 2-Schwellen-Übergang in den Arbeitsmarkt beschrieben werden. Die Befunde von Reinberg und Hummel (1999) über die Zunahme der Abgänge mit Hochschulreife in das duale Ausbildungssystem im Jahre 1985 unterstützen dies. Es bleibt aber dem Leser frei, ob er das Glas als „halbvoll oder halbleer" interpretieren möchte.

## Literatur

Abraham, M./Hinz, T (2005): Arbeitsmarktsoziologie – Probleme, Theorien, empirische Befunde. Wiesbaden: Verlag für Sozialwissenschaften.
Allmendinger, J./Eichhorst, W./Walwei, U. (2005): IAB Handbuch Arbeitsmarkt – Analysen, Daten, Fakten. Frankfurt/Main, New York: Campus.
Büchtemann, C./Schupp, J./Soloff, D. (1994): From School to Work: Patterns in Germany and the United States. In: Schwarze, J./Buttler, F./Wagner, G. (Hrsg.), Labour Market Dynamics in Present Day Germany. Frankfurt/Main, New York: Campus, 112-141.
Bundesministerium für Bildung und Forschung (2005): Berufsbildungsbericht. Bonn: BMBF.
Dietrich, H. (2004): Der große JUMP auf den Arbeitsmarkt – Fördermaßnahmen für Jugendliche und ihre Grenzen. In: Jugendnachrichten – Zeitschrift des Bayrischen Jugendrings, 5: 7-8.
Hillmert, S. (2004): Berufseinstieg in Krisenzeiten. In: Hillmert/Mayer, 23-38.
Hillmert, S./Jacob, M. (2004): Qualifikationsprozesse zwischen Diskontinuität und Karriere: Die Struktur von Mehrfachausbildungen. In: Hillmert/Mayer, 65-90.
Hillmert, S./Mayer, K.-U. (2004): Geboren 1964 und 1971 – Neuere Untersuchungen zu Ausbildungs- und Berufschancen in Westdeutschland. Wiesbaden: Verlag für Sozialwissenschaften.
Hinz, T./Abraham, M. (2005): Theorien des Arbeitsmarktes: Ein Überblick. In: Abraham/Hinz, 17-68.

---

5 Weitere 24 Prozent gingen nach dem Erwerb der Hochschulreife im Jahre 1975 in den Wehrpflicht- oder Zivildienst. Bis zum Jahre 1985 stieg der Anteil dieser Abgänge in geringem Maße auf 28 Prozent an (Reinberg/Hummel 1999).

Jacob, M. (2004): Mehrfachausbildungen in Deutschland. Wiesbaden: Verlag für Sozialwissenschaften.
Konietzka, D. (1999): Ausbildung und Beruf – Die Geburtsjahrgänge 1919-1961 auf dem Weg von der Schule in das Erwerbsleben. Opladen: Westdeutscher Verlag.
Konietzka, D. (2002): Die soziale Differenzierung der Übergangsmuster in den Beruf. In: Kölner Zeitschrift für Soziologie und Sozialpsychologie, 54, 4: 645-674.
König, W./Müller, W. (1986): Eduational Systems and Labour Markets as Determinants of Worklife Mobility in France and West-Germany – A Comparison of Men's Career Mobility 1965-1970. In: European Sociological Review, 2, 2: 73-96.
Liesering, S./Schober, K./Tessarin, M. (1994): Die Zukunft der dualen Berufsausbildung. Beiträge zur Arbeitsmarkt- und Berufsforschung, 186. Nürnberg: IAB.
Maurice, M./Sellier, F./Silvestre, J.-J. (1979): Die Entwicklung der Hierarchie im Industrieunternehmen: Untersuchung eines gesellschaftlichen Effektes. Ein Vergleich Frankreich – Bundesrepublik Deutschland. In: Soziale Welt, 30, 3: 295-327.
Mayer, K.U. (2004): Unordnung und frühes Leid? Bildungs- und Berufsverläufe in den 1980er und 1990er Jahren. In: Hillmert/Mayer, 201-213.
Mertens, H. (1976): Beziehungen zwischen Qualifikation und Arbeitsmarkt. In: Schlaffke, W. (Hrsg.), Jugendarbeitslosigkeit – Unlösbare Aufgabe für das Bildungs- und Beschäftigungssystem. Köln: Deutscher Instituts Verlag, 68-117.
Reinberg, A./Hummel, M. (1999): Bildung und Beschäftigung im vereinten Deutschland – Die Bildungsgesamtrechnung des IAB für die neuen und alten Bundesländer. Beiträge zur Arbeitsmarkt- und Berufsforschung, 226. Nürnberg: IAB.
Seibert, H./Solga, H. (2005): Gleiche Chancen dank einer abgeschlossenen Ausbildung? Zum Signalwert von Ausbildungsabschlüssen bei ausländischen und deutschen jungen Erwachsenen. In: Zeitschrift für Soziologie, 34, 5: 364-382.
Sesselmeier, W./Blauermel, G. (1997): Arbeitsmarkttheorien – Ein Überblick. Berlin: Physica.
Walter, H. (2003): From Work to Trajectories to Negotiated Careers: The Contingent Work Life Course. In: Mortimer, J.T./Shanahan, M.J. (Hrsg.), Handbook of the Life Course. New York u.a.: Kluwer Academic, 185-205.
Wegener, B. (1985): Gibt es Sozialprestige? In: Zeitschrift für Soziologie, 14, 3: 209-235.
Wegener, B. (1988): Kritik des Sozialprestiges. Opladen: Westdeutscher Verlag.
Wolf, C. (1995): Sozio-ökonomischer Status und berufliches Prestige: Ein kleines Kompendium sozialwissenschaftlicher Skalen auf der Basis der beruflichen Stellung und Tätigkeit. In: ZUMA-Nachrichten, 19, 37: 102-137.

# Zur begrenzten Nachhaltigkeit flexibler Erwerbsmuster – Das Beispiel hoch qualifizierter Alleinselbständiger

Sigrid Betzelt

## 1 Einleitung

### 1.1 Zum Untersuchungsgegenstand

Der Gegenstand dieses Beitrags erfordert in mehrfacher Hinsicht eine erweiterte Perspektive gegenüber industriegesellschaftlichen Engführungen: Zum einen geht es nicht um Flexibilisierungstrends abhängiger Beschäftigung im Modus der Normalarbeit, sondern um die *spezifisch flexibilisierte Erwerbsform der Selbständigkeit ohne weitere Beschäftigte* (Solo-Selbständigkeit), die in Deutschland seit den 1990er Jahren auf Expansionskurs ist, und dies vor allem im Bereich wissensintensiver Dienstleistungen. Kennzeichnend für diese nicht gänzlich neue, aber sich wandelnde Erwerbsform ist, dass sie weder in einen betrieblichen Rahmen mit seinen räumlich-zeitlichen Bindungen und Hierarchieebenen eingebunden ist, noch in die wohlfahrtsstaatlich-korporatistischen Regulationen des verberuflichten Arbeitnehmers. Aber auch anders als bei Selbständigen mit weiteren Beschäftigten, die auf Basis von Betriebskapital unternehmerisch tätig sind, ist hier die eigene Arbeitskraft meist das einzige Kapital, dessen Verausgabung zu einer Unmittelbarkeit von Individuum und Markt führt. Flexibilität im Sinne der Bereitschaft und Fähigkeit, sich dabei auf wechselnde Marktbedingungen einzustellen, ist hier für die Berufsausübung wie auch das Erwerbsverständnis konstitutiv.

Damit ist zum anderen eine zweite Perspektiverweiterung angesprochen: Anstatt wie im arbeitssoziologischen Diskurs abhängig Beschäftigte primär als fremdbestimmte Objekte betrieblicher Flexibilisierungsstrategien zu sehen, ist besonders bei selbständig Beschäftigten nach den *Motiven und Strategien der Individuen als aktiv handelnde Subjekte* bei der Gestaltung ihrer Erwerbssituation zu fragen. Denn eine Sichtweise, die die Zunahme selbständiger Erwerbsformen nur als Problem von „Scheinselbständigkeit" oder fehlgeleiteter Arbeitsmarktpolitik („Ich-AGs") betrachtet, wird der Vielschichtigkeit des Phänomens und besonders den hier betrachteten hoch qualifizierten Solo-Selbständigen nicht gerecht. Zu fragen ist vielmehr, wie ihnen die Marktbehauptung in einem institutionell kaum regulierten Feld gelingt und welche subjektiven Normen und Orientierungen dabei eine Rolle spielen.

Der Blick auf die handelnden Subjekte führt damit zur dritten notwendigen Erweiterung, nämlich der Frage, ob und wie es den Alleinselbständigen gelingt, eine *Balance zwischen Beruf und Privatleben im Alltag wie im Lebensverlauf* herzustellen. Privilegiert erscheinen die Alleinselbständigen wegen der weitgehenden Selbstbestimmung hinsichtlich der Lage und Dauer ihrer Arbeitszeiten. Doch inwiefern und unter welchen Voraussetzungen können die Solo-Selbständigen diese besonderen Flexibilitätsspielräume angesichts ihrer unmittelbaren Marktabhängigkeit tatsächlich nutzen? Überwiegen womöglich die für „Arbeitskraftunternehmer" befürchteten Risiken einer hochgradig marktabhängigen Existenz, die mit einer Selbstökonomisierung einhergeht und kaum noch Spielräume für die eigenen Rationalitäten privater Lebensführung lässt (vgl. Voß/Pongratz 1998)? Inwieweit ist die Solo-Selbständigkeit in der wissensintensiven, projektförmig arbeitenden „new economy" für Frauen und Männer mit familiärer Sorgearbeit für Kinder vereinbar? Erfordert sie besonders von Frauen einen Verzicht auf Kinder, oder bietet sie vielmehr aufgrund größerer Flexibilität bessere Chancen für eine ‚work-life balance' und darüber hinaus womöglich für egalitärere Geschlechterarrangements? Und haben die mit familiärer Sorgearbeit verbundenen zeitlichen Restriktionen für Solo-Selbständige etwa einen (negativen) Einfluss auf Produktivität und Einkommenschancen?

Diese und weitere Fragen wurden bei hoch qualifizierten AlleindienstleisterInnen[1] des *Kultur- und Mediensektors* als einem besonders expansiven Tätigkeitsfeld untersucht. Basierend auf einer vornehmlich qualitativen empirischen Studie zu Marktbehauptungsstrategien und Erwerbsverläufen von Freelancern in ausgewählten Berufen (JournalistInnen, DesignerInnen, ÜbersetzerInnen und LektorInnen) stellt der Beitrag zunächst die ‚objektiven' Dimensionen der Erwerbsstrukturen in diesem Untersuchungsbereich sowie sozialstrukturelle Daten vor (2). Im Anschluss folgen die Befunde zu den ‚subjektiven' Dimensionen, den Berufsidentitäten und Marktbehauptungsstrategien (3). Der vierte Abschnitt behandelt die besonderen Verknüpfungen der Erwerbs- und Privatsphäre der AlleindienstleisterInnen in der Alltagsperspektive (4), während im darauf folgenden Teil der Frage nachgegangen wird, inwieweit in erwerbsbiographischer Hinsicht das Erwerbsmuster als nachhaltig zu bezeichnen ist (5). Der letzte Abschnitt enthält die Schlussfolgerungen, die aus den Ergebnissen zu ziehen sind (6).

## 1.2 Datengrundlage

Die verwendeten Daten stammen aus dem vorwiegend qualitativ ausgerichteten Forschungsprojekt „Neue Formen von Selbständigkeit in Kulturberufen",

---

[1] Der Begriff AlleindienstleisterInnen meint die Gruppe der Solo-Selbständigen in Dienstleistungsberufen, und zwar im untersuchten Fall in hoch qualifizierten Tätigkeitsfeldern. Trotz leicht abweichender Konnotationen werden aus sprachlichen Gründen die Begriffe Freelancer, Allein- oder Solo-Selbständige synonym verwendet.

das von der Autorin am Zentrum für Sozialpolitik der Universität Bremen durchgeführt wurde[2]. Die empirische Basis liefern neben Sekundäranalysen und Sonderauswertungen amtlicher Statistik (Mikrozensus) sowie verfügbarer Branchenstudien mehrere *eigene Erhebungen*.

Zur Erhebung von Basisdaten zur Sozialstruktur wurde eine standardisierte *schriftliche Befragung* von insgesamt 306 selbständig erwerbstätigen Angehörigen der vier untersuchten Berufe Journalismus, Design, Buchübersetzung und Lektorat über die jeweils größten Berufsverbände durchgeführt. Dies erwies sich ungeachtet des qualitativ angelegten Untersuchungsdesigns der Studie als notwendig, da über die amtliche Statistik keine ausreichend nach Einzelberuf und Geschlecht differenzierten Basisdaten zur Zusammensetzung der Beschäftigten, den Arbeitszeiten und Einkommen verfügbar waren[3]. Die Befragung diente zugleich dem Zweck, aus einem möglichst großen Datenpool nach einem festgelegten Samplingverfahren geeignete potenzielle InterviewpartnerInnen zu rekrutieren. Die Daten aus der schriftlichen Befragung haben eher explorativen Wert und beanspruchen keine repräsentative Gültigkeit, die schon aufgrund fehlender Daten zur Grundgesamtheit und wegen der Rekrutierung über die Berufsverbände nicht erreichbar war. Für eine annähernde Validierung wurden vergleichend andere empirische Studien aus dem Mediensektor und, soweit möglich, amtliche Statistiken herangezogen. Angesichts der begrenzten Datenqualität wurden die Fragebogendaten nur mithilfe deskriptiver und explorativer Analyseverfahren ausgewertet, nicht jedoch mit komplexeren multivariaten Verfahren.

Den Kernbestandteil der Studie bilden 42 biographische *Leitfaden-Interviews* und *teilstandardisierte, retrospektive Erhebungen von Berufsverläufen* typischer BerufsvertreterInnen. Die Befragten wurden auf Basis der erhobenen Sozialstrukturdaten und eines theoriegeleiteten Samplingverfahrens (Kluge/Kelle 2001) nach dem Prinzip der maximalen Kontrastierung ausgewählt. Samplingkriterien waren Beruf, Region, Geschlecht, Alter, Haushaltstyp, Berufserfahrung und Dauer der Selbständigkeit, Qualifikationsprofil und Einkommen[4]. Die Entwicklung des Interview-Leitfadens folgte dem Verfahren des problemzentrierten Interviews (Witzel 1982), das teilstandardisierte In-

---

2 Das Projekt wurde im DFG-Schwerpunktprogramm „Professionalisierung, Organisation, Geschlecht" gefördert (2001-2004), Antragstellerin und Projektleiterin war Prof. Dr. Karin Gottschall. Teilergebnisse der Studie sind bereits publiziert (vgl. u.a. Gottschall/Betzelt 2003, Betzelt/Gottschall 2004, 2005, 2007; umfassend: Betzelt 2006). In diesem Beitrag wird der Schwerpunkt auf die Zusammenhänge zwischen Erwerbs- und Privatsphäre gelegt (Teile 2, 4), wofür neue Auswertungen der quantitativen wie der qualitativen Daten vorgenommen wurden.

3 Aufgrund zu geringer Fallzahlen bei den Kulturberufen war auch das SOEP nicht verwendbar.

4 Die regionale Verteilung der Befragungen konzentrierte sich im Wesentlichen auf die Medienstandorte Berlin, Hamburg, Köln, Leipzig und München. Die Gruppe der LektorInnen und ÜbersetzerInnen wurde überregional befragt (Internet-Portal).

strument für die retrospektive Erhebung der Berufsverläufe lehnte sich an die Kalendermethode an (Bird et al. 2000). Die qualitativ-inhaltsanalytische Auswertung der Interviews erfolgte schrittweise von gründlichen Einzelfall- zu vergleichenden Analysen entlang der Untersuchungsfragen. Die Anlage der Studie war entsprechend des ‚interpretativen Paradigmas' nicht im Sinne quantitativer Methoden hypothesentestend, sondern im Wesentlichen hypothesengenerierend. Dies spiegelt sich auch im Aufbau des Beitrags wider.

## 2 Kulturberufe als Trendsetter neuer Erwerbsmuster

Die Beschäftigungsentwicklung im Kultur- und Mediensektor der Bundesrepublik ist seit den 1990er Jahren prototypisch für einen neuen Trend auf den Arbeits- und Dienstleistungsmärkten: Kennzeichnend ist *erstens*, dass besonders die Zahl der Alleinselbständigen überproportional gegenüber den abhängig Beschäftigten gestiegen ist, wobei die Kulturberufe bereits auf eine längere freiberufliche Tradition zurückblicken[5]. Entsprechend der nachgefragten wissensintensiven Dienstleistungen sind die Kulturberufe *zweitens* durch ein hohes Qualifikationsniveau geprägt. Seit den 1990er Jahren haben sich die Kulturberufe akademisiert, wobei die Qualifikationsprofile sehr vielfältig sind[6]. *Drittens* gingen diese Trends mit einer Zunahme hoch qualifizierter Frauen in den Kulturberufen wie auch in anderen professionellen Feldern einher, woraus sich für Deutschland ein historisch eher untypisches Muster von gleichzeitiger Feminisierung und Akademisierung ergibt[7].

Als wesentliche Charakteristika der Arbeitstätigkeit gelten im globalisierten Kultur- und Mediensektor nach verschiedenen Studien besonders im angloamerikanischen Raum[8] ein hoher Stellenwert von Kreativität und Wissensintensität, kontinuierlich erforderliches *upgrading* der Qualifikation durch Selbstlernen sowie nicht zuletzt die auf Kurzfristigkeit angelegte Projektförmigkeit des Freelancing für verschiedene Auftraggeber, woraus sich Herausforderungen für die Entwicklung kontinuierlicher Erwerbskarrieren ergeben.

Innerhalb des *deutschen Erwerbssystems* nimmt die relativ neue, hoch qualifizierte Alleinselbständigkeit eine *besondere Position* ein und weicht in

---

5 Zwischen 1995-2003 stieg die Zahl der Alleinselbständigen in allen Kulturberufen um 51 Prozent und damit mehr als viermal so stark wie in der Gesamtwirtschaft; abhängig Beschäftigte in Kulturberufen nahmen um 31 Prozent zu (vgl. Söndermann 2004: 31, Mikrozensus 1995-2003).
6 Der AkademikerInnenanteil der untersuchten selbständigen KulturberuflerInnen liegt nach eigenen Erhebungen bei rund 80 Prozent.
7 Die Frauenanteile schwanken zwischen etwa 43-50 Prozent im Journalismus und Design und etwa 70-80 Prozent in den traditionell feminisierten Berufen Buchübersetzung und Lektorat (Mikrozensus 2003, eigene Erhebungen).
8 Für eine breite Rezeption der Literatur siehe Betzelt/Gottschall 2004, 2005, Betzelt 2006, Gottschall/Kroos 2006.

wesentlichen Dimensionen von den dominanten Erwerbstypen des Normalarbeitsverhältnisses einerseits und der klassischen Professionen andererseits ab (vgl. Gottschall/Betzelt 2003). Anders als bei klassischen Professionen wie der Medizin sind Berufszugänge und Qualifikationsstandards für Kulturberufe nicht standardisiert und uneinheitlich reguliert. Es handelt sich um offene, nicht zertifizierte Berufe mit vielfältigen, teils privatrechtlich getragenen Ausbildungswegen, die nur über schwache kollektive Strukturen der Selbstregulation verfügen. Sie müssen sich gegen Konkurrenz inner- wie außerhalb ihres Berufsfeldes durchsetzen, da keine verbindlichen Qualitäts- und Preisstandards existieren. Im Gegensatz zum verberuflichten Arbeitnehmer ist der Erwerbstypus des Alleindienstleisters auch nicht in korporatistische Strukturen wie Tarifverträge eingebunden. Die Arbeitsmärkte für AlleindienstleisterInnen in Kulturberufen sind daher einerseits offener und flexibler, andererseits aber auch risikoreicher als regulierte Märkte.

Tabelle 1: *Einkommen Selbständiger in Kulturberufen*

| Datenquelle (Erhebungsjahr) | Durchschnitts-Einkommen p.a. (gerundet, Euro) | Erläuterungen |
|---|---|---|
| Künstlersozialkasse (2006) | 10.814 | Aktiv Versicherte zum 1.1.06; durchschnittliches versichertes Einkommen |
| Eigene Befragung (2003) | 15.000 | Solo-selbständige JournalistInnen, DesignerInnen, LektorInnen, ÜbersetzerInnen (n=306); Median persönliches Nettoeinkommen |
| Mikrozensus (2000) | 16.900 | Solo-selbständige PublizistInnen und KünstlerInnen (Berufskennziffer 82, 83); Median persönliches Nettoeinkommen |
| Einkommensteuerstatistik (1992) | 14.036 | EkSt-pflichtige Selbständige der Gruppe ‚Künstler'; durchschnittliches steuerpflichtiges Einkommen |

Anmerkung: Eigene Auswertungen.

Auch hinsichtlich der *Sozialstruktur* weisen die selbständigen Kulturberufe Besonderheiten auf. Wesentliches Merkmal sind die mehrheitlich relativ *niedrigen Einkommen trotz hoher beruflicher Qualifikationen*. Das durchschnittliche Jahresnettoeinkommen der selbständigen KulturberuflerInnen liegt je nach Datenquelle zwischen rund 10.800 und 16.900 Euro (vgl. Tabelle 1)[9]. Es unterliegt überdies marktbedingten Schwankungen.

Diese Erwerbsbedingungen gelten im Prinzip für Männer wie Frauen. Je nach Datenquelle sind zwar unterschiedliche Einkommensdisparitäten zwi-

---

9 Zur Problematik der Datenerfassung von Selbständigen-Einkommen in Kulturberufen sowie weiteren Details der Einkommensverteilung vgl. Betzelt (2006).

schen den Geschlechtern zu finden. Die eigenen Erhebungen lassen aber darauf schließen, dass die größte soziale Differenzierung quer zur Kategorie Geschlecht und eher hinsichtlich Branchensegment und Region sowie Lebensalter und Dauer der Berufserfahrung besteht. Das Spektrum der *Arbeitszeiten* ist breit gestreut. Teilzeitselbständigkeit wird von beiden Geschlechtern praktiziert, es dominiert aber Vollzeitbeschäftigung mit teils überlangen Arbeitszeiten von 50-60 Wochenstunden, die aber nicht unbedingt mit einem entsprechend hohen Einkommen korrelieren.

Die Datenlage der eigenen wie anderer Studien zu den *privaten Lebensformen* selbständig Erwerbstätiger insgesamt und in den Kulturberufen ist differenziert zu betrachten: Zunächst zeigen die hoch aggregierten Daten des Mikrozensus keine gravierenden Unterschiede zwischen den Haushaltstypen von Selbständigen und abhängig Beschäftigten (Leicht/Lauxen-Ulbrich 2002). Im Hinblick auf das Vorhandensein von *Kindern* zeigt sich, dass selbständige Frauen häufiger Kinder haben als abhängig beschäftigte (Leicht/Lauxen-Ulbrich 2005)[10], was als Hinweis auf die grundsätzliche Vereinbarkeit von Selbständigkeit mit familiärer Sorgearbeit gewertet wird. Es spricht allerdings einiges für eine differenziertere Betrachtung der hinsichtlich individueller Merkmale (besonders Qualifikation) wie auch der Tätigkeitsfelder und Einkommen sehr heterogenen Gruppe Selbständiger. Im Unterschied zu anderen, nicht nach Qualifikation differenzierenden Studien zeigt z.B. Budig (2006) für die USA, dass Frauen in „professional self-employment" (akademische und Managementebene) deutlich seltener Kinder haben als geringer qualifizierte selbständige Frauen, was Budig mit einer ähnlich wie bei Männern ausgeprägten Karriere- statt Familienorientierung und den größeren Humanressourcen erklärt (Budig 2006: 2234f.). Inwiefern es sich bei diesen Befunden allerdings auch um Effekte von Selbstselektion handelt, d.h., dass Frauen mit Kind(-erwunsch) von vornherein vor dem mit professioneller Selbständigkeit verbundenen hohen zeitlichen Aufwand zurückschrecken, ist empirisch kaum feststellbar.

Auch *Branchenstudien im Mediensektor* weisen für die Bundesrepublik wie im internationalen Vergleich darauf hin, dass unter den hoch qualifizierten FreiberuflerInnen in diesem Feld kinderlose Haushalte überwiegen und insbesondere Mütter seltener zu finden sind als im Durchschnitt der Erwerbstätigen (vgl. Betzelt/Gottschall 2004 mit weiteren Nachweisen), was mit den hohen Anforderungen an zeitliche Verfügbarkeit und Flexibilität der projektförmig organisierten Arbeit in diesem Sektor erklärt wird.

Einen Hinweis in diese Richtung liefern auch die *eigenen Sozialstrukturerhebungen*, nach denen die befragten Freelancer in Kulturberufen seltener in Partnerschaften mit Kindern leben als Solo-Selbständige insgesamt oder An-

---

10 Danach haben rund 42 Prozent der selbständigen Frauen mindestens ein Kind unter 18 Jahren, gegenüber 38 Prozent der abhängig beschäftigten Frauen (Leicht/Lauxen-Ulbrich 2005: 143, Mikrozensus 2000).

gestellte. Dies gilt besonders für selbständige Frauen in den Kulturberufen, wie *Tabelle 2* im Vergleich zu anderen Erwerbsgruppen zeigt[11].

Tabelle 2: *Haushaltstypen nach Erwerbsstatus und Berufsfeld*

|  |  | Allein ohne Kinder | PartnerIn ohne Kinder | PartnerIn mit Kindern | Allein mit Kindern |
|---|---|---|---|---|---|
| Frauen | Solo-Selbst. Kulturberufe* | 22 | 47 | 22 | 6 |
|  | Solo-Selbständige insg.** | 22 | 39 | 33 | 6 |
|  | Abhängig Beschäftigte** | 19 | 42 | 34 | 5 |
| Männer | Solo-Selbst. Kulturberufe* | 15 | 50 | 33 | 1 |
|  | Solo-Selbständige insg.** | 22 | 42 | 35 | 1 |
|  | Abhängig Beschäftigte** | 18 | 41 | 40 | 1 |

Quelle: * Eigene Befragung (2003) von JournalistInnen, DesignerInnen, ÜbersetzerInnen, LektorInnen (n=306, davon 187 Frauen, 119 Männer). Summe der Zeilenprozente unter 100 Prozent wegen fehlender Antworten (n=7). Nur Kinder unter 18 Jahre berücksichtigt.
** Mikrozensus 1997, Daten aus Leicht/Lauxen-Ulbrich 2002: 22. Solo-Selbständige insgesamt ohne ExistenzgründerInnen. Nur Kinder unter 18 Jahre berücksichtigt.

Hypothetisch könnten sich die mit Kindern verbundenen zeitlichen Aufwendungen restriktiv auf die *Einkommenschancen sorgeverantwortlicher Selbständiger* auswirken. Bivariate Analysen der eigenen Daten zeigen aber zunächst, dass die befragten Eltern ein durchschnittlich *höheres* Einkommen erzielen als die Nichteltern, und zwar sowohl Frauen als auch Männer[12]. Allerdings zeigen sich Geschlechterunterschiede bei Einbeziehung der *Anzahl und des Alters von Kindern* im Haushalt; beide Variablen wirken sich nach bivariaten Analysen häufiger negativ auf das Einkommen von Frauen als von Männern aus. So sinkt das Durchschnittseinkommen der Frauen mit steigender Kinderzahl, während dies bei Männern nicht der Fall ist. Mütter jüngerer Kinder (unter 6 J.) erzielen durchschnittlich ein geringeres Einkommen als Väter von Kleinkindern sowie als Mütter älterer Kinder. Diese Befunde können als Hinweis auf eine eher traditionelle Arbeitsteilung für die untersuchte Gruppe von Eltern mit Kleinkindern interpretiert werden (vgl. Abschnitt 4). Auch die bivariaten Analysen der *Arbeitszeiten* weisen in diese Richtung:

---

11 Der geringere Anteil von Haushalten mit Kindern bei selbständigen Kulturberuflern lässt sich nach den verfügbaren Daten weder mit dem Lebensalter noch dem Einkommen erklären. Das durchschnittliche Lebensalter der Solo-Selbständigen im Mikrozensus (1997) liegt bei 45 Jahren, in der eigenen Erhebung je nach Berufsgruppe zwischen 41-46 Jahren. Das durchschnittliche Einkommen der befragten Kulturberufe liegt etwas oberhalb der im Mikrozensus erfassten Einkommen aller Solo-Selbständigen.

12 Dieser Befund steht im Kontrast zu anderen Studien, die nur für selbständig erwerbstätige Väter ein höheres Einkommen gegenüber Nichtvätern ermittelt haben, während das von selbständigen Müttern niedriger lag als das der Nichtmütter (vgl. Hundley 2000, Jungbauer-Gans 1999).

Während insgesamt so gut wie keine Unterschiede zwischen Frauen und Männern bestehen – beide arbeiten zu 70 Prozent Vollzeit – so zeigen sich Unterschiede bei Eltern kleiner Kinder (unter 6 J.): Mütter dieser Gruppe arbeiten häufiger Teilzeit (77 Prozent) als Väter (39 Prozent).

Während also Selbständigkeit allgemein für Männer wie Frauen als durchaus vereinbar mit Elternschaft zu betrachten ist, so zeigen sich für hoch qualifizierte Alleinselbständige mit Kindern gewisse Einschränkungen. Das Vorhandensein von mehreren und/oder jungen Kindern scheint sich besonders auf Produktivität und Einkommen hoch qualifizierter selbständiger Frauen negativ auszuwirken, was in multivariaten Analysen noch genauer zu belegen wäre. Indes liefern die qualitativen Befunde tiefere Einsichten in die subjektiven Voraussetzungen flexibilisierter ‚Wissensarbeit' und ihre besonderen Verknüpfungen mit den privaten Lebensformen.

## 3 Berufsidentität und Marktbehauptungsstrategien

Den Kernbestandteil subjektiver Handlungsorientierungen und individueller Strategien im Umgang mit ihrer flexibilisierten Erwerbssituation bildet eine spezifische Form der *Beruflichkeit* der befragten AlleindienstleisterInnen. Für die selbständigen KulturberuflerInnen ist ein Berufsverständnis charakteristisch, das wir mit „Beruf als Berufung" bezeichnen[13]. Idealtypisch zeichnet sich dieses Berufsverständnis durch eine hohe intrinsische Motivation beruflichen Handelns aus. Der Beruf dient typischerweise in erster Linie der kreativen Selbstverwirklichung, erst in zweiter oder dritter Linie dem Gelderwerb. Dementsprechend ist die Identifikation mit dem Beruf sehr hoch, so dass er tendenziell die gesamte Lebensführung dominiert. Charakteristisch ist eine gewisse Entgrenzung zwischen Berufs- und Privatperson – Aussagen wie „der Beruf ist mein Hobby" oder „Designer ist man mit Leib und Seele" machen dies deutlich. Darüber hinaus besteht auch eine gewisse Orientierung an übergeordneten gesellschaftlichen Zielen wie z.B. Aufklärung über gesellschaftliche Missstände. Bezug genommen wird auf hohe berufsethische und fachliche Normen, wobei sich diese auf eine explizite wissenschaftliche Basis gründen bzw. den Anspruch künstlerischer Innovation beinhalten. Auch bei den von diesem Idealtyp abweichenden AlleindienstleisterInnen ist die berufliche Motivation mehrheitlich sehr hoch, und ihr berufliches Handeln erscheint primär *wertrational* orientiert – sei es nun am Selbstwert der individuellen

---

13 Dieser Typus bildete sich in einem induktiven Analyseverfahren des Interviewmaterials heraus. Die Typisierung erfolgte entlang der Kriterien der primären Motivation beruflichen Handelns, der Bezugspunkte des Selbstverständnisses und der Berufsidentität. Von den drei gefundenen Typen war der oben beschriebene am weitesten verbreitet und insofern besonders charakteristisch (Näheres vgl. Betzelt 2006).

Selbstverwirklichung im ‚Traumberuf' oder an der Schaffung qualitativ hochstehender Gebrauchswerte für die Kunden. Dieses berufliche Selbstverständnis kann zunächst als ein Ausdruck der *Subjektivierung* von Arbeit im Sinne der Entfaltung subjektiver Potenziale in der Erwerbsarbeit verstanden werden. Doch während solche Prozesse für qualifizierte Industriearbeit als Rationalisierungseffekt betrieblicher Reorganisationsstrategien identifiziert wurden (vgl. Moldaschl/Sauer 2000, Kratzer 2003), sind die Kulturberufe schon traditionell durch größere individuelle Autonomiespielräume gekennzeichnet und weisen in ihren subjektiven normativen Orientierungen eher eine größere Nähe zu den klassischen Professionen wie der Medizin auf. Allerdings fehlt ihnen, wie oben dargestellt, deren institutionelle Absicherung von Marktrisiken. Besonders angesichts der seit den 1990er Jahren verschärften Verwertungsbedingungen im Mediensektor stellt sich daher die Frage, ob bzw. inwieweit die für postfordistische Arbeitskräfte konstatierten Prozesse verstärkter „Selbstökonomisierung" und „Selbstrationalisierung" (vgl. Voß/Pongratz 1998) auch für die untersuchten neuen Formen flexibler Wissensarbeit zutreffen. Wie gelingt es den beruflich hoch identifizierten AlleindienstleisterInnen, ihre subjektiven Ansprüche in einem marktradikalen, wenig regulierten Umfeld zu realisieren?

Zu beobachten ist, dass sich die Freelancer keineswegs ‚mit Haut und Haaren' den Marktgesetzen beugen, um wirtschaftlich zu überleben. Vielmehr zeigt die Empirie, dass das subjektivierte Berufsverständnis quasi ein ‚Bollwerk' gegen die völlige (Selbst-) Ökonomisierung bildet. Die AlleindienstleisterInnen gehen höchst reflexiv und aktiv mit den Marktbedingungen um[14]. Ein typisches Muster[15] des Umgangs mit dem häufig konflikthaft wahrgenommenen Verhältnis zwischen fachlich-berufsethischen Normen und individuellen beruflichen Vorstellungen einerseits und den Marktanforderungen andererseits besteht in der *Segmentierung* der Beruflichkeit: Da fachlich-ethische Ambitionen im Kernberuf nicht mit einer ausreichenden Einkommenssicherung vereinbar sind, spalten die hoch identifizierten AlleindienstleisterInnen ihre berufliche Tätigkeit auf. Die Kernberufstätigkeit dient dabei als interessantes, zeitlich dominantes, aber wenig lukratives ‚Spielbein', während als materielles ‚Standbein' Aufträge (z.B. im Bereich Public Relations) übernommen werden, die zwar den eigenen beruflichen Vorstellungen weni-

---

14 Der Befund großer Reflexivität der Akteure gegenüber den Marktbedingungen steht im Kontrast zu Ergebnissen von Egbringhoff (2004), die für das Gros der von ihr untersuchten Einpersonenselbständigen diesbezüglich Defizite beobachtete. Diese Unterschiede dürften durch die hohen Qualifikationsniveaus der von uns befragten Kulturberufler begründet sein.
15 Neben diesem dominanten Handlungsmuster fanden sich noch weitere individuelle Strategien wie das Aushandeln eigener inhaltlicher Ansprüche mit dem Auftraggeber oder eine ausgeprägte Dienstleistungsorientierung, die hier nicht dargestellt werden können (vgl. Betzelt 2006).

ger entsprechen, aber besser honoriert sind. Solche individuellen Strategien dienen dazu, die subjektiven Voraussetzungen und Orientierungen mit den kaum beeinflussbaren Marktbedingungen auszubalancieren und auf diese Weise eine kontinuierliche, kohärente Berufsidentität zu ermöglichen. Dabei ist die arbeitsinhaltliche Seite der Berufsausübung eng mit der *selbständigen Erwerbsform* verknüpft: So ist die Zufriedenheit mit der Selbständigkeit allgemein hoch, selbst wenn sie ursprünglich nicht ganz freiwillig, z.b. aus der Arbeitslosigkeit heraus, aufgenommen wurde. Dabei überwiegen für die meisten AlleindienstleisterInnen subjektiv die Vorzüge einer relativ großen zeitlichen, räumlichen und arbeitsinhaltlichen Selbstbestimmung gegenüber der als nachteilig empfundenen materiellen Unsicherheit. Das gleichwohl immer gegebene Risiko von Selbstausbeutung ist den meisten AlleindienstleisterInnen durchaus bewusst, wird aber als der Selbständigkeit prinzipiell inhärent akzeptiert. Ungeachtet der individuellen Balanceleistungen bleibt die mehrheitlich geäußerte Unvereinbarkeit fachlich-ethischer beruflicher Normen mit einem existenzsichernden Einkommen aus der beruflichen Selbständigkeit ein besonders für das deutsche Berufs- und Erwerbssystem eigentümlicher und gesellschaftlich fragwürdiger Befund.

## 4 Privatsphäre als Ressource des Risikoausgleichs

Das Zusammenwirken der Erwerbs- und Privatsphäre der AlleindienstleisterInnen wurde auf Basis der biographischen Interviews systematisch untersucht[16]. Im Ergebnis sind die Einflüsse der flexiblen Erwerbsbedingungen der AlleindienstleisterInnen auf die Privatsphäre als höchst *ambivalent und vielschichtig* einzuschätzen – Licht- und Schattenseiten liegen nah beisammen. Die größere zeitliche und räumliche Flexibilität der alleinselbständigen, nicht betriebsförmigen Arbeitsweise bietet zweifellos *erweiterte Handlungsspielräume für das Alltagsmanagement*, was gerade für das Zusammenleben mit (jüngeren) Kindern von großer Bedeutung ist. So fällt die subjektive Bewertung der Selbständigkeit im Vergleich zu einer abhängigen Beschäftigung bei den Befragten mit Kindern durchweg eindeutig positiv aus, und zwar bei Frauen wie Männern (vgl. auch Rehberg et al. 2002). Die größere Flexibilität spielte in manchen Fällen sogar eine Rolle für die Entscheidung zur Selbständigkeit. Auch die biographischen Befunde verweisen auf eine prinzipiell vor-

---

16 Sozialstrukturell entspricht das Interviewsample in etwa den zuvor erhobenen Sozialstrukturdaten, mit Ausnahme einer theoretisch begründeten Überquotierung der FreiberuflerInnen mit Kindern. Die meisten Interviewten leben in einer Partnerschaft, wobei nicht immer ein gemeinsamer Haushalt geteilt wird. Weniger als die Hälfte der Befragten lebt mit einem oder mehreren Kindern im Haushalt, mit ausgeglichenen Relationen von Müttern und Vätern.

handene familiale Vereinbarkeit: Denn statt einer längeren ‚Kinderpause' reduzieren die selbständigen, sorgeverantwortlichen Mütter und Väter höchstens für einige Monate ihre Arbeitszeit oder arbeiten sogar in vollem Umfang weiter (siehe Abschnitt 5).

Gleichwohl ist die Kombination familiärer Sorgearbeit mit professioneller Alleinselbständigkeit angesichts der *institutionellen und marktlichen Rahmenbedingungen nicht unproblematisch*. Das an traditionellen Familienleitbildern orientierte, zeitlich eingeschränkte Betreuungs- und Bildungsangebot für Kinder in der Bundesrepublik wirkt restriktiv auch auf die Erwerbsteilhabe von Alleinselbständigen, und zwar für Frauen wie Männer. Dies spiegelt sich in den Mustern partnerschaftlicher Arrangements und in den erzielten Einkommen wider. Im Einklang mit den quantitativen Befunden war bei der Mehrzahl der Interviewten mit jüngeren Kindern, d.h. höchstens im Grundschulalter, ein Muster *spezialisierter Arbeitsteilung* zwischen den LebenspartnerInnen zu beobachten, bei dem ein/e PartnerIn Teilzeit arbeitet und den Hauptteil der Sorgearbeit übernimmt, während die andere Person Vollzeit erwerbstätig ist. Damit verbunden sind entsprechend niedrige Verdienste aus der selbständigen Tätigkeit, alle diese Befragten befinden sich auf den beiden unteren Einkommensstufen (unter 20.000 € p.a.). Im Unterschied zur Gesamtgesellschaft betrifft dies in der Untersuchungsgruppe sowohl Frauen als auch Männer: Denn neben wenigen Fällen ‚modernisierter Ernährermodelle' (Frau Teilzeit / Mann Vollzeit) waren bei Paaren mit jungen Kindern etwa ebenso viele Fälle einer umgekehrten Rollenverteilung (Mann Teilzeit/Frau Vollzeit) zu finden[17]. *Geschlechtsspezifische Unterschiede* ergaben sich bei der *subjektiven Bewertung* dieser Arrangements. Die Mütter wünschten sich mehr Zeit für berufliches Engagement und empfanden die größere zeitliche Flexibilität als ambivalent: Sie schätzten zwar die zeitlichen Spielräume, berichteten aber auch von Rollenkonflikten zwischen beruflichen und familiären Anforderungen im häuslichen Alltag. Verstärkt wurden solche Konflikte in manchen Fällen durch abhängig beschäftigte Partner, die aus der zeitlichen Flexibilität ihrer selbständigen Partnerinnen deren stärkere Zuständigkeit für familiäre Aufgaben ableiteten. Dagegen waren die teilzeitselbständigen Väter deutlich zufriedener mit ihrer Situation. Sie fühlten sich von der Ernährerrolle entlastet, während sie ihre häusliche Situation gleichzeitiger beruflicher und erzieherischer Anforderungen als weniger konfliktreich beschrieben.

Mit höherem Arbeitszeitumfang beider Partner wachsen angesichts der institutionellen Restriktionen die Anforderungen an das Alltagsmanagement. Dabei sind private informelle (Betreuungs-) Netzwerke von großer Bedeutung für das ‚Funktionieren' des Alltags (vgl. Henninger 2004), zugleich steigen die zeitlichen Belastungen, wenn die späten Abendstunden und das Wochen-

---

17 Zu Geschlechterarrangements von Freelancern vgl. auch Henninger 2004, Gottschall/Henninger 2005.

ende als Arbeitszeit genutzt werden müssen. Auch unter einigen Freiberufler-Innen mit überwiegend älteren Kindern (ab 12 J.) waren solche ‚dual-earner' Muster von zwei vollzeiterwerbstätigen Partnern zu finden. Entsprechend der starken Erwerbsorientierung beider Partner kehren diese Paare also zu eher egalitären Arrangements zurück, sobald die ‚Betreuungsintensität' ihrer Kinder abnimmt. Entsprechend ihres größeren Arbeitszeitumfangs erzielen diese Befragten höhere Verdienste (über 30.000 € p.a.). Sie sind darüber hinaus aber auch in lukrativeren Sparten des Kultur- und Mediensektors tätig.

Die flexible Alleinselbständigkeit bringt in ihrer unmittelbar marktabhängigen Form *spezifische individualisierte Formen des Risikomanagements* mit sich. Die Interviews zeigen, dass hierbei den privaten Beziehungen der AlleindienstleisterInnen eine besondere Funktion zukommt. Besonders die LebenspartnerInnen – ob Frauen oder Männer – fungieren sowohl für zeitliche als auch finanzielle Engpässe als ‚Puffer' ihrer freiberuflichen PartnerInnen und damit als privater Ausgleich der unkalkulierbaren Marktrisiken. Auftragsspitzen unter Termindruck, die in Nacht- und Wochenendschichten abgearbeitet werden müssen, bedürfen der kurzfristigen, meist ungeplanten Entlastung bei der Reproduktion der Arbeitskraft bzw. bei der Versorgung des Nachwuchses. Umgekehrt fällt in Flautenzeiten ein Einkommen für den Haushalt phasenweise vollständig aus und muss durch das Partnereinkommen zumindest vorübergehend substituiert werden; manchmal springen in einem solchen Fall auch die Eltern ein, insbesondere bei den befragten ‚Singles'. Beides – phasenweise extreme Arbeitsbelastung wie auch ihr Gegenteil – gehört zum Alltag von Alleinselbständigen und lässt sich individuell nur sehr begrenzt steuern.

Die meisten Betroffenen empfinden diese Risiken als Belastung und berichten auch von Konfliktpotenzial für ihre privaten Beziehungen. Mehrere Interviewte schildern, dass diese Erwerbsbedingungen ihre Partnerschaften bedrohen bzw. die Gründung einer Familie verhindert hätten. Als materiell besonders prekär stellt sich die Situation dar, wenn in einer Paarbeziehung *beide Partner freiberuflich* tätig sind, ein verlässliches Einkommen daher gänzlich fehlt, und zudem noch Kinder zu versorgen sind. So wirtschaftet ein befragtes Übersetzerpaar mit zwei Kindern trotz hohen zeitlichen Einsatzes und relativ guter Marktposition stets am Existenzminimum. Gerade in diesem besonders schlecht honorierten Kulturberuf ist ein solches Arrangement einer partnerschaftlichen ‚Produktionsgemeinschaft' durchaus nicht selten; mit Kindern ist dieses Muster allerdings nur unter extremen materiellen Einschränkungen lebbar.

Während für das Risikomanagement also ambivalente Verschränkungen von Erwerbs- und Privatsphäre zu konstatieren sind, zeigte sich im Hinblick auf die *alltägliche Lebensführung* der AlleindienstleisterInnen, dass nur in den wenigsten Fällen tatsächlich eine völlige ‚*Entgrenzung*' zwischen beiden

Sphären zu beobachten ist[18]. Vielmehr findet eine Strukturierung des Verhältnisses von Erwerbs- und Nichterwerbssphäre sowohl durch eigene, bewusste Grenzziehung der AlleindienstleisterInnen statt als auch wiederum durch die LebenspartnerInnen, die teilweise als „boundary control" (Perrons 2004) fungieren – und damit eine weitere wichtige Funktion für das Erwerbsmuster haben[19]. Insgesamt sind vielfältige individuelle Strategien der *aktiven Grenzziehung* zwischen Beruf und Privatsphäre zu beobachten, die in unterschiedliche Typen von Lebensführung münden, wie bereits an anderer Stelle näher ausgeführt wurde (vgl. Henninger/Gottschall 2007)[20].

## 5 Berufsverläufe: Kontinuität durch Wandel

Die Ergebnisse zu den Erwerbsbiographien der selbständigen KulturberuflerInnen zeigen nicht nur Abweichungen vom Normalarbeitsverhältnis, sondern auch von den Karrierepfaden klassischer Professionen. Angesichts der schwierigen Erwerbsbedingungen und mangels vorgezeichneter Laufbahnen wäre es naheliegend, diskontinuierliche, brüchige Verläufe zu erwarten, wie dies beispielsweise bei den von Hoff et al. (2005) untersuchten freiberuflichen PsychologInnen überwiegend beobachtet wurde. Die eigenen Befunde ergaben jedoch eher das Gegenteil: Die Berufsbiographien der befragten Freelancer im Kultur- und Mediensektor sind überwiegend durch *relativ große Kontinuität* gekennzeichnet[21]. Dabei besteht die Konstanz der heute als Freelancer Tätigen jedoch selten in einer früheren langjährigen Zugehörigkeit zu einem Betrieb oder einer fortwährend exakt gleichen Tätigkeit. Vielmehr zeichnen sich zwei dominante Muster von Berufsverläufen ab, die durch ein hohes Maß an *Komplexität und Selbststeuerung* charakterisiert sind (vgl. auch Reichwald et al. 2004).

---

18 Eine solche Entgrenzung von Beruf und Privatleben war hauptsächlich bei manchen hoch identifizierten FreiberuflerInnen in einer partnerschaftlichen ‚Produktionsgemeinschaft' zu beobachten, und bei einigen FreiberuflerInnen mit einer sehr schlechten Marktposition, die praktisch auf jeden Auftrag angewiesen sind.
19 Die interviewten Singles beklagten teils das Fehlen einer PartnerIn als Möglichkeit des Risikoausgleichs und der Unterstützung ihrer Grenzziehung gegenüber beruflichen Anforderungen, teils fühlten sie sich aber auch vom möglichen häuslichen Konflikten entlastet.
20 Typische Beispiele für aktive Grenzziehungen zwischen Beruf und Privatleben sind z.B. die räumliche Trennung durch extra Büroräume, die Einführung von Geschäftszeiten gegenüber Kunden, das bewusste Schaffen zeitlicher Freiräume für außerberufliche Tätigkeiten (vgl. auch Egbringhoff 2004, Hoff et al. 2005, Mayer-Ahuja/Wolf 2005).
21 Kontinuität bzw. Diskontinuität wurden in den Dimensionen Erwerbsstatus, Tätigkeitsschwerpunkte, Arbeitszeiten sowie Erwerbsunterbrechungen untersucht, sowie inwiefern es sich bei den Verläufen um berufliche Aufstiege, Abstiege oder Stagnation handelt. Letzteres konnte mangels vorgegebener Karrierestationen nur anhand ‚weicher' Indikatoren wie Einkommen, Marktposition, Auszeichnungen und subjektive Zufriedenheit untersucht werden.

Beobachtet wurde erstens das *Zwei-Phasen-Muster*, in dem typischerweise eine längere Phase abhängiger Beschäftigung durch den Wechsel in die dann kontinuierlich fortgeführte Selbständigkeit abgelöst wird. Über den Statuswechsel hinweg bleiben die Tätigkeitsschwerpunkte im Wesentlichen konstant. Das zweite dominante Muster ist deutlich komplexer und kann, in Anlehnung an Hoff et al. (2005), mit dem Begriff *Doppel- oder Mehrgleisigkeit* bezeichnet werden. VertreterInnen dieses Typs arbeiten parallel über mehrere Jahre hinweg freiberuflich und zugleich angestellt mit jeweils unterschiedlichen Tätigkeitsschwerpunkten, die sich über die Jahre auch verschieben können. Statt asynchroner Tätigkeits- oder Statuswechsel werden also verschiedene berufliche Schwerpunkte synchron verfolgt. Solche mehrgleisigen Phasen münden in unserem Sample meist in eine langjährige ausschließliche Selbständigkeit. Beide kontinuierlichen Berufsverlaufsmuster waren für Frauen und Männer gleichermaßen dominant. Deutlich seltener und ebenfalls nicht geschlechtsspezifisch verteilt waren *diskontinuierliche* Verläufe zu beobachten, die primär durch längere Erwerbsunterbrechungen wie Arbeitslosigkeitsphasen, mehrfache Status- und Tätigkeitswechsel und andere biographische Brüche gekennzeichnet sind. In Tabelle 3 sind alle drei vorgefundenen Berufsverlaufsmuster dargestellt.

Tabelle 3: *Berufsverlaufsmuster in Kulturberufen*

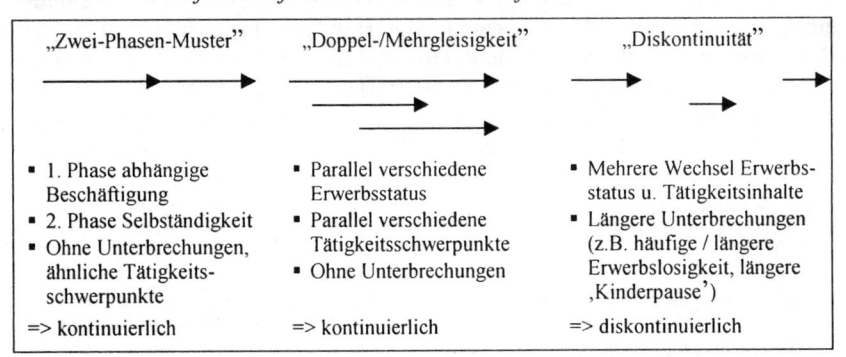

| „Zwei-Phasen-Muster" | „Doppel-/Mehrgleisigkeit" | „Diskontinuität" |
|---|---|---|
| ▪ 1. Phase abhängige Beschäftigung<br>▪ 2. Phase Selbständigkeit<br>▪ Ohne Unterbrechungen, ähnliche Tätigkeitsschwerpunkte | ▪ Parallel verschiedene Erwerbsstatus<br>▪ Parallel verschiedene Tätigkeitsschwerpunkte<br>▪ Ohne Unterbrechungen | ▪ Mehrere Wechsel Erwerbsstatus u. Tätigkeitsinhalte<br>▪ Längere Unterbrechungen (z.B. häufige / längere Erwerbslosigkeit, längere ‚Kinderpause') |
| => kontinuierlich | => kontinuierlich | => diskontinuierlich |

Datenbasis: Eigene Intensiv-Interviews mit JournalistInnen, DesignerInnen, LektorInnen, ÜbersetzerInnen (2003/4, n=42), retrospektive Erhebung der Lebensläufe.

Zwar lassen die Befunde aufgrund der relativ kleinen Fallzahlen nur begrenzt verallgemeinerbare Aussagen zu. Gleichwohl ist die große erwerbsbiographische Kontinuität aus den Erwerbsstrukturen plausibel zu erklären: Zum einen bietet das offene, nicht klar abgegrenzte Feld der Kulturberufe gute Möglichkeiten für Mehrgleisigkeit und Wechsel von Tätigkeitsschwerpunkten, was Diskontinuitäten in Form von Berufswechseln verringert. Auf der Subjektebene bietet das reflexive Berufsverständnis vielseitige Entwicklungspotenziale innerhalb des „individuellen Berufs" (Voß 2001). Zum anderen ermöglicht und verlangt die selbständige Erwerbsform ein gewisses Maß an Kontinuität, die mit längeren Erwerbsunterbrechungen unvereinbar ist. Die Standardursache diskontinuierlicher weiblicher Erwerbsbiographien – Mutterschaft und Hauptsorgeverantwortung für Kinder – wirkt sich nach unseren Befunden für Alleinselbständige weniger deutlich auf den Berufsverlauf aus, so gab es kaum längere ‚kindbedingte' Erwerbsunterbrechungen. Allerdings entspringt diese Erwerbskontinuität auch der existenziellen Notwendigkeit, ‚am Ball zu bleiben' und wichtige Kontakte zu Auftraggebern aufrechtzuerhalten. Institutionelle Sicherungen stehen den Selbständigen nicht zur Verfügung. Die Marktbehauptung über Netzwerkstrukturen erfordert permanenten aktiven Einsatz, insofern ist deren Tragfähigkeit eher als fragil einzuschätzen.

Angesichts der prekären Erwerbsbedingungen fragt sich nun, inwieweit die komplexen Berufsverläufe auch als ‚*erfolgreich*' zu kennzeichnen sind. Die Analyse anhand kontextbezogener Erfolgskriterien wie Erwerbseinkommen, Auftraggeberstruktur, fachliche Auszeichnungen und subjektive Zufriedenheit zeigt, dass auch VertreterInnen von wenig geradlinigen Verläufen häufig einen beruflichen Aufstieg für sich verbuchen können (vgl. Betzelt 2006). Typischerweise zu beobachten sind unter den hoch qualifizierten AlleindienstleisterInnen vielgestaltige, individuell aktiv gesteuerte Erwerbsbiographien, mit oftmals diskontinuierlichen Einstiegsphasen, mehreren Statuswechseln und Phasen von Mehrgleisigkeit, die letztlich zum Erfolg führen können. Nach allgemeinen gesellschaftlichen Maßstäben bewegen sich zwar die materiellen Gratifikationen üblicherweise auf eher bescheidenem Niveau, doch ‚Erfolg' wird von intrinsisch motivierten Gruppen eher an immateriellen Qualitäten wie erreichter Autonomie und Authentizität gemessen (vgl. Pink 2001).

Nun ist dieses relativ positive Ergebnis allerdings mit Vorsicht zu genießen. Denn die Befunde spiegeln zum einen vermutlich auch Effekte von Selbstselektion, die methodisch kaum auszuschließen sind. Zum anderen handelt es sich bei den beobachteten gelungenen Berufskarrieren um hochgradig individualisierte Resultate von Selbstsozialisation. Mangels vorgegebener Karrieremuster müssen die AlleindienstleisterInnen selbständig ‚Biographiearbeit' leisten, indem sie Gelegenheitsstrukturen aktiv nutzen. In der geringen Regulation des offenen Feldes liegen damit einerseits Chancen auf subjektiv befriedigende Karrieren, die andererseits jedoch das permanente *Risiko von Prekarität* beinhalten. Um die Nachhaltigkeit der alleinselbständigen Erwerbsform zu beurteilen, muss deshalb nicht nur das aktuelle Einkommensniveau berücksichtigt werden, sondern die längerfristige Perspektive auf den *gesamten Lebensverlauf* (vgl. auch Egbringhoff 2005). Denn das relativ niedrige Einkommensniveau selbst erfolgreicher Kulturberufler mag zwar mit einer gewissen materiellen Genügsamkeit vieler intrinsisch motivierter AlleindienstleisterInnen korrespondieren. Allein: Zu einer existenzsichernden individuellen Risikovorsorge für die Wechselfälle des Lebens reicht es im Allgemeinen nicht aus. Risiken wie längere Krankheit oder gar Berufsunfähigkeit, Auftragsflauten und nicht zuletzt der Einkommensausfall im Alter lassen sich individuell ohne erhebliche Vermögensrücklagen nicht überbrücken. Die institutionelle soziale Absicherung dieser Risiken ist für Selbständige in der Bundesrepublik jedoch bekanntlich sehr lückenhaft (vgl. Betzelt/ Fachinger 2004, Fachinger et al. 2004). Für viele Selbständige ist deshalb die Gefahr materieller Armut im Alter absehbar. Empirische Analysen ergeben, dass etwa jeder sechste bis siebte Haushalt mit Haupteinkommen aus selbständiger Tätigkeit über keinerlei Altersvorsorge verfügt (Fachinger 2002). In individueller wie in gesellschaftlicher Hinsicht ist damit besonders die Alleinselbständigkeit nur begrenzt als nachhaltig im Sinne einer dauerhaften Existenzsicherung aus Erwerbsarbeit zu bewerten.

## 6 Schlussfolgerungen

Welche Schlussfolgerungen sind aus den Ergebnissen hinsichtlich der ‚objektiven' wie ‚subjektiven' Dimensionen der untersuchten flexiblen Erwerbsform zu ziehen?

Zwar verfügen die untersuchten Alleinselbständigen in wissensintensiven Dienstleistungsfeldern aufgrund ihrer fachlichen und überfachlichen Qualifikationen typischerweise über hohes kulturelles und auch soziales Kapital. Dennoch wird ihnen eine Interpretation als „Gewinner der Flexibilisierung" (z.B. Dörre 2005) angesichts der spezifischen Erwerbsbedingungen und individuellen Voraussetzungen nur sehr bedingt gerecht. Charakteristisch für die Erwerbsform sind vielmehr ein relativ niedriges Einkommen und das permanente Risiko materieller Prekarität. Insofern wären diese Arbeitskräfte in der Terminologie Castels (2000) eher der „Zone prekären Wohlstands" oder der „Zone der Verwundbarkeit" zuzuordnen. Allerdings weichen die subjektiven Dimensionen des untersuchten flexiblen Erwerbsmusters von den Erwerbsorientierungen anderer prekärer Gruppen deutlich ab. So ist für die meisten Kulturberufler das Normalarbeitsverhältnis keineswegs ein erstrebenswerter Maßstab. Charakteristisch sind eine ausgeprägte Reflexionsfähigkeit, Kompetenzen des Selbstmanagements und der aktiven Gestaltung eines ‚individuellen Berufs', sowie eine große Zufriedenheit aufgrund intrinsischer Motivationen und den Autonomiegewinnen der Selbständigkeit. Anstatt einer Zuordnung dieser flexiblen ‚Wissensarbeiter' zu den Gewinnern oder umgekehrt den Prekarisierten ist also eine *spezifische Mischung von ‚Privileg und Prekarität'* zugleich zu konstatieren. Wie dieses Mischungsverhältnis jeweils ausfällt, hängt dabei von der individuellen Ressourcenausstattung wie auch den momentanen Marktbedingungen ab, und es ist biographisch keineswegs stabil. Das Fehlen einer institutionellen Regulierung von Erwerbsrisiken erfordert und ermöglicht die Entwicklung individueller Strategien des Ausbalancierens zwischen intrinsischer ‚Berufung' und Marktkonformität ebenso wie zwischen Erwerbsarbeit und Privatsphäre.

Als Substitut für die fehlende wohlfahrtsstaatliche Absicherung ihrer freiberuflichen Existenzrisiken sind die AlleindienstleisterInnen in mehrfacher Hinsicht auf private und familiale Ressourcen verwiesen. Ohne ein möglichst stabiles Partnereinkommen oder zeitweilige Finanzspritzen der Eltern ist das Erwerbsmuster kaum dauerhaft lebbar. Insofern kann man von einer *Re-Traditionalisierung* sozialer Sicherungsformen sprechen, die auch dem Faktor soziale Herkunft zu wachsender Bedeutung verhelfen könnte, und zwar über die Vermittlung kulturellen und sozialen Kapitals hinaus. Für die ‚alten' Selbständigen (Unternehmer, Handwerker) spielte der Faktor Vererbung schon immer eine wichtige Rolle für den Statuserwerb, zumindest was die Söhne selbständiger Väter betrifft (vgl. Luber 2003). Von Bedeutung auch für neuere Gruppen Alleinselbständiger ist hier nicht nur die elterliche Vorbildfunktion zur beruflichen Orientierung, wofür wir in den Interviews vereinzelte Beispiele fanden. Das Verwiesensein auf familiale Subsidiarität reproduziert vermutlich auch soziale Ungleichheiten durch ökonomische Transfers – schließlich bieten elterliche Vermögensrücklagen eine erheblich günstigere Ausgangsbasis für den Einstieg und Verbleib in einer ‚marktradikalen', ungesicherten Existenz, als wenn solche Polster fehlen.

Spielen traditionelle Ungleichheitsfaktoren wie Bildung und eventuell Herkunft für dieses moderne Erwerbsmuster also eine Rolle, so sind die Ergebnisse im Hinblick auf den Faktor *Geschlecht* uneindeutig: Zu beobachten ist einerseits eine relativ schwache Geschlechtersegregation sowohl der Erwerbssphäre als auch der privaten Geschlechterarrangements. Andererseits wurden aber auch Ambivalenzen und Konflikte deutlich, die insbesondere aus den Restriktionen des institutionellen Settings für berufstätige Eltern und subtilen Rollenerwartungen resultieren. Eine gewisse Geschlechterstrukturierung bleibt also bestehen.

Skepsis ist schließlich auch geboten bei der Frage, wie dieses flexible Erwerbsmuster in punkto *Nachhaltigkeit* zu bewerten ist. Zunächst ist festzuhalten, dass die untersuchten AlleindienstleisterInnen dank aktiv-reflexiver Handlungsstrategien durchaus kontinuierliche, wenn auch komplexe Berufsbiographien aufweisen. Problematisch ist jedoch, dass die Reproduktion ihrer Arbeitskraft angesichts niedriger Einkommen und ungenügend abgesicherter sozialer Risiken keineswegs dauerhaft gewährleistet ist. Dies betrifft sowohl aktuelle Gesundheits- und Erwerbsrisiken als auch die längerfristige Existenzvorsorge im Alter, woraus sich erhebliche materielle Armutsgefahren und ein entsprechender sozialpolitischer Handlungsbedarf ergeben (vgl. Betzelt/Fachinger 2004, Betzelt 2006). Was Nachhaltigkeit im Sinne *generativer Reproduktion* angeht, ist zunächst festzuhalten, dass selbständige Erwerbsformen durchaus mit familiärer Sorgeverantwortung vereinbar sind und dank der größeren Handlungsspielräume in der subjektiven Bewertung durchweg besser als eine abhängige Beschäftigung abschneiden. Allerdings wirkt sich das traditionelle institutionelle Setting unzureichender Kinderbetreuungs- und Bildungsangebote in Deutschland offenbar negativ auf Produktivität und Einkommenschancen alleinselbständiger Eltern aus. Zu konstatieren ist insofern nicht nur eine Funktion der Privatsphäre als Ausfallbürge für individualisierte Erwerbsrisiken, sondern umgekehrt auch eine Instrumentalisierung gewonnener Flexibilität in der Erwerbssphäre für weitgehend privatisierte generative Reproduktionsleistungen. Angesichts verstärkt eingeforderter uneingeschränkter Erwerbsbürgerschaft von Frauen wie Männern sind die familienpolitischen Implikationen der Befunde damit offensichtlich.

## Literatur

Betzelt, S. (2006): Flexible Wissensarbeit: AlleindienstleisterInnen zwischen Privileg und Prekarität. ZeS Arbeitspapier Nr. 3/06. Bremen: Zentrum für Sozialpolitik, Universität Bremen.
Betzelt, S./Fachinger, U. (2004): Jenseits des ‚Normalunternehmers': Selbständige Erwerbsformen und ihre soziale Absicherung. In: Zeitschrift für Sozialreform, 50, 3: 312-343.
Betzelt, S./Gottschall, K. (2004): Publishing and the New Media Professions as Forerunners of Pioneer Work and Life Patterns. In: Giele, J.Z./Holst, E. (Hrsg.), Changing Life Patterns in Western Industrial Societies. Amsterdam: Elsevier, 257-280.
Betzelt, S./Gottschall, K. (2005): Flexible Bindungen – prekäre Balancen. Ein neues Erwerbsmuster bei hochqualifizierten Alleindienstleistern. In: Kronauer, M./Linne, G. (Hrsg.), Flexicurity – Die Suche nach Sicherheit in der Flexibilität. Berlin: edition sigma, 275-294.
Betzelt, S./Gottschall, K. (2007): Jenseits von Profession und Geschlecht? Erwerbsmuster in Kulturberufen. In: Gildemeister, R./Wetterer, A. (Hrsg), Erosion oder Reproduktion geschlechtlicher Differenzierungen? Widersprüchliche Entwicklungen in professionalisierten Berufsfeldern und Organisationen. Münster: Westfälisches Dampfboot, 122-144.
Bird, K./Born, C./Erzberger, C. (2000): Ein Bild des eigenen Lebens zeichnen – Der Kalender als Visualisierungsinstrument zur Erfassung individueller Lebensverläufe. Sonderforschungsbereich 186 der Universität Bremen „Statuspassagen und Risikolagen im Lebensverlauf", Arbeitspapier 59.
Budig, M. J. (2006): Intersections on the Road to Self-Employment: Gender, Family and Occupational Class. In: Social Forces, 84, 4: 2223-2240.
Castel, R. (2000): Metamorphosen der sozialen Frage. Konstanz: Universitätsverlag.
Dörre, K. (2005): Prekarisierung contra Flexicurity – Unsichere Beschäftigungsverhältnisse als arbeitspolitische Herausforderung. In: Kronauer, M./Linne, G.

(Hrsg.), Flexicurity – Die Suche nach Sicherheit in der Flexibilität. Berlin: edition sigma, 53-71.
Egbringhoff, J. (2004): Welche Lebensführung erfordert der Typus des Arbeitskraftunternehmers? In: Pongratz, H./Voß, G.G. (Hrsg.), Typisch Arbeitskraftunternehmer? Befunde der empirischen Arbeitsforschung. Berlin: edition sigma, 255-279.
Egbringhoff, J. (2005): Nachhaltige Lebensführung? Fähigkeit der Personen und Gestaltungsaufgabe einer subjektorientierten Arbeitskraftpolitik. In: Großmann, K./Hahn, U./Schröder, J. (Hrsg.), Im Prinzip Nachhaltigkeit – Akteurskonstellationen und Handlungsmöglichkeiten in interdisziplinärer Betrachtung. München, Mering: Hampp, 14-41.
Fachinger, U. (2002): Sparfähigkeit und Vorsorge gegenüber sozialen Risiken bei Selbständigen: Einige Informationen auf der Basis der Einkommens- und Verbrauchsstichprobe 1998. Universität Bremen, Zentrum für Sozialpolitik, Arbeitspapier 1/2002.
Fachinger, U./Oelschläger, A./Schmähl, W. (2004): Alterssicherung von Selbständigen – Bestandsaufnahme und Reformoptionen. Münster u.a: Lit-Verlag.
Gottschall, K./Betzelt, S. (2003): Zur Regulation neuer Arbeits- und Lebensformen – Eine erwerbssoziologische Analyse am Beispiel von Alleindienstleistern in Kulturberufen. In: Gottschall, K./Voß, G.G. (Hrsg.), Entgrenzung von Arbeit und Leben – Zum Wandel der Beziehung von Erwerbstätigkeit und Privatsphäre im Alltag. München, Mering: Hampp, 203-229.
Gottschall, K./Henninger, A. (2005): Freelancer in den Kultur- und Medienberufen: freiberuflich, aber nicht frei schwebend. In: Mayer-Ahuja, N./Wolf, H. (Hrsg.), Entfesselte Arbeit – neue Bindungen. Grenzen der Entgrenzung in der Medien- und Kulturindustrie. Berlin: edition sigma, 153-183.
Gottschall, K./Kroos, D. (2006): Self-Employment in Comparative Perspective – General Trends and the Case of New Media. In: Walby, S./Gottfried, H./Gottschall, K./Osawa, M. (Hrsg.), Gendering the Knowledge Economy – Comparative Perspectives. London: Palgrave, 163-187.
Gottschall, K./Voß, G.G. (2003) (Hrsg.): Entgrenzung von Arbeit und Leben – Zum Wandel der Beziehung von Erwerbstätigkeit und Privatsphäre im Alltag. München, Mering: Hampp.
Henninger, A. (2004): Freelancer in den Neuen Medien: Jenseits standardisierter Muster von Arbeit und Leben? In: Kahlert, H./Kajatin, C. (Hrsg.), Geschlechterverhältnis im Informationszeitalter. Frankfurt/Main, New York: Campus, 164-181.
Henninger, A./Gottschall, K. (2007): Freelancers in the German New Media Industry: Beyond Standard Patterns of Work and Life? In: Critical Sociology, 33 (special issue), im Erscheinen.
Hoff, E.-H./Grote, S./Dettmer, S./Hohner, H.-U./Olos, L. (2005): Work-Life-Balance: Berufliche und private Lebensgestaltung von Frauen und Männern in hoch qualifizierten Berufen. In: Zeitschrift für Arbeits- und Organisationspsychologie, 49, 4: 196-207.
Hundley, G. (2000): Male/Female Earnings Differences in Self-Employment: The Effects of Marriage, Children, and the Household Division of Labor. In: Industrial and Labor Review, 54, 1: 95-114.

Jungbauer-Gans, M. (1999): Der Lohnunterschied zwischen Frauen und Männern in selbständiger und abhängiger Beschäftigung. In: Kölner Zeitschrift für Soziologie und Sozialpsychologie, 51, 2: 364-390.
Kluge, S./Kelle, U. (2001): Methodeninnovation in der Lebenslaufforschung – Integration qualitativer und quantitativer Verfahren in der Lebenslauf- und Biographieforschung. Weinheim u.a.: Juventa.
Kratzer, N. (2003): Arbeitskraft in Entgrenzung – Grenzenlose Anforderungen, erweiterte Spielräume, begrenzte Ressourcen. Berlin: edition sigma.
Leicht, R,/Lauxen-Ulbrich, M. (2002): Soloselbständige Frauen in Deutschland: Entwicklung, wirtschaftliche Orientierung und Ressourcen. Universität Mannheim, Institut für Mittelstandsforschung, Download-Paper 3.
Leicht, R./Lauxen-Ulbrich, M. (2005): Entwicklung und Determinanten von Frauenselbständigkeit in Deutschland – Zum Einfluss von Beruf und Familie. In: Zeitschrift für KMU und Entrepreneurship, 53, 2: 133-149.
Leicht, R./Welter, F. (Hrsg.) (2004): Gründerinnen und selbständige Frauen – Potenziale, Strukturen und Entwicklungen in Deutschland. Karlsruhe: v. Loeper.
Luber, S. (2003): Berufliche Selbständigkeit im Wandel. Frankfurt/Main: Lang.
Mayer-Ahuja, N./Wolf, H. (Hrsg.) (2005): Entfesselte Arbeit – neue Bindungen: Grenzen der Entgrenzung in der Medien- und Kulturindustrie. Berlin: edition sigma.
Moldaschl, M./Sauer, D. (2000): Internalisierung des Marktes – Zur neuen Dialektik von Kooperation und Herrschaft. In: Minssen, H. (Hrsg.), Begrenzte Entgrenzungen. Berlin: edition sigma, 205-224.
Perrons, D. (2004): Living and Working in the New Economy: New Opportunities but Old Social Divisions. Paper presented at the seminar „Gender Mainstreaming, the New Economy and New Employment Forms", University of Leeds.
Pink, D.H. (2001): Free Agent Nation – How America's New Independent Workers are Transforming the Way We Live. New York: Warner.
Rehberg, F./Stöger, U./Sträter, D. (2002): Frauen in der Medienwirtschaft: Chancen und Hemmnisse für Frauenerwerbstätigkeit in einer prosperierenden Zukunftsbranche. München: Fischer.
Reichwald, R./Baethge, M./Brakel, O./Cramer, J./Fischer, B./Paul, G. (2004): Die neue Welt der Mikrounternehmer. Wiesbaden: Gabler.
Söndermann, M. (2004): Kulturberufe – Statistisches Kurzportrait zu den erwerbstätigen Künstlern, Publizisten, Designern, Architekten und verwandten Berufen im Kulturberufemarkt in Deutschland 1995-2003. Im Auftrag der Beauftragten der Bundesregierung für Kultur und Medien (BKM), Bonn.
Voß, G.G. (2001): Auf dem Weg zum Individualberuf? Zur Beruflichkeit des Arbeitskraftunternehmers. In: Kurtz, T. (Hrsg.), Aspekte des Berufs in der Moderne. Opladen: Leske + Budrich, 287-314.
Voß, G.G./Pongratz, H. (1998): Der Arbeitskraftunternehmer – Eine neue Grundform der Ware Arbeitskraft? In: Kölner Zeitschrift für Soziologie und Sozialpsychologie, 50, 1: 131-158.
Witzel, A. (1982): Verfahren der qualitativen Sozialforschung: Überblick und Alternativen. Frankfurt/Main, New York: Campus.

# Flexibilisierung und subjektive Aneignung am Beispiel globaler Projektarbeit

Peter Kels

## 1 Einleitung

In der arbeits- und industriesoziologischen Diskussion der vergangenen zehn Jahre wird auf einen Formwandel in der Steuerung und Kontrolle gesellschaftlicher Arbeit hingewiesen. Mit der Ausbreitung von Projektarbeit im Bereich (hoch-)qualifizierter Angestelltenarbeit etablieren sich neuartige Prinzipien einer auf die erweiterten Subjektivitäts- und Flexibilitätspotenziale der Beschäftigten zielenden Arbeitskraftnutzung. Während die neuen Steuerungsformen des betrieblichen Leistungserstellungs- und Kooperationsprozesses recht gut beschrieben sind, sind deren Auswirkungen auf die subjektive Seite, z.b. auf Arbeitsorientierungen, Karriereverläufe und biografische Lebensführung der davon betroffenen Menschen bislang nur unzureichend empirisch untersucht worden. Stattdessen finden sich sehr weit reichende Thesen: einer Erosion identitätsrelevanter Erfahrungen in Gestalt des „flexiblen Menschen" (Sennett 2000), eines primär auf die ökonomische Verwertbarkeit und betriebliche Flexibilitätserwartungen zugerichteten „Arbeitskraftunternehmers" (vgl. Voß/Pongratz 1998, kritisch: Deutschmann 2001a) bis hin zur These einer restlosen Unterwerfung und Funktionalisierung von Subjektivität unter das Verwertungsprinzip (vgl. Moldaschl 2002). Problematisch an diesen Lesarten des Wandels ist, dass von der Seite betrieblicher Steuerung bzw. ‚der' Kultur des Kapitalismus mehr oder weniger direkt auf die Verfasstheit der handelnden Subjekte geschlossen wird, ohne den biografischen Orientierungen, Lebensumständen und Arbeitsmotiven ausreichend Beachtung zu schenken.

Der vorliegende Aufsatz soll einen empirischen Beitrag zu dieser Diskussion leisten, indem die beiden sich wechselseitig bedingenden, ambivalenten Momente dieses historischen Prozesses der Flexibilisierung und Subjektivierung von Arbeit[1] in ihrem Zusammenspiel betrachtet werden: Zum einen die betriebliche Ebene der Arbeitskraftnutzung, zum anderen die Aneignungs-

---

[1] „‚Subjektivierung' meint also zunächst eine infolge betrieblicher Veränderungen tendenziell zunehmende Bedeutung von ‚subjektiven' Potentialen und Leistungen im Arbeitsprozess – und zwar in zweifacher Hinsicht: einmal als wachsende *Chance*, ‚Subjektivität' in den Arbeitsprozess einzubringen und umzusetzen, zum anderen aber auch als doppelter Zwang, nämlich erstens, mit ‚subjektiven' Beiträgen den Arbeitsprozess auch unter ‚entgrenzten' Bedingungen im Sinne der Betriebsziele aufrecht zu erhalten; und zweitens, die eigene Arbeit viel mehr als bisher aktiv zu strukturieren, selbst zu rationalisieren und zu ‚verwerten'" (Moldaschl/Voß 2002: 14).

und Bewältigungsmuster der hiervon betroffenen Erwerbstätigen (vgl. hierzu auch Kleemann et al. 2002). Am Gegenstand einer Betriebsfallstudie eines international operierenden Elektronikkonzerns werden typische Muster der Auseinandersetzung qualifizierter und hochqualifizierter Angestellter mit stark flexibilisierten und subjektivierten Arbeitsbedingungen im Rahmen von Projektarbeit identifiziert und deren Auswirkungen auf Berufsweg und Lebensführung vorgestellt und diskutiert.

## 2 Zum normativen und funktionalen Wandel des Verhältnisses von Arbeit und Subjektivität

Die enorme Beschleunigung und Intensivierung wirtschaftlicher Prozesse, welche sich vor dem Hintergrund der Deregulierung von Märkten, eines zunehmend transnationalen Wettbewerbs als auch der voranschreitenden Informatisierung von Ökonomie und Arbeitswelt vollziehen, setzen insbesondere große und mittelständische Unternehmen unter einen massiven Druck, ihre Produkte, Dienstleistungen, Organisationsstrukturen und Arbeitsprozesse den sich wandelnden Marktanforderungen in Hinblick auf Kosten, Preise, Zeit, Flexibilität, Kundenwünsche, Qualität und Innovationskraft anzupassen (vgl. Sauer/Döhl 1996, Schmiede 1996, 1999, Castells 2001, Krömmelbein 2004). Insbesondere die großen Unternehmen befinden sich seit vielen Jahren in einem anhaltenden Prozess umfassender betriebs- und arbeitsorganisatorischer Restrukturierung und Rationalisierung. Sie orientieren sich dabei an widersprüchlichen Leitbildern: Einerseits einer „flexiblen, lernfähigen Organisation" (Schienstock 1998: 170), die ihre ‚human resources' und Innovationspotenziale konsequent nutzt, andererseits an kurzfristig erzielbarem ‚cashflow' durch Personalabbau und beständiger Kostensenkung. Mit der breiten Einführung von Konzepten der indirekten Steuerung[2] stehen insbesondere qualifizierte und hochqualifizierte Angestellte in Projektarbeit unmittelbar vor der Aufgabe, diese aus der Flexibilisierung und Vermarktlichung der Betriebs- und Arbeitsorganisation erwachsenden Unbestimmtheiten zu bewältigen. Im Rahmen von Projektarbeit werden die Widersprüche innerhalb der betrieblichen Steuerung besonders deutlich: Einerseits gewachsene Spielräume für ein selbstorganisiertes Arbeitshandeln, den Erwerb fachlicher und überfachlicher Kompetenzen, andererseits die Ausweitung zeitlicher Verfüg-

---

2 „Indirekte Steuerung bedeutet jedoch nicht den vollständigen Verzicht auf Steuerung, sondern deren Formwandel, weil Steuerung nun nicht mehr durch kleinschrittige Vorgaben und Kontrollen, sondern über die Bestimmung des ‚Kontextes' individueller Arbeitsverausgabung, d.h. über die Festlegung der Rahmenbedingungen (Personalressourcen, Anlagen, Investitionen etc.) sowie über die Setzung (und Kontrolle) von Zielvorgaben (Kosten-, Umsatz- oder Ertragsziele, Termine, Marktanteile, Benchmarks etc.) erfolgt" (Kratzer et al. 2004: 6).

barkeitserwartungen entlang kaum kalkulierbarer Kundenwünsche sowie neuartige Belastungen für Gesundheit und Lebensführung (vgl. Ewers et al. 2004, Gerlmaier/Latniak 2005). Besonders im Bereich hochqualifizierter, projektförmig organisierter Angestelltenarbeit wird seit vielen Jahren eine zunehmende Variabilisierung und Ausdehnung von Arbeitszeiten beobachtet, die selten auf die Flexibilitäts- und Reziprozitätsansprüche der Beschäftigten (hinsichtlich einer ausgewogenen Balance von Arbeit und Leben) Rücksicht nimmt. In erster Linie folgt diese zeitliche Flexibilisierung einer betriebsökonomischen Rationalität, einer nach „Dauer und Zeitpunkt beliebig abrufbaren Nutzung der Arbeitskraft" (Hielscher 2000: 37, vgl. Hildebrandt 2005b, Welzmüller 2005). Angesichts der Ausbreitung dieses sehr einseitigen Verständnisses von Flexibilisierung wird seit vielen Jahren eine Erosion des Modells der Normalarbeitszeit beobachtet, welche als Entgrenzung zwischen Arbeit und Leben interpretiert wird (vgl. Hielscher 2000, Jurczyk et al. 2000, Oechsle 2002, Kratzer et al. 2004, Kadritzke 2005, Voswinkel/Kocyba 2005).

Ein maßgeblicher Teil dieses Wandels zur ‚hochflexiblen' Arbeitskraftnutzung stützt sich auf veränderte normative Grundlagen, d.h. korrespondiert zum Teil mit veränderten Erwerbsorientierungen und Ansprüchen an Arbeit. Bereits im Rahmen der sog. ‚Wertewandelsforschung' wurde innerhalb der hochentwickelten westlichen Arbeitsgesellschaften ein in den 1970er Jahren einsetzender ‚soziokultureller Transformationsprozess' konstatiert, durch welchen ehemals dominante Pflicht- und Akzeptanzwerte durch Selbstentfaltungs- und Selbstbestimmungsansprüche relativiert bzw. erweitert wurden (vgl. Klages et al. 1992, Heidenreich 1996). In diesem Zusammenhang wurde insbesondere bei den jüngeren, heute sich im mittleren Lebensalter befindenden Arbeitnehmergruppen mit gutem Bildungs- und Qualifikationsniveau ein individualistisches, auf persönliche Wertrealisierung und Selbstentfaltung und Qualifikationserwerb zielendes Arbeitsverständnis beobachtet. Im Zuge dieser ‚normativen Subjektivierung' gewinnen Sinn-, Selbstverwirklichungs- und Anerkennungsansprüche gegenüber den auf materielle Absicherung bezogenen Interessen an Bedeutung und verändern somit auch die Muster von Sozialisation und ‚Identitätskonstruktion': Arbeit soll Spaß machen, motivierend und kommunikativ sein, Autonomie, Kompetenzerwerb und persönliches Wachstum ermöglichen, Erfahrungen wechselseitiger Anerkennung vermitteln, inhaltlich abwechslungsreich sein und mit individuellen zeitlichen Bedürfnissen und Lebensstilen vereinbar sein (vgl. Bardmann/Franzpötter 1990, Baethge 1991, Heidenreich 1996, Keupp et al. 1999).

Gingen die Thesen der ‚normativen Subjektivierung' und des ‚postmodernen Wertepluralismus' – getragen von emanzipatorischen Hoffungen gewachsener Möglichkeiten der Selbstverwirklichung in der Arbeit – dabei noch von der optimistischen Annahme aus, dass sich mit dem soziokulturellen Wandel der Druck auf die Unternehmen erhöht, den gewachsenen Bedürfnissen der Beschäftigten nach Selbstentfaltung und Partizipation in der Arbeit mehr Raum einzugestehen, zeigt sich die jüngere Diskussion in der Arbeits- und Industriesoziologie ernüchtert über den primär funktionalen Charakter subjektiver Ansprüche und Orientierungen im Kontext neuer Konzepte der Arbeitsorganisation und Arbeitskraftnutzung. So haben Kocyba (2000) oder auch Schönberger und Springer (2003) die plausible These formuliert, dass die beschriebenen subjektiven Ansprüche an Arbeit im Rahmen posttayloristischer Management- und Organisationskonzepte bereits in eine Erwartungshaltung oder den expliziten Appell des Managements an die Leistungsbereitschaft der Beschäftigten überführt worden seien mit dem Effekt, dass die (u.a. auf das Marxsche Entfremdungstheorem zurückgreifende) Kritik an der kapitalistischen Rationalisierung und ihren tayloristischer Kontrollstrukturen samt ihrer normativen Grundlagen ins Leere zu laufen drohe. Die für den Taylorismus und Fordismus lange Zeit gültigen Grenzziehungen zwischen Arbeitskraft und Person, zwischen objektivem und subjektivem Arbeitsvermögen, zwischen Arbeitgeber und Unternehmer, zwischen Arbeit und Leben, verwischen im Kontext moderner Organisationskonzepte und erzeugen neuartige Ambivalenzen und Widersprüche, mit denen Beschäftigte heute unmittelbar konfrontiert sind (vgl. hierzu Voswinkel/Kocyba 2005).

## 3 Flexibilisierung von Arbeitsorganisation und Personaleinsatz im Lichte subjektiver Aneignung – Theorie und Empirie der Karrierepolitik

Am Gegenstand einer Betriebsfallstudie[3] aus einem laufenden DFG-Projekt[4] werden vor dem Hintergrund des beschriebenen normativen und arbeitsorga-

---

3 Die empirische Basis dieser Fallstudie bilden ca. 14 Experteninterviews mit Personalentwicklern, Führungskräften und Betriebsräten sowie 18 problemzentrierte Interviews und zwei Gruppendiskussionen mit überwiegend hochqualifizierten Beschäftigten, die als Inbetriebsetzer von Anlagen, Techniker, Softwareentwickler und Projektmanager im Rahmen weltweiter Projektarbeit innerhalb eines international agierenden Elektronikkonzerns mit Stammsitz in Deutschland tätig sind.

4 Das Forschungsprojekt „Human Resource Management und die Subjektivierung von Arbeit" ist angesiedelt am arbeits- und industriesoziologischen Schwerpunkt des Instituts für Sozialforschung der Johann Wolfgang Goethe-Universität in Frankfurt/Main unter der Leitung von Prof. Wilhelm Schumm. Es wird seit November 2004 von den Projektmitarbeitern Dr. Uwe Vormbusch und Dipl.-Soz. Peter Kels durchgeführt. Das Projekt konzentriert sich auf die Erhebung, Rekonstruktion und Typisierung betrieblicher Subjektivierungsprozesse, wie sie sich im Kontext (hoch-)qualifizierter Arbeit sowie betrieblicher Kompetenzentwicklung und Personalführung beobachten lassen. Im Rahmen qualitativer Betriebsfallstudien in unterschiedlichen Branchen werden problemzentrierte Interviews (vgl. Witzel 1982, 1996) sowie Gruppendiskussionen (vgl. Bohnsack 2000) mit Beschäftigten unterschiedlicher Tätigkeitsbereiche durchgeführt. Aus den Interviews und Gruppendiskussionen werden Orientierungs- und Gestaltungsmuster sowie normative Vorstellungen in Bezug auf den individuellen Berufsweg innerhalb des betrieblichen Rahmens für Weiterbildung, Personalentwicklung und Personalführung rekonstruiert.

*Flexibilisierung und subjektive Aneignung* 117

nisatorischen Wandels die hochgradig ambivalenten Aus- und Wechselwirkungen betrieblicher Flexibilisierungsstrategien mit den beruflichen Orientierungen und Konzepten individuell-biografischer Lebensführung rekonstruiert. Der von uns untersuchte Geschäftsbereich ist ein konzerninterner Dienstleister, welcher qualifizierte und hochqualifizierte Ingenieure, Techniker, kaufmännische Projektmitarbeiter sowie Softwareentwickler für die Inbetriebsetzung und Instandhaltung großtechnischer Anlagen an Projekte anderer Konzernbereiche vermittelt (sog. ‚Bodyleasing'). Die dort festangestellten Mitarbeiter haben somit keinen fest definierten (d.h. zeitlich, inhaltlich, sozial und räumlich gebundenen) Arbeitsplatz in einem klassischen Sinne, sondern befinden sich in einem Ressourcenpool, von dem aus sie entweder durch Vermittlungsaktivitäten der lokalen Personalmanager oder auch durch eigene informelle Kontakte an andere Unternehmensbereiche ‚verliehen' werden[5].

Während der Projektlaufzeit arbeiten diese Personen in wechselnden Teams, manchmal stationär am Standort, überwiegend aber im europäischen und außereuropäischen Ausland (dort in Kooperation mit lokalen, geringqualifizierten Arbeitskräften). Die Modelle des Arbeitseinsatzes und der Arbeitszeiten sind hierbei je nach Aufgabengebiet stark bis entgrenzt flexibilisert. Bei überwiegend standortgebundenen Tätigkeiten (dies gilt insbesondere für die von uns befragten Softwareentwickler, Systemtester, Terminmanager oder auch Projektleiter) existieren insgesamt hohe, aber innerhalb gewisser Grenzen kalkulierbare Arbeitszeiten. Auslandseinsätze sind bei diesen Tätigkeiten entweder zeitlich begrenzt (bei den Softwareentwicklern wenige Wochen en bloc) bzw. wechseln sich mit längeren Phasen am Standort ab. Projektleiter pendeln oftmals unter der Woche zwischen Standort und Baustelle. Insofern können diese Personen – vorausgesetzt, es treten keine technischen Probleme oder bestimmte Kundenanforderungen auf, die einen längeren Einsatz vor Ort oder einen spontanen Besuch erfordern – in bestimmten Grenzen ein gewisses Maß an Alltagsnormalität konstruieren. Die Organisation und Koordination des familiären Alltags (Haus- und Familienarbeit) wird dabei allerdings weitgehend an Ehefrau, Betreuungseinrichtungen oder Großeltern delegiert. Wesentlich verschärft stellt sich die Situation für die Inbetriebsetzer im Auslandseinsatz dar. Dort finden sich in der Regel entgrenzte Arbeitszeiten, oft sehr eingeschränkte Möglichkeiten, sein Privatleben, seine Freizeit oder auch seine familiären Verpflichtungen und Interessen zu verwirklichen, besonders bei langen Abwesenheitszeiten von Familie und dem privaten Lebensumfeld.

---

5  Aus betrieblicher Sicht stellt die Flexibilität des Personalpools (in Hinblick auf technische Qualifikationen, Erfahrungswissen und vielfältige Kompetenzen, Arbeitszeit und geografische Einsetzbarkeit) wie auch hohe Leistungs- und Entwicklungsbereitschaft der Mitarbeiter das zentrale Kapital des Geschäfts dar. Als interner Dienstleister kann diese Einheit für interne Kunden ohne größeren Aufwand Personal für einen zeitlich begrenzen Zeitraum bzw. für Spitzenlasten bereitstellen, welches vom Kunden danach nicht weiterbeschäftigt werden muss, wenn die Auftragslage aufgrund der Zyklizität des Geschäfts zurückgeht.

Zentrale Kompetenzanforderungen an diese technischen und kaufmännischen Spezialisten sind die Bereitschaft zu weltweiter Mobilität, die kontinuierliche Weiterentwicklung des fachlichen Wissens als auch die Fähigkeit, sich in unvertrauten kulturellen und sozialen Zusammenhängen schnell zurechtzufinden. Die Kontingenzen und Flexibilitäten der Projektorganisation und des ‚Bodyleasing-Geschäfts' konfrontieren die Beschäftigten mit einem enormen Maß an Ungewissheit (in Hinblick auf die nächste Aufgabe, den Arbeitsort, das Projektteam, die Projektdauer). Diese sehr weit reichende Ungewissheit muss sowohl individuell als auch innerhalb des Familiensystems reflexiv bearbeit und bewältigt werden. Eine aus dieser Sicht entscheidende und regelmäßig wiederkehrende Situation stellen Projektübergänge dar. Projektübergänge erzeugen einen Möglichkeitsrahmen, um an Weiterbildung zu partizipieren, Erholungsurlaub zu nehmen oder aber entsprechende Weichen innerhalb der betrieblichen Karriere zu stellen. Dieser Möglichkeitsrahmen wird faktisch jedoch durch die schwankende Nachfrage am internen Arbeitsmarkt für Projektmitarbeiter strukturiert und führt oftmals dazu, dass Übergänge von einem Projekt in das nächste oftmals fließend verlaufen, sodass für Erholungszeiten, Weiterbildung und Karriereplanung oder aber die ‚Regenerierung des Privatlebens' wenig Zeit und Gelegenheit bleibt[6].

## 3.1 Konzept der Karrierepolitik

In der Rekonstruktion und Interpretation der Beschäftigteninterviews haben wir uns auf die Frage konzentriert, wie die betrieblichen Rahmenbedingungen und Anforderungen der Arbeit und der beruflichen Weiterentwicklung subjektiv bewertet werden und welche Umgangsweisen und Strategien die Individuen hiermit entwickelt haben. Aus einem intensiven Austauschprozess zwischen dem empirischen Material und theoretisch geeigneten Konzepten ist eine auf Typenbildung zielende Heuristik zur Interpretation der Interviews entstanden, die wir als ‚Karrierepolitik' bezeichnen (zum allgemeinen methodischen Vorgehen der Typenbildung vgl. Kelle/Kluge 1991, Schmidt 1997). Der Begriff der Karrierepolitik benennt einen reflexiven Modus, innerhalb dessen sich Erwerbspersonen – aufbauend auf dem bisherigen Verlauf ihrer Berufsbiografie, ihrer Arbeits- und Lebenssituation sowie zukünftiger beruflicher und privater Pläne – mit den Anforderungen und Chancenstrukturen ihrer beruflichen Entwicklung im Betrieb auseinandersetzen. Das von uns zugrunde gelegte Karriereverständnis beschränkt sich dabei weder auf die Gruppe der Führungskräfte, noch den hierarchischen Aufstieg mit entsprechendem Zugewinn an Status, Prestige, Verantwortung und Einkommen (wie

---

6 „Meistens geht's sehr schnell. Meistens ist es so, dass man von einem Tag auf den nächsten bufff ein Projekt am Hals hat. So wie's jetzt hier ist, weil ein Kollege wegfährt. Da muss man schon wieder (...), da kommst nachhause und hast schon ein nächstes Projekt in der Tasche und kannst im Prinzip schon wieder packen und im nächsten Flieger sitzen".

etwa bei Kräkel 1999 oder Hartmann 2003). Im Zuge der umfassenden Restrukturierungen in den Großunternehmen sind einerseits ausdifferenzierte bürokratische Laufbahnstrukturen und Stellenlandschaften derart massiv beschnitten worden, dass die Aufstiegskarriere heute nur in Ausnahmefällen als solide Grundlage der Kanalisierung und Antizipation erwerbsbiografischer Verläufe dient (vgl. bereits Kotthoff 1997, Deutschmann 2001b, Faust 2002, Schiffinger/Strunk 2003). Andererseits gewinnen im Zuge von Personalentwicklung und Projektarbeit horizontale, in ihrer Häufigkeit zunehmende Bewegungen wie Versetzungen, der Wechsel in andere Aufgaben- und Tätigkeitsbereiche bzw. alternative Karrierepfade wie Fach- und Projektlaufbahnen an Bedeutung (s. Domsch/Siemers 1994, Berthel 2000, Funken/Fohler 2003).

Vor diesem Hintergrund erscheint ein weiter gefasster Begriff von Karriere sinnvoll, der sowohl objektive beschreibbare Stationen und Veränderungen (von Status, Position, Verantwortung etc.) als auch individuelle Vorstellungen und Strategien der Sicherung und Gestaltung der eigenen Berufslaufbahn innerhalb des Systems betrieblicher Stellenschneidungen und Positionen (mit seinen ermöglichenden und limitierenden Spielräumen für Stellen- und Aufgabenwechsel, Statuserhalt, Aufstieg oder Kompetenzentwicklung) beschreibt (vgl. Hillmert 2003, Runia 2003)[7].

Anschließend an die arbeits- und berufssoziologische Forschung und Theoriebildung der vergangenen 20 Jahre ist dem Konzept der Karrierepolitik eine interaktionistische Sichtweise des Prozesses beruflicher Sozialisation unterlegt. Mit dem hier verwendeten Aneignungsbegriff wird dabei unterstellt, dass Kompetenzen, Erwerbsbiografien und Arbeitsorientierungen in aktiver Auseinandersetzung mit der Arbeitsumgebung und Arbeitsaufgabe geformt werden. Erwerbspersonen versuchen dabei, ihre individuellen Interessen, Identitätskonzepte und Lebenspläne mit den Arbeitsbedingungen und den betrieblichen Rahmenbedingungen beruflicher Entwicklung zu verbinden (vgl. Schumm/König 1986, Hoff et al. 1991, Frieling/Sonntag 1998: 154, Heinz 2000, Lempert 2002). Angesichts der beschriebenen strukturellen Veränderungen stehen viele Erwerbstätige wesentlich stärker als in der Vergangenheit vor der Aufgabe, die eigene berufliche Entwicklung in Hinblick auf ihre Verwert- und Vermarktbarkeit auf internen und externen Stellenmärkten hin zu gestalten, worauf auch gängige Schlagworte wie ‚Selbstmanagement' oder ‚lebenslanges Lernen' verweisen. Aus einer subjektorientierten Perspektive stellen sich diese vielfältigen, widersprüchlichen Anforderungen als lebenslange und zunehmend reflexive Arbeit an der eigenen Biografie und Lebensführung dar: Innere und äußere Anforderungen, Erfahrungen und An-

---

7 Das Konzept der Karrierepolitiken weist gewisse konzeptionelle Gemeinsamkeiten mit dem Bremer Ansatz der „Berufsbiografischen Gestaltungsmodi" (vgl. Witzel/Kühn 1999, Schaeper et al. 2000) als auch den Typisierungen und Thesen der Arbeiten aus dem Münchner Sonderforschungsbereich zum Verhältnis von Arbeit und alltäglicher Lebensführung auf (vgl. Bolte 2000, Kudera 2000).

sprüche müssen in ein subjektiv aushaltbares und stimmiges, wenn auch ‚konfliktbehaftetes Passungsverhältnis' gebracht werden und bedürfen, damit dies gelingen kann, der Mobilisierung entsprechend vielfältiger persönlicher, sozialer, kultureller, ökonomischer wie zeitlicher Ressourcen (Keupp et al. 1999, vgl. Hildebrandt 2000, Kudera/Voß 2000, Wagner 2000, Hurrelmann 2002, Hoff 2003, Hildebrandt 2005a).

## 3.2 Aneignungsmuster betrieblicher Flexibilisierung: Typen der Karrierepolitik

Im Rahmen der Fallrekonstruktion haben wir entlang von vier Kategorien (der Arbeitssituation, dem beruflichen Selbstkonzept, den Karriereorientierungen und dem Lebenshintergrund) voneinander unterscheidbare Aneignungsmuster hochflexibilisierter und subjektivierter Arbeit in Gestalt von drei Typen subjektiver Karrierepolitik verdichtet. Diese werden nun beschrieben und später zu der Ausgangsdiskussion in Bezug gesetzt.

Mit dem ersten Typus ‚situativ-adaptiver Karrierepolitik' bezeichnen wir ein biografisches Gestaltungsmuster, mit welchem die von uns befragten Personen ihren Berufs- und Lebensweg mit hoher Kontinuität entlang der tendenziell entgrenzten betrieblichen Flexibilitäts- und Leistungsanforderungen im Rahmen der globalen Projektarbeit zu arrangieren versuchen. Für fast alle der diesem Typus zugeordneten Erwerbspersonen, auch solche mit Familie und Kindern, gilt, dass die infolge der globalen Einsetzbarkeit stark eingeschränkten Möglichkeiten einer festen regionalen Verwurzelung, der Pflege sozialer Bindungen, der Familienarbeit bzw. regelmäßiger Aktivitäten außerhalb der Arbeit akzeptiert werden und zu entsprechenden Rationalisierungsversuchen im Privatleben führen. Die beständig zu leistende Adaption der individuellen Lebensführung und des Arbeitsvermögens an betriebliche Erfordernisse (infolge auslaufender und neu beginnender Projekte mit wechselnden Einsatzregionen, Aufgaben, sozialen Kooperationsbeziehungen) führt zu einem Karriere- und Lebensentwurf ‚in der Schwebe'. Dieser Entwurf orientiert sich stark an den betrieblichen Strategien des flexiblen Personaleinsatzes und wirkt sich in massiver Weise auf die individuelle Lebensführung aus: Er begünstigt eine Retraditionalisierung der Geschlechterrollen im Sinne des ‚male-breadwinner-Modells', destabilisiert vorhandene partnerschaftliche und soziale Beziehungen und führt bei den befragten Personen insgesamt zu einer Reduktion lebensweltlicher Ansprüche und Aktivitäten:

„Es-, es ist belastend. Mein Chef hat damals, also auch dieser ehemalige, so schön gesagt, seien Sie sich drüber im Klaren, wenn Sie verheiratet sind oder 'ne Freundin haben, an dem Job zeigt sich, was Ihre Ehe oder Ihre Beziehung wert ist, die schlechten gehen auf jeden Fall in null Komma nichts kaputt und die guten, die werden halt noch stärker. Und bei meiner Frau und mir ist es eben noch stärker geworden".

# Flexibilisierung und subjektive Aneignung

Die interviewten Personen dieses Typus leben in dem Bewusstsein, dass biografisch und familiär bedeutsame Entscheidungen wie beispielsweise die Suche nach einem festen regionalen und sozialen Lebensmittelpunkt jederzeit von einem Auslandsprojekteinsatz konterkariert werden können[8]. Wie lässt sich nun diese Rationalität der Gestaltung von Erwerbsbiografie und Lebensführung erklären? Ist sie das ausschließliche Resultat betrieblicher Vorgaben? Warum sind die Beschäftigten bereit, diese hohen Kosten für ihr Privatleben dauerhaft hinzunehmen? Befinden sich die Personen in einem „Drift" (Sennett 2000)?

Aus den Gesprächen schälen sich immer wieder zwei Aspekte deutlich heraus: Erstens die hohe Korrespondenz zwischen den im Rahmen der Arbeitssphäre wahrgenommenen Möglichkeiten zur Bestätigung und Weiterentwicklung beruflicher Kompetenzen (als Experte, Spezialist, Problemlöser) und den interkulturellen Erfahrungen mit dem um die Arbeit zentrierten personalen Identitätskonzept. Die aus der Tätigkeit resultierenden Zugeständnisse und Einschnitte im privaten Leben werden in Kauf genommen, weil sich die individualistischen Ansprüche und Entfaltungsbedürfnisse ganz auf die flexibilisierte Berufsrolle mit ihren spezifischen Erfahrungsmöglichkeiten konzentrieren:

„Sie können dann dafür wieder, wenn Sie, was weiß ich in der Nähe einer größeren Stadt sind, in Australien halt mal nach Sydney fliegen und dort in die Oper gehen. Das schafft auch nicht jeder. Wenn Sie das interessiert. Da muss man sich halt dann an den Gegebenheiten arrangieren. (...) Das sind halt andere Erlebnisse, die man dann hat. Also das gängige klassische Modell, man wird Familienvater, man engagiert sich dann irgendwo in der Jugendarbeit oder im Verein oder sonst irgendwas. Ich war Kirchengemeinderat mal ne Zeit lang, das lässt sich halt alles nicht vereinbaren dann. Diese klassischen Tätigkeiten, die sind dann nicht da. Da muss ich mich dann über andere Sachen definieren halt".

Im Zentrum individueller Lebensführung und Identitätsbildung dieses Typus steht die Suche nach Autonomiespielräumen und Erfolgserlebnissen im Rahmen anspruchsvoller technischer und organisatorischer Aufgabenstellungen, welche unter hohem Zeit- und Kostendruck bewältigt werden müssen. Zweitens resultiert die nahezu unbegrenzte Bereitschaft zu Flexibilität, lebenslangem Lernen und Selbstrationalisierung aus dem Motiv, durch eine anhaltend hohe Leistungsbereitschaft und Verfügbarkeit den eigenen Arbeitsplatz langfristig zu sichern sowie die eigene berufliche Karriere innerhalb der gesetzten Grenzen mitgestalten zu können.

Den zweiten Typus subjektiver Karrierepolitik bezeichnen wir als ‚Krisenbewältigung'. Sowohl das stark intrinsische berufliche Selbstkonzept als auch die an der betrieblichen Fachlaufbahn ausgerichteten Karriereorientierungen entsprechen dem ersten Typus. Beide Gruppen eint auch der Versuch,

---

8   Aus dieser Situation resultieren spezifische Bewältigungsmechanismen. Während ein Projektmanager den Wunsch nach regionaler Bindung, z.B. in Gestalt eines Hauskaufs, als mit den Mobilitätsanforderungen der Tätigkeit grundsätzlich unvereinbar hält und von einer entsprechenden Entscheidung Abstand genommen hat, betont ein anderer von uns befragter Inbetriebsetzer und Familienvater, sein Haus unter der Bedingung und dem Kalkül gekauft zu haben, dieses jederzeit wieder verkaufen oder vermieten zu können.

das berufliche Identitätskonzept sowie ihren Karriere- und Lebensentwurf situativ und variabel entlang der hohen Flexibilitäts- und Mobilitätsanforderungen der Arbeitstätigkeit und ihren Erfahrungsmöglichkeiten auszurichten. Bei den ‚Krisenbewältigern' schlägt allerdings das wachsende Gefühl einer strukturellen Unvereinbarkeit von Arbeit und Leben in Erschöpfungszustände und eine Erosion des Modells der Lebensführung und Karrieregestaltung um. Die nahezu unbegrenzte Leistungs- und Identifikationsbereitschaft mit der Rolle des hochflexiblen, weltweit einsetzbaren Experten und Problemlösers führt vielen Personen die Grenzen ihrer körperlichen und psychischen Belastbarkeit schmerzvoll vor Augen:

„Und ähm damit steigern Sie automatisch Ihre Arbeitsleistung und dann ist das quasi auch von jetzt auf gleich wieder zu Ende und dann fallen Sie erst mal in so'n Loch rein, ja. Und das ist immer so der Moment, wo man dann merkt, oh, ich bin doch eigentlich ziemlich am Ende gewesen".

Der kaum als nachhaltig zu bezeichnende Umgang mit dem eigenen Arbeitsvermögen resultiert oftmals aus einem im Rahmen des Projektgeschäfts seit vielen Jahren enorm verschärften Zeit- und Kostendruck, welcher sich mittlerweile auch in arbeitskulturellen Leistungsnormen niederschlägt und über ‚peer pressure' unter den Arbeitskollegen soziale Geltung entfaltet. Dazu kommt eine bei manchen Befragten auffällige geringe innere Distanzierungsfähigkeit von den betrieblichen und eigenen Ansprüchen an Leistung. Bei diesem Typus zeigt sich gleichzeitig ein gestiegenes Problembewusstsein für die langfristigen Auswirkungen der Flexibilitäts- und Mobilitätsanforderungen auf die alltägliche Lebensführung und die Gestaltung familiärer und sozialer Beziehungen. Die Aussicht eines Verlusts entsprechend identitätsrelevanter sozialer, partnerschaftlicher und familiärer Bindungen infolge der teilweise mehrjährigen Abwesenheit hat diese Personen dazu veranlasst, die eindeutige Dominanz der Anforderungen und Ansprüche von Arbeit und beruflicher Entwicklung über den privaten Lebenszusammenhang zu überdenken und entsprechende Grenzziehungen vorzunehmen. In Abhängigkeit der Auftragslage, der persönlichen Reputation und ‚Seltenheit' erworbener Kompetenzen sowie dem persönlichen Verhältnis zur Führungskraft ist es manchen Beschäftigten gelungen, eine Reduktion von Arbeitszeiten oder Mobilitätsanforderungen zu erwirken, indem informelle Kontakte zu ehemaligen Auftraggebern und Projektmanagern genutzt oder standortnahe Anschlussprojekte gefunden wurden. Personen, denen dies nicht gelingt, erwägen auch einen Wechsel des Arbeitsumfeldes oder Unternehmens, in der Hoffnung, die Vereinbarkeit zwischen Arbeit und Lebenshintergrund zu verbessern und damit einen wichtigen Beitrag zu leisten, um das aus dem Lot geratene Privatleben zu ‚reparieren'.

Das innerhalb der Fallstudie für die Mehrzahl der befragten Mitarbeiter gültige biografische Gestaltungsmuster der ‚strategischen Karrierepolitik' unterscheidet sich in vielerlei Hinsicht deutlich von den zuvor beschriebenen beiden Typen. Grundlegend für diesen dritten Typus sind Strategien, mit denen der Verlauf der beruflichen Karriere entlang antizipierter Lebensphasen sowie identitätsrelevanter beruflicher und privater Pläne und Projekte planerisch bearbeitet und mitgestaltet werden. Berufliche und außerberufliche Ziele, Projekte und Entwürfe werden klar benannt: Es dominiert ein reflexiv-kalkulativer Umgang mit dem Verhältnis von Arbeit und Leben als auch der Gestaltung der Berufskarriere. Anstelle einer festen Identifikation mit einer ausgeübten beruflichen Aufgabe oder Rolle nehmen diese Personen ihre ersten Berufsjahre als biografische Übergangsphase wahr, die dazu dient, ein möglichst breites, zu einem späteren Zeitpunkt am internen oder externen Arbeitsmarkt gut verwertbares Arbeitsvermögen aufzubauen. Zu entsprechenden großen Zugeständnissen im Privatleben, die aus hohen Flexibilitäts- und Mobilitätsanforderungen der gegenwärtigen Tätigkeit resultieren, sind diese Personen während dieser Übergangsphase bereit, streben aber mittelfristig mehr Planbarkeit und Stabilität der Arbeits- und Lebenssituation bzw. eine bessere Vereinbarkeit beider Sphären an:

„Ich möchte nicht Ewigkeiten auf Baustellen Vollzeit tätig sein. Ich möchte das so lange machen, bis ich den Absprung schaffe, wo ich sage, okay, ich habe genug Erfahrung, ich denke jetzt nächster Schritt. [...] Es ging aber darum, dass ich nicht ewig raus fahren will, durchaus für Kurzeinsätze oder für irgendwelche Dinge fahre ich gerne überall hin. Aber eben nicht mehr vollzeitmäßig das ganze Jahr, zwecks Familienplanung und sonstigen Dingen macht man das sicher nicht ewig".

Diese Gruppe artikuliert sehr deutlich, dass sich die entgrenzten Mobilitäts-, Flexibilitäts- und Leistungsanforderungen der Arbeit aus ihrer Sicht dauerhaft nicht mit ihren Bedürfnissen und Anforderungen einer lebensweltlichen Partizipation vereinbaren lassen. Ein ausschließlich arbeitszentriertes ‚Leben in der Schwebe' stellt für diesen Typus kein dauerhaftes, sondern ein auf wenige Jahre der Beruflaufbahn zu begrenzendes Arrangement dar. Sowohl die Erwerbsbiografie als auch das außerberufliche Leben werden mehr oder weniger bewusst als Phasenmodell mit unterschiedlichen Anforderungen und Arrangements konzipiert. Nahezu alle Befragten betonen, rechtzeitig den ‚Absprung' in eine Tätigkeit oder einen Karriereweg schaffen zu wollen, innerhalb dessen eine berufliche Weiterentwicklung über die jetzige Tätigkeit hinaus erkennbar wird und das Modell individueller Lebensführung sich stabil einrichten kann. Diese Gruppe von Beschäftigten folgt dem Kalkül, ehrgeizige berufliche Ziele mit dem präferierten Lebensstil und -entwurf verbinden zu können. Im Unterschied zu den anderen beiden Typen der Karrierepolitik, innerhalb derer sich eine erwerbsbiografisch weitgehend stabile berufsfachliche Arbeitsidentität zeigt, dominiert hier eine gestaltungsoffene Motivstruktur. Diese Erwerbspersonen konstruieren eine für vielfältige Karriereoptionen offene, aber keineswegs beliebige Arbeitsidentität. Sie entwickeln ihre fachlichen und persönlichen Kompetenzen mit der Strategie, sich beruflich nicht festzulegen bzw. enge Spezialisierungen zu vermeiden, um sich im Falle begrenzter Aufstiegs- und Entwicklungsmöglichkeiten auch in andere Tätigkeitsfelder mit hohem Status, insbesondere in Managementfunktionen, hinein zu bewegen.

## 4 Diskussion

Voß und Pongratz (1998) haben vor dem Hintergrund des über Selbstorganisation ermöglichten Zugriffs auf erweiterte (subjektive) Leistungspotenziale die intensiv rezipierte These formuliert, dass sich mit dem strukturellen Wandel der betrieblichen Arbeitskraftnutzung auch das Selbstverhältnis der Arbeitskräfte, deren Berufsorientierungen und Lebensführung einer radikalen Ökonomisierung auf historisch neuer Stufe unterzögen. Der diesen Transformationsprozess idealtypisch vollziehende ‚Arbeitskraftunternehmer' erscheint als ein bis in die tiefsten Poren der Identität und Lebensführung durch Effizienzkriterien diszipliniertes Subjekt, welches die eigenen Talente und sozialen Ressourcen systematisch und grenzenlos bewirtschaftet, als eine radikalisierte Variante Weberschen Berufsmenschen. Richard Sennetts Diagnose der Auswirkungen spätkapitalistischer Vergesellschaftung auf Biografie und Lebensführung zeichnet ein anderes, tragisches Bild. Dem ‚flexiblen Menschen' droht angesichts häufiger Arbeitsplatz- und Ortswechsels die Fähigkeit verloren zu gehen, die flüchtigen Erfahrungen der Arbeit zu einer kohärenten, Sinn vermittelnden Selbsterzählung verweben zu können. Sennett generalisiert dieses Gefühl des ‚Drift' zu einem Signum des Lebens im ‚flexiblen Kapitalismus' schlechthin:

„Die Bedingungen der Zeit im neuen Kapitalismus haben einen Konflikt zwischen Charakter und Erfahrung geschaffen. Die Erfahrung einer zusammenhangslosen Zeit bedroht die Fähigkeit des Menschen, ihre Charaktere zu durchhaltbaren Erzählungen zu formen" (Sennett 2000: 37).

In welchem Verhältnis stehen nun die hier vorgestellten empirischen Befunde zu diesen beiden starken Thesen? Zunächst einmal wird hier – wie übrigens auch in einer empirischen Untersuchung zum Arbeitskraftunternehmer von den Autoren selbst (vgl. Pongratz/Voß 2003) – deutlich, dass die aus den betrieblichen Strategien der Arbeitskraftnutzung erwachsenden Anforderungen an Flexibilität und Leistungsvermögen den Möglichkeitsrahmen für individuelle Lebensführung und berufliche Entwicklung stark strukturieren, aber keineswegs determinieren. Selbst bei entgrenzt flexibilisierten Arbeitsbedingungen wie in den vorgestellten Fällen finden sich systematisch voneinander zu unterscheidende, durch aktive und eigensinnige Gestaltungs- und Deutungsleistungen der Subjekte mitstrukturierte Karriere- und Lebensentwürfe.

Gespiegelt an dem Material beschreiben die Thesen einer durchgängigen Selbstökonomisierung von Arbeitskraft oder des ‚Drift' die hier beobachtete empirische Realität nur partiell. Einerseits sind Elemente eines ökonomischkalkulierten Umgangs mit dem eigenen Arbeitsvermögen, einer sehr hohen Flexibilitäts- und Mobilitätsbereitschaft oder einer systematischen Weiterentwicklung individueller Kompetenzen augenfällige Momente aller Typen. Andererseits zeigt sich an den Typen des ‚Krisenbewältigers' wie auch dem der ‚strategischen Karrierepolitik', dass Beschäftigte den destruierenden Auswirkungen zeitlich und geografisch unbegrenzter Flexibilität Grenzen zu setzen versuchen, indem sie Richtungswechsel innerhalb der beruflichen Karriere und der Lebenssituation einleiten. Die Interviews geben keinerlei Anlass dazu, diese Grenzziehungen als Resultat einer generellen Orientierungslosigkeit oder gar des Verlusts biografischer Erzählbarkeit deuten zu können; eher lassen sie sich als unterschiedliche gelingende biografische Bewältigungsstrategien verstehen. Typenübergreifend gelingt es nahezu allen Befragten, die Kompetenz und Erfolgserlebnisse vermittelnden Erfahrungen der Arbeit in eine kohärente, jedoch primär um Erwerbsarbeit zentrierte biografische Selbsterzählung zu übersetzen. Angesichts der insgesamt prekären Bedingungen der Vereinbarkeit von Arbeit und Leben wie auch einer geringen Planbarkeit der beruflichen Karriere innerhalb des Ressourcenpools stehen die Erwerbspersonen und vor allem ihre Familien vor anspruchsvollen und schwierigen biografischen Entscheidungen, die auf unterschiedliche Weise bearbeitet werden und entsprechend Konsequenzen für den Berufs- und Lebensweg nach sich ziehen können.

Hoffs (2003) Versuch, die beiden recht pessimistischen Szenarien des ‚Arbeitskraftunternehmers' und des ‚flexiblen Menschen' um eine auf die alltäglichen und biografischen Handlungs- und Reflexionskompetenzen der Subjekte abstellende Perspektive anzureichern, kann vor dem Hintergrund der hier diskutierten Ergebnisse nur bekräftigt werden. Gegenüber den Thesen des ‚Drift' und der restlosen Ökonomisierung von Subjektivität unterstreichen diese Befunde die vielfältigen biografischen Gestaltungs- und Bewältigungsleistungen der Subjekte in Hinblick auf ihre Arbeit, Karriere, ihr Leben und das Arrangement dieser Sphären. Das gilt insbesondere für die empirisch sehr unterschiedlich erfolgreichen Strategien der Aufrechterhaltung bzw. Wiederherstellung einer biografischen Kohärenz und Selbstbestimmung unter Bedingungen einer extremen Flexibilisierung bzw. Entgrenzung von Arbeit und Leben. Aus diachroner Perspektive führt die Flexibilisierung von Arbeit, Leben und Karriere nicht unmittelbar und zwingend zu einer Erosion subjektiver Handlungsfähigkeit und Identität, sondern intensiviert die individuellen Anstrengungen einer reflexiven Gestaltung dieser Bereiche. Reflexivität, lebenslanges Lernen und Flexibilitätsbereitschaft sind dabei notwendige, aber keineswegs hinreichende Bedingungen für einen kontinuierlichen, aus Sicht der Subjekte gelungenen Berufsweg im Rahmen hochgradig flexibler Projektarbeit. Vielmehr bedarf es einer entsprechenden Öffnung der Organisation gegenüber den lebensweltlichen Bedürfnissen und Anforderungen ihrer Mitarbeiter, eines auf Reziprozität und Langfristigkeit beruhenden sozialen Tauschverhältnisses von Flexibilität zwischen Organisation und Mitarbeitern, damit flexible Karrieren sowohl betriebsökonomisch wie biografisch nachhaltig gestaltet werden können.

# Literatur

Baethge, M. (1991): Arbeit, Vergesellschaftung, Identität – Zur zunehmenden normativen Subjektivierung der Arbeit. In: Soziale Welt, 42, 1: 6-19.
Bardmann, T.M./Franzpötter, R. (1990): Unternehmenskultur – Ein postmodernes Organisationskonzept? In: Soziale Welt, 41, 4: 424-440.
Bohnsack, R. (2000): Rekonstruktive Sozialforschung – Einführung in Methodologie und Praxis qualitativer Forschung. Opladen: Leske + Budrich, 4. Auflage.
Berthel, J. (2000): Personalmanagement. Stuttgart: Schäffer-Poeschel, 6. Auflage.
Bolte, K.M. (2000): Typen alltäglicher Lebensführung. In: Kudera, W./Voß, G.G. (Hrsg.), Lebensführung und Gesellschaft. Opladen: Leske + Budrich, 133-146.
Castells, M. (2001): Das Informationszeitalter – Der Aufstieg der Netzwerkgesellschaft (Bd. 1). Opladen: Leske + Budrich.
Deutschmann, C. (2001a): Die Gesellschaftskritik der Industriesoziologie – ein Anachronismus? In: Leviathan, 29, 1: 58-60.
Deutschmann, C. (2001b): Führungskräfte der Wirtschaft – Entzauberung einer Elite. In: Abel, J./Sperling, H.-J. (Hrsg.), Umbrüche und Kontinuitäten – Perspektiven nationaler und internationaler Arbeitsbeziehungen. Walther Müller-Jentsch zum 65. Geburtstag. München, Mering: Hampp, 69-82.
Domsch, M.E./Siemers, S. (1994): Fachlaufbahnen. Heidelberg: Physica.
Ewers, E./Hoff, E.-H./Schraps, U. (2004): Neue Formen arbeitszentrierter Lebensgestaltung von Mitarbeitern und Gründern kleiner IT-Unternehmen. Forschungsbericht 25 aus dem Projekt „Kompetent". Bereich Arbeits-, Berufs- und Organisationspsychologie an der FU Berlin. Download unter: www.fu-berlin.de/arbpsych.
Faust, M. (2002): Karrieremuster von Führungskräften der Wirtschaft im Wandel – Der Fall Deutschland in vergleichender Perspektive. In: SOFI-Mitteilungen, 30: 69-90.
Frieling, E./Sonntag, K. (1998): Lehrbuch Arbeitspsychologie. Bern u.a.: Huber, 2. vollständig überarbeitete und erweiterte Auflage.
Funken, C./Fohler, S. (2003): Unternehmerische Informationspolitik als Karrierestrategie – Alternierende Karrierechancen im Vertrieb. In: Hitzler, R./Pfadenhauer, M. (Hrsg.), Karrierepolitik – Beiträge zur Rekonstruktion erfolgsorientierten Handelns. Opladen: Leske + Budrich, 313-326.
Gerlmaier, A./Latniak, E. (2005): Widersprüchliche Arbeitsanforderungen bei Projektarbeit: ein ressourcenorientierter Ansatz der Belastungsanalyse. In: Gesellschaft für Arbeitswissenschaft (Hrsg.), Personalmanagement und Arbeitsgestaltung – Bericht zum 51. Kongress der Gesellschaft für Arbeitswissenschaft vom 22.-24. März 2005. Dortmund: GfA-Press, 419-422.
Hartmann, M. (2003): Individuelle Karrierepolitik oder herkunftsabhängiger Aufstieg? Spitzenkarrieren in Deutschland. In: Hitzler, R./Pfadenhauer, M. (Hrsg.), Karrierepolitik – Beiträge zur Rekonstruktion erfolgsorientierten Handelns. Opladen: Leske + Budrich, 159-171.
Heidenreich, M. (1996): Die subjektive Modernisierung fortgeschrittener Arbeitsgesellschaften. In: Soziale Welt, 47, 1: 24-43.
Heinz, W.R. (2000): Selbstsozialisation im Lebenslauf – Umrisse einer Theorie biographischen Handelns. In: Hoerning, E.M. (Hrsg.), Biographische Sozialisation. Stuttgart: Lucius und Lucius, 165-186.

Hielscher, V. (2000): Entgrenzung von Arbeit und Leben? Die Flexibilisierung von Arbeitszeiten und ihre Folgewirkungen für die Beschäftigten – Eine Literaturstudie. Berlin: WZB.

Hildebrandt, E. (2000): Arbeit, Zeit und Lebensführung. In: Gewerkschaftliche Monatshefte, 51, 4: 226-230.

Hildebrandt, E. (2005a): Alltägliche und biographische Lebensführung. In: Bsirske, F./Mönig-Raane, M./Sterkel, G./Wiedemuth, J. (Hrsg.), Perspektive neue Zeitverteilung – Logbuch 2 der ver.di-Arbeitszeitinitiative: für eine gerechte Verteilung von Arbeit, Zeit und Chancen. Hamburg: VSA, 85-97.

Hildebrandt, E. (2005b): Reflexive Lebensführung – Zu den sozialökologischen Folgen flexibler Arbeit (in Zusammenarbeit mit Linne, G.). Berlin: edition sigma.

Hillmert, S. (2003): Karrieren und institutioneller Kontext. In: Hitzler, R./Pfadenhauer, M. (Hrsg.), Karrierepolitik. Beiträge zur Rekonstruktion erfolgsorientierten Handelns. Opladen: Leske + Budrich, 81-96.

Hoff, E.-H./Lempert, W./Lappe, L. (1991): Persönlichkeitsentwicklung in Facharbeiterbiographien. Bern u.a.: Huber.

Hoff, E.-H. (2003): Kompetenz- und Identitätsentwicklung bei arbeitszentrierter Lebensgestaltung – Vom „Arbeitskraftunternehmer" zum „reflexiv handelnden Subjekt". In: Bulletin Berufliche Kompetenzentwicklung, 4, Berlin.

Hurrelmann, K. (2002): Einführung in die Sozialisationstheorie. Weinheim, Basel: Beltz, 8. Auflage.

Jurczyk, K./Treutner, E./ Voß, G.G./Zettel, O. (2000): Die Zeiten ändern sich – Arbeitspolitische Strategien und die Arbeitsteilung der Person. In: Kudera, W./Voß, G.G. (Hrsg.), Lebensführung und Gesellschaft. Opladen: Leske + Budrich, 39-62.

Kadritzke, U. (2005): Moderne Zeiten. Einige Gedanken zur Kolonisierung der Lebenswelt durch die „neue Arbeit". In: Bsirske, F./Mönig-Raane, M./Sterkel, G./ Wiedemuth, J. (Hrsg.), Perspektive neue Zeitverteilung – Logbuch 2 der ver.di-Arbeitszeitinitiative: für eine gerechte Verteilung von Arbeit, Zeit und Chancen. Hamburg: VSA, 149-177.

Kelle, U./Kluge, S. (1999): Vom Einzelfall zum Typus – Fallvergleich und Fallkontrastierung in der qualitativen Sozialforschung. Opladen: Leske + Budrich.

Kels, P./Vormbusch, U. (2005): Human Resource Management als Feld der Subjektivierung von Arbeit. In: Arbeitsgruppe SubArO (Hrsg.), Ökonomie der Subjektivität – Subjektivität der Ökonomie. Forschung aus der Hans Böckler Stiftung, Berlin: edition sigma, 35-58.

Keupp, H./Ahbe, T./Gmür, W./Höfer, R./Kraus, W./Mitzscherlich, B./Straus, F. (1999): Identitätskonstruktionen – Das Patchwork der Identitäten in der Spätmoderne. Hamburg: Rowohlts Enzyklopädie.

Klages, H./Hippler, H.-J./Herbert, W. (Hrsg.) (1992): Werte und Wandel – Ergebnisse und Methoden einer Forschungstradition. Frankfurt/Main, New York: Campus.

Kleemann, F./Matuschek, I./Voß, G.G. (2002): Subjektivierung von Arbeit – Ein Überblick zum Stand der soziologischen Literatur. In: Moldaschl, M./Voß, G.G. (Hrsg.), Subjektivierung von Arbeit (Bd. 2). München, Mering: Hampp, 53-100.

Kocyba, H. (2000): Der Preis der Anerkennung – Von der tayloristischen Missachtung zur strategischen Instrumentalisierung der Subjektivität der Arbeitenden. In: Holtgrewe, U./Voswinkel, S./Wagner, G. (Hrsg.), Anerkennung und Arbeit. Konstanz: UVK, 127-140.

Kotthoff, H. (1997): Führungskräfte im Wandel der Firmenkultur – Quasi-Unternehmer oder Arbeitnehmer? Berlin: edition sigma.
Kräkel, M. (1999): Ökonomische Analyse der betrieblichen Karrierepolitik. München, Mering: Hampp, 2. Auflage.
Kratzer, N./Boes, A./Döhl, V./Marrs, K./Sauer, D. (2004): Entgrenzung von Unternehmen und Arbeit – Grenzen der Entgrenzung. In: Beck, U./Lau, C. (Hrsg.), Entgrenzung und Entscheidung: Was ist neu an der Theorie reflexiver Modernisierung? Frankfurt/Main: Suhrkamp, 329-359.
Krömmelbein, S. (2004): Kommunikativer Stress in der Arbeitswelt – Zusammenhänge von Arbeit, Interaktion und Identität. Berlin: edition sigma.
Kudera, W. (2000): Lebensführung als individuelle Aufgabe. In: Kudera, W./Voß, G.G. (Hrsg.), Lebensführung und Gesellschaft. Opladen: Leske + Budrich, 77-89.
Kudera, W./Voß, G.G. (2000): Alltägliche Lebensführung: Bilanz und Ausblick. In: Kudera, W./Voß, G.G. (Hrsg.), Lebensführung und Gesellschaft. Opladen: Leske + Budrich, 11-26.
Lempert, W. (2002): Berufliche Sozialisation oder: Was Berufe aus Menschen machen – Eine Einführung. Baltmannsweiler, Hohengehren: Schneider, 2. überarbeitete Auflage.
Moldaschl, M. (2002): Ökonomien des Selbst – Subjektivität in der Unternehmergesellschaft. In: Klages, J./Timpf, S. (Hrsg.), Facetten der Cyberwelt – Subjektivität, Eliten, Netzwerke, Arbeit, Ökonomie. Hamburg: VSA, 29-62.
Moldaschl, M./Voß, G.G. (Hrsg.) (2002): Subjektivierung von Arbeit – Arbeit, Innovation und Nachhaltigkeit (Bd. 2). München, Mering: Hampp.
Oechsle, M. (2002): Keine Zeit – (k)ein deutsches Problem? In: Hochschild, A. R. (Hrsg.), Keine Zeit – Wenn die Firma zum Zuhause wird und zu Hause nur Arbeit wartet. Opladen: Leske + Budrich, 7-14.
Pongratz, H./Voß, G.G. (2003): Arbeitskraftunternehmer – Erwerbsorientierungen in entgrenzten Arbeitsformen. Berlin: edition sigma.
Runia, P. (2003): Soziales Kapital als Ressource der Karrierepolitik. In: Hitzler, R./Pfadenhauer, M. (Hrsg.), Karrierepolitik – Beiträge zur Rekonstruktion erfolgsorientierten Handelns. Opladen: Leske + Budrich, 149-171.
Sauer, D./Döhl, V. (1996): Die Auflösung des Unternehmens? Entwicklungstendenzen der Unternehmensreorganisation in den 90er Jahren. In: Institut für sozialwissenschaftliche Technikberichterstattung (ISF) (Hrsg.), Jahrbuch sozialwissenschaftliche Technikberichterstattung. Schwerpunkt: Reorganisation. München, Berlin: 19-76.
Schaeper, H./Kühn, T./Witzel, A. (2000): Diskontinuierliche Erwerbskarrieren und Berufswechsel in den 1900ern: Strukturmuster und biografische Umgangsweisen betrieblich ausgebildeter Fachkräfte. In: Mitteilungen aus der Arbeitsmarkt- und Berufsforschung, 33: 80-100.
Schienstock, G. (1998): Flexibilisierung in der Informationsgesellschaft. In: Zilian, H. G./Flecker, J. (Hrsg.), Flexibilisierung – Problem oder Lösung? Berlin: edition sigma, 163-174.
Schiffinger, M./Strunk, G. (2003): Zur Messung von Karrieretaktiken und ihrer Zusammenhänge mit Karriereerfolg und Karriereaspirationen. In: Hitzler, R./Pfadenhauer, M. (Hrsg.), Karrierepolitik – Beiträge zur Rekonstruktion erfolgsorientierten Handelns. Opladen: Leske + Budrich, 295-312.

Schmidt, C. (1997): „Am Material": Auswertungstechniken für Leitfadeninterviews. In: Friebertshäuser, B./Prengel, A. (Hrsg.), Handbuch Qualitative Forschungsmethoden in der Erziehungswissenschaft. Weinheim, München, 544-568.

Schmiede, R. (1996): Informatisierung und gesellschaftliche Arbeit – Strukturveränderungen von Arbeit und Gesellschaft. In: Schmiede, R. (Hrsg.), Virtuelle Arbeitswelten – Arbeit, Produktion und Subjekt in der „Informationsgesellschaft". Berlin: edition sigma, 107-128.

Schmiede, R. (1999): Informatisierung und Arbeit. In: Konrad, W./Schumm, W. (Hrsg.), Wissen und Arbeit – Neue Konturen von Wissensarbeit. Münster: Westfälisches Dampfboot, 134-151.

Schönberger, K./Springer, S. (Hrsg.) (2003): Subjektivierte Arbeit – Mensch, Organisation und Technik in einer entgrenzten Arbeitswelt. Frankfurt/Main, New York: Campus.

Schumm, W./König, G. (1986): Typische Berufsbiographien junger Facharbeiter und Angestellter. In: Brose, H.G. (Hrsg.), Berufsbiografien im Wandel. Opladen: Westdeutscher Verlag, 146-168.

Sennett, R. (2000): Der flexible Mensch – Die Kultur des neuen Kapitalismus. Berlin: Siedler.

Voswinkel, S./Kocyba, H. (2005): Entgrenzung der Arbeit – Von der Entpersönlichung zum permanenten Selbstmanagement. In: WestEnd – Neue Zeitschrift für Sozialforschung, 2, 2. Hrsg. im Auftrag des Instituts für Sozialforschung an der J.W. Goethe-Universität Frankfurt/Main, 73-83.

Voß, G./Pongratz, H. (1998): Der Arbeitskraftunternehmer – Eine neue Grundform der Ware Arbeitskraft? In: Kölner Zeitschrift für Soziologie und Sozialpsychologie, 50, 1: 131-158.

Wagner, G. (2000): Berufsbiographische Aktualisierung von Anerkennungsverhältnissen – Identität zwischen Perspektivität und Patchwork. In: Holtgrewe, U./Voswinkel, S./Wagner, G. (Hrsg.), Anerkennung und Arbeit. Konstanz: UVK, 141-166.

Welzmüller, Rudolf (2005): Arbeitszeit in Europa und Deutschland. Fakten – Konflikte, Frankfurt/Main. Download unter www.iab.de/asp/internet/dbdokShowOhne.asp?pkyDoku=k050623f03.

Witzel, A./Kühn, T. (1999): Berufsbiographische Gestaltungsmodi – Eine Typologie der Orientierungen und Handlungen beim Übergang in das Erwerbsleben. Sonderforschungsbereich 186 der Universität Bremen „Statuspassagen und Risikolagen im Lebensverlauf", Arbeitspapier 61.

Witzel, A. (1982): Verfahren der qualitativen Sozialforschung – Überblick und Alternativen. Franfurt/Main, New York: Campus.

Witzel, A. (1996): Auswertung problemzentrierter Interviews – Grundlagen und Erfahrungen. In: Strobl, R./Böttger, A. (Hrsg.), Wahre Geschichten? Zu Theorie und Praxis qualitativer Interviews. Baden-Baden: Nomos, 49-76.

# Flexibilisierung des Arbeitsmarktes als Chance oder Risiko? Atypisch Beschäftigte in der Schweiz

Michael Nollert, Alessandro Pelizzari

## 1    Einleitung

Seit fast 20 Jahren werden in Westeuropa die Auswirkungen von unternehmerischen und arbeitsrechtlichen Flexibilisierungsstrategien diskutiert. Dabei lassen sich im sozialwissenschaftlichen Diskurs zwei Argumentationsfiguren erkennen. Einerseits vertreten vornehmlich Ökonomen die Ansicht, dass eine Flexibilisierung des Arbeitsmarktes und damit verbunden die Diffusion atypischer Arbeitsverhältnisse nicht nur zur Lösung des Problems, das Berufs- und Familienleben zu vereinbaren, beitrage, sondern auch mithelfe, die virulente Langzeitarbeitslosigkeit in Westeuropa zu reduzieren. So gelten atypische Erwerbsformen wie etwa Teilzeit-, Leih- oder befristete Arbeit für Erwerbspersonen mit geringen Qualifikationen als mögliche Alternative zur Langzeitarbeitslosigkeit und als Chance, in ein Normalarbeitsverhältnis zu gelangen. Andererseits mahnen viele Soziologen, dass die Flexibilisierung für die Beschäftigten mehr soziale Unsicherheit bedeutet und sich auf gesamtgesellschaftlicher Ebene in einem Anstieg der sozioökonomischen Ungleichheit niederschlägt. Arbeitnehmerverbände befürchten folglich, dass die „Krise des Normalarbeitsverhältnisses" (Mückenberger 1985) die Integrationskraft des Arbeitsmarktes schwäche, in eine zunehmende Segmentierung des Arbeitsmarktes münde, und damit immer mehr Menschen eine deutlich reduzierte ökonomische und gesellschaftliche Teilhabe an sozialstaatlicher Sicherung und beruflicher Entfaltung haben.

Im vorliegenden Beitrag versuchen wir auf zwei Ebenen die Frage zu beantworten, ob die Diffusion atypischer Arbeitsverhältnisse in der Schweiz ein Risiko oder eine Chance darstellt. Vorab interessiert uns auf der Makroebene, in welchem Ausmaß die Flexibilisierung, gemessen an der Verbreitung atypischer Arbeitsverhältnisse und der arbeitsrechtlichen Regulation im OECD-Raum, fortgeschritten ist. Dabei beschäftigt uns auch die Frage, inwiefern diese beiden Arbeitsmarktcharakteristika zusammenhängen (Kapitel 2) und sich eine flexible Arbeitsmarktregulation im Ausmaß der Arbeitslosigkeit, der sozioökonomischen Ungleichheit und der arbeits- und sozialversicherungsrechtlichen Absicherung niederschlägt (Kapitel 3). In Kapitel 4 verlagern wir unsere Aufmerksamkeit auf die Strategien von atypisch Beschäftigten, welche

*Flexibilisierung des Arbeitsmarktes als Chance oder Risiko?* 131

diese auf der Grundlage ihrer Ausstattung an materiellen, institutionellen und habituellen Ressourcen entwickeln, um die neuen arbeitsmarktlichen Optionszuwächse und Unsicherheitslagen zu bewältigen. Hier interessiert, inwiefern eine atypische Beschäftigung die Chance für die Beschäftigten erhöht, nach deren Beendigung eine reguläre Beschäftigung im Rahmen eines Normalarbeitsverhältnisses zu finden, oder ob sie eher das Risiko birgt, erneut geringfügig beschäftigt oder gar arbeitslos zu werden.

Die empirische Basis unserer Studie sind Daten, die im Rahmen eines Nationalfondsprojekts erhoben wurden[1]. Konkret handelt es sich um international vergleichende Indikatoren für die arbeits- und sozialversicherungsrechtliche Protektion atypischer Erwerbsarbeit, eine Online-Befragung von schweizerischen Arbeitsrechtexperten sowie dreißig Tiefeninterviews mit atypisch Beschäftigten.

## 2 Atypische Arbeitsverhältnisse und Arbeitsmarktregulation – komparative Analysen und Befunde einer Expertenbefragung

Was unter ‚atypischen Arbeitsverhältnissen' zu verstehen ist, lässt sich am besten erschließen, wenn man sich am Begriff ‚Normalarbeitsverhältnis' orientiert. Ein Arbeitsverhältnis wird dabei als ‚normal' eingestuft, wenn es dem Beschäftigten ein subsistenzsicherndes Einkommen, eine mittel- bis langfristige Perspektive (unbefristete Dauer), eine arbeitsrechtlich garantierte Stabilität des Arbeitsorts, des Arbeitgebers und der Arbeitszeit (Vollzeitbeschäftigung, Tagesarbeit) sowie eine sozialrechtliche Absicherung von sozialen Risiken (Unfall, Krankheit, Arbeitslosigkeit und Alter) bietet. Als „atypisch" lassen sich demnach all jene Arbeitsverhältnisse bezeichnen, die in einer dieser Dimensionen abweichen (Böhringer 2001), wie etwa Teilzeitarbeit, befristete Anstellungsverhältnisse oder Arbeit auf Abruf. Obwohl kaum zu bestreiten ist, dass sich in allen Phasen der Wirtschaftsgeschichte atypische Arbeitsverhältnisse identifizieren lassen, hat sich doch auch in der Schweiz spätestens nach dem Zweiten Weltkrieg das Normalarbeitsverhältnis nicht

---

1 Der Artikel basiert auf der Studie „Normalarbeitsverhältnis und atypische Erwerbsformen – Integrations- und Ausschlusswirkungen des Arbeitsrechts", die im Rahmen des Nationalen Forschungsprogramms NFP 51 „Integration und Ausschluss" als Kooperationsprojekt des Departements Sozialarbeit und Sozialpolitik der Universität Freiburg (Schweiz) und des Zentrums für Arbeits- und Sozialversicherungsrecht der Zürcher Hochschule Winterthur von Peter Böhringer (Winterthur) und Michael Nollert (Freiburg) geleitet wurde. Die Untersuchung fokussiert auf sechs Formen atypischer Erwerbsarbeit: Arbeit auf Abruf, Temporärarbeit, Heimarbeit, Scheinselbständigkeit, internationale Arbeitsverhältnisse und Schwarzarbeit von so genannten „Sans Papiers".

zuletzt aufgrund des Engagements der Gewerkschaft in der Arbeitswelt durchsetzen können. Auch wenn noch unklar ist, ob das Normalarbeitsverhältnis überhaupt irgendwann die empirische Norm war, sind sich doch Befürworter und Gegner von Arbeitsmarktflexibilisierung darin einig, dass in den letzten Jahren die atypischen Arbeitsverhältnisse in den meisten OECD-Ländern an Bedeutung gewonnen haben.

Grafik 1:   *Befristete Beschäftigung und Teilzeitarbeit in Westeuropa 2003 (in Prozent aller Erwerbstätigen)*

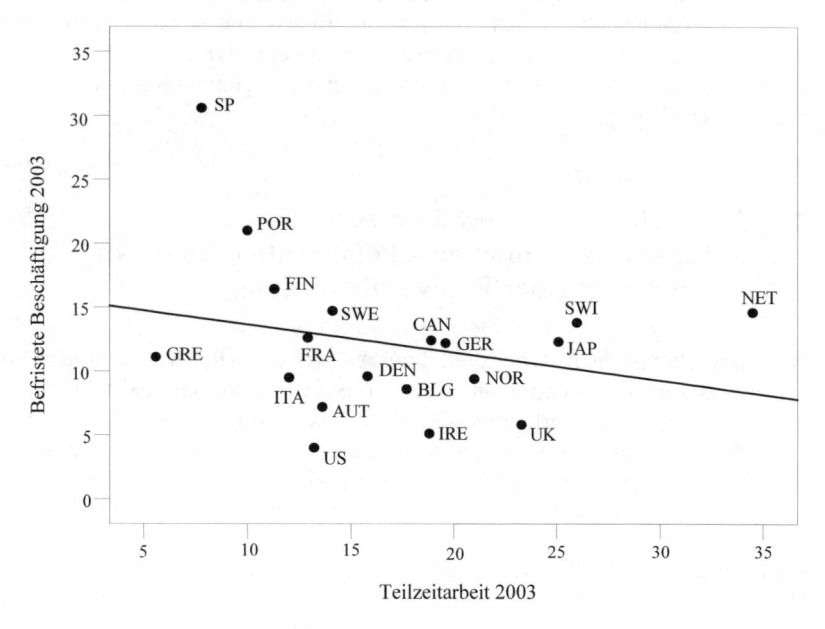

Datenbasis: OECD Employment Outlook (2004, 2005).

Komparativen Arbeitsmarktindikatoren der OECD (2004, 2005) zufolge gehört die Schweiz zumindest bei der Teilzeitarbeit zu den Spitzenreitern und in puncto befristete Arbeitsverhältnisse (Grafik 1) zumindest nicht zu den Schlusslichtern. Grafik 2 dokumentiert zudem, dass die Schweiz gemäß OECD (2004)[2] sowohl hinsichtlich des arbeitsrechtlichen Schutzes der Nor-

---

2   Der Index der OECD für die Protektion der Normalbeschäftigten berücksichtigt vornehmlich die Kündigungsmodalitäten (Kündigungsschutz, Verfahren bei der Kündigung, Entschädigungszahlungen). Der Index für die Regulation der Temporärarbeit berücksichtigt Restriktionen bei befristeten Arbeitsverhältnissen und für Temporärarbeitsagenturen. In diesem Sinne misst der Index primär die Kosten einer Entlassung für den Arbeitgeber bzw. den Schutz der Beschäftigten vor einer fristlosen Entlassung. Die OECD räumt ein, dass

*Flexibilisierung des Arbeitsmarktes als Chance oder Risiko?* 133

malbeschäftigten als auch hinsichtlich der Regulation der Temporärarbeit vergleichsweise geringe Indexwerte aufweist. Dabei ist zu beachten, dass die Schweiz zu den wenigen Ländern gehört, in denen die Arbeitsmärkte in den 1990er-Jahren kaum dereguliert wurden. Dies ist allerdings keine große Überraschung, da die Schweiz schon Ende der 1980er-Jahre eine äußerst geringe arbeitsrechtliche Protektion aufwies.

Grafik 2: *Normalarbeit-Protektion und Temporärarbeit-Regulation 2003 (OECD-Indexwerte)*

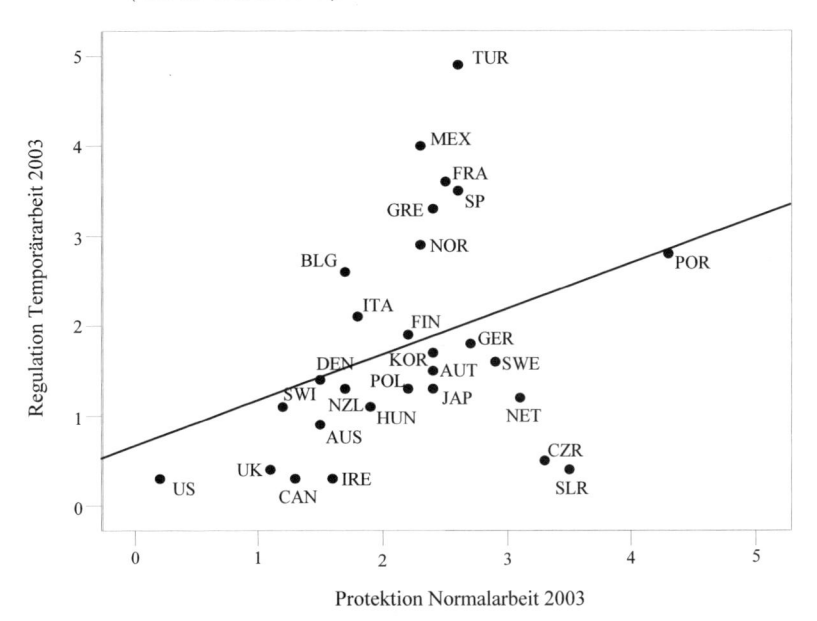

Datenbasis: OECD Employment Outlook (2004).

Inwiefern diese beiden Arbeitsmarktcharakteristika kausal verknüpft sind, bleibt indes eine offene Frage. Geht man davon aus, dass Unternehmer eine starke arbeitsrechtliche Protektion der Normalbeschäftigten als Inflexibilität des Arbeitsmarktes betrachten, können sie zwei Strategien verfolgen. Zum einen können sie sich für eine Senkung des Protektionsniveaus einsetzen. Betrachtet man die Entwicklung der arbeitsrechtlichen Protektion der Normalbeschäftigten (OECD 2004, 2005), wurde der Schutz zwischen 1989 und 2003 jedoch nur in Spanien, Portugal, Österreich substanziell abgebaut. Zum

---

der Index weder die Rechtspraxis noch die Existenz vertraglicher Sonderregelungen (z.B. Abfindungen) erfasst.

anderen können sie darauf achten, nur noch Beschäftigte zu rekrutieren, deren Arbeitsverhältnis nicht in gleichem Maße geschützt ist wie dasjenige der Normalbeschäftigten. Grafik 3 zufolge ist in der Tat zu beobachten, dass die befristeten Arbeitsverhältnisse mit zunehmender Protektion der Normalbeschäftigten an Bedeutung gewinnen.

Grafik 3: *Arbeitsrechtliche Protektion der Normalbeschäftigten (OECD-Index) und Verbreitung der befristeten Beschäftigung (in Prozent aller Erwerbstätigen)*

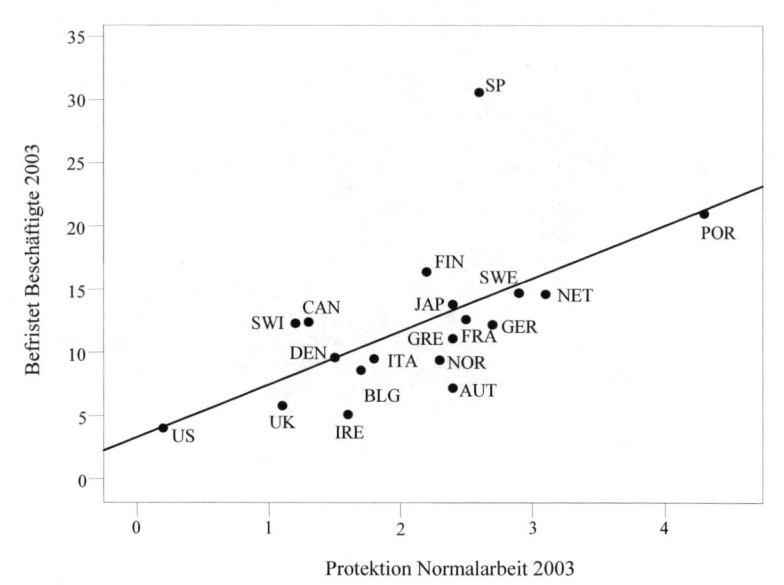

Datenbasis: OECD Employment Outlook (2004, 2005).

Ein analoger Effekt auf die Verbreitung der Teilzeitarbeit ist allerdings nicht nachzuweisen. Der Zusammenhang ist tendenziell sogar eher negativ (r=-.33, 28 Länder): So ist die Teilzeitarbeit in Ländern mit schwacher Protektion der Normalbeschäftigten eher überdurchschnittlich (z.B. Schweiz, Australien, Großbritannien), in Ländern mit hoher Protektion dagegen eher schwach verbreitet (z.B. Tschechische Republik, Slowakei, Portugal). Im Unterschied zur Protektion der regulär Beschäftigten fördert indes eine hohe Temporärarbeit-Regulation nicht die Verbreitung befristeter Arbeitsverhältnisse. In der Tat korrelieren die Temporärarbeit-Regulation und Verbreitung der befristeten Arbeitsverhältnisse nicht negativ-, sondern positiv-linear (r=.54, 19 Länder). Von daher scheint eine hohe Protektion der Normalbeschäftigten zwar die Diffusion befristeter Arbeitsverhältnisse zu begünstigen. Viele Gesetzgeber

*Flexibilisierung des Arbeitsmarktes als Chance oder Risiko?* 135

scheinen allerdings durchaus bereit zu sein, atypische Arbeitsverhältnisse regulativ zu flankieren. Dabei ist jedoch nicht zu übersehen, dass in den meisten Ländern – die Schweiz gehört gemäß OECD-Index u.a. zu den Ausnahmen – zwischen 1989 und 2003 die Regulation der Temporärarbeit verringert wurde.

Der vergleichsweise geringe arbeitsrechtliche Schutz in der Schweiz wird vom Großteil der 204 Experten[3], deren Fragebogen auswertbar sind, jedoch nicht als großes Problem betrachtet. So ist die rechtliche Absicherung in den Augen von 25 Prozent der Befragten für alle Arbeitnehmenden ausreichend, für 53 Prozent trifft dies für die meisten Arbeitnehmenden zu. Kritischer bewerten 17 Prozent der Experten den Schutz und erachten ihn nur für die wenigsten Arbeitnehmenden als ausreichend. Fünf Prozent der Experten sind sogar der Auffassung, dass der Schutz für alle Arbeitnehmenden ungenügend sei.

Differenziert nach verschiedenen sozialen Gruppen zeigt sich, dass die Experten vor allem ausländische Frauen als ungenügend geschützt einschätzen. Besser geschützt sind in den Augen der Experten Schweizerinnen sowie ausländische Männer. Schweizer werden als am besten geschützt erachtet. Diese Experteneinschätzung deckt sich mit der empirisch erhärteten Erkenntnis, dass Männer häufiger in traditionellen Normalarbeitsverhältnissen beschäftigt und besser geschützt sind, während Frauen eher in atypischen und schlechter geschützten Arbeitsverhältnissen arbeiten (vgl. Buchmann et al. 2002, Ecoplan 2003, für weitere Länder: Osterland 1990, Blossfeld/Hakim 1997, Tam 1997).

Ob neben dem Geschlecht auch die Nationalität eine Rolle spielt, wird unterschiedlich eingeschätzt. Laut Bundesamt für Statistik (2003: 46) sind Schweizerinnen und Ausländerinnen zwar schlechter gestellt als Schweizer Männer, jedoch besser als ausländische Männer. Nach Ecoplan (2003: 21) kann hingegen nicht von einem signifikant höheren Anteil ausländischer Personen in prekären Arbeitsverhältnissen[4] ausgegangen werden, obwohl Perso-

---

3 Insgesamt wurden 528 Experten des schweizerischen Arbeitsrechts befragt. Von den 226 Fragebogen, die beantwortet wurden, waren 204 auswertbar, was einem Rücklauf von fast 39 Prozent entspricht. Von den 204 Personen mit verwertbaren Antworten sind 29.9 Prozent Frauen und fast 94 Prozent SchweizerInnen. Die Antwortenden sind im Durchschnitt bereits seit 10.8 Jahren in ihrer jetzigen Organisation tätig, und zwar in folgenden Funktionen: 72.5% als Jurist, 21.2% als Ressortleiter, 18.6% als Berater, 16.2% als Geschäftsleiter, 12.7% als Sachbearbeiter, 9.8% als Human-Relations-Spezialist, 8.3% als Richter, 7.4% als Rechtsanwalt, 6.9% als Generalsekretär, 5.4% als wissenschaftlicher Mitarbeiter, 3.4% als Präsident und 2.9% als Professor. 78.4% der Antwortenden befassen sich zumindest ein Mal pro Woche beruflich mit arbeits- und sozialversicherungsrechtlichen Aspekten der Erwerbsarbeit.
4 Laut Rodgers und Rodgers (1989) gelten als prekär jene atypischen Erwerbsverhältnisse, bei denen sich mehrere Elemente kombinieren: Instabilität des Arbeitsplatzes, fehlende Möglichkeit, auf die Gestaltung des Arbeitsverhältnisses Einfluss zu nehmen, fehlende Schutzbestimmungen sowie keine Gewährleistung der materiellen Existenzsicherung.

nen schweizerischer Nationalität in der Regel einen geringeren Anteil an diesen Arbeitsverhältnissen aufweisen.

Vergleicht man die Antworten zur Situation der verschiedenen Typen atypischer Arbeit, fällt vorab auf, dass nicht alle Erwerbsformen gleichermaßen von Prekaritätsrisiken betroffen sind. Während Beschäftigte in internationalen Arbeitsverhältnissen[5] in der Regel rechtliche Unsicherheiten mit monetären Absicherungen kompensieren können, sind etwa Beschäftigte, die auf Abruf[6] arbeiten oder über keine Arbeitsbewilligung verfügen (Sans Papiers) in verstärktem Maße auf einen verbesserten arbeitsrechtlichen Schutz angewiesen.

Nur sehr wenige Experten erwähnen Maßnahmen, die sich nicht auf die arbeits- oder sozialversicherungsrechtliche Regulierung beziehen. Diese betreffen zum einen die bessere Durchsetzung des existierenden Rechts, das an sich Schutz bieten würde, in der Arbeitswelt jedoch nicht eingehalten bzw. nicht um- oder durchgesetzt wird. Zum anderen weisen einige Experten auf die Notwendigkeit hin, ein öffentliches Bewusstsein für die Problematik zu schaffen und Informationen über die jeweilige Rechtslage bereitzustellen.

Obwohl das Arbeitsrecht in der Schweiz sehr liberal ist, sprechen komparative Studien (vgl. Scruggs 2004, Tangian 2004) gleichwohl dafür, dass die *Arbeitslosen* in der Schweiz im Unterschied zu den liberalen Wohlfahrtsregimes wie etwa die USA oder Großbritannien, aber auch zu den südeuropäischen Ländern, in denen vor allem die Normalbeschäftigten stark geschützt sind, vergleichsweise gute Konditionen vorfinden (vgl. Nollert 2006c). Dieses Faktum zeigt, dass das Niveau der arbeitsrechtlichen Protektion nicht a priori mit dem sozialstaatlichen Schutz von Arbeitslosen kovariiert. So lassen sich sowohl Regimes identifizieren, die ihre Beschäftigten gut, ihre Arbeitslosen hingegen schlecht schützen, als auch Regimes, die im Sinne des *Flexicurity*-Konzepts flexible Arbeitsmärkte mit einem hohen Absicherungsgrad im Falle von Arbeitslosigkeit verbinden (vgl. auch Nollert 2006b).

## 3 Makrosoziale Auswirkungen der Arbeitsmarktflexibilisierung

In der sozialwissenschaftlichen Debatte über die Auswirkungen von Arbeitsflexibilisierungsstrategien lassen sich zwei Positionen erkennen, die auf den

---

5  Unter internationalen Arbeitsverhältnissen verstehen wir Arbeitsverhältnisse, bei denen die arbeitnehmende und in der Schweiz lebende Person zur Erfüllung ihrer Aufgaben von ihrem Schweizer Betrieb aus regelmäßig oder einmal für längere Zeit, jedoch ohne Wohnsitzverlegung, im Ausland tätig ist.
6  Unter Arbeit auf Abruf verstehen wir ein Arbeitsverhältnis, in dem sich Arbeitnehmende für Arbeitseinsätze bereithalten und dem Abruf für einzelne Arbeitseinsätze durch Arbeitgebende Folge leisten müssen.

*Flexibilisierung des Arbeitsmarktes als Chance oder Risiko?*

ersten Blick nicht miteinander vereinbar sind. Auf der einen Seite dominiert in den Wirtschaftswissenschaften die Ansicht, dass sich die virulente Problematik der Arbeitslosigkeit im Allgemeinen und der Langzeitarbeitslosigkeit im Besonderen nur durch eine Flexibilisierungskur bewältigen lässt. Obwohl es ein breites Spektrum an unternehmerischen Flexibilisierungsinstrumenten gibt, das sich von numerisch internen Formen (z.b. neue Arbeitszeitmodelle, Teilzeitarbeit), numerisch externen Formen (z.b. befristete Arbeitsverträge, Entlassungen), funktional internen Formen (z.b. Teamarbeit, flache Hierarchien, Job Rotation) bis hin zu funktional externen Formen (z.b. Outsourcing, Subcontracting) erstreckt (vgl. Goudswaard/Nan-teuil 2000), ist Flexibilisierung häufig mit Deregulierung der Arbeitsmärkte, bspw. dem Abbau des Kündigungsschutzes, der Förderung von Teilzeitarbeit und befristeten Arbeitsverhältnissen, gleichgesetzt worden. In diesem Sinne empfahl die OECD bereits 1994 im Rahmen ihrer *Job Strategy*, die Arbeitslosigkeit mittels Deregulierung und Ausdehnung atypischer Arbeitsverhältnisse zu bekämpfen (vgl. Brandt et al. 2005). Dabei erhoffen sich die Befürworter eines Abbaus der arbeitsrechtlichen Protektion eine größere Bereitschaft der Unternehmen, auch vergleichsweise gering qualifizierte Personen und solche, die bewusst kein Normalarbeitsverhältnis suchen, zu beschäftigen. Entsprechend sei absehbar, dass ein liberales Arbeitsrecht, wie es u.a. auch die Schweiz kennt, geringe Arbeitslosenraten ermöglicht und die Vereinbarkeit von Berufs- und Familienleben begünstigt.

Auf der anderen Seite wird indes die Ansicht vertreten, dass eine arbeitsrechtliche Deregulierung nicht a priori Arbeitsplätze generiere und vielmehr grundsätzlich die Errungenschaft des Normalarbeitsverhältnisses in Frage stelle. So wird betont, dass die meisten dieser neuen Arbeitsplätze nicht bloß mit arbeitsrechtlicher Unsicherheit, sondern auch mit niedrigem Einkommen und der permanenten Gefahr, den Arbeitsplatz wieder zu verlieren, verbunden sind. Castel (2000) geht folglich davon aus, dass eine Arbeitsmarktderegulierung zur Expansion der ‚Zone der Verwundbarkeit' beiträgt: „Freilich ist die Arbeitslosigkeit nur die sichtbarste Manifestation eines grundlegenden Wandels der Beschäftigungssituation. Die *Prekarisierung* der Arbeit ist ein weiterer, weniger spektakulärer, aber dennoch bedeutender Aspekt davon. Der unbefristete Vertrag ist in Begriff, seine Hegemonie einzubüßen. [...] Weshalb sagen wir, dass es sich dabei um ein mindestens ebenso bedeutendes Phänomen handelt wie beim Anstieg der Arbeitslosigkeit? Keineswegs um den Ernst der Arbeitslosigkeit herunterzuspielen. Wenn man aber den Akzent auf die Prekarisierung der Arbeit legt, dann werden die Prozesse besser verständlich, welche der sozialen Verwundbarkeit *Nahrung geben* und am Ende Arbeitslosigkeit und Abkoppelung bewirken" (349f.).

Problematisch ist dieser Prozess vor allem auch deshalb, weil die Expansion der ‚Zone der Verwundbarkeit' nicht nur auf der Reintegration von Arbeitslosen, sondern auch auf dem kontinuierlichen Verlust von normalen Beschäftigungsverhältnissen beruht. Nicht zuletzt infolge dieser Verlusterfahrungen wächst denn auch bei den Normalbeschäftigten die Angst vor einem sozialen Abstieg. So konnten beispielsweise Kraemer und Speidel (2003/2004) in ihrer Studie über Leiharbeiter nachweisen, dass für viele die atypische Beschäftigung eine Art Re-Integration bedeutet. Zahlreiche Leiharbeiter waren zuvor arbeitslos, und atypische Arbeit, als einzig noch verbleibende Option beschrieben, erlaubt „bis auf weiteres gewohnten kulturellen Praktiken wieder nachgehen zu können, die für die Konstruktion der sozialen Identität und für die Zugehörigkeit zu bestimmten Gruppen oder Milieus fast schon konstitutiv sind" (48). Umgekehrt jedoch verstärke sich durch den vermehrten Einsatz unternehmensexterner Mitarbeiter die Disziplinierungsfunktion atypischer Beschäftigungsformen in den Bereichen mit geschützten Normalarbeitsverhältnissen. Der Begriff der „sozialen Verwundbarkeit" markiert demnach jene „zentrale Übergangszone, in der die Weichen Richtung Aufstieg oder Abstieg, Richtung Integration oder Ausgrenzung, Richtung Etablierung oder Deklassierung gestellt werden" (Vogel 2004: 175).

Die Vorstellung, dass atypische Arbeitsverhältnisse vornehmlich mit sozialer Verwundbarkeit verknüpft sind, lässt sich mit der Vorstellung verbinden, dass sich die atypisch Beschäftigten in benachteiligten Arbeitsmarktsegmenten konzentrieren und dabei nicht nur durch Prekarität bedroht sind, sondern auch über begrenzte Chancen verfügen, in die privilegierten Segmente zu wechseln. Im Unterschied zu den Unternehmen, die leichter einstellen und freistellen können, und Normalbeschäftigten, die über neue Beschäftigungsoptionen verfügen, implizieren atypische Arbeitsverhältnisse für die Betroffenen folglich einen Verlust an Flexibilität. Theoretisch wird diese Aussage in der Segmentationstheorie (Sengenberger 1978, 1987) fundiert. wobei mit dem Begriff „Segmentation" die neoklassische Prämisse der Ökonomie herausgefordert wird, wonach es nur einen homogenen und transparenten Arbeitsmarkt gibt, auf dem vollkommen informierte, nutzenmaximierende Arbeitgeber und Beschäftigte ohne Hindernisse zwischen verschiedenen Erwerbsformen wechseln können. Vielmehr wird in Übereinstimmung mit der Wirtschaftssoziologie davon ausgegangen, dass *reale* Arbeitsmärkte genauso wie reale Produktmärkte in *soziale Strukturen* eingebettet sind. Der Preis der Arbeitskraft (Mikroebene) und damit die Einkommensverteilung (Makroebene) werden folglich durch *Institutionen* (u.a. Bildungspolitik, Sozialpolitik, Tarifpolitik, Arbeitsrecht), durch *Machtverhältnisse* zwischen Unternehmen und Arbeitnehmern (Organisations- und Konfliktfähigkeit) sowie zwischen Arbeitnehmergruppen (berufskorporatistische Schließungsstrategien) und durch die Verfügbarkeit von *sozialem Kapital* (soziale Netzwerke) beeinflusst.

Entsprechend agieren atypisch Beschäftigte auf Teilarbeitsmärkten, die durch Mobilitätsbarrieren voneinander getrennt sind und den Übergang aus einer atypischen Erwerbsform in ein Normalarbeitsverhältnis erschweren. Diese Mobilitätsbarrieren sind häufig arbeits- und sozialversicherungsrechtlicher Art. So ist in vielen Ländern eine deutliche Kluft zwischen einem gut und einem schlecht arbeits- und sozialversicherungsrechtlich geschützten Segment erkennbar. Eine weitere Hürde bilden soziale Schließungsprozesse. So wird in den meisten Ländern der Zugang zu Arbeitsmärkten noch immer von der Erlangung von Bildungszertifikaten abhängig gemacht (vgl. Collins 1987), wobei es auf der Hand liegt, dass es insbesondere für wenig qualifizierte Personen schwierig ist, dieses Handicap auf dem zweiten Bildungsweg zu kompensieren. Gegen die Annahme der neoklassischen Arbeitsmarkttheorie, dass ausschließlich Qualifikationen einkommensrelevant sind, spricht selbstverständlich auch das Faktum, dass verschiedene soziale Gruppen nach wie vor benachteiligt werden (z.B. aufgrund eingeschränkter Bewegungsfreiheit für gewisse Kategorien von Migranten oder Sozialleistungsbezüger sowie aufgrund mangelnder Unterstützungsstrukturen für erwerbstätige Mütter). Hinzu kommt, dass die Mobilitätschancen, auch gemessen an der Verfügbarkeit von kulturellem und sozialem Kapital, äußerst ungleich verteilt sind. Schließlich wird die Mobilität von atypisch Beschäftigten auch dadurch erschwert, dass die Merkmale der Arbeitsplätze mit der Zeit auf die Arbeitskräfte übertragen und im Sinne eines Stigmas von den potenziellen Arbeitgebern als persönliche, ‚natürliche' Merkmale betrachtet werden. Kurzum: Instabile Erwerbsformen und -verläufe werden häufig als Indikator für die Labilität der Bewerber interpretiert.

Für unsere Fragestellung ist insbesondere das Konzept des viergeteilten Arbeitsmarktes von Oschmiansky und Oschmiansky (2003) fruchtbar. Diesem Modell zufolge dominieren die Normalbeschäftigten noch immer in jenen Teilarbeitsmärkten, die standardisierte und relativ hoch qualifizierte Arbeitskräfte voraussetzen. Im Unterschied dazu agieren die atypischen, von Prekarität bedrohten Beschäftigten vornehmlich in den Teilarbeitsmärkten, in denen keine fachlichen und betriebsspezifischen Qualifikationen benötigt und die von Arbeitgebern als „Puffermärkte" zur Abwälzung von Kosten und Risiken eingesetzt werden.

Leider verfügen wir nur über wenige Informationen über die Segmentierung des schweizerischen Arbeitsmarktes (Nollert 2006a). Eine aktuelle wirtschaftswissenschaftliche Studie von Sousa-Poza (2005) kommt immerhin zum Schluss, dass im Niedriglohnsektor und bei Frauen Mobilitätsbarrieren zu beobachten sind. Auch das geringe arbeitsrechtliche Gefälle zwischen regulär und atypisch Beschäftigten stellt die Segmentierungsthese in Frage. Allerdings diagnostiziert die zentrale Arbeitsmarktbehörde der Schweiz, das Staatssekretariat für Wirtschaft (Seco), eine „Gefahr einer Verhärtung dieser Zweiteilung der Wirtschaft" zwischen stabilen und prekären Erwerbssegmenten (Zürcher 2002: 113). Auch deutsche Studien (Szydlik 1990, Bender et al. 2000, Schreyer 2000) sprechen dafür, dass solche Mobilitätsbarrieren im Übergang von atypischen Erwerbsformen in reguläre Beschäftigung auch in der Schweiz existieren dürften.

Ein Indiz für die postulierte Segmentierung zwischen atypischen und normalen Erwerbsformen ist schließlich die Existenz und Entwicklung der prekären Arbeitsverhältnisse und der Working Poor. So schätzt z.B. die Ecoplan-Studie (2003), dass rund 3.8 Prozent der Erwerbstätigen in der Schweiz, d.h. mehr als 150.000 Beschäftigte, in prekären Arbeitsverhältnissen tätig sind. Die gleiche Studie geht bei einer anderen Berechnungsgrundlage (Zählung von Scheinselbständigen und ohne Berücksichtigung einer „Risikoabgeltung") sogar von 11.4 Prozent potenziell prekär Beschäftigter aus. Dabei zeigt die Studie auf, dass die meisten prekären Arbeitsverhältnisse atypisch sind. Auch in der kontinuierlich anwachsenden Population der Working Poor befinden sich überdurchschnittlich viele Personen in atypischen Arbeitsverhältnissen (Bauer/Streuli 2001). Am stärksten verbreitet sind die Arbeit auf Abruf sowie befristete Arbeitsverhältnisse, Heimarbeit und Scheinselbstständigkeit. Lediglich die stark verbreitete Teilzeitarbeit scheint vergleichsweise prekaritätsresistent, was mit dem Befund übereinstimmt, dass Teilzeitarbeitsverhältnisse sowohl eine Chance zum Einstieg in ein Normalarbeitsverhältnis als auch das Risiko des Abstiegs in ein prekäres Arbeitsverhältnis bieten (vgl. Baumgartner 2003).

Vorläufig können wir festhalten, dass eine Reihe von empirischen Befunden für eine stark begrenzte Mobilität atypisch Beschäftigter und für einen hohen Grad an Segmentierung zwischen den Erwerbsformen spricht. Vergleicht man die ökonomischen und soziologischen Ansätze, fällt indes auf, dass sich die beiden Perspektiven hinsichtlich der Auswirkungen von Flexibilisierung nicht a priori widersprechen. In der Tat fokussieren Ökonomen vorzugsweise den Beitrag zum Abbau der Arbeitslosigkeit, während Soziologen vornehmlich die Schattenseiten der Flexibilisierung thematisieren. Mit anderen Worten: Während Ökonomen in der Regel betonen, dass ein schlechter Job besser ist als gar keiner, finden viele Soziologen, dass eine sozialintegrative Sozialhilfe für die Betroffenen mehr bringe als ein prekäres Arbeitsverhältnis. Kurzum: Der Abbau der Arbeitslosigkeit mittels Deregulierung des Arbeitsmarktes und Expansion atypischer Arbeitsverhältnisse lasse sich nur durch soziale Verunsicherung und mehr Ungleichheit erkaufen.

In diesem Sinne argumentiert z.B. Sennett (2000), dass sich die kontinentaleuropäischen Länder angesichts steigender Arbeitslosenraten entscheiden müssen, ob sie sich weiterhin eine unflexible Arbeitswelt, hohe Arbeitslosigkeit, aber geringe soziale Unsicherheit und Ungleichheit leisten, oder aber den *flexiblen Kapitalismus* nach US-amerikanischem Vorbild und damit geringe Arbeitslosigkeit, aber auch hohe soziale Unsicherheit importieren möchten. Kurzum: „Beide Systeme haben ihre Mängel. In der angloamerikanischen Ordnung hat es niedrige Arbeitslosigkeit, dafür wachsende Einkommensunterschiede gegeben. Die harten Fakten der Einkommensunterschiede in der anglo-amerikanischen Ordnung sind tatsächlich schwindelerregend. [...] Während sich die Schere zwischen den Einkommen in den Staaten des Rheinmodells in der letzten Generation nicht so weit geöffnet hat, ist die Arbeitslosigkeit zum Fluch geworden" (67f.).

Betrachtet man die Fakten, fällt auf, dass sich kaum Studien finden lassen, die einen direkten Effekt einer Arbeitsmarktregulation auf das Niveau der Arbeitslosigkeit nachweisen (vgl. auch Nollert 2006b). Mit anderen Worten: Weder die Flexibilisierung des Arbeitsrechts noch die Diffusion atypischer Arbeitsverhältnisse haben entscheidend zum Abbau der Arbeitslosigkeit beigetragen, und sogar das Seco (Staatssekretariat für Wirtschaft) räumt ein, dass sich von den „Erklärungsfaktoren für eine tiefe Arbeitslosen- und eine hohe Beschäftigungsquote [...] der Kündigungsschutz sowie die Arbeitsgesetzgebung als nicht ausschlaggebend" (Zürcher 2002: 106) erwiesen haben. Selbst bei den Niederlanden und Dänemark, den beiden Musterbeispielen für eine erfolgreiche Arbeitsmarktpolitik, ist unklar, ob und inwiefern die Arbeitsmarktregulation zur Senkung der Arbeitslosigkeit beigetragen hat (vgl. Schwartz 2001, van Oorschot 2004).

Etwas besser sieht die Zwischenbilanz für die Hypothese aus, wonach eine Deregulierung des Arbeitsmarktes zur Verringerung der Langzeitarbeitslosigkeit beiträgt, die häufig auch als Indikator für soziale Exklusion betrachtet wird. In der Tat spricht eine OECD-Studie (2004) dafür, dass sowohl ein Abbau des arbeitsrechtlichen Schutzes als auch eine aktive Arbeitsmarktpolitik zu einer Reduktion der Langzeitarbeitslosigkeit beiträgt. Allerdings zeigen Norwegen und Korea, dass sich die Langzeitarbeitslosigkeit auch bei einem hohen arbeitsrechtlichen Schutz begrenzen lässt.

Dieses positive Ergebnis kann indes nicht darüber hinweg täuschen, dass mit der Diffusion arbeitsrechtlich schwach geschützter Arbeitsverhältnisse auch in der Schweiz der Niedriglohnsektor expandieren und damit zu einer Verschärfung der Einkommensungleichheit beitragen wird. So dokumentieren hier aus Platzgründen nicht ausgeführte multivariate Tests, dass bei Kontrolle des wirtschaftlichen Entwicklungsstands und der Sozialleistungsquote die soziökonomische Ungleichheit mit abnehmender arbeitsrechtlicher Protektion signifikant geringer wird (vgl. Nollert 2006b). Damit bestätigt sich zwar Sennetts Vermutung, dass ein Abbau des arbeitsrechtlichen Schutzes zum einen zwar zur Inklusion von Langzeitarbeitslosen, zum andern aber auch zur Verschärfung der Einkommensungleichheit und damit zur Transformation von Langzeitarbeitslosen in Working Poor beiträgt. Einzuräumen ist indes, dass es auch vereinzelte Länder gibt, die im Sinne des Flexicurity-Konzepts ein vergleichsweise liberales Arbeitsrecht mit hoher sozialer Sicherheit kombinieren (z.B. Dänemark).

Zusammenfassend lässt sich damit festhalten, dass die atypischen Arbeitsverhältnisse in der Schweiz stark verbreitet sind und das schweizerische Arbeitsrecht zu den liberalsten auf der Welt gehört. Im Unterschied zu den skandinavischen Ländern, deren Arbeitsmarktpolitik sich auf Langzeitarbeitslose konzentriert, aber auch zu den liberalen Ländern, die eine schwache arbeitsrechtliche Protektion mit einer repressiven Sozialhilfepraxis kombinieren, ist es der Schweiz zudem bislang nicht gelungen, die Langzeitarbeitslosigkeit nachhaltig einzudämmen. Im Gegenteil: Trotz liberalem Arbeitsrecht steigt sowohl die Arbeitslosigkeit im Allgemeinen als auch die Zahl der Langzeitarbeitslosen hierzulande weiter an. Dieses Faktum deutet darauf hin, dass sich eine schwache arbeitsrechtliche Protektion atypischer Arbeitsverhältnisse – wie häufig mit Verweis auf die Niederlande argumentiert wird – nicht a priori in einer günstigeren arbeitsmarktpolitischen Performanz niederschlägt. Da die Schweiz jedoch auch über eine vergleichsweise hohe Quote von Working Poor in prekären Erwerbsverhältnissen verfügt, scheint zudem der Übergang von einer atypischen Beschäftigung in den privilegierten Teilmarkt für Normalbeschäftigte zumindest für gewisse Kategorien von Arbeitnehmern erschwert.

## 4 Strategien von atypisch Beschäftigten zur Bewältigung von Flexibilisierungsrisiken

Im vorangehenden Kapitel haben wir argumentiert, dass die Mobilitätschancen von atypisch Beschäftigten sowohl durch institutionelle Barrieren (Arbeits- und Sozialversicherungsrecht, Schließungsprozesse) als auch durch individuelle, im Herkunftsmilieu verankerte Ressourcendefizite behindert werden. Demnach wissen nicht alle atypisch Beschäftigten gleichermaßen die durch die Arbeitsmarktflexibilisierung gegebenen Optionszuwächse zu nutzen. Ebenso wenig sind alle Beschäftigungsgruppen imstande, die neuen sozialen Unsicherheitslagen erfolgreich zu meistern und Prekaritäts- oder gar Ausschlussrisiken abzuwenden. Mittels einer qualitativen „verstehenden" Befragung (vgl. Bourdieu 1993, Kaufmann 1999) von dreißig atypisch Beschäftigten sind wir der Frage nachgegangen, welche individuellen und kollektiven Bewältigungsstrategien dazu beitragen, Mobilitätsbarrieren zwischen den Erwerbssegmenten zu überwinden oder umgekehrt zu verstärken.

Zwei Resultate sind zentral (vgl. auch Pelizzari et al. 2007): *Erstens* belegen die Interviews, dass auch in der Schweiz innerhalb von sozialen Milieus ein relativ konstantes Repertoire von arbeitsmarktlichen und alltagspraktischen Strategien zur Bewältigung von Flexibilisierungsrisiken besteht. Offensichtlich beeinflußt die soziale Herkunft die Nutzung der durch institutionelle Mobilitätsbarrieren (Qualifikationsniveau, Aufenthaltsstatus, usw.) definierten Handlungsspielräume. Im Einklang mit verschiedenen jüngeren deutschen Studien zu Vererbungs- und Erwerbsprozessen von Bildung und Beruf (vgl. Geißler 2000, Konietzka 2002) wird zudem erkennbar, dass solche milieuspezifische Mobilitätsmuster nach wie vor eine relativ hohe Stabilität besitzen. Solche im Milieu verankerten Ressourcen gewinnen insbesondere auf flexiblen Arbeitsmärkten an Bedeutung, da sie nicht mehr nur die beruflichen Qualifikationen im engeren Sinne, sondern immer mehr auch generelle Fähigkeiten und Mittel zur Gestaltung des Erwerbslebens umfassen. Als wichtige neue Ressource tritt insbesondere die Fähigkeit in den Vordergrund, „Brüche und Diskontinuitäten individuell zu verarbeiten und Unsicherheiten zu bewältigen, ohne dass auf erprobte institutionalisierte Lösungsschablonen zurückgegriffen werden könnte" (Bittlingmayer/Kraemer 2001: 318). Der verbreitete Schluss, dass flexibilisierte Strukturen mit ebensolchen, quasi automatisch modernisierten Denk- und Handlungsmustern korrespondieren, entpuppt sich allerdings als Kurzschluss. So werden, wie u.a. auch Sennett (2000) diagnostiziert, viele Beschäftigte, die in der stabilen von hierarchischen Organisationsstrukturen geprägten Welt der Normalarbeitsverhältnisse sozialisiert wurden, von der neuen flexiblen Arbeitswelt überfordert.

*Zweitens* zeigt sich, dass diese milieuspezifischen, durch ähnliche Lebensläufe geprägten Erfahrungen, die wir unter dem Begriff des ‚milieuspezifischen Erwerbshabitus' zusammenfassen, im Hinblick auf die Nutzung von Aufstiegschancen und der Abwendung von Abstiegsrisiken sozial differenzierend wirken. Zwar versuchen so gut wie alle atypisch Beschäftigten ihre äußeren unsicheren Lebenslagen mit aktiven individuellen wie auch sozial vernetzten kollektiven Strategien zu bewältigen, doch sind diese unterschiedlich erfolgreich: Während Erwerbstätige mit den erforderlichen personalen, sozialen und ökonomischen Ressourcen durchaus zu ‚Erfolgsunternehmern' ihrer eigenen Arbeitskraft taugen, drohen Gruppen mit Ressourcendefiziten neuartige Belastungen und erhebliche Risiken.

Die ‚Verlierer' dieser Entwicklung sind rasch benannt: Es sind vor allem jene bildungsschwachen Milieus, deren Erwerbschancen wegen der steigenden Bildungsanforderungen auf dem Arbeitsmarkt weiter sinken. Hierzu gehören Beschäftigte, die aufgrund finanzieller oder praktischer Zwänge auf atypische Erwerbsarbeit angewiesen sind (z.B. Zuverdienerinnen aus strukturschwachen Regionen) oder durch Sozialhilfe- und Arbeitslosenprogramme dazu gezwungen werden. Als einzige Bewältigungsstrategie erkennt man bei diesen Beschäftigten die Aktivierung der mit dem ‚alten Kapitalismus' verknüpften Hierarchieorientierung, was sie zu besonders verwundbaren Akteuren auf dem Arbeitsmarkt macht. Diese von Autoritarismus genährte Flexibilisierungsresistenz korrespondiert mit den Befunden des französischen Arbeitspsychologen Dejours, wonach sich solche Beschäftigte in extremem Konformismus üben und selbst dafür sorgen, dass abweichendes Verhalten sanktioniert wird (vgl. Dejours 1998).

Ein solcher Zustand der Selbsteinschränkung individueller Handlungsoptionen ist jedoch gerade jenen aufstiegsorientierten Angestellten- und Arbeitnehmermilieus aus den sozialen Mittelschichten verwehrt, deren Ehre in ihrem Arbeitsethos und ihrer Unabhängigkeit von Mächtigeren liegt. Diese zweite bedrohte Gruppe umfasst relativ gut qualifizierte Beschäftigte, die mittels atypischer Erwerbsarbeit versuchen, verschiedene Interessen (Familie, Hobbys) zu verbinden. Solche Beschäftigten riskieren eine Verfestigung der Zwischenphase prekärer Arbeit, zumal die übermäßige Betonung des Übergangscharakters der Tätigkeit oft häufig die eigenen innerbetrieblichen Mobilitätsoptionen verschließt. Wie Kraemer und Speidel (2003/2004) in ihrer Studie über Leiharbeiter nachweisen, diszipliniert der vermehrte Einsatz externer Mitarbeitenden (z.B. Leiharbeiter) die geschützten Normalbeschäftigten, die sich ihrerseits von den atypisch Beschäftigten abgrenzen (Mobbing usw.) und damit zur Entsolidarisierung innerhalb der Arbeitnehmerschaft beitragen.

Die dritte Gruppe schließt jene Beschäftigten ein, die die ‚Zone der Verwundbarkeit' als notwendige Übergangsphase in eine berufliche Konsolidierung betrachten, denen aber die Möglichkeit zum Erwerb von arbeitsmarktrelevanten Qualifikationen versperrt bleibt (Migranten, Alleinerziehende usw.). Bei diesen atypisch Beschäftigten sind nicht Ressourcendefizite, sondern institutionelle Barrieren ausschlaggebend. Diese werden oft ausgeglichen durch die virtuose Instrumentalisierung bzw. Mobilisierung informeller Netzwerke. Dank einer flexiblen Gelegenheitsorientierung sind diese Beschäftigten paradoxerweise auf die neuen sozialen Risiken besser vorbereitet als die anderen (vgl. auch Granovetter 1983). Ihre Form von Unsicherheitsbewältigung ist jedoch sozial nicht anerkannt und kann zur Verfestigung der prekären materiellen Lage beitragen. Dieses „Sich-Einrichten in der Prekarität" (in Form von Tauschringen, Selbsthilfeinitiativen und nachbarschaftlicher Hilfe, usw.) interpretiert Candeias folglich als eine Art „aktiver Subjektivierung" (Candeias 2004: 208), die zuweilen in kollektiven Protestformen mündet, wie die im Jahr 2004 entflammten Demonstrationen gegen die deutschen Arbeitsmarktreformen (Hartz IV) oder die im Frühling 2006 in Frankreich ausgebrochenen Massenproteste gegen die Aufweichung des Kündigungsschutzes für junge Arbeitnehmende bezeugen.

Zusammenfassend lässt sich sagen, dass Prekarisierungsprozesse infolge der Ausbreitung atypischer Arbeitsverhältnisse durch zweierlei Mechanismen entstehen: zum einen durch den Mechanismus der Fremdausgrenzung durch ‚objektive', nicht erfüllte Qualifikationsanforderungen, und zum andern durch den Mechanismus der Selbstausgrenzung durch inadäquate Strategien, um die flexibilisierungsbedingten Risiken zu bewältigen. In diesem Sinne untermauern unsere Befunde Vesters Vermutung, dass mit der Flexibilisierung des Arbeitsmarktes und der Individualisierung der Bearbeitung sozialer Risiken die soziale Frage nicht mehr „der einfachen Figur einer sich langsam spreizenden Schere, der alle auf die gleiche Weise unterworfen sind", gleichkommt. Vielmehr gleicht sie „einem Mosaik verschiedener Milieus, in denen sich die nach beiden Seiten aufgehenden Scheren sozialer Ungleichheiten vielfach und vieldimensional wiederholen und abwandeln" (Vester 2002: 103).

Während sich also einerseits bei atypisch Beschäftigten mit Ressourcendefiziten die Risiken einer verringerten Arbeitsmarktregulierung kumulieren und sich in der Folge eine Schicht neuartiger ‚Arbeitskraft-Tagelöhner' bildet, profitieren andererseits von der Flexibilisierung all diejenigen, die auf einem kompetitiven Arbeitsmarkt eine Vielzahl unterschiedlicher Kompetenzen anbieten können. Die Flexibilisierung beinhaltet also vor allem für jene Erwerbstätigen eine Chance, die über die nötigen biographischen Ressourcen verfügen, um zu ‚Erfolgsunternehmern ihrer Arbeitskraft' zu avancieren. Atypik in der Erwerbsarbeit ist somit nicht zwingend mit Ausgrenzungsrisiken verbunden. Insbesondere Beschäftigte in hochqualifizierten und ökonomisch privilegierten Teilsegmenten des Arbeitsmarktes (z.B. Beschäftigte in internationalen Arbeitsverhältnissen) verfügen über einen Erwerbshabitus, in dem sich ein breites Repertoire an Bewältigungskompetenzen mit einer grundsätzlichen Bereitschaft zur Improvisation und zum kalkulierten Risiko verbindet.

## 5 Schlussbemerkungen

Unser Beitrag dokumentiert, dass in der Schweiz die Flexibilisierung der Arbeitswelt, indiziert durch eine starke Verbreitung atypischer Arbeitsverhältnisse und eine geringe Arbeitsmarktregulierung, vergleichsweise weit fortgeschritten ist. Dabei veranlasst der internationale Vergleich genauso wie die Befragung von Arbeitsrechtexperten und der relativ hohe Anteil an Working Poor in atypischen Erwerbsformen zur Vermutung, dass sich die ‚Zone der Verwundbarkeit' auch in der Schweiz ausdehnt. Unsere explorativen international vergleichenden Analysen sprechen außerdem dafür, dass eine starke arbeitsrechtliche Protektion der Normalbeschäftigten die Verbreitung befristeter Arbeitsverhältnisse begünstigt und ein flexibles Arbeitsrecht sowohl die Langzeitarbeitslosigkeit begrenzt als auch zur Verschärfung der Einkommenskluft innerhalb der Arbeitnehmerschaft beiträgt. Zudem ist nicht zu übersehen, dass viele atypisch Beschäftigte in der Schweiz die Arbeitsmarktflexibilisierung nicht als Chance für eine bessere Vereinbarkeit von verschiedenen Lebensoptionen erleben, sondern ähnlich wie ihre Kollegen in den liberalen Wohlfahrtsregimes vorab als Risiko, unter ökonomischer Prekarität leiden zu müssen und beim Versuch zu scheitern, in ein Normalarbeitsverhältnis zu wechseln. Weshalb ihnen dies nicht gelingt, mag – wie die Expertenbefragung zeigt – zweifellos damit zu tun haben, dass der ungleiche Zugang zum Recht für gewisse Arbeitnehmergruppen zusätzlich diskriminierend wirkt (vgl. auch Böhringer et al. 2007). Unsere qualitative Befragung atypisch Beschäftigter spricht allerdings gleichwohl noch mehr für unsere Vermutung, dass die im milieuspezifischen Erwerbshabitus kristallisierte differenzielle Verfügbarkeit von arbeitsmarktrelevanten Ressourcen maßgeblich für die

Verfestigung oder Überwindung institutioneller Mobilitätsbarrieren verantwortlich ist.

Kurzum: Ob die Flexibilisierung mehr Chancen oder mehr Risiken für die betroffenen Beschäftigten und ihre Familien bietet, hängt in erster Linie von der Fähigkeit zur Bewältigung von Flexibilisierungsrisiken neuer Erwerbsformen ab. Wie schon Sennetts Beschreibung des „flexiblen Menschen" im neuen Kapitalismus (2000) nahe legt und Pongratz und Voß in ihrer Studie über die neuen Erwerbsverhältnisse festhalten, „verfügen vermutlich große Teile der Erwerbsbevölkerung nicht über ausreichende Ressourcen für die Anforderungen des Typus des Arbeitskraftunternehmers" (2003: 241). Damit wird deutlich, dass die neoklassische Prämisse der vollkommenen Durchlässigkeit zwischen verschiedenen Erwerbsformen selbst im vergleichsweise flexiblen schweizerischen Arbeitsmarkt keine empirische Grundlage hat. Viele atypisch Beschäftigte befinden und bewegen sich nach wie vor vornehmlich in segmentierten, durch Mobilitätsbarrieren voneinander abgeschotteten Teilarbeitsmärkten und bleiben damit von den Früchten der modernen flexiblen Arbeitswelt ausgeschlossen.

## Literatur

Bauer, T./Streuli, E. (2001): Wer ist in der Schweiz trotz Erwerbsarbeit arm? In: Soziale Sicherheit, 3: 114-117.
Baumgartner A.D. (2003): Teilzeitarbeit – Auf dem Weg zu einem neuen Normalarbeitsverhältnis? Unterschiedliche Teilzeiterwerbstypen am Beispiel der Schweiz. In: Schweizerische Zeitschrift für Soziologie, 29, 1: 7-34.
Bender S./Konietzka, D./Sopp, P. (2000): Diskontinuität im Erwerbsverlauf und betrieblicher Kontext. In: Kölner Zeitschrift für Soziologie und Sozialpsychologie, 52, 3: 475-499.
Bundesamt für Statistik (Hrsg.) (2003): Auf dem Weg zur Gleichstellung? Frauen und Männer in der Schweiz. Dritter statistischer Bericht. Neuchâtel: BFS.
Blossfeld H.-P./Hakim, C. (Hrsg.) (1997): Between Equalization and Marginalization. Women Working Part-Time in Europe and the United States. Oxford: University Press.
Böhringer, P. (2001): Die neue Arbeitswelt – Flexibilisierung der Erwerbsarbeit und atypische Arbeitsverhältnisse. Zürich: KV Zürich.
Böhringer, P./Contzen, S./Nollert, M./Pelizzari, A. (2007): Der Gebrauch von Recht zur Verhinderung von Ausschlussrisiken? Atypisch Beschäftigte und ihr Zugang zum Recht. Erscheint in: Gazareth, P./Juhasz, A./Magnin, C. (Hrsg.), Die Beschäftigung und ihr Preis – Integration und Ausschluss in der Arbeitswelt. Zürich: Seismo.
Bourdieu, P. (1993): La Misère du Monde. Paris: Seuil.
Brandt, N./Burniaux, J.-M./Duval, R. (2005): Assessing the OECD Jobs Strategy: Past Developments and Reforms. OECD Economics Department Working Paper 429.

Buchmann, M./Kriesi, I./Pfeifer, A./Sacchi, S. (2002): Halb drinnen – halb draussen. Analysen zur Arbeitsmarktintegration von Frauen in der Schweiz. Chur, Zürich: Rüegger.
Castel, R. (2000): Die Metamorphosen der sozialen Frage – Eine Chronik der Lohnarbeit. Konstanz: Universitätsverlag.
Candeias, M. (2004): Prekarisierung der Arbeit und Handlungsfähigkeit. In: Das Argument, 256: 398-413.
Collins, R. (1987): Schließungsprozesse und die Konflikttheorie der Professionen. In: Österreichische Zeitschrift für Soziologie, 12, 2: 46-60.
Dejours, C. (1998): Souffrance en France – La Banalisation de L'injustice Sociale. Paris: Seuil.
Ecoplan (2003): Prekäre Arbeitsverhältnisse in der Schweiz. Seco Publikation Arbeitsmarktpolitik, 9. Bern: Seco.
Geissler, R. (2000): Soziale Mobilität – Aufstiege und Abstiege. In: Informationen zur politischen Bildung, 269: 36-39.
Goudwaard, A./Nanteuil, M. de (2000): Flexibility and Working Conditions: A Qualitative and Comparative Study. Luxemburg: EC.
Granovetter, M. (1983): The Strength of Weak Ties: A Network Theory Revisited. In: Sociological Theory, 1, 1: 201-233.
Kaufmann, J.-C. (1999): Das verstehende Interview. Konstanz: UVK.
Konietzka, D. (2002): Die soziale Differenzierung von Übergangsmustern in den Beruf. In: Kölner Zeitschrift für Soziologie und Sozialpsychologie, 54: 645-673.
Kraemer K./ Bittlingmayer U. (2001): Soziale Polarisierung durch Wissen – Zum Wandel der Arbeitsmarktchancen in der „Wissensgesellschaft". In: Berger, P.A./ Konietzka, D. (Hrsg.), Die Erwerbsgesellschaft – Neue Ungleichheiten und Unsicherheiten. Opladen: Leske + Budrich, 313-329.
Kraemer K./Speidel, F. (2003/2004): (Des-)Integrationseffekte typischer und atypischer Erwerbsarbeit. In: Jahrbuch Arbeit, Bildung, Kultur, 21/22: 39-64.
Mückenberger, U. (1985): Die Krise des Normalarbeitsverhältnisses – Hat das Arbeitsrecht noch Zukunft? In: Zeitschrift für Sozialreform, 31: 415-434.
Nollert, M. (2006a): Zwischen Aktivierungseuphorie und Entsolidarisierung: Arbeitsmarktpolitik in der Schweiz. In: Carigiet, E./Mäder, U./Opielka, M./Schulz-Nieswandt, F. (Hrsg.), Wohlstand durch Gerechtigkeit – Deutschland und Schweiz im internationalen Vergleich. Zürich: Rotpunktverlag, 191-203.
Nollert, M. (2006b): Soziale Sicherheit und Exklusion im flexiblen Kapitalismus: Eine komparative Analyse und Evaluation von Flexicurity-Politiken. In: Brinkmann, U./Krenn, K./Schief, S. (Hrsg.), Endspiel des Kooperativen Kapitalismus? Institutioneller Wandel unter den Bedingungen des marktzentrierten Paradigmas. Wiesbaden: Verlag für Sozialwissenschaften, 194-216.
Nollert, M. (2006c): Sonderfall im rheinischen Kapitalismus oder Sonderweg im liberalen Wohlfahrtskapitalismus? Zur Spezifität des Sozialstaats Schweiz. In: Eberle, T./Imhof, K. (Hrsg.), Sonderfall Schweiz. Zürich: Seismo, 153-171.
OECD (2004): Employment Outlook. Paris: OECD.
OECD (2005): Employment Outlook. Paris: OECD.
Oschmiansky, H./Oschmiansky, F. (2003): Erwerbsformen im Wandel: Integration oder Ausgrenzung durch atypische Beschäftigung? Berlin und die Bundesrepublik Deutschland im Vergleich. Berlin: WZB.

Osterland, M. (1990): „Normalbiographie" und „Normalarbeitsverhältnis". In: Berger, P.A./Hradil, S. (Hrsg.), Lebenslagen, Lebensläufe, Lebensstile. Soziale Welt (Sonderband 7). Göttingen: Schwarz, 351-363.
Pelizzari, A./Nollert M./Contzen, S. (2007): Atypische Beschäftigung in der Schweiz: Zwischen arbeitsrechtlicher Protektion und individuellen Bewältigungsstrategien. Erscheint in: Nollert, M./Scholtz, H. (Hrsg.), Wirtschaft Schweiz – Ein Sonderfall? Zürich: Seismo.
Pongratz, H./Voß, G. (2002): Unternehmer der eigenen Arbeitskraft. In: Eichmann, H./Kaipa, I./Steiner, K. (Hrsg.), Game over? Neue Selbstständigkeit und New Economy nach dem Hype. Wien: Falter, 15-35.
Rodgers, G./Rodgers, J. (Hrsg.) (1989): Precarious Jobs in Labour Market Regulation. The Growth of Atypical Employment in Western Europe. Genf: ILO.
Schreyer, F. (2000): Unsichere Beschäftigung trifft vor allem die Niedrigqualifizierten. In: IAB-Kurzbericht, 15.
Schwartz, H.M. (2001): The Danish „Miracle" – Luck, Pluck, or Stuck? In: Comparative Political Studies, 34, 2: 131-155.
Scruggs, L. (2004): Welfare State Entitlements Data Set: A Comparative Institutional Analysis of Eighteen Welfare States – Version xx.
Sengenberger, W. (1978): Arbeitsmarktstruktur – Ansätze zu einem Modell des segmentierten Arbeitsmarkts. München: Aspekte.
Sengenberger, W. (1987): Struktur und Funktionsweise von Arbeitsmärkten – Die Bundesrepublik Deutschland im internationalen Vergleich. Frankfurt/Main, New York: Campus.
Sennett, R. (2000): Der flexible Mensch – Die Kultur des neuen Kapitalismus. Berlin: btb.
Sousa-Poza, A. (2004): Is the Swiss Labor Market Segmented? An Analysis Using Alternative Approaches. In: LABOUR, 18, 1: 131-161.
Szydlik, M. (1990): Die Segmentierung des Arbeitsmarktes in der Bundesrepublik Deutschland – Eine empirische Analyse mit Daten des Sozio-ökonomischen Panels. Berlin: edition sigma.
Tam, M. (1997): Part-Time Employment: A Bridge or a Trap? Avebury: Aldershot.
Tangian, A. (2004): Defining the Flexicurity Index in Application to European Countries. Diskussionspapier 122. Düsseldorf: WSI.
Van Oorschot, W. (2002): Miracle of Nightmare? A Critical Review of Dutch Activation Policies and Their Outcomes. In: Journal of Social Policy, 31, 3: 399-420.
Vester, M. (2002): Das relationale Paradigma und die politische Soziologie sozialer Klassen. In: Bittlingmayer, U./Kasten, J./Rademacher, C. (Hrsg.), Theorie als Kampf? Zur politischen Soziologie Pierre Bourdieus. Opladen: Leske + Budrich, 61-121.
Vogel, B. (2004): Neue Ungleichheiten im Wohlfahrtsstaat – Die politische Ordnung sozialer Verwundbarkeit und prekären Wohlstands. In: Zeitschrift für Sozialreform, 50, 1/2: 174-188.
Zürcher, B. (2002): Dank flexiblem Arbeitsmarkt zurück zur Vollbeschäftigung. In: Caritas (Hrsg.), Sozialalmanach 2002 – Der flexibilisierte Mensch. Luzern: Caritas, 105-120.

# Flexibilisierung und Politik –
# Ein Vergleich west- und osteuropäischer Länder

Beat Fux

## 1 Einleitung

Die vielerorts zu beobachtenden Trends in Richtung Flexibilisierung der Beschäftigungsverhältnisse lassen sich zunächst als notwendige Begleiterscheinungen von Globalisierung, Modernisierung und funktionaler Differenzierung taxieren. Diese makroanalytische Sichtweise, welche in wirtschaftssoziologischen ebenso wie in sozialpolitischen Kontexten recht verbreitet ist, thematisiert Flexibilisierung insbesondere als Folge der Erosion des Normalarbeitsverhältnisses. Als Bestandteile der so verstandenen Flexibilisierung sind unter anderem die Befristung von Arbeitsverträgen, der Abbau von Arbeitsplatzsicherheit und arbeits- bzw. sozialrechtlichem Schutz zu nennen sowie steigende Erwartungen an die Erwerbstätigen bezüglich deren Bereitschaft zur Leistung von Überstunden, Schicht- und Teilzeitarbeit. Institutionentheoretisch erweitert schließt das Konzept aber ebenso vielgestaltige betriebliche Strategien der funktionalen Flexibilisierung mit ein, wie beispielsweise Jobrotation, Secondment oder Outsourcing.

Für die betroffen Individuen stellt Flexibilisierung einen grundsätzlich ambivalenten Sachverhalt dar. Im Sinne der partiellen Integration in multiple Teilsysteme birgt Flexibilisierung einerseits die Chance zu vermehrter Individualisierung und Selbstbestimmung. Andererseits geht sie mit einer markanten Erhöhung der individuellen Arbeitsmarktrisiken einher. Sie kann zur zunehmenden Verbreitung atypischer Arbeitsverhältnisse und zu Prekarisierung (z.B. working poor) beitragen und folglich auch als Faktor der sozialen Exklusion bewertet werden (Sennett 1998).

In der sozialpolitischen Debatte setzen vor allem neoliberale Apologeten der Deregulierung den Akzent einseitig auf die Chancen von Optionserweiterungen und leiten daraus positive Effekte auf der Makroebene ab. Allem voran sollen Deregulierungsmaßnahmen (Flexibilisierung) der Umverteilung des Arbeitsvolumens dienen, was sich in einer Verringerung der Arbeitslosigkeit niederschlagen sollte. Diese Effekte sind indes bislang nicht im erhofften Ausmaß eingetreten (OECD 1999: 86). Gleichwohl wäre es voreilig, hieraus zu folgern, dass kein Flexibilisierungsbedarf besteht, und dass sich der ‚Erfolg' entsprechender Maßnahmen auf eine Erhöhung der individuellen Arbeitsmarktrisiken beschränkt. Neuere Studien (Seifert 2005) belegen nämlich durchaus, dass die flexiblere Ausgestaltung von Arbeitsmarktstrukturen einen Beitrag zur Optimierung der Work-Life-Balance leistet und sich folglich mit geschlechter-, familien- und bildungspolitischen Interessen verbinden lässt. Um die entsprechenden Potenziale abschätzen zu können, gilt es nicht nur, die arbeitsmarkt- und sozialpolitischen Debatten (z.B. Flexicurity als Reaktion auf Flexibilisierung; vgl. Keller/Seifert 2000) fortzusetzen. Gerade auch von mikrodatenbasierten und ländervergleichenden Analysen der Zusammenhänge zwischen Einstellungen, Bedarfslagen und der Evaluation einschlägiger Politiken kann ein differenziertes Bild von Funktionen der Flexibilisierung erwartet werden.

Vor diesem Hintergrund gliedern wir diesen Aufsatz wie folgt: Nach einer kurzen Darstellung der verwendeten Datenquellen (2) werden im folgenden Abschnitt der Erklärungsansatz sowie die daraus abgeleiteten Hypothesen erläutert (3). Sodann werden die Befunde diskutiert (4), wobei wir von einer knappen Darstellung der Flexibilisierungspolitiken für Senioren (4.1) respektive Familien auf Basis einer Expertenbefragung (Policy-Delphi) ausgehen (4.2). Bei der Auswertung quantitativer Querschnittsdaten (4.3) konzentrieren wir uns ausschließlich auf die flexibilisierungsorientierte Familienpolitik und insbesondere auf die Frage, wie einschlägige Maßnahmen von der Bevölkerung wahrgenommen und bewertet werden und welche Wirkungszusammenhänge sich hieraus ermitteln lassen. Ein Fazit schließt den Beitrag ab.

## 2 Daten

Unsere Analysen basieren auf zwei Datenquellen, die beide im Rahmen des Projekts *DIALOG - Population Policy Acceptance Study - The Viewpoint of Citizens and Policy Actors Regarding the Management of Population Related Change* generiert wurden. Hierbei handelt es sich um ein von der EU gefördertes internationales joint-venture (5. Rahmenprogramm).

Untersucht werden zum einen die Individualdaten der ländervergleichend angelegten *Population Policy Acceptance Surveys (IPPAS 2005)*, welche zwischen 2001 und 2003 in 14 ost- und westeuropäischen Ländern durchgeführt wurden (total n = 35.342, vgl. Tabelle 1). Erfragt wurden dort Einstellungen und Meinungen der Bevölkerung zum demographischen Wandel, die Kenntnisse über demographische Trends, das Geburtenverhalten, der Austausch von Ressourcen und Hilfeleistungen zwischen den Generationen, geschlechterspezifische Normen und Rollen sowie die Erwartungen bezüglich bevölkerungsrelevanter Politiken, d.h. die Beurteilung der Rolle des Staates, die Präferenzen für familien- und bevölkerungspolitische Maßnahmen, entsprechende Ausbauwünsche und die Abschätzung möglicher Wirkungen (für detaillierte Informationen vgl. Avramov/Cliquet 2005, 2007).

Die zweite Quelle bildet eine *Delphi Studie*, welche neben den erwähnten Ländern auch in der Schweiz durchgeführt wurde. Jeweils 15 Experten pro Land sollten in vier Befragungswellen schrittweise und unter Berücksichtigung der Ergebnisse aus den vorausgehenden Befragungsrunden eine Vision der zukünftigen Sozialpolitik für ihr Land entwickeln sowie im Verlauf dieses interaktiven Prozesses die tragfähigen politischen Instrumente ausloten und deren Stärken und Schwächen begutachten (SWOT-Analyse). Detaillierte Hinweise zur Konzeption, Methodologie und zu den Befunden finden sich bei Palomba et al. (2005) oder Palomba/Dell'Anno (2007).

Tabelle 1: *Steckbrief: Population Policy Acceptance Surveys (IPPAS 2005) und Policy Delphi*

| Land | Männer 20-49 | Frauen 20-49 | Total 20-49 | Feld | Delphi [a] |
|---|---|---|---|---|---|
| Österreich | 744 | 729 | 1'473 | 2001 | 4 * 15 |
| Belgien (Flandern) | 1.326 | 1.499 | 2.825 | 2003 | 4 * 15 |
| Tschechische Rep. | 299 | 332 | 631 | 2001 | 4 * 15 |
| Estland | 318 | 476 | 794 | 2003 | 4 * 15 |
| Finnland | 1.202 | 1.158 | 2.360 | 2002 | 4 * 15 |
| Deutschland (Ost) | 655 | 688 | 1.343 | 2003 | 4 * 15 |
| Deutschland (West) | 692 | 752 | 1.444 | 2003 | |
| Ungarn | 880 | 862 | 1.742 | 2000/1 | 4 * 15 |
| Italien | 1.764 | 1.736 | 3.500 | 2002 | 4 * 15 |
| Litauen | 394 | 481 | 875 | 2001 | 4 * 15 |
| Niederlande | 585 | 546 | 1.131 | 2002 | 4 * 15 |
| Polen | 1.556 | 1.729 | 3.285 | 2001 | 4 * 15 |
| Rumänien | 444 | 463 | 907 | 2001 | 4 * 15 |
| Schweiz | - | - | - | - | 4 * 15 |
| Slowenien | 594 | 588 | 1.182 | 2000 | 4 * 15 |
| Zypern | 535 | 587 | 1.122 | 2001 | 4 * 15 |
| n | *11.988* | *12.626* | *24.614* | | *4 * 225* |

Anmerkung: [a] = Anzahl Experten.

Für die hier vorgestellten Auswertungen der Surveydaten wurden nur Personen im Alter zwischen 20 und 49 Jahren berücksichtigt. Ferner wurden die Datensätze mit einer Variable gewichtet, welche kleinere Verzerrungen korrigiert (vgl. Avramov/Cliquet 2005). Aus konzeptionellen Gründen werden Ost- und Westdeutschland jeweils als zwei separate ‚Länder' ausgewiesen.

Wir möchten sodann auf die umfangreiche zweibändige Schlusspublikation *People, Population Change and Policies: Lessons from the Population Policy Acceptance Study* (Höhn et al. 2007) hinweisen, in welcher der Ertrag des DIALOG-Projektes umfassend dargestellt wird.

## 3 Erklärungsansatz und Hypothesen

Ausgangspunkt unserer Untersuchungen bildet ein *Modell dynamischer Interdependenzen* (Fux 2002, 2007). Nach dieser Leitvorstellung, die in der Tradition von Fishbein und Ajzen anzusiedeln ist (Cliquet 1992, Fux et al. 1997), stellen die sozialstrukturellen und kulturellen Ressourcen (Traditionen, Interessenskonstellationen, Werteordnungen) eine Voraussetzung sowohl für das Handeln der Akteure auf der Makroebene (Politikgestaltung), wie auch für jenes der individuellen Akteure (Erwerbsverhalten, familiales Handeln) dar. Anders als einfache Nutzenmaximierungsmodelle, welche direkt von den Ressourcen auf das Handeln schließen, berücksichtigt unser Ansatz zum einen auch die Erwartungen der Akteure bezüglich der Folgen individuellen Handelns ebenso wie jene bezüglich der Auswirkungen politischer Steuerung. Zum anderen trägt er dem Umstand Rechnung, dass sowohl Makro-Akteure als auch Individuen die ‚behavioral outcomes' und die daraus resultierenden gesellschaftlichen Entwicklungstrends evaluieren.

Anhand dieses allgemeinen konzeptuellen Gerüsts untersuchen wir die *Einstellungen, Erwartungen und Wirkungszusammenhänge* einer flexibilisierungsorientierten Familienpolitik und insbesondere die Frage, wie in ausgewählten europäischen Ländern die Ambivalenz der Flexibilisierung erfahren, also die Chancen zur Individualisierung und zum Ausbau der persönlichen Selbstbestimmung dem Risiko der Prekarisierung und der sozialen Exklusion normativ gegenübergestellt wird. Dabei bedienen wir uns einer Differenzierung, die bereits in den 1960er Jahren vom britischen Soziologen David Lockwood vorgeschlagen wurde und heute zum sozialwissenschaftlichen Gemeingut gehört: die Unterscheidung von *System- vs. Sozialintegration* (Lockwood 1964). Während Systemintegration die Integration des Systems einer Gesellschaft als Ganzheit bezeichnet, meint Sozialintegration die Inklusion der Akteure in soziale Systeme (vgl. Esser 2000).

„Whereas the problem of social integration focuses attention upon the orderly or conflictful relationships between actors, the problem of system integration focuses on the orderly or conflictful relationships between parts of a social system" (Lockwood 1964: 245).

Auf die konzeptionellen Unschärfen (vgl. dazu Vogelgesang 2003), die unterschiedlichen Verwendungsweisen des Begriffspaares (vgl. u.a. Esser 2000, Giddens 1992, Habermas 1981) oder Lockwoods eigene Weiterentwicklung der Dichotomie (Sozialintegration; Lockwood 1999) können wir hier nicht detailliert eingehen. Anstatt dessen verwenden wir die beiden Kategorien rein heuristisch und reichern sie mit dem Konzept der Individualisierung an. Darunter verstehen wir sowohl die kulturelle Identitätsbildung als auch die Konsolidierung der strukturellen Position von individuellen Akteuren.

Mit anderen Worten: Indem zwischen der Mikro-Makro-Achse einerseits und der System-Lebenswelt-Achse (Habermas 1981) andererseits unterschieden wird, lassen sich bezüglich flexibilisierungsorientierten Politiken grund-

*Flexibilisierung und Politik* 153

sätzlich *drei Motivlagen* differenzieren. Flexibilisierung kann erstens als Instrument der Individualisierung interpretiert werden. Zweitens lässt sich Flexibilisierung als Mechanismus zivilgesellschaftlicher Integration auslegen, und drittens kann Flexibilisierung als Strategie zur Systemintegration aufgefasst werden. Wenn Flexibilisierung im ersten Fall der Optimierung persönlicher Handlungsspielräume dient, tangiert sie im zweiten Fall das lebensweltliche Beziehungsgefüge und orientiert sich beispielsweise an der Harmonisierung von Gender- oder Generationenbeziehungen. Im dritten Fall zielt Flexibilisierung auf die Verbesserung des gesellschaftlichen Systems insgesamt. Alle drei Motive sind jeweils zweiwertig. So kann die Individualisierung auch eine Erhöhung von Stress- und Anomieerfahrungen verursachen. In der sozialintegrativen Perspektive kann Flexibilisierung interpersonale Konflikte schüren und damit zur sozialen Exklusion beitragen, und in systemintegrativer Optik kann sie als Faktor der Prekarisierung perzipiert und beurteilt werden.

Die in das System dynamischer Interdependenzen involvierten Akteure, also einerseits die Individuen und andererseits die systemischen Akteure (Regierungen oder hier die im Rahmen der Delphi-Studie befragten Experten) beurteilen und gewichten die drei Pole dieses Motivlagengefüges vor dem Hintergrund der kontextuellen Rahmenbedingungen respektive ihrer individuellen Ressourcenlagen jeweils unterschiedlich.

Vor diesem konzeptuellen Hintergrund analysieren wir die Evaluationen flexibilisierungsorientierter Politiken in dreierlei Hinsicht: Erstens soll geprüft werden, ob die Evaluation von Flexibilisierungsmaßnahmen durch die Experten (Delphi) mit den Bewertungen der befragten Personen (IPPAS-Surveys) kongruiert oder ob sich die Beurteilungen der beiden Akteure signifikant unterscheiden. Zweitens untersuchen wir, ob die Bewertungen politikfeldspezifisch variieren. Werden Flexibilisierungspolitiken, die einerseits an SeniorInnen und andererseits an Paare/Familien adressiert sind, unterschiedlich begutachtet? Drittens erklären wir die Länderunterschiede in der Bewertung der Flexibilisierungspolitiken und ihrer Folgen anhand der Surveydaten.

Konkret sollen folgende *Hypothesen* geprüft werden:

1) Geht man von der Annahme aus, dass sowohl die Agenten der Flexibilisierungspolitik repräsentiert durch die Experten wie auch die Bevölkerung durch die gleichen länderspezifischen strukturellen Konditionen und kulturellen Wertordnungen geprägt sind, und erwägt weiter, dass politische Akteure bei der Politikgestaltung auf ‚Support' durch die Wählerschaft angewiesen sind, kann bezüglich der Gewichtung der drei Motive für eine Flexibilisierung eine *Übereinstimmung zwischen den Akteursgruppen* postuliert werden.

2) Flexibilisierung erfährt vorab in zwei Lebensabschnitten eine besondere Aktualität. Während der Familienphase, wenn Paare infolge familialer Verpflichtungen über die Art der Partizipation am Erwerbsleben einen Konsens finden müssen, manifestiert sich Flexibilisierung als eine Frage,

welche mit der unterschiedlichen Gewichtung von Familieninteressen, Selbstverwirklichungsbedürfnissen und der Gleichstellung zwischen den Geschlechtern zusammenhängt. Sodann akzentuiert sich die Flexibilisierungsfrage auch im höheren Erwerbsalter (flexibler Übertritt in die Verrentung, Altersteilzeitarbeit). In dieser Phase werden Sicherheitsinteressen (Rentenfinanzierung), zivilgesellschaftliches Engagement und persönliche Aktivierungsbedürfnisse (Aspekt der Selbstverwirklichung) virulent. Bezüglich der länderspezifischen Gewichtung von system- und sozialintegrativen und individualisierenden Motiven kann eine *Isomorphie zwischen den beiden Politikfeldern* vermutet werden.

Die folgenden Hypothesen beziehen sich ausschließlich auf die familienpolitisch motivierte Flexibilisierungspolitik sowie auf Survey-Befunde:

3) Unter den Prämissen unseres Erklärungsansatzes lassen sich die untersuchten Länder einerseits hinsichtlich ihres Modernisierungsgrades und andererseits ihrer strukturellen Performanz (Fortschrittsachse) differenzieren. Gestützt auf motivationstheoretische Argumente (Maslows Bedürfnishierarchie) dürfte Individualisierung erst dann relevant werden, wenn fundamentale strukturelle Bedürfnisse gesättigt sind. Entsprechend lässt sich die Hypothese formulieren, dass differenzielle Formen der Flexibilisierung (z.B. Harmonisierung von Beruf und Familie bei Männern vs. bei Frauen) in den modernisierten Ländern homogener beurteilt werden, respektive, dass in *strukturschwachen Ländern Maßnahmen zur Harmonisierung von Beruf und Familie für Männer eher irrelevant sind.*

4) Aufgrund derselben Argumente kann man annehmen, dass strukturschwache Länder eher Maßnahmen zur Erwerbspartizipation von Frauen präferieren, während *mit dem Modernisierungsgrad die Gleichstellungsdimension (Harmonisierungspolitik) in den Vordergrund rückt.*

5) Beim Vergleich von Flexibilisierungspolitik i.e.S. und Förderung von Teilzeitstellen erwarten wir, dass der Wunsch nach Teilzeitjobs in strukturell schwachen Ländern größeren Anklang findet, respektive dass die *Akzeptanz von Flexibilisierungspolitiken i.e.S. positiv mit dem Modernisierungsgrad korreliert.*

6) In Abgrenzung zur dritten Hypothese dürften in stärker modernisierten Ländern die jeweiligen Adressaten (Männer, Frauen oder Mütter) infolge von Gruppenegoismen (z.B. Paschaeffekt) die jeweiligen *Flexibilisierungspolitiken differenzierter evaluieren* als das in der Vergleichsgruppe der Fall ist.

7) Bezüglich der potenziellen Auswirkungen flexibilisierungsorientierter Familienpolitik untersuchen wir Effekte auf das reproduktive Verhalten. Dabei postulieren wir einerseits, dass *mit dem Modernisierungsgrad eines Landes* die *Skepsis gegenüber natalistischen Effekten zunimmt.* An-

*Flexibilisierung und Politik* 155

> *dererseits gehen wir davon aus,* dass sich bestenfalls *marginale fertilitätssteigernde Wirkungen* (Vergleich von beobachteter und konditionaler Gesamtfertilität) nachweisen lassen.
> 8) *Flexibilisierungsmaßnahmen sollten hingegen hinsichtlich der Rollenteilung effektiv sein.* Vor allem in strukturschwachen Ländern sollte eine entsprechende Familienpolitik sowohl den Zwang zur Wahl eines dualen Modells (beide Partner vollzeitlich erwerbstätig) als auch den zwangsweisen Ausschluss von Frauen aus dem Erwerbsleben reduzieren.
> 9) Bezüglich der Prioritäten für einen Ausbau flexibilisierungsorientierter Politiken erwarten wir, dass der Ruf nach Flexibilisierung i.e.S. mit dem Modernisierungsgrad signifikant zunimmt.

## 4 Befunde

Die Ergebnisse der Delphi-Studie erlauben in einem ersten Analyseschritt die Prüfung der Frage, in welchen Bereichen die Experten flexibilisierungspolitischen Handlungsbedarf orten und wie sie ihn begründen. Es sind im Wesentlichen zwei Problemlagen, welche in deren Optik zukünftig zu einer Akzentuierung der Flexibilisierung beitragen: einerseits die demographische Alterung und andererseits die Gleichstellungsfrage im Verein mit der anhaltend tiefen Fertilität.

### 4.1 Flexibilisierungspolitiken für Seniorinnen und Senioren

Veränderungen in der altersmäßigen Zusammensetzung der Bevölkerung, namentlich die Erhöhung der Alterslastquote, stehen einerseits in einem direkten Zusammenhang mit der Sicherung der Altersvorsorge. Andererseits verweist die Differenzierung der Rentnerbevölkerung in ‚junge Alte' und Hochbetagte auf ein Potenzial, das einen Beitrag zur Entschärfung der Rentenfinanzierungsproblematik leisten könnte. Entsprechend stößt der thematische Komplex: demographische Alterung – Aktivierung (Flexibilisierung) – Altersvorsorge bei den befragten Experten auf ein starkes Interesse.

In der Mehrzahl der Länder wird dem Thema ‚active ageing' (OECD 1998, WHO 2002) also den aktivierungsorientierten Politiken für das Segment der immer ‚healthier' and ‚wealthier' werdenden (Avramov/Maskova 2003) ‚jungen Alten' eine zentrale Bedeutung zugemessen. Nur in Belgien, Deutschland, Ungarn und Zypern wurde kein Konsens über die Relevanz dieses Themenfeldes erzielt. Die politischen Strategien jener Länder, die dem Thema einen hohen Stellenwert einräumen, unterscheiden sich indes sehr stark. In der Mehrzahl der Länder erscheint Aktivierung als gleichbedeutend mit der partiellen Einbindung der Senioren ins Erwerbsleben und wird somit mit Flexibilisierung assoziiert. Während in einigen Ländern (A, CS, I, CH) die Förderung von Teilzeitstellen für junge Rentnerinnen und Rentner in den Vordergrund gerückt wird, plädieren andere (NL, EST, A, PL) eher für den Abbau von Hürden, welche der Erwerbspartizipation von Personen dieses Alterssegmentes im Wege stehen. Flexible Erwerbsarrangements für Senioren erweisen sich zwar als die am häufigsten genannte Aktivierungsstrategie. Diese wird aber ergänzt durch die Förderung lebenslangen Lernens, so insbesondere in einigen nord- und osteuropäischen Ländern (SF, LIT, EST, H). Eine starke Zustimmung erfährt auch das sozialintegrative Motiv. Die Stimulierung sozialer Partizipation ‚junger Alter' in Form eines Ausbaus der Freiwilligenarbeit (z.B. Bürgerengagement, Nachbarschaftshilfe, Kinderbetreuung, Mentoring/Coaching) wird vorab in katholisch geprägten und konfessionell gemischten Ländern (I, PL, SLO, CH, NL, CS, RU) stärker präferiert. Im Vergleich zu diesen flexibilisierungsrelevanten Politiken finden Strategien, die den Ausbau des Freizeitangebotes und/oder der medizinischen Dienste respektive der Gesundheitserziehung ins Zentrum stellen, weniger Beachtung.

In der Mehrzahl der Länder unseres Samples (also auch jenen, welche der Aktivierung der Senioren keine zentrale Bedeutung zubilligen) wird die Arbeitsmarkintegration älterer Menschen mit der Entschärfung der Rentenfinanzierungsproblematik in Zusammenhang gebracht. Vor allem nord- und westeuropäische Staaten (SF, A, D, B, CH, NL, EST, H), sprechen sich für eine Adjustierung respektive Erhöhung des Rentenalters aus. Ferner werden neue Erwerbs- und Zeitmodelle in Erwägung gezogen, so etwa die Flexibilisierung der Rentenaltersgrenze oder der Abbau von Frühverrentungsprogrammen (z.B. B, NL), ferner in einigen osteuropäischen Ländern die Schaffung oder Erweiterung von privaten Rentenversicherungssystemen oder auch die Fortsetzung vollzeitlicher Erwerbsarbeit über die Rentenaltersgrenze hinaus. Im Vergleich zu den arbeitsmartintegrativen Strategien wurden a) die Förderung lebenslangen Lernens (SF), b) die Privatisierung der Altersvorsorge in Form einer vermehrten Verpflichtung von SeniorInnen zu Solidaritätsleistungen (RU, H, I) oder c) die Ausbalancierung der geschlechtsdifferenzierten Arbeitsmärkte respektive die Immigrationspolitik nur vereinzelt als politische Option genannt.

Die erörterten Befunde aus der Delphi-Studie lassen sich dahingehend zusammenfassen, dass die Flexibilisierungspolitik für SeniorInnen in der Mehrzahl der Länder mit einer Mischung aus systemintegrativen (Entschärfung der Rentenfinanzierung), sozialintegrativen und individualisierenden Motiven (Aktivierung) begründet wird. Im nachstehenden Ternary plot (Grafik 1) zeigt sich dies in der vergleichsweise großen Schnittfläche zwischen den drei Dimensionen. Die qualitativen Daten der Delphi-Studien zeigen weiter, dass in stärker modernisierten Ländern (z.B. SF) individuelle Motive stärker gewichtet werden. Ferner wird in Ländern mit einer flexiblen Verren-

*Flexibilisierung und Politik* 157

tung (z.B. B, NL) die systemintegrative Wirkung einer nachhaltigen Sicherung der Rentenfinanzierung stärker betont. In den katholisch geprägten Ländern wurde hingegen das Motiv der zivilgesellschaftlichen Integration häufiger genannt (RU, H, I, LIT, CH).

Grafik 1: *Motive für Flexibilisierungsmaßnahmen (länderspezifische Prioritäten)*

Flexibilisierungpolitik für SeniorInnen     Flexibilisierungspolitik und Familie

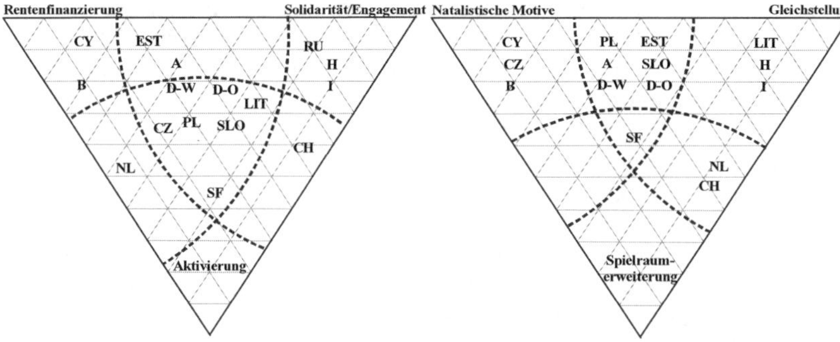

| Rentenfinanzierung | Solidarität/Engagement | Natalistische Motive | Gleichstellung |
|---|---|---|---|
| CY, EST, A, B, D-W, D-O, LIT, CZ, PL, SLO, NL, SF | RU, H, I, CH | CY, CZ, B, PL, A, D-W, D-O, SF, NL | EST, SLO, LIT, H, I, NL, CH |
| Aktivierung | | Spielraumerweiterung | |

Datenbasis: Delphi (2001-2003), eigene Berechnungen. A: Österreich, B: Belgien (Flandern), CH: Schweiz, CY: Zypern, CZ: Tschechische Republik, D-O, D-W: Ost-, Westdeutschland, EST: Estland, H: Ungarn, I: Italien, LIT: Litauen, NL: Niederlande, PL: Polen, RU: Rumänien, SF: Finnland, SLO: Slowenien.

## 4.2 Flexibilisierungspolitik und Belastungen von Familien

Im Westen verliehen die Bildungsexpansion und die steigende Erwerbspartizipation von Frauen dem Thema der gleichstellungsorientierten Familienpolitik seit den 1950er Jahren einen kontinuierlichen Auftrieb, und im Osten stimulierte die mit dem polit-ökonomischen Systemwechsel einhergehende Polarisierung (d.h. Exklusion und ‚Verhausfrauisierung' vs. erzwungene duale Erwerbskarrieren bei Paaren) des Erwerbsverhaltens die Flexibilisierungsdebatte. Die Befunde der Delphi-Studie zeigen deutlich, dass eine vermehrte Integration von Frauen und Müttern, wie sie beispielsweise in den Lissabon-Kriterien für verbindlich erklärt wurden, mit der Frage der Flexibilisierung verknüpft ist (vgl. Grafik 1, rechts). Entsprechend vermengen sich wiederum öffentliche und private Interessen. In zwölf von 15 Ländern werden flexibilisierungspolitische Instrumente für Paare und Familien als Beitrag zur Sozialintegration (Gleichstellungsmotiv) gedeutet. In zehn Ländern beobachten wir eine Verknüpfung entsprechender Anstrengungen mit systemintegrativen Motiven, wobei sich die Experten von der Flexibilisierung eine Erhöhung der

Geburtenziffern erhoffen. Das Motiv einer Ausweitung individueller Handlungsspielräume wird öfter in den stärker modernisierten Ländern ins Feld geführt, sei es als gleichrangiges Element neben den beiden anderen Motiven wie in Finnland oder in der Koppelung mit dem natalistischen Motiv (B, A, D-W) respektive dem Gleichstellungsargument (NL, CH).

Betrachtet man die Präferenzen für spezifische flexibilisierungspolitische Instrumente, stellt man fest, dass in der Mehrzahl der strukturschwachen (ost-) europäischen Länder (CS, PL, SLO, H, LIT, CY, D-O sowie I) vor allem die Förderung von Teilzeitstellen begünstigt wird, während die westlichen Länder umfassender für eine Reduktion der Familienlasten und vor allem für eine Flexibilisierung der Erwerbsmuster von Männern plädieren (A, B, D-W, SF, NL, CH). Vereinzelt wird auch die ‚Telematisierung' (CS, SLO) als Flexibilisierungsstrategie genannt.

Die Bewertung von Flexibilisierungspolitiken, die entweder an SeniorInnen oder aber an Familien adressiert sind, weisen bezüglich der Positionierung der einzelnen Länder ausgeprägte Parallelen auf, wobei die Gewichtung der einzelnen Motive mit einschlägigen regimetypologischen Untersuchungen recht gut übereinstimmt (Fux 2007). Während bezüglich der Flexibilisierung im höheren Alter in der überwiegenden Zahl der untersuchten Länder system- und sozialintegrative sowie individualisierende Motive kombiniert werden, stellen wir bei der Flexibilisierung in der Familienphase eine stärkere Polarisierung fest. In diesem Sinne muss die Isomorphie-Hypothese relativiert werden. Bestätigt werden kann weiter, dass in beiden Politikfeldern die stärker modernisierten Länder die systemintegrativen und vor allem auch individualisierende Flexibilisierungsmaßnahmen stärker gewichten.

## 4.3 Beurteilung und potentielle Auswirkungen einer flexibilisierungsorientierten Familienpolitik

Wir konzentrieren uns im Folgenden auf die Bewertung der flexibilisierungsorientierten Familienpolitik durch die betroffene Bevölkerung selber (anhand der IPPAS Datensätze) und prüfen zunächst die Frage, ob Flexibilisierung überhaupt in die Verantwortlichkeit des Staates gestellt wird. Unter neun vorgegebenen Politikfeldern gehören übereinstimmend in allen Ländern 1) die Gesundheitsversorgung, 2) die Bereitstellung von Arbeitsplätzen für junge Menschen sowie 3) die Pflege von älteren Menschen zu den Kerngeschäften des Staates. Auf den folgenden Rängen divergieren die Einschätzungen stärker. In den strukturschwächeren Ländern werden auf den folgenden Rängen die Schaffung von angemessenem Wohnraum und die Erleichterung der Frauenerwerbsbeteiligung genannt, während in den westeuropäischen Ländern die Harmonisierungspolitik als öffentliche Aufgabe eingestuft wird. Die Anteile der Befragten, welche den Staat „in hohem Maße verantwortlich" für die drei

*Flexibilisierung und Politik* 159

Aspekte der Flexibilisierung (Frauenerwerbsbeteiligung, Beruf-Familie Harmonisierung bei Frauen respektive bei Männern, vgl. Grafik 2) machen, weisen eine große Streuung auf. Die schwächste Zustimmung beobachtet man in den Niederlanden, Slowenien und Finnland, wo zwischen fünf und zehn Prozent der Befragten den Staat umfassend in die Pflicht nehmen respektive rund ein Drittel der Bevölkerung zu Protokoll gibt, der Staat sei „eher verantwortlich". Auf dem Gegenpol finden wir Ost- und Westdeutschland, Rumänien und Belgien. Dort hält zwischen einem Drittel und rund der Hälfte der Bevölkerung den Staat als „in hohem Maße verantwortlich", respektive für mehr als zwei Drittel der Personen ist er mitverantwortlicher Agent. Im Mittelfeld rangieren Litauen, Ungarn, Zypern, Tschechien und Polen.

Damit zeigen sich zwei deutliche Demarkationen: zum einen jene zwischen Ost und West (Fortschrittsdimension), und im Westen zusätzlich zwischen den konservativen (D-W und B) und den stärker modernisierten Ländern (SF, NL).

Grafik 2: *Bewertung der Rolle des Staates bezüglich Flexibilisierung (Prozentanteil: „Der Staat ist verantwortlich für ...")*

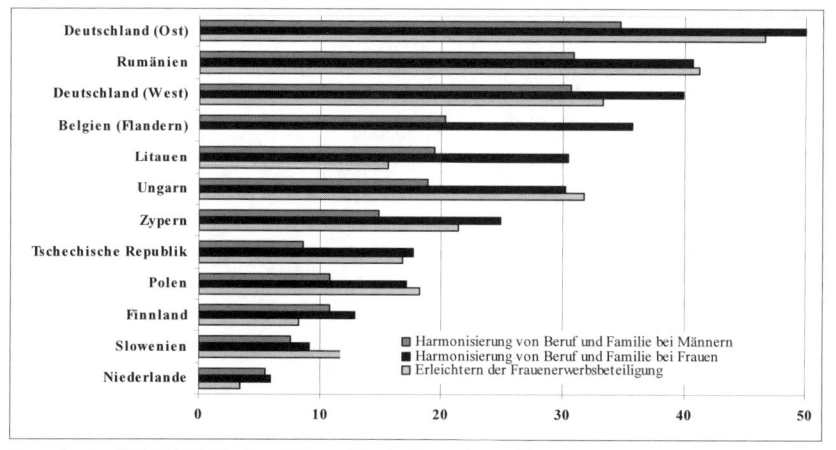

Datenbasis: IPPAS 2005. Gewichtete Ergebnisse, eigene Berechnungen.

Unabhängig davon, welches Intensitätsmaß verwendet wird („in hohem Maße" vs. „eher verantwortlich"), bleibt die Randordnung der Länder weitestgehend gleich. Markante Unterschiede bestehen bezüglich von zwei Aspekten, nämlich ob der Staat vor allem die Erwerbsintegration von Frauen erleichtern solle sowie ob er bezüglich der Harmonisierung von Beruf und Familie geschlechtsspezifisch oder -neutral (bei Frauen und bei Männern) vorgehen soll.

In den osteuropäischen Ländern (mit Ausnahme von Litauen) kann entweder ein Überhang bei der Bewertung der staatlichen Verantwortlichkeit ("in hohem Maße verantwortlich") für die Förderung der Frauenerwerbspartizipation im Vergleich mit der Harmonisierung (RU, H, PL, SLO) oder eine annähernd gleichwertige Beurteilung der beiden Aspekte (CS, D-O, CY,) beobachtet werden. Demgegenüber wird in den stärker modernisierten westeuropäischen Ländern (D-W, [B], SF, NL) die Harmonisierung häufiger als Betätigungsfeld des Staates gesehen.

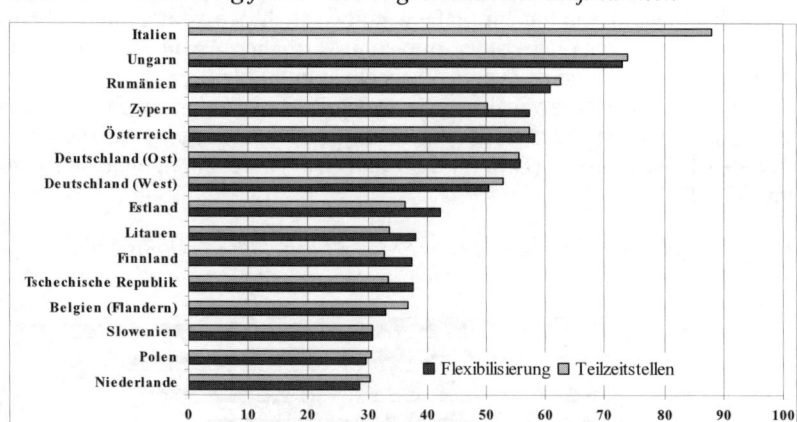

Grafik 3: *Bewertung flexibilisierungsorientierter Maßnahmen*

Datenbasis: IPPAS 2005, Anteil „in hohem Maße verantwortlich". Eigene Berechnungen, gewichtete Ergebnisse (Items zur Flexibilisierung wurden in Italien nicht erfasst).

Die westeuropäischen Länder spalten sich auf in die konservativen, in denen Harmonisierungsbemühungen vor allem bei den Frauen ansetzen sollen (D-W, B), und die moderneren Länder (SF, NL), in denen sowohl eine Harmonisierungspolitik für Frauen wie auch für Männer gewünscht wird.

In eine ähnliche Richtung weisen auch die Ergebnisse, wenn nicht die Verantwortlichkeit des Staates, sondern der *Bedarf nach einzelnen Maßnahmen* untersucht wird (Grafik 3 und 4)[1]. Zwischen den beiden Analysedimensionen besteht eine positive Korrelation von r=.60, wobei tendenziell Ungarn und Zypern als Ausreißer mit überproportional hoher Zustimmung beim Wunsch nach Flexibilisierungsmaßnahmen gelten können.

Die Zustimmung („sehr dafür") zur Flexibilisierung sowie zur Schaffung von Teilzeitstellen für Eltern variiert zwischen 30 und 88 Prozent (Teilzeitstellen, I) bei Mittelwerten um 44 Prozent. Starke Zustimmung erfahren die Maßnahmen in I, H, RU, CY, A, D-O und D-W, während die Anteile in den

---

1 „Sind Sie dafür, dass die Maßnahme x eingeführt wird" mit fünf Antwortstufen: starke Zustimmung bis starke Ablehnung (siehe hierzu auch die Fußnote zu Grafik 4).

*Flexibilisierung und Politik* 161

übrigen westeuropäischen (NL, B, SF) und einigen osteuropäischen Ländern (PL, SLO, CS, LIT, EST) kleiner ausfallen. In EST, LIT, SF, CS und CY werden darüber hinaus Flexibilisierungsmaßnahmen für dringlicher eingeschätzt als Teilzeitstellen.

Grafik 4: *Flexibilisierungsorientierte Maßnahmen im Kontext der Familienpolitik (Prozentanteil zustimmender Antworten)*

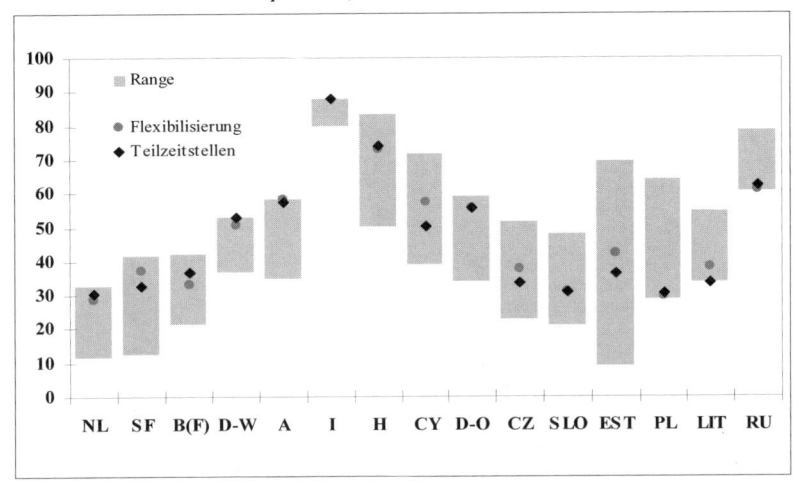

Datenbasis: IPPAS 2005, gewichtete Ergebnisse, eigene Berechnungen. Unter Spannweite (Range) verstehen wir die Streuung zustimmender Antworten bei allen Items dieser Batterie, also: a) Bessere Regelungen zum Mutterschaftsurlaub, b) Niedrigere Lohn- und Einkommenssteuern für Eltern minderjähriger Kinder, c) Bessere Möglichkeiten zur Betreuung von Kindern bis drei Jahren, d) Bessere Möglichkeiten zur Betreuung von Kindern ab drei Jahren bis zum Schulalter, e) Einkommensabhängige Zuschüsse für Familien mit Kindern, f) Finanzielle Zuschüsse bei der Geburt eines Kindes, g) Finanzielle Unterstützung für Mütter oder Väter, die sich um ihre Kleinkinder kümmern möchten, h) Erhöhung des Kindergeldes auf 250 Euro pro Kind und Monat, i) Betreuungseinrichtungen für Kinder im Schulalter, j) Flexible Arbeitszeiten für berufstätige Eltern, k) Teilzeitarbeitsmöglichkeiten für Eltern, l) Eine starke Verringerung der Ausbildungskosten, m) Verbesserung der Wohnsituation für Familien mit Kindern.

Ein zentraler Unterschied in der Bewertung der beiden politischen Maßnahmen wird in Grafik 4 ersichtlich, wo die Spannweite und die relative Position von Flexibilisierung und Teilzeitjobs dargestellt sind. Unabhängig vom Zustimmungsgrad rangieren in allen westeuropäischen Ländern beide Instrumente an den obersten Positionen, während sie in den strukturschwächeren Ländern von anderen Maßnahmen übertroffen werden. Anders ausgedrückt: Insbesondere in den stärker modernisierten Ländern wird Flexibilisierungsanstrengungen höchste Priorität beigemessen.

Ein weiterer signifikanter Unterschied in der Beurteilung der flexibilisierungsorientierten Familienpolitik tritt zutage, wenn die Ausbauwünsche nach Geschlecht und Elternschaft differenziert werden (Grafik 5 und 6). Zwar kann beobachtet werden, dass in allen Ländern durchgängig Mütter häufiger als Frauen und diese wiederum häufiger als Männer einen Bedarf nach Flexibilisierungsmaßnahmen und Teilzeitstellen anmelden. Einzig in Slowenien sind die ermittelten Anteile bei den Frauen geringfügig höher als jene der Mütter.

Grafik 5: *Bewertung der Förderung von Flexibilisierungsmaßnahmen nach Geschlecht und Elternschaft (Anteil starke Zustimmung)*

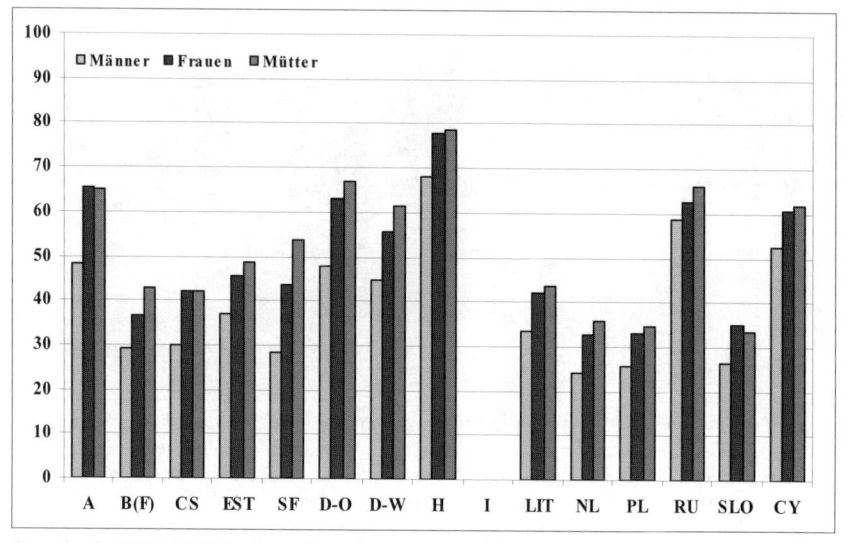

Datenbasis: IPPAS 2005, eigene Berechnungen, gewichtete Ergebnisse.

Das Ausmaß der geschlechts- und elternschaftsspezifischen Differenzen variiert indes in einigen Ländern beträchtlich. Stark ausgeprägt sind die Unterschiede zwischen den am stärksten von den Instrumenten Betroffenen Müttern und der männlichen Bevölkerung in Finnland, gefolgt von Deutschland, Belgien und Österreich. Sowohl bezüglich des Ausmaßes wie auch der Reihenfolge der Länder gilt dies für Flexibilisierungsmaßnahmen und die Schaffung von Teilzeitstellen gleichermaßen. Zwei Argumente lassen sich hinsichtlich einer Erklärung dieses Befundes ins Feld führen: In erster Linie dürfte der potentielle Nutzen, insbesondere in Richtung einer Erweiterung der persönlichen Handlungsspielräume für Frauen und vor allem für Mütter, markant größer sein. Anders ausgedrückt: Gruppenegoistische Interessen dürften einen Effekt zeigen, insbesondere dann, wenn fundamentalere Bedürfnisse durch einschlägige Politiken bereits abgedeckt sind, was für sämtliche westeuropäi-

*Flexibilisierung und Politik* 163

sche Länder zutrifft. Ausnahmen wären demzufolge die Niederlande und Italien, wo die Differenzen schwächer sind. Für Finnland kann darüber hinaus in Rechnung gestellt werden, dass dieses Land traditionell eine Vollzeiterwerbsbeteiligung der Frauen kennt, was sich in einer strukturkonservativen Bewertung von flexiblen und Teilzeitbeschäftigungen bei Männern niederschlägt.

Grafik 6: *Bewertung der Förderung von Teilzeitbeschäftigungen nach Geschlecht und Elternschaft (Anteil starke Zustimmung)*

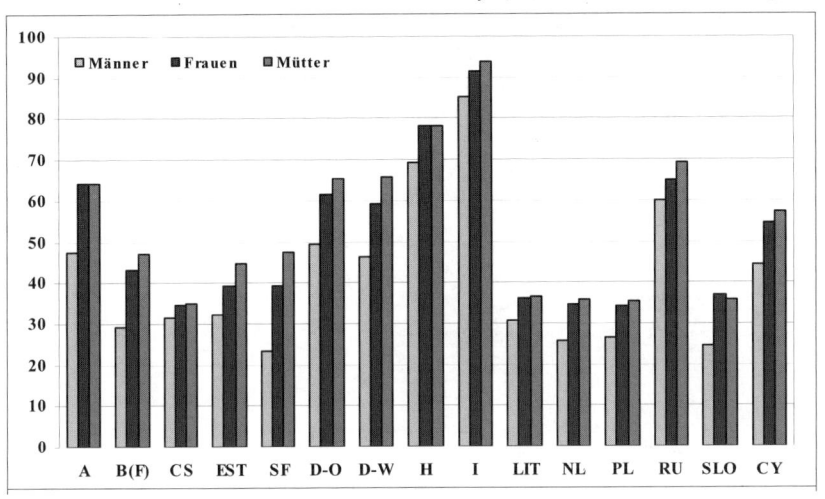

Datenbasis: IPPAS 2005, eigene Berechnungen, gewichtete Ergebnisse.

Fasst man die Befunde zur Bewertung der Rolle des Staates im Feld der flexibilisierungsorientierten Familienpolitik sowie die Evaluation der Bedürfnisse zusammen, lässt sich festhalten, dass die diesbezüglichen Hypothesen durch die Daten gestützt werden. So lässt sich belegen, dass die stärker modernisierten Länder Maßnahmen zur Harmonisierung von Beruf und Familie, die sich an Männer richten, häufiger nennen (H3), weiter, dass das Gleichstellungsmotiv in dieser Ländergruppe höher bewertet wird (H4). Die Ergebnisse zeigen sodann, dass in den strukturschwächeren Ländern die Erwerbsintegration von Frauen über die Schaffung von Teilzeitjobs im Vergleich zur Flexibilisierung bevorzugt wird (H5). Zudem kann hier die differenzielle Nutzenevaluation, die sich in ausgeprägten geschlechts- und elternschaftsspezifischen Unterschieden äußert (H6), bestätigt werden.

Im folgenden Analyseschritt wenden wir uns *potenziellen Auswirkungen einer flexibilisierungsorientierten Familienpolitik* zu. Zwei Effekte stehen dabei im Zentrum des Interesses: 1) natalistische Wirkungen und 2) die Reduktion strukturell erzwungener Formen der Rollenteilung zwischen Partnern.

Die Begründung von Flexibilisierungsmaßnahmen als *Mittel zur Stimulierung der Geburtenrate* ist ein geläufiges Argument im politischen Diskurs. Die IPPAS-Daten erlauben eine differenzierte Analyse des Sachverhalts, weil zum einen verschiedene mögliche Wirkungsweisen explizit erfragt wurden:

1) belastungsreduzierende Effekte („Die Einführung der gewünschten Maßnahmen erleichtert die Realisierung des persönlichen Kinderwunsches"),
2) Timing-Effekte („Diese würden es mir ermöglichen, mein erstes/nächstes Kind früher zu bekommen"),
3) die Überprüfung bisheriger reproduktiver Entscheide („Ich würde es mir noch einmal überlegen, ob ich nicht doch ein (weiteres) Kind möchte") und
4) die Wahrscheinlichkeit von Verhaltensmodifikationen („Ich würde mich wahrscheinlich für ein (weiteres) Kind entscheiden").

Grafik 7: *Antizipierte Wirkungsweisen der gewünschten Politik auf das reproduktive Verhalten (Prozentanteile)*

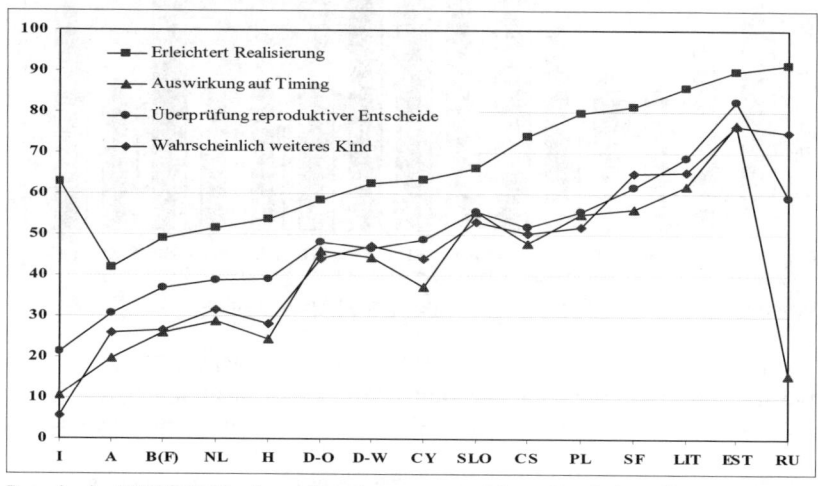

Datenbasis: IPPAS 2005, eigene Berechnungen, gewichtete Ergebnisse. Frage: „Wenn die Maßnahmen, die Sie für wünschenswert halten, eingeführt würden, hätte das Folgen für Ihr eigenes Leben?".

Zum anderen lässt sich mit den vorliegenden Daten sowohl die hypothetische Gesamtfertilität als auch die konditionale hypothetische Gesamtfertilität berechnen. Unter der hypothetischen Gesamtfertilität verstehen wir die realisierten plus intendierten Geburten, welche unter Verweis auf Fishbein und Ajzen (1975) als guter Prädiktor des tatsächlichen Verhaltens gelten können. Die konditionale hypothetische Gesamtfertilität meint hingegen die Gesamtzahl der Kinder unter der Bedingung, dass die gewünschten Maßnahmen tatsächlich realisiert würden.

*Flexibilisierung und Politik* 165

Betrachtet man die antizipierten Effekte (Grafik 7), wie sie von den Befragten zu Protokoll gegeben wurden, zeigt sich bei allen vier Wirkungsweisen ein deutlicher West-Ost-Gradient. In den westeuropäischen Ländern vermutet rund ein Drittel der Befragten Auswirkungen auf die Fertilität. In den osteuropäischen Ländern sind es mehr als zwei von drei Personen. Ein Ausreißer stellt Finnland dar, wo ebenfalls rund 60 Prozent der Bevölkerung positive Folgen für die Geburtenziffer erwarten. Der Anteil zustimmender Antworten auf das Item: „die Implementierung der gewünschten Politik würde die Realisierung der geplanten Kinder erleichtern" liegt in allen Ländern jeweils etwa 20 Prozentpunkte höher. Die drei anderen Fragen weisen vergleichbare Proportionen auf.

Grafik 8: *Erwarteter Effekt familienpolitischer Steuerung auf die intendierte und konditionale Fertilität*

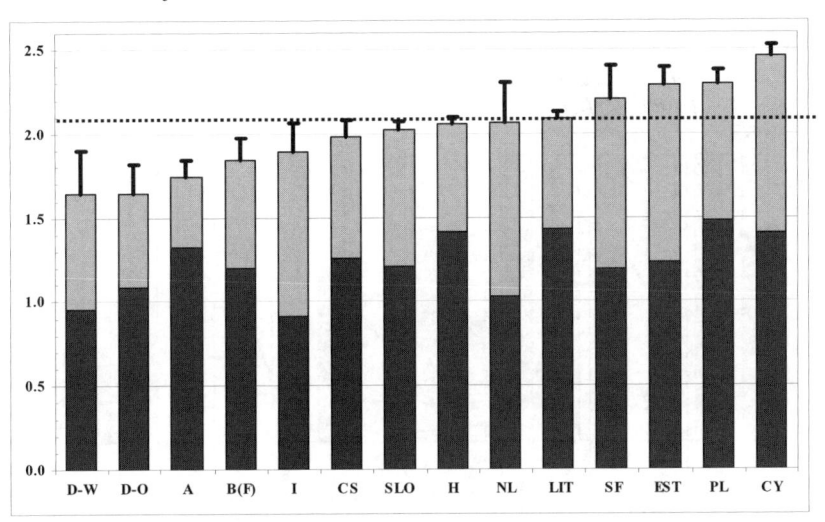

Datenbasis: IPPAS 2005, eigene Berechnungen, gewichtete Ergebnisse. Für die Länder wurde die hypothetische Gesamtfertilität (realisierte plus intendierte Geburten) zur konditionalen hypothetischen Gesamtfertilität (unter der Bedingung, dass die gewünschten Maßnahmen eingeführt würden) in Beziehung gesetzt. Unterer Bereich der Säule = bereits realisierte Geburten, oberer Teil der Säule = intendierte Geburten, Antenne = familienpolitischer Effekt, gesamte Länge = konditionale hypothetische Gesamtfertilität.

In Grafik 8 werden die realisierten Kinder und die intendierten weiteren Geburten als Säulen wieder gegeben. Die Ergebnisse sind durchgängig etwas höher als in der amtlichen Statistik, wobei die Rangfolge der Länder den Geburtenziffern öffentlicher Quellen entspricht. Die Implementierung der gewünschten Familienpolitik führt in allen Ländern zu einer Erhöhung der konditionalen hypothetischen Gesamtfertilität. Gleichwohl ist festzuhalten, dass sich die Bruttozunahme dieser Geburtenziffer im Schnitt aller Länder auf 6.5 Prozent beläuft. Überdurchschnittliche Zuwächse weisen D-W, NL und SF auf, von denen die ersten beiden Länder bei der direkten Frage zu den eher skeptischen gehören. Nur in fünf Ländern würde gemäß dieser Kalkulation das Niveau der Bestandserhaltung (TFR = 2.1) erreicht werden.

Wir stufen diese Modellrechnung natalistischer Effekte insgesamt als eher optimistisch ein, weil es sich beispielsweise bei einem Teil der intendierten zusätzlichen Kinder eher um vorgezogene Geburten handeln dürfte, und weil ferner vermutet werden kann, dass situationsabhängige Faktoren (z.B. Scheidungen, Gesundheitsprobleme) deren Zahl zusätzlich verringern dürfte. Selbst wenn mit allfälligen Mitnahmeeffekten gerechnet wird, die sich jedoch nicht beziffern lassen, folgern wir, dass der geburtenstimulierende Effekt der Familienpolitik relativ bescheiden ausfällt.

Grafik 9: *Auswirkung der flexibilisierungsorientierten Familienpolitik auf die Arbeitsteilung von Paaren (Diskrepanz zwischen praktiziertem und präferiertem Modell)*

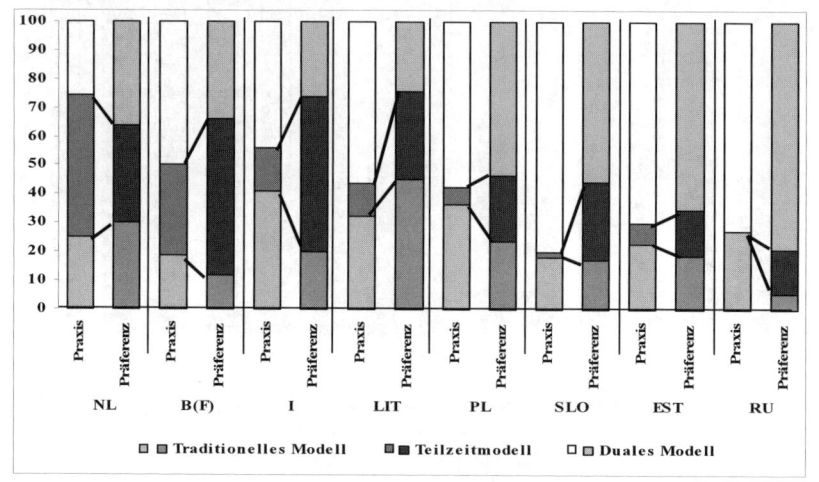

Datenbasis: IPPAS 2005, eigene Berechnungen, gewichtete Ergebnisse.

Vergleicht man die möglichen Effekte in einem zweiten Bereich, nämlich der Arbeitsteilung bei Paaren (vgl. Grafik 9), dann beobachten wir Differenzen, die sich im Durchschnitt aller Länder auf rund 19 Prozent belaufen[2]. Mit Aus-

---

2 Bei diesen Vergleichen verfügen wir nicht über gleichermaßen differenzierte Daten und gehen deshalb von den Differenzen zwischen dem praktizierten Modell und den entsprechenden Präferenzen aus.

*Flexibilisierung und Politik* 167

nahme der Niederlande genießt das Teilzeitmodell in allen Ländern eine hohe Akzeptanz. Ein beträchtlicher Anteil der Paare, die aktuell entweder eine traditionelle Rollenteilung oder ein duales Modell leben, will entsprechend sein Arrangement verändern. Hieraus lässt sich schließen, dass eine wichtige Funktion der flexibilisierungsorientierten Familienpolitik in der Reduktion von Belastungen zu suchen ist, mit denen Paare in ihrem Alltag konfrontiert sind.

Grafik 10: *Priorität der Implementierung von Maßnahmen zur Flexibilisierung sowie Förderung von Teilzeitstellen*

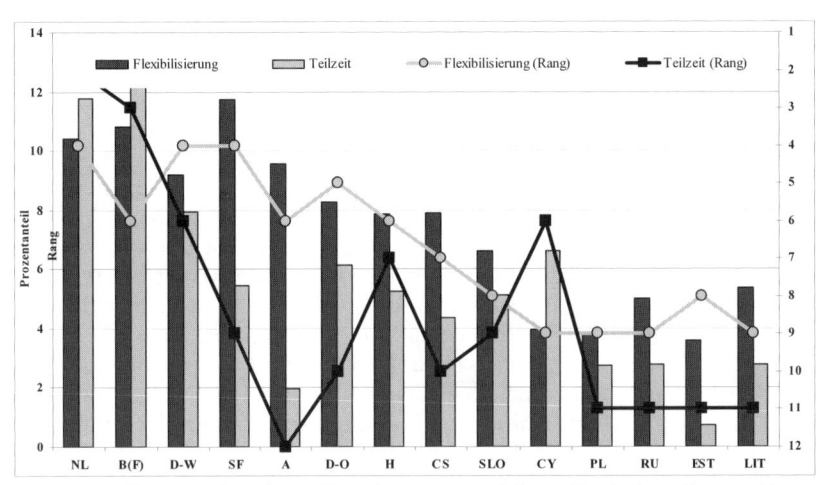

Datenbasis: IPPAS 2005, eigene Berechnungen, gewichtete Ergebnisse. Frage: „Nennen Sie die Maßnahmen, die an erster oder zweiter Priorität von der Regierung realisiert werden sollten".

Eine solche entlastende Funktionsweise dürfte sowohl mit einer Erweiterung der individuellen Handlungsspielräume assoziiert sein als auch die Sozialintegration von Paaren und Familien begünstigen. Mit anderen Worten: Es kann postuliert werden, dass Flexibilisierungsmaßnahmen zwar demographisch relativ wirkungsarm bleiben, dass sie jedoch gleichwohl als Pushfaktor für den Prozess der Modernisierung gehalten werden. Ein solch weit reichender Wirkungszusammenhang lässt sich mit den verwendeten Daten zwar nicht detailliert prüfen. Jedoch zeigen die Prioritäten, die von den Befragten bezüglich des weiteren Ausbaus der Familienpolitik geäußert werden (vgl. Grafik 10), dass diese Form der Flexibilisierung eine hohe Wertschätzung genießt.

Die Förderung von Teilzeitstellen wird im Westen heterogen beurteilt. In Ländern mit hohen Teilzeitquoten (B, NL) erreicht dieses Instrument höchste Prioritätsränge, während in solchen mit einer tiefen Teilzeitquote (A, SF) anderen Strategien der Vorrang gegeben wird. Demgegenüber wird der Flexibilisierung, welche den Interessen von Familien entgegenkommt, in allen modernisierten Ländern nach den fiskalpolitischen Erleichterungen und finanziellen Beihilfen (Elterngeld, Kinderzulagen) die größte Dringlichkeit zuerkannt. Auch in den wirtschaftlich stärkeren osteuropäischen Ländern (D-O, H, CS, SLO) genießt die Flexibilisierung eine relativ hohe Priorität.

## 5  Fazit

Wir haben in diesem Beitrag sowohl anhand von qualitativen wie auch quantitativen Daten dokumentiert, dass die gesellschaftliche Bewertung von flexibilisierungsorientierten Sozialpolitiken vor dem Hintergrund eines komplexen Motivationsgefüges erörtert werden kann. Die insgesamt konsistenten Befunde stützen unsere Hypothesen und belegen einerseits, dass sowohl die politischen Akteure wie auch die Bevölkerung die Ambivalenzen erkennen, welche mit der Flexibilisierung einhergehen (z.B. Risiko der Prekarisierung). Andererseits meinen wir mit unseren Auswertungen zeigen zu können, dass die sozialintegrativen und individualisierenden Motive, welche mit der flexiblen Ausgestaltung des Erwerbslebens ebenso assoziiert sind, insgesamt für zugkräftiger gehalten werden. Mit anderen Worten: Sowohl in späteren Lebensabschnitten (Verrentung) als auch in der Familienphase erfährt eine Sozialpolitik, welche zur Erweiterung der individuellen und familialen Handlungsspielräume beiträgt, eine hohe Wertschätzung. Selbst wenn der direkte instrumentelle Nutzen dieser Form politischer Steuerung (z.B. natalistischer Effekt) eher gering ist, wird dies durch indirekte Effekte (z.B. Begünstigung der Gleichstellung und individuellen Selbstbestimmung) aufgewogen.

## Literatur

Avramov, D./Maskova, M. (2003): Active Ageing in Europe. Straßburg: Europarat.
Avramov, D./Cliquet, R. (2005): International Population Policy Acceptance Survey (IPPAS) Codebook. Bruxelles (www.bib-demographie.de/ppa/Main.htm).
Avramov, D./Cliquet, R. (2007): From Population Policy Acceptance Surveys to the International Database. In: Höhn et al. (Bd. 1), 19-46.
Cliquet, R.L./Deven, F./Corijn, M./Callens, M./Lodewijckx, E. (1992): The 1991 Fertility and Family Survey in Flanders – Framework and Questionnaire. CBGS Werkdocumenten, 82. Brussels: CBGS.
Esser, H. (2000): Soziologie – Spezielle Grundlagen. Band 2: Die Konstruktion der Gesellschaft. Frankfurt/Main, New York: Campus.

Fishbein, M./Ajzen, I. (1975): Belief, Attitude, Intention and Behavior: An Introduction to Theory and Research. Massachusetts u.a.: Addison-Wesley.

Fux, B. (1994): Der familienpolitische Diskurs – Eine theoretische und empirische Analyse über das Zusammenwirken und den Wandel von Familienpolitik, Fertilität und Familie. Berlin: Duncker & Humblot.

Fux, B./Bösch, A./Gisler, P./Bau, D. (1997): Bevölkerung – und eine Prise Politik. Die schweizerische Migrations-, Familien- und Alterspolitik im Fadenkreuz von Einstellungen und Bewertungen. Zürich: Seismo.

Fux, B. (2002): Which Models of the Family are En- or Discouraged by Different Family Policies? In: Kaufmann, F.-X./Kuijsten, A./Schulze, H.-J./Strohmeier, K.P. (Hrsg.), Family Life and Family Policies in Europe, II: Problems and Issues in Comparative Perspective. Oxford: Clarendon Press, 363-418.

Fux, B. (2007): Pathways of Welfare and Population Related Policies: Towards a Multidimensional Typology of Welfare State Regimes in Eastern and Western Europe. In: Höhn et al. (Bd. 1), 61-96.

Giddens, A. (1992): Die Konstitution der Gesellschaft: Grundzüge einer Theorie der Strukturierung. Frankfurt/Main: Suhrkamp.

Habermas, J. (1981): Theorie des kommunikativen Handelns. Frankfurt/Main: Suhrkamp.

Höhn, C./Avramov, D./Kotovska, I. (Hrsg.) (2007): People, Population Change and Policies: Lessons from the Population Policy Acceptance Study, 1/2. Berlin: Springer.

Keller, B./Seifert, H. (2000): Flexicurity – Das Konzept für mehr soziale Sicherheit flexibler Beschäftigung. In: WSI-Mitteilungen, 5: 291-300.

Lockwood, D. (1964): Social Integration and System Integration. In: Zollschan, G.K./ Hirsch, W. (Hrsg.), Explorations in Social Change. London: Routledge and Kegan, 244-257.

Lockwood, D. (1999): Civic Integration and Social Cohesion. In: Gough, I./Olofsson, G. (Hrsg.), Capitalism and Social Cohesion. Houndmills: Macmillan, 63-84.

Palomba, R./Menniti, A./Misiti, M./Dell'Anno, P./Forcellini, A./Tintori, A. (2005): Comparative Delphi Report – Summary Policy Implications of Delphi Study. IRPPS Working Paper 01/05. Rom.

Palomba, R./Dell'Anno, P. (2007): 2030: Another Europe? Results from the Policy Delphy Study. In: Höhn et al. (Bd. 2), 101-118.

Seifert H. (Hrsg.) (2005): Flexible Zeiten in der Arbeitswelt. Frankfurt/Main, New York: Campus.

Sennett, R. (1998): Der flexible Mensch – Die Kultur des neuen Kapitalismus. Berlin: Berlin Verlag.

OECD (1998): Employment Outlook – Towards an Employment-Centred Social Policy. Paris: OECD.

OECD (1999): Employment Outlook. Paris: OECD.

Vogelgesang, J. (2003): Medienentwicklung, Mediennutzung und soziale Integration in den neuen Bundesländern. SoFid Kommunikationsforschung, 2: 8-26.

WHO (2002): Active Ageing – A Policy Framework. UN-World Assembly on Ageing. Madrid: WHO.

# The Proof of the Pudding is in the Eating: Was heißt ‚Familienfreundlichkeit' von Personalpolitik?

Anne Goedicke, Hanns-Georg Brose

## 1 Einleitung: Zwei Szenarien und neue Fragen

Private Lebensformen beruhen auf bestimmten Formen des Arbeitens und Wirtschaftens, und verändern sich mit ihnen. Seit geraumer Zeit wird über die Flexibilisierung von Beschäftigungsverhältnissen in Deutschland und mögliche Folgen dieser Entwicklung für Erwerbspersonen diskutiert (für die neuere Debatte u.a. Keller/Seifert 2000, Sauer/Kratzer 2004, Struck/Köhler 2004, Kronauer/Linne 2005, Seifert 2005). Das Ausmaß und die Pfade der Erosion von ‚Normalarbeitsverhältnissen' im deutschen Beschäftigungssystem bleiben umstritten, doch unzweifelhaft vollziehen sich Veränderungen der Arbeitsnachfrage, deren Auswirkungen auch jenseits von Aspekten der Beschäftigungsbeziehung (wie Arbeitsplatzsicherheit, Beschäftigungsqualität und Karrieremuster), in der privaten Lebenssituation, spürbar werden. Veränderte Bedingungen von Erwerbsarbeit setzen insbesondere neue Prämissen für die individuellen Wünsche und Möglichkeiten, Partnerschaften einzugehen, Familien zu gründen und Kinder zu erziehen. Und sie setzen neue Prämissen für die Erwerbsbeteiligung von Frauen und Männern, die bereits in Partnerschaften und Familien leben, denn Entscheidungen darüber werden im Laufe des Lebens immer wieder neu getroffen (Moen/Wethington 1992).

Kinder bekommen und mit ihnen zusammenleben zu wollen, ist in Deutschland wie in vielen anderen westlichen Ländern seit längerem keine unhinterfragte biografische Normalität mehr. Der Anteil kinderloser Frauen stieg in der Bundesrepublik von der Geburtskohorte 1950 zu der von 1960 von 15 auf 26 Prozent (BMFSFJ 2005: 37). Ein im internationalen Vergleich hoher Anteil junger Menschen möchte kinderlos bleiben, junge Männer noch deutlich häufiger als junge Frauen (ebd.: 113, Höhn et al. 2006: 20). Dies ist unter anderem Ausdruck dafür, dass sich die Frage nach der Vereinbarkeit von Beruf und Familie für beide Geschlechter unabweisbarer und zugespitzter als in der Vergangenheit stellt. Eingeübte, durch wohlfahrtsstaatliche Regelungen und überbetriebliche Institutionen abgestützte Familienmodelle und Lösungen des Vereinbarkeitsproblems – etwa das männliche Alleinverdienermodell oder die Kombination von Vollzeitarbeit des Mannes mit vormittäglicher Teilzeitarbeit der Ehefrau – sind zunehmend weniger praktikabel.

Sie geraten in Konflikt mit den Ansprüchen von Frauen auf qualifikationsadäquate Beschäftigung, mit tatsächlichen oder einkalkulierten Instabilitäten von Partnerschaften und mit Unwägbarkeiten der gemeinsamen Lebensplanung. Die Option der Versorgerehe ist aber auch durch ein knapper werdendes Angebot an Arbeitsplätzen beeinträchtigt, die auf lange Sicht einen auskömmlichen Familienlohn und stabile Berufskarrieren versprechen. Probleme der Herstellung berufsbiografischer Sicherheiten haben, über die bekannten Schwierigkeiten von Berufseinsteigern oder Niedrigqualifizierten hinaus, längst gut qualifizierte Arbeitnehmer in den Kernbereichen der Wirtschaft und Verwaltung erreicht, insbesondere in den jüngeren Geburtsjahrgängen (Hillmert/Mayer 2004, BMFSFJ 2005: 139). Dazu trägt nicht nur die allmähliche Zunahme atypischer Beschäftigungsverhältnisse bei, sondern auch die vielerorts veränderte Qualität von ‚Normalarbeit' unter Bedingungen flexibilisierter Arbeitskräftenachfrage in den Betrieben (vgl. Mayer-Ahuja 2006).

Diese makrosoziologischen Phänomene verweisen auf die betriebliche Verfasstheit von Erwerbsarbeit. Sie werfen die Frage auf, ob Erwerbsarbeit unter Bedingungen stattfindet, die es ermöglichen, sich auf langfristige private Bindungen und Fürsorgebeziehungen einzulassen. Also: Wie ‚familienfreundlich' sind Beschäftigungsverhältnisse in Deutschland, und welche Trends lassen sich feststellen? Vorliegende Befunde verleihen zwei sehr unterschiedlichen Szenarien Plausibilität:

Ein *optimistisches Szenario* geht davon aus, dass die bundesdeutsche Arbeitswelt wohl noch nicht flächendeckend unterstützend für Familien wirkt, sich aber auf dem besten Wege dahin befindet. „Die Familienfreundlichkeit der deutschen Wirtschaft hat in weiten Bereichen deutlich zugenommen", meldet der Unternehmensmonitor Familienfreundlichkeit 2006 und verweist auf einen deutlichen Bewusstseinswandel in den letzten drei Jahren (BMFSFJ 2006: 3). Mehr als 70 Prozent der befragten Unternehmen schätzten inzwischen Familienfreundlichkeit als sehr wichtig für sich ein. 23,4 Prozent aller Unternehmen praktizieren sieben bis neun familienfreundliche Maßnahmen (gegenüber 9,4 Prozent im Jahr 2003). Jedes siebte Unternehmen bietet schon zehn bis zwölf Maßnahmen an (3,4 Prozent im Jahr 2003; ebd.: 9). Zuwachs erfuhren insbesondere die für Beschäftigte besonders wichtigen Maßnahmen zur Flexibilisierung der Arbeitszeit und des Arbeitsortes sowie zur aktiven Gestaltung der Elternzeit. Zu mehr Verantwortung ermuntert werden Arbeitgeber von einer staatlichen Politik für Familien, die sich seit einigen Jahren verstärkt an Eltern richtet, die beide berufstätig sind oder sein wollen, statt sich einseitig auf den Ausgleich relativer Einkommensdefizite in Versorgerehen mit Kindern zu konzentrieren.

Wie die Arbeitgeberinitiativen für mehr Familienfreundlichkeit versteht sich auch diese staatliche Politik als Beitrag zur Förderung der Wettbewerbsfähigkeit des Wirtschaftsstandorts Deutschland. Als Motivation ihres familienbezogenen Engagements verweisen Unternehmen besonders häufig auf die

Gewinnung und Bindung qualifizierter Mitarbeiter, die Erhöhung der Arbeitszufriedenheit sowie Kostensenkungen infolge der Verringerung von Fluktuation und Krankenstand (BMFSFJ 2006: 19). ‚Familienfreundlichkeit' und ‚Work-Life-Balance' sind damit in kurzer Zeit zu, auch in der Managementberatung und Personalpolitik, nicht nur legitimen, sondern geradezu euphorisch besetzten Konzepten geworden (Jurzcyk 2005: 108), deren Umsetzung die Harmonisierung von Interessen der Beschäftigten mit Unternehmensinteressen durch modernes Personalmanagement verspricht. Derartige Hoffnungen stehen seit Beginn der Flexibilisierungsdebatte im Raum wie beispielsweise Böhm, Herrmann und Trinczek (2002: 436) im Zusammenhang mit Vertrauensarbeitszeit ausführen.

Das *skeptische Szenario* betont, dass es im deutschen Beschäftigungssystem nach wie vor sehr schwierig sei, Erwerbsarbeit und Familie aufeinander abzustimmen. Nach dieser Auffassung forcieren neuere betriebliche Personalpolitiken den Verzicht junger Menschen auf Familie und beeinträchtigen die Funktionsfähigkeit bestehender Familien. Sie erschweren es zunehmend, sich auf die Erziehung von Kindern und andere Fürsorgebeziehungen einzulassen. Besserung sei nicht in Sicht. Als Indizien können gelten:

- Die Arbeitslosigkeit ist anhaltend hoch, und Erwerbslosigkeitserfahrungen senken die Wahrscheinlichkeit, dass Männer bis Mitte 30 eine Familie gründen (Tölke/Diewald 2003).
- Die realen Arbeitszeiten von Eltern entsprechen bei weitem nicht ihren Arbeitszeitwünschen (Beckmann 2002). In Ost- wie in Westdeutschland fehlen Teilzeitarbeitsplätze für Frauen, vor allem in qualifizierten Tätigkeiten. Erwerbstätige Männer und Frauen mit Kindern oder Fürsorgeaufgaben würden ihre Erwerbsarbeitszeit überwiegend lieber reduzieren, Männer noch häufiger als Frauen (BMFSFJ 2004: 15). Teilzeitarbeit ist immer seltener Vormittagsarbeit unter Ausschluss des Wochenendes (Stöbe-Blossey 2004).
- Nur acht Prozent der Tarif- und Betriebsvereinbarungen enthielten 2003 Klauseln zur verbesserten Vereinbarkeit von Familie und Beruf. Auch bei Großunternehmen ab 1.000 Mitarbeitern war es nur ein Fünftel (Klenner 2004: 279).
- Erwerbsarbeit wird intensiviert, und psychische Arbeitsbelastungen nehmen zu (Ahlers/Brussig 2004).

Nach dem skeptischen Szenario sind Maßnahmen zur Work-Life-Balance „die unternehmensstrategische Antwort sowohl zur Implementation als auch zur Kompensation der fortschreitenden Entgrenzung von Erwerbsarbeit und damit nichts anderes als ‚human-resource-management'" (Jurczyk 2005: 113), noch dazu eines, das mit der Umwidmung alt gedienter Instrumente zur Mitarbeiterbindung Etikettenwechsel betreibt und sich auf Kosten anderer Beschäftigtengruppen an hochqualifizierte, erwerbsarbeitszentrierte Mitarbeiter und Mitarbeiterinnen richtet (ebd.: 144f.). Nach einer U.S.-amerikanischen Studie sind work/family-Programme vor allem in „high-commitment work systems" verbreitet (Osterman 1995). Deutsche Unternehmensfallstudien lassen dagegen vermuten, dass sowohl Strategien zur langfristigen Bindung hoch qualifizierter Mitarbeiter und Wünsche nach verbesserten Lebensbedingungen von Mitarbeiterinnen als auch Versuche der Imagebildung und Außendarstellung sowie kurzfristige Programme zur Kostenreduktion ‚familienorientierte' Personalpolitik anstoßen (Faber/Borchers 1999, Botsch et al. 2006: 9). Diese Bandbreite von Intentionen verweist ebenso wie die offensichtliche Diskrepanz der zwei Szenarien auf die Begrenztheit einer Betrachtung, die sich einseitig auf die Existenz betrieblicher Programme zur Vereinbarung von Familie und Beruf richtet. Das wirft weitere Fragen auf: Was macht die ‚Familienfreundlichkeit' von Unternehmen aus? Welche Erwartungen haben Unternehmen an ihre Mitarbeiter, und welche Unterstützung gewähren sie Eltern? In welchem Verhältnis steht dies zu Bedarfslagen und Ressourcen von Familien?

Vorliegende Untersuchungen zu flexiblen und selbst gesteuerten Arbeitszeiten deuten zudem darauf hin, dass deren familienbezogene Auswirkungen durch betriebliche und familiäre Merkmale vermittelt werden: durch Arbeitskulturen, Mitbestimmungsmöglichkeiten der Beschäftigten über ihre Arbeitsabläufe, die erforderliche Innovativität und Kommunikation bei der Tätigkeit, die Einbeziehung beider Geschlechter in die betriebliche Maßnahme und gesicherte Familieneinkommen (Böhm et al. 2002, Jurzyk 2005: 115, Munz 2006). In Überlastungssituationen, z.B. bei zu dünner Personaldecke, ist die Bilanz flexibler Arbeitszeiten für die Beschäftigten negativ (Munz 2006). Offensichtlich lassen sich also Einschätzungen zur Familienverträglichkeit von Beschäftigungsverhältnissen weder sicher aus einzelnen Arbeitsplatz- und Beschäftigungsmerkmalen auf der gesellschaftlichen Makroebene treffen, noch können sie unmittelbar aus der Existenz familienfreundlicher Maßnahmen in Unternehmen abgeleitet werden.

Wir schlagen deshalb in Ergänzung vorliegender Arbeiten einen Weg zur Analyse der Familienverträglichkeit von Personalpolitiken vor, der sich auf die Reziprozität der in Beschäftigungsverhältnissen stattfindenden Austauschprozesse bezieht. Ausgangspunkt dieser Überlegungen ist, dass sich auf beiden Seiten des Beschäftigungsverhältnisses im letzten Jahrzehnt die Kontingenzen erhöht haben. Private Lebensformen haben sich pluralisiert, und Wechsel im Lebenslauf haben zugenommen (Brüderl 2004). Auch die Vielfalt und Dynamik der betrieblichen Arbeitskräftenachfrage hat sich erhöht. Wie die betriebliche Arbeitsnachfrage zum (potentiellen) Arbeitsangebot von in Familien lebenden Personen passt, kann deshalb nur ein genauerer Blick auf die in Beschäftigungsverhältnissen stattfindenden Austauschprozesse zwischen betrieblichen Organisationen und Familien zeigen.

In diesem Aufsatz stellen wir konzeptionelle Überlegungen dazu vor und entwickeln zwei Argumente, die uns in den Debatten um die Auswirkungen von neueren Personalpolitiken auf Familien unterbelichtet scheinen.

(1) Betriebliche Personalpolitiken resultieren in ‚Paketlösungen' von Beschäftigungsangeboten. Die unterschiedlichen Dimensionen der Beschäftigungsverhältnisse (Arbeitsaufgaben und -belastungen, Arbeitszeiten, Kooperations- und Kontrollformen, Formen der Leistungsbewertung und Gratifikation, etc.) stehen untereinander in Abhängigkeitsverhältnissen und Wahlverwandtschaften. Sie sind in der Regel nicht unabhängig voneinander wählbar oder veränderbar, und sie werden teilweise durch Wettbewerbsstrategien, Technologien und Systeme kollektiver Verhandlung von Arbeitsbedingungen gesetzt. Beschäftigungspolitische Grundarrangements als bestimmte, nicht zufällige Konfigurationen personalpolitischer Elemente geben mögliche Entwicklungspfade und Änderungskorridore für Maßnahmen zur Vereinbarkeit von Beruf und Familie vor.

(2) Daher erzeugen betriebliche Personalpolitiken unterschiedliche Gelegenheitsstrukturen für Beschäftigte und ihre Familien. Wie sich diese dann für die Erwerbspersonen und ihre Familien tatsächlich auswirken, ist von den Lebens- und Interaktionsformen in den Familien, von den gelebten Formen häuslicher Arbeitsteilung, von biographischen Entwürfen und zurückliegenden Lebenserfahrungen sowie verfügbaren Ressourcen abhängig. Ob und wie Personalpolitiken also für Familien attraktiv sind, ob sie zu ihrer Lebenssituation passen und biografische Sackgassen vermeiden, entscheidet sich im Familienkontext und muss immer auch in der Lebenslaufperspektive bewertet werden. ‚Familienfreundlichkeit' beschreibt in dieser Betrachtungsweise also mehrdimensional Möglichkeiten der Passung zwischen Arbeitsangebot und Arbeitsnachfrage, und ist kein Gütesiegel für personalpolitische Einzelmaßnahmen.

Die weitere Argumentation gliedert sich wie folgt: Im folgenden Abschnitt 2 werden Beschäftigungsverhältnisse als kontingente Beziehungen sozialen Tauschs zwischen Arbeitgebern und Arbeitnehmern eingeführt. Abschnitt 3 stellt unterschiedliche Grundarrangements des Gebens und Nehmens zwischen den Arbeitsvertragsparteien im Rahmen betrieblicher Personalpolitiken vor. Es ist davon auszugehen, dass diese Konfigurationen derzeit pfadabhängigen Veränderungen unterliegen. In Abschnitt 4 gehen wir schließlich anhand ausgewählter Kriterien exemplarisch auf die familienbezogenen Risiken und Chancen der Beschäftigungskonstellationen ein.

## 2 Beschäftigungsverhältnisse als kontingente Beziehungen sozialen Tauschs

In Beschäftigungsverhältnissen stellen Personen ihre Arbeitskraft gegen ein von Arbeitsorganisationen bereitgestelltes Entgelt zur Verfügung. Wie dies geschieht, regeln Arbeitsverträge. Arbeitsbeziehungen sind instrumentelle

Tauschrelationen zwischen Individuen und Organisationen, in denen, anders als dies für private Beziehungen zu hoffen ist, nicht das Interesse an der Beziehung selbst, sondern am Ergebnis des Tauschs dominiert. Beschäftigungsverhältnisse sind prinzipiell asymmetrische Beziehungen, in denen die in der Regel bestehenden Machtvorsprünge der Nachfrager nach Arbeitskraft nur durch spezifische Knappheiten (z.B. bestimmter Spezialqualifikationen) oder sekundäre Machtquellen der Arbeitnehmer (kollektive Interessenvertretungen, staatliche Regelungen, Arbeitsgesetze) ausgeglichen werden können.

Während bei Kaufverträgen oder Werkverträgen bestimmte Arbeitsergebnisse gehandelt werden, bleiben bei Arbeitsverträgen bekanntlich der Inhalt, die geforderte Intensität und Qualität der von Arbeitnehmern erwarteten Leistungen zumindest teilweise offen. Zudem werden die Leistungen meist kollektiv oder in Arbeitsteilung und Abstimmung mit anderen Personen erbracht, sind also Ergebnis von durch die Erwerbsorganisation vorstrukturierten Kooperationen (Voswinkel 2005: 241). Arbeitgeber werden durch die ‚Unbestimmtheit des Arbeitsvertrages' mit dem ‚Transformationsproblem' und dem ‚Inklusionsproblem' konfrontiert.

Ersteres resultiert daraus, dass die Transformation von Arbeitsvermögen in Arbeitsleistung nicht ohne die freiwilligen Eigenleistungen der Organisationsmitglieder gelingen kann. Das Beschäftigungsverhältnis bleibt, auch wenn Machtasymmetrien bestehen, ein Verhältnis doppelter Kontingenz (Deutschmann 2002: 98). Das Inklusionsproblem bezieht sich auf die klassische Annahme, dass Organisationsmitglieder in Organisationen nur exklusiv, auf der Basis von Mitgliedschaftsrollen, inkludiert werden (Luhmann 1964). Nun haben Organisationen einerseits schon immer auch auf kulturelle und lebensweltliche Ressourcen der Beschäftigten zurückgegriffen (vgl. Lutz 1986, Holtgrewe 1989). Andererseits beanspruchen Beschäftigte zunehmend, ihre Subjektivität, ihre Interessen und außerbetrieblichen Verpflichtungen in die Erwerbsarbeit einzubringen. Mit welchem ‚Inklusionspotential' Organisationen gegenüber Beschäftigten rechnen wollen und können wird damit, verstärkt durch pluralisierte, verunstetigte Lebensläufe, zunehmend klärungsbedürftiger.

Die ‚Unbestimmtheit des Arbeitsvertrages' und das ‚Inklusionsproblem' begründen Möglichkeiten der *Generalisierung von Reziprozität* zwischen Arbeitskraftanbietern und -nachfragern (vgl. Voswinkel 2005: 241f.):

(a) *In zeitlicher Hinsicht*: nicht befristete Arbeitsverträge schaffen zukunftsoffene, langfristige Horizonte, in denen Leistungen wechselseitig nicht unmittelbar verrechnet werden und in denen sich Erwartungen der Tauschpartner aneinander ausrichten und stabilisieren.

(b) *In sachlicher Hinsicht*: Arbeitsverträge erzeugen unspezifizierte Folgebereitschaften und -verpflichtungen, die durch die Arbeitgeber in einem gewissen Rahmen konkretisiert und verändert werden können.

(c) *In sozialer Hinsicht*: Beschäftigte tauschen in der Regel nicht als Einzelpersonen mit Erwerbsorganisationen. Sie sind in eine betriebliche Sozialorganisation mit Kollegen, Vorgesetzten und Unterstellten eingegliedert. Leistungen und Gegenleistungen werden häufig kollektiv oder stellvertretend gegeben oder geschuldet.

Beschäftigungsverhältnisse unterscheiden sich voneinander im Grad dieser Generalisierungen, in der Bilanzierung und der Art der getauschten Gaben. Die Generalisierung des Tauschs von Arbeitskraft gegen Entgelt bewirkt, dass der zunächst instrumentelle ein sozialer Tausch werden kann und sich auch die Mitgliedschaftsmotivation von Beschäftigten generalisiert (Voswinkel 2005: 241). Bei der wechselseitigen Abstimmung konkreter Beschäftigungsangebote von Erwerbspersonen mit der Nachfrage nach Arbeit zu bestimmten Konditionen geht es deshalb dann nicht mehr nur um die Höhe des Lohnes und die in einer bestimmten Zeit zu erbringenden Leistungen, sondern vielmehr um ein ganzes Bündel von Merkmalen des Beschäftigungsverhältnisses: um Qualifizierungschancen und -bereitschaften, um Aufstiegsversprechen und -wünsche, um beiderseitige Sicherheitsbedürfnisse und Unabhängigkeiten, um die Anerkennung von Personen und Leistungen, um soziale Zugehörigkeit und vieles mehr. 'Im Spiel' sind dann auch zwangsläufig die außerbetrieblichen, häuslichen und familiären Bindungen der Arbeitnehmer, die deren Arbeitsangebot, ihre Ansprüche, ihre Flexibilitätsakzeptanz und ihren Sicherheitsbedarf beeinflussen. Betriebliche Personalpolitiken müssen sich daher notgedrungen mit der Struktur des verfügbaren Arbeitskräfteangebots, mit den Erwerbspräferenzen der (potentiellen) Betriebsangehörigen und mit Erwartungen der Arbeitnehmer auseinandersetzen. Sie verkörpern spezifische Lösungen des 'Transformationsproblems' und des 'Inklusionsproblems'.

Beschäftigungsverhältnisse sind in dieser Sichtweise die kontingenten Resultate sozialen Tauschs zwischen Arbeitnehmern und Unternehmen (Parsons/Smelser 1956, Williamson et al. 1975, Akerlof 1982). Das Aufeinandereingestellt-sein der verschiedenen Akteure – Betriebe und individuelle Arbeitnehmer einerseits sowie Arbeitnehmer und ihre Familien andererseits – ist Ergebnis von miteinander verschränkten Tauschbeziehungen in den Organisationen und in den Familien (vgl. Brose et al. 2004).

## 3 Drei Grundkonstellationen betrieblicher Personalpolitik

### 3.1 Zur Diversität von Geschäftsstrategien und Personalpolitiken

Die Wettbewerbsbedingungen für deutsche Unternehmen haben sich seit den 1990er Jahren spürbar verschärft: Märkte sind turbulenter geworden, Kunden- und Zulieferbeziehungen haben sich internationalisiert, institutionelle Einbettungen der Geschäftsprozesse haben an Stabilität und Orientierungskraft verloren. Mit anderen Worten: Organisationen müssen sich mit Umwelten auseinandersetzen, die aufgrund ihrer gestiegenen Unbestimmtheit und Unsicherheit erhöhte Anforderungen an die betriebliche Lernfähigkeit und Fähigkeit zur flexiblen Anpassung stellen (Brose 2000: 22).

Die Reaktionen von Unternehmen auf diese Herausforderungen sind keineswegs einheitlich gewesen. Das ist mit Hinweis auf die unterschiedlichen Formen der Flexibilisierung wiederholt hervorgehoben worden. Unternehmen können auf interne Flexibilisierung setzen, etwa über die Anpassung von Arbeitszeiten (Überstunden, Arbeitszeitkonten etc.), die Zuweisung von Arbeitsaufgaben (funktionale Flexibilität), über Produktionsanpassungen oder Lohnveränderungen. Externe Flexibilisierung kann durch Personalanpassungen, die zeitweilige Vergabe von Arbeit an Externe (z.B. Leiharbeitnehmer oder Freiberufler) oder über Outsourcing betrieben werden (Gourdswaard/Nanteuil 2000: 8, Erlinghagen/Knuth 2004: 30, Hohendanner/Bellmann 2006: 241). Hinter diesen unterschiedlichen ‚Welten der Flexibilisierung' stehen geschäfts- bzw. wettbewerbsstrategische Entscheidungen[1] der Betriebe. In Anlehnung an Autoren wie Mintzberg und Quinn (1991), Hammer und Champy (1994) oder Piore und Sabel (1985) heben wir drei wettbewerbsstrategische Orientierungen hervor, die von Betrieben verfolgt werden können.

*Kostensenkungsstrategien* konzentrieren sich auf die Minimierung von Aufwendungen der Unternehmen für ihre Gütererzeugung und Leistungserstellung. Steht – auch unter Bedingungen schwankender Nachfrage – die Erzielung von Skalenerträgen im Vordergrund, werden vor allem Maßnahmen zur extern-numerischen Flexibilisierung der Belegschaft ergriffen. Reorganisationsmaßnahmen, die der Konzentration auf das Kerngeschäft dienen, sind häufig mit Betriebsschließungen oder zahlreichen Entlassungen verbunden. Davon zu unterscheiden sind *Strategien der grundlegenden Neugestaltungen von Prozessketten* (business-process-reengineering), die vor allem auf die Erhöhung von Anpassungspotentialen der Unternehmen an sich rasch wandelnde Umwelten zielen. Dabei werden Maßnahmen zur internen Flexibilisierung und Reorganisation ergriffen und Prozessabläufe im Unternehmen optimiert. Schließlich sind *Innovationsstrategien* zu nennen. Sie richten sich auf die Schaffung neuer Märkte durch die Entwicklung neuer Produkte und Dienstleistungen. Dafür werden häufig zeitlich befristete Projekte initiiert, die als Flexibilitätselemente Anpassungsfähigkeit sichern, ohne längerfristige Unternehmensziele aufzugeben.

Das Streben nach Kostenführerschaft, komparativen Vorteilen der Organisationskompetenzen oder Vorsprüngen im Innovations- und Zeitwettbewerb sind keine grundsätzlich neuen Alternativen. Neu ist, dass die vorgestellten

---

1 Allgemeine Geschäftsstrategien umfassen und integrieren die Entscheidungsrationalitäten für verschiedene betriebliche Teilfunktionen, etwa Beschaffung, Herstellung, Qualitätssicherung, Vertrieb, Finanzen, Personal, etc.

Geschäftsstrategien von der grundlegenden Instabilität relevanter Unternehmensumwelten ausgehen. Doch machen sie diese auf sehr unterschiedliche Weise zur Grundlage ihres Operierens. Anders formuliert: Betriebe setzen zur Erhöhung von Flexibilität strategisch auf unterschiedliche Medien – auf Preise (Geld), Organisationsmacht und Wissen[2].

Auch im personalwirtschaftlichen Bereich gibt es, wie sich an den vielfältigen Formen flexibilisierter Beschäftigung ablesen lässt, keinen universellen Entwicklungspfad, sondern unterschiedliche Wege der Rationalisierung und Reorganisation. Es ist davon auszugehen, dass betriebliche Formen der Steuerung und Koordination im Personalbereich in Wahlverwandtschaften mit den grundlegenden geschäftsstrategischen Orientierungen der Unternehmen stehen. Für die vorgeschlagene Systematik wettbewerbsstrategischer Orientierungen lassen sich daher drei korrespondierende Grundkonstellationen betrieblicher Personalpolitik[3] postulieren, die an die angestrebten Geschäftsstrategien anschließen: *Vermarktlichung, Verhandelte Stabilität* und *Vergemeinschaftung*. Diese im Folgenden genauer zu beschreibenden personalpolitischen Optionen kennzeichnen spezifische Grundarrangements der Tauschbeziehungen zwischen Beschäftigten und Betrieben (Tabelle 1)[4].

Die vorgestellten Optionen betrieblicher Personalpolitik sind, das ist für ihre Vereinbarkeit mit Familie sehr wichtig, mit bestimmten Anforderungen an die private Lebensführung der Beschäftigten und an die Personen, mit denen diese zusammen leben, verknüpft. Die in der Praxis beobachtbare Heterogenität betrieblicher Rationalisierungsstrategien im Personalbereich erklärt sich wesentlich daraus, dass die grundlegenden Logiken der jeweiligen Tauscharrangements voraussetzungsvoll sind und nicht grundlos gewechselt werden. Es kommt daher zu pfadabhängigen Veränderungen innerhalb (!) der drei personalpolitischen Optionen, die auf neuen Varianten und Rekombinationen des Einsatzes bestimmter personalpolitischer Instrumente beruhen (vgl. Tabelle 1). Damit ändern sich auch die Anforderungen an die private Situation und die Lebensplanung der Beschäftigten.

---

2   Unsere idealtypische Unterscheidung unterstellt, dass jeweils ein wettbewerbskritischer Parameter prioritär verfolgt wird. Im Übrigen ist davon auszugehen, dass die strategischen Orientierungen empirisch in unterschiedlicher Priorität und in Kombinationen auftreten. So kann (und wird) die Strategie der ‚Neugestaltung von Prozessketten' i.d.R. mit Kostenreduktionen und Innovationen verbunden sein. Letztere sind dann vermutlich häufiger Prozess- und nicht Produktinnovationen.

3   Personalpolitiken werden vor dem Hintergrund allgemeiner Geschäftsstrategien und anderer betrieblicher Teilstrategien verfolgt und dienen der fristgemäßen, sachgerechten, effizienten Bereitstellung von motivierten und qualifizierten Mitarbeitern. Sie sind grundlegende Handlungsmuster in Unternehmen, die sich auf die Gewinnung und Entwicklung von Arbeitskräften, ihre Bindung an die Organisation, ihren Einsatz und ihre Gratifikation sowie die Ausgliederung von Beschäftigten aus der Organisation richten.

4   Es ist davon auszugehen, dass die im Folgenden als Idealtypen beschriebenen Grundkonstellationen empirisch auch als hybride bzw. innerhalb der Organisation komplementär praktizierte Personalpolitiken vorkommen (vgl. Brose et al. 2004).

*Was heißt ‚Familienfreundlichkeit' von Personalpolitik?*

Tabelle 1: *Optionen betrieblicher Personalpolitik*

| | *Vermarktlichung* | *Verhandelte Stabilität* | *Vergemein- schaftung* |
|---|---|---|---|
| Koordination / Steuerung | Markt / Konkurrenz | Herrschaft / Kontrolle | Vertrauen / Überzeugung |
| Vertragstyp | Spot-Vertrag bzw. Kaufvertrag | (klassischer) Arbeitsvertrag | ‚Bündnis' |
| traditionelle Beschäftigungs- segmente | Randbelegschaften | Stamm- belegschaften | Betriebs gemeinschaften |
| Anforderungen an die Lebensführung (traditionell) | Indifferenz bzw. Restriktion | langfristige Bin- dung / Komple- mentarität | Wahlverwandt- schaft |
| neue Segmente | externalisierte Belegschaften, Arbeitskraft- | mobilisierte Belegschaften | Leistungsgemein- schaften / Teams |
| Anforderungen an die Lebensführung (neu) | Ökonomisierung der eigenen Arbeitsfähigkeit | Verfügbarkeit nach wechselnder Anforderung | (Selbst-)Auswahl und Anpassung |

## 3.2 ‚Vermarktlichung'

Die manchmal als universelles und neuartiges Phänomen der gegenwärtigen Arbeitswelt wahrgenommene personalpolitische Option der Vermarktlichung ist zum einen nicht alternativlos, zum anderen schließt sie an Personalprakti- ken des fordistischen Zeitalters an. Bisher wurde sie nämlich bei einer eng begrenzten Zahl von Mitarbeitern in speziellen Funktionen (etwa Vertriebs- angestellten mit Provision) eingesetzt, hauptsächlich aber gegenüber den so genannten ‚Randbelegschaften' praktiziert, deren Beschäftigungsverhältnisse weniger gegen Marktschwankungen abgesichert waren als die der Stammbe- legschaften. Mitarbeitern in Randbelegschaften mangelte es an Aufstiegsper- spektiven, sie wurden schlechter bezahlt und waren in Krisenzeiten stärker von Arbeitslosigkeit bedroht als ihre Kollegen. Im Vergleich zu den Beschäf- tigungsverhältnissen der Stammbelegschaften beruhte also schon die traditio- nelle Form der Vermarktlichung auf kurzfristigerem und stärker am Äquiva- lenzprinzip orientiertem Tausch (Bode/Brose 1999).

Die fehlende Dekommodifizierung und (potentielle) Kurzfristigkeit der Vertragsbeziehung kennzeichnet auch neuere Formen der Vermarktlichung. Dabei werden Grenzziehungen zwischen Arbeitsmarktsegmenten vermehrt in Frage gestellt, und die Personalstrategie der Vermarktlichung wendet sich in- zwischen sehr dezidiert und in größerem Umfang auch an hochqualifizierte und hochmotivierte Arbeitnehmer. Die fehlende Langfristperspektive wird für sie zum Teil durch besondere Einkommenschancen kompensiert. Vermarktlichung gibt es gegenwärtig in zwei Varianten: betriebsintern und als Externalisierung von betrieblichem Personal.

Die nach innen ausgerichtete Vermarktlichungsstrategie führt Konkurrenz und kaufvertragliche Elemente in die Kernbereiche der Unternehmen ein (vgl. Moldaschl 1998). Dies geschieht über Centerbildung, Gewinnmargen, Leistungsvereinbarungen und interne Verrechnungspreise (Dörre 2005: 251) sowie über erfolgsabhängige Entlohnungsformen. Auch Teile der früheren Stammbelegschaft werden auf freiwilliger oder unfreiwilliger Basis in Arrangements einbezogen, die auf Senioritätsregeln und institutionalisierte Karriereleitern verzichten und stattdessen den Verbleib der Beschäftigten in der Organisation oder zumindest die Höhe ihrer Gehälter immer wieder von den Verwertungserfolgen der Arbeit abhängig machen. Diese Beschäftigungsformen wurden als „Selbständigkeit im Betrieb" (Sauer/Kratzer 2004) oder in der Figur der „unternehmerischen Angestellten" (Franzpötter 2000) beschrieben.

In ihrer externalisierenden Variante bedeutet Vermarktlichung, dass Beschäftigte als „Arbeitskraftunternehmer" (Voß/Pongratz 1998) agieren und nur noch locker in die Organisationen eingebunden sind. Verpflichtungen, insbesondere längerfristige, der Unternehmen gegenüber den Arbeitskräften werden weitgehend vermieden. Dies geschieht praktisch in einer erheblichen Bandbreite von Beschäftigungsformen: bei Befristungen, Leiharbeitnehmern, Trainees, freien Mitarbeiter, Scheinselbständigen oder Beschäftigten in der Probezeit. Es kann sich auch um Mitarbeiter in ausgegründeten Betriebsteilen handeln, die in starker Abhängigkeit vom Ursprungsunternehmen verharren.

Gemeinsam ist den Beschäftigungsformen, dass sie schnelle Anpassungen von Arbeitskräftevolumina und Personalkosten ermöglichen, dass sie die Beschäftigten einer direkten Substitutionskonkurrenz aussetzen und damit Personalkosten zusätzlich senken. Arbeitsverträge rücken unter diesen Bedingungen stark in die Nähe von Kaufverträgen.

## 3.3 ‚Verhandelte Stabilität'

Das personalpolitische Arrangement ‚Verhandelte Stabilität' beruht auf dem traditionellen Normalarbeitsverhältnis, das in der Vergangenheit in der Bundesrepublik sicherlich am weitesten verbreitet und institutionell wie kulturell stark verankert war, und dem in abgewandelter Form auch standardisierte Teilzeitarbeitsverhältnisse folgen. Funktional flexibel einsetzbare Stammbelegschaften mit hoher Beschäftigungssicherheit und stabilen Rahmenbedingungen der Beschäftigung haben traditionell eine hohe Qualität der erzeugten Produkte und Dienstleistungen gewährleistet. Arbeitszufriedenheit und Motivation basierten auf den Bedingungen und Aufstiegsversprechen der hierarchisch angelegten, internen Arbeitsmärkte. Hervorzuheben ist die starke Verankerung dieses personalpolitischen Grundarrangements in Kollektivverträgen, die in der Vergangenheit wesentliche Elemente des Beschäftigungsverhältnisses (u.a. Arbeitszeiten, Entgeltformen und Entgeltveränderungen) überbetrieblich vorgaben und standardisierten.

Gerade solche, ehemals kollektiv ausgehandelte Elemente der Beschäftigungsverhältnisse werden inzwischen immer häufiger auf Betriebsebene neu vereinbart (Franzpötter/Renz 2002). Mittlerweile gibt es eine Reihe betrieblicher Bündnisse für Arbeit (Rehder 2003, Massa-Wirth/Seifert 2004), die sich vor allem auf die Flexibilität der Einsatzorte, die Zuordnung von Beschäftigten zu Arbeitsplätzen und Abteilungen sowie den Umfang und die Lage der Arbeitszeit richten. Dabei bleibt die Form des Normalarbeitsverhältnisses zunächst äußerlich unverändert, allerdings wird das Beschäftigungsarrangement durch die angesprochenen Veränderungen sozusagen von innen destandardisiert. Häufig ist dies auch mit Lohnverzicht der Beschäftigten verbunden. So liegt beispielsweise im Tarifsystem Auto 5000 bei VW die Entlohnung um ca. 20 Prozent unter dem eigentlichen Haustarifvertrag von VW. Doch es geht nicht einseitig um Kostenoptimierung. Auto 5000 schließt innovative Regelungen zur Qualifizierung, Entgeltgestaltung sowie Arbeits- und Betriebsorganisation ein, etwa flache Hierarchien und einen erweiterten Funktionszuschnitt der ersten Führungsebene, Teamarbeit mit integrierten Zusatztätigkeiten, in der Fertigung lokalisierte Großraumbüros für die Fachfunktionen und Betriebsingenieure (‚Lernfabriken'), prozessnahe Qualifizierung, Selbstorganisation der Arbeitsteams sowie primär prozessorientierte (nicht finanzbasierte!) Kennzahlen- und Zielvereinbarungssysteme (Schumann et al. 2005, 2006).

Schrittweise verändert sich aber mit derartigen Neujustierungen auch der Charakter der Vertragsbeziehung. Die klassische fordistische Tauschformel: ‚Fügsamkeit und Unterordnung gegen Stabilität und Sicherheit' verschiebt sich zunehmend zur Formel ‚Verfügbarkeit gegen Beschäftigungschancen'.

## 3.4 ‚Vergemeinschaftung'

Seit den Anfängen der Industrialisierung gibt es Unternehmen, die von der Partialinklusion der Beschäftigten in die Organisation, die das klassische Normalarbeitsverhältnis vorsieht, nicht in Richtung von ‚mehr Markt' abweichen, sondern in die Richtung von ‚mehr Bindung'. Betriebsgemeinschaften setzen auf eine weit reichende Inklusion der Mitarbeiter, die sich auf Überzeugung und Vertrauen gründet. Vergemeinschaftende Personalpolitiken greifen nicht nur nach der Arbeitskraft, sondern – wie es die Werksgemeinschaftsbewegung der 1920er Jahre formuliert hat – nach der „Seele" der Arbeiter. Es gab sie in der Vergangenheit in sehr unterschiedlichen Schattierungen und Ausprägungen: u.a. in den Werksgemeinschaften, im Clan-Modell japanischer Unternehmen, bei den ‚Type Z'-Unternehmen, und in den zeitgenössischen „Vertrauensorganisationen" (Ouchi/Jaeger 1978, Deutschmann 1987, Krell 1994, Walgenbach 2000). Vergemeinschaftende Personalpolitik ‚von oben' folgt in der Regel den Prinzipien Dauerbeschäftigung, Grenzziehung nach außen, Homogenisierung nach innen und emotionenorientierte Führung, und sie bedient sich bestimmter Sozialtechniken, etwa sorgfältiger Personalauswahl und -eingliederung, materieller und immaterieller Beteiligung, Inszenierungen von Gemeinschaft mit Erlebnischarakter für die Beschäftigten sowie betrieblicher Sozialleistungen, die Beschäftigte privat an die Firma binden (Krell 1994). Kollektive Interessenvertretungen der Beschäftigten, insbesondere Gewerkschaften, werden dabei häufig umgangen oder sogar bekämpft. Allerdings lassen sich verschiedene Formen gemeinschaftlicher Sozialordnungen, auch auf der Grundlage spontaner Kooperation und sehr informeller Personalarbeit finden, vor allem in kleinen und mittleren Unternehmen (Kotthoff/Reindl 1990). Zudem werden erwartbar auch Modi betrieblicher Vergemeinschaftung an Bedeutung gewinnen, die mehr Rücksicht auf die Selbstverwirklichungs- und Partizipationsansprüche der Beschäftigten sowie ihr Interesse an zeitlicher Begrenzung der Sozialintegration und Schutz vor einseitiger Vereinnahmung nehmen (Behr 1995).

Das für Vergemeinschaftung charakteristische Muster generalisierter Reziprozität in den Beschäftigungsverhältnissen verschwindet gegenwärtig also nicht, sondern wird modifiziert und in einigen Unternehmen sogar intensiviert. Gerade in Betrieben, die bereits in der Vergangenheit durch bündnisförmige Arbeitsverträge gekennzeichnet waren, werden vertrauensbasierte Beziehungen zunehmend in Personalpolitiken umgesetzt, die auf intensive Qualifikationsentwicklung, Höchstleistungen und gesteigerte Einsatzbereitschaft in vergemeinschaftenden Teams abstellen. Unternehmen machen sich dadurch flexibel, dass sie noch umfassender auf ihre Beschäftigten zugreifen. Die Personalpolitik der Vergemeinschaftung tangiert die privaten Lebensverhältnisse der Beschäftigten am stärksten, da sie konkurrierende Verpflichtungen tendenziell ausschließt bzw. zeitlich limitiert und nicht anerkennt. Das für die Vergemeinschaftung typische Tauschmuster lässt sich als Steigerung desjenigen der Verhandelten Stabilität definieren: Auf der einen Seite steht nicht bloß Fügsamkeit oder Verfügbarkeit, sondern Hingabe; auf der anderen nicht bloß Stabilität und Sicherheit, sondern auch Identifikation und Zugehörigkeit.

In welchen Ausprägungen sich die beschäftigungspolitischen Grundarrangements beobachten lassen und wie sie umgesetzt werden, muss noch systematischer untersucht werden[5]. Festzuhalten ist, dass betriebliche Perso-

---

5    Dies geschieht im Rahmen eines seit Herbst 2006 laufenden DFG-Projekts „BEATA-Beschäftigungsverhältnisse als sozialer Tausch. Wechselwirkungen zwischen Arbeitsangebot und Arbeitsnachfrage" Antragsteller: H.-G. Brose, M. Diewald, A. Goedicke.

nalpolitiken für Beschäftigte ‚Tauschpakete' schnüren, die in verschiedener Weise vom klassischen Normalarbeitsverhältnis abweichen. Diese Abweichungen sind voraussetzungsvoll und eingebettet in wechselseitige Erwartungen und Leistungsbereitschaften von Arbeitnehmern und Arbeitgebern. Aus diesem Grund werden Einzelmaßnahmen, wie etwa die Einführung flexibilisierter Arbeitszeiten, für Beschäftigte in unternehmensspezifischen Kontexten stehen und sich sehr unterschiedlich auswirken. Wenn auf dem Pfad der Verhandelten Stabilität bei Auto 5000 im Volkswagen-Konzern Arbeitszeiten als Pflicht einer „Programmerfüllung" (Schumann et al. 2005: 6) definiert werden, so geschieht das als „regulierte Verbetrieblichung" (Schumann et al. 2006: 304) in kontrollierter und überwachter Form auf der Basis eines ausdifferenzierten Tarifvertragssystems. Eine Interessenkongruenz von Arbeitnehmern und -gebern wird dabei trotz gestiegener Leistungs- und Flexibilitätsansprüche des Unternehmens nicht unterstellt. In Unternehmen mit vergemeinschaftender Personalpolitik ist dies anders, und auf dieser Grundlage werden einerseits unbürokratische Lösungen für individuelle (Zeit-) Probleme gefunden, andererseits wird damit der umfassende Anspruch der Organisation auf die Beschäftigten bekräftigt. ‚Vertrauensarbeitszeiten' ermöglichen einen stark verlängerten, entgrenzten Zugriff der Organisation (u.a. Hochschild 2002). Abwesenheiten müssen vor der Gemeinschaft gerechtfertigt werden. In vermarktlichten Beschäftigungskonstellationen steht die zeitliche Flexibilisierung von Beschäftigung einerseits im Kontext kurzfristiger, arbeitgeberseitig geplanter Einsätze der externalisierten Belegschaften. Bei unternehmensinterner Vermarktlichung können andererseits erfolgsbezogene Leistungsbewertungen von Personen und Arbeitsgruppen Arbeitszeitfragen in den Hintergrund drängen, z.B. wenn Arbeitsstunden nicht vollständig bilanziert werden, um die Effizienz der eigenen Projektarbeit zu demonstrieren (Eberling et al. 2004). Auch in dieser personalpolitischen Konstellation existieren Spielräume für individuelle Lösungen privater Probleme, doch bleiben die (Selbst-)Vermarktungsanforderungen für die Arbeitskräfte unhintergehbar. Wie sich formal gleiche oder ähnliche personalpolitische Maßnahmen den Beschäftigten mitteilen und umgesetzt werden, wird also wesentlich durch die Gesamtkonfiguration des Beschäftigungsverhältnisses moderiert.

## 4 Betriebliche Personalpolitiken als Gelegenheitsstrukturen für Familien

### 4.1 Eine erweiterte Bestimmung von ‚Familienfreundlichkeit'

Bei der Betrachtung von Beschäftigungsverhältnissen als (asymmetrischem) Tausch zwischen Arbeitskräften und Betrieben stellt sich die Frage nach der ‚Familienfreundlichkeit' von Personalpolitiken dann folgerichtig in erweiterter Form. Zu bilanzieren sind nicht nur einzelne Personalmaßnahmen oder gar Informationen darüber, ob das betriebliche Management Work-Life-Balance als Handlungsfeld ausflaggt. Prinzipiell sind alle Dimensionen des Beschäftigungsverhältnisses, d.h. die Gesamtkonstellation des Tauschs und die Art des Inklusionsverhältnisses von Personen in die betriebliche Organisation, wichtig für Familien.

Eine zweite Schlussfolgerung muss sein, dass sich die tatsächliche Passfähigkeit von Beschäftigungsverhältnissen zu den Wünschen und Ansprüchen von Familien nicht per se bestimmen lässt. Sie hängt vielmehr von der privaten Lebenssituation der Beschäftigten sowie den daraus resultierenden Wünschen und Ansprüchen ab: von Formen häuslicher Arbeitsteilung und in der Familie getroffenen Absprachen, von zurückliegenden Lebenserfahrungen, Lebensplanungen und verfügbaren Ressourcen der Partner (z.b. durch soziale Netzwerke oder staatliche Institutionen). So wird ein Betriebskindergarten mit standardisierten Öffnungszeiten möglicherweise bei vorhandener kommunaler Betreuungsinfrastruktur von Betriebsangehörigen weniger benötigt als ein Notfallangebot zur Kinderbetreuung am Abend. Und selbst eine geringfügige, unregelmäßige Beschäftigung am Wochenende mag für Familien, die in engen Verwandtschaftsnetzwerken leben und noch über ein anderes stabiles Einkommen verfügen, eine familiengerechte Lösung darstellen.

Welche Aussagen kann man unter diesen Umständen noch zur ‚Familienfreundlichkeit' von Personalpolitik machen, ohne in Relativismus zu enden? Aus unserer Sicht betreffen sie mindestens zwei Punkte:

Zum ersten lassen sich personalpolitische Konstellationen als Anforderungs- und Angebotsprofile von Seiten der Betriebe beschreiben. Sie stellen für Familien *Gelegenheitsstrukturen* dar, die daraufhin überprüfbar sind, ob sie bestimmten Ansprüchen genügen, die in Familien typischerweise auftreten. Dazu gehört beispielsweise die Erzielung eines Existenz sichernden Einkommens, die Herstellung von Verlässlichkeit im Alltag und Planungssicherheit im Lebenslauf, die Möglichkeit flexiblen Reagierens auf die ‚Wechselfälle des Lebens' und unplanbare Familienaufgaben (z.B. die Pflege kranker Angehöriger) oder die Verfügbarkeit über ausreichende und planbare erwerbsarbeitsfreie Zeit. Ob festzustellende Defizite dann reale Risiken für die Beschäftigten bedeuten oder ob sie durch Partner bzw. verfügbare Ressourcen anderer Art kompensiert werden können, darüber lassen sich natürlich in einer allein auf die Arbeitskräftenachfrage bezogenen Betrachtung keine Aufschlüsse gewinnen.

Zum zweiten lässt sich als Kriterium familienfreundlicher Personalpolitik setzen, dass diese möglichst *anschlussfähig für unterschiedliche Familienformen* und Lebensplanungen sowie *für Wechsel* der privaten Lebensform im Lebenslauf sein sollten. Diese Forderung ergibt sich aus der Pluralisierung von Familienformen und der gestiegenen Kontingenz von Lebensläufen (u.a. Brüderl 2004). Betriebliche Beschäftigungsangebote sollten offen für Personen mit unterschiedlichen familiären Verpflichtungen sein, und wenn es bei Betriebsangehörigen zu familiären Veränderungen kommt (etwa späten Familiengründungen), dann sollten weder das Beschäftigungsverhältnis selbst noch bisherige Investitionen unmittelbar in Frage gestellt werden. Im verbleibenden Teil des Aufsatzes illustrieren wir dies an einigen Aspekten der vorgestellten personalpolitischen Grundarrangements.

### 4.2 Vermarktlichte Beschäftigungsverhältnisse: Zwischen Freiraum und Prekarität

Für Arbeitnehmer und ihre Familien stellt sich in vermarktlichten Beschäftigungsformen in besonderem Maße die Daueraufgabe, für die Kontinuität von Beschäftigung und Entlohnung zu sorgen. Längerfristige (berufs-) biographische Perspektiven können oft nicht entwickelt werden. Bei unternehmensinterner Vermarktlichung bleibt die Betriebsmitgliedschaft selbst zunächst unangetastet – insofern sind die Einkommens- und Beschäftigungsrisiken gegenüber der externalisierten Form deutlich geringer. Jedoch werden auch hier Erträge des Beschäftigungsverhältnisses immer wieder zur Disposition gestellt, und Beschäftigungsrisiken entstehen, wenn Betriebsteile oder Arbeitsaufgaben ausgelagert werden. Besonders augenfällig sind Probleme der Existenzsicherung und Entwicklung biografischer Perspektiven in der personalpolitischen Variante der externen Vermarktlichung, die mit hohen Rekrutierungs- und Kündigungsraten einhergeht. Diese Beschäftigungsverhältnisse sind weitgehend ungeschützt gegenüber geringer oder fluktuierender Arbeitskräftenachfrage. Über individuelle Marktmacht (z.B. auf der Grundlage von Fachkenntnissen und Spezialqualifikationen), die ausreichend vor Niedriglöhnen, schlechten Beschäftigungsbedingungen und daraus resultierenden Gesundheitsrisiken schützt, verfügen in Zeiten hoher Arbeitslosigkeit nur wenige Arbeitnehmer.

Den Risiken, denen Beschäftigte in dieser personalpolitischen Konstellation ausgesetzt sind, steht ein möglicher Vorteil gegenüber: Insbesondere in ihrer externalisierten Variante zeichnen sich vermarktlichte Beschäftigungsverhältnisse durch eine breite Zone der Indifferenz zwischen Organisation und Beschäftigten aus, die nicht nur als Gleichgültigkeit, sondern auch als Freiraum erlebt werden kann. Erwartungen der Arbeitgeber an die außerbetriebliche Lebensführung der Beschäftigten sind stark reduziert, für beide Vertragsparteien bleibt in diesem Arrangement Familie (wie vieles andere) nicht zu thematisierende Privatsache. Die Betonung direkter Reziprozität erlaubt – auch wenn dies oft zu schlechten Bedingungen geschieht – die Inklusion von Beschäftigten, die in ihrer aktuellen Arbeitsmarktsituation aus verschiedenen Gründen keine Chance haben, in betriebliche Stammbelegschaften rekrutiert zu werden, oder für die das aus berufsbiografischen bzw.

lebensphasenspezifischen Gründen nicht attraktiv ist (vgl. Brose et al. 1990). In erhöhtem Maße betrifft das auch erwerbstätige Mütter. Im Kontrast dazu gibt es auch hochqualifizierte und verhandlungsstarke ‚Arbeitskraftunternehmer', die als Selbständige oder Freiberufler die Autonomie und die ausgedünnten Verpflichtungen dieser Beschäftigungsform positiv erleben. Sie verlassen sich auf ihre beruflichen, sozialen und finanziellen Ressourcen (Dörre 2005: 253f.), um sich für den Verlust an erwerbsbiografischer Sicherheit durch ein überdurchschnittliches Entgelt kompensieren zu lassen.

Vor allem externalisierte vermarktlichte Beschäftigungsverhältnisse bieten also im gering entlohnten Bereich, sei es als freier Mitarbeiter, Scheinselbständiger oder Leiharbeitnehmer (vgl. Promberger et al. 2006: 47ff.), eine höchst prekäre Grundlage für den Unterhalt von Kindern. Als Beschäftigungsangebote für ein zweites Einkommen mögen sie sich wegen ihrer vergleichsweise niedrigen Zugangsbarrieren und ihres häufig eingeschränkten Stundenumfangs anbieten, bergen dann jedoch alle bekannten Risiken unzureichender sozialer Sicherung und primärer Integration. In den Tätigkeiten selbst drohen hohe physische Belastungen, Arbeitsverdichtung, Leistungs- und Qualitätsdruck, Stress, Anerkennungsprobleme und rigide Arbeitszeitvorgaben (vgl. für das Reinigungsgewerbe Jaehrling 2004, für den Einzelhandel Voss-Dahm 2005). Gestiegene Zwänge zur Ökonomisierung der eigenen Arbeitsfähigkeit kollidieren erwartbar mit lebensweltlichen Anforderungen an die Beschäftigten.

### 4.3 ‚Verhandelte Stabilität':
### Gefährdungen lebensweltlicher Routinen

Die herrschaftlich verfasste Tauscharena bietet auf der Grundlage des Normalarbeitsverhältnisses vieles, was für Familien wichtig ist: relativ hohe Beschäftigungssicherheit auf der Basis langfristiger Betriebszugehörigkeit und planbarer Karrieren sowie tarifvertraglich abgesicherte Beschäftigungsbedingungen, zu denen angemessene Entlohnung auf kollektiver Grundlage und begrenzte, geregelte Arbeitszeiten zählen. Arbeit und Leben sind in der traditionellen Variante klar getrennt und zueinander komplementär. Nicht zu vergessen ist allerdings, dass das klassische Normalarbeitsverhältnis auf traditionellen und stabilen Haushaltsarrangements beruht, die männliche Vollzeitkarrieren durch eine ausgeprägte geschlechtsspezifische Arbeitsteilung in der Familie erlauben. Diese privaten Arrangements sind sowohl durch familiendemographische Veränderungen als auch durch die Neuausrichtung des Beschäftigungspaktes in Frage gestellt.

Zunehmend wird den mobilisierten Stammbelegschaften Beschäftigungssicherheit nur noch um den Preis von Flexibilitätsbereitschaft gewährt. Sie müssen sich verfügbar halten und an wechselnde Arbeitskräftebedarfe der Unternehmen anpassen. Die auf kollektiver Basis ausgehandelten kontrollierten Formen der Flexibilisierung führen zu Routineverlust in den Familien der Arbeitnehmer. Sie sind häufig nicht kompatibel mit eingespielten Arbeitsteilungen im Haushalt und mit der verfügbaren Infrastruktur für Hausarbeit und Kinderbetreuung (Jürgens/Reinecke 1998). Sie stoßen an Grenzen, wenn die ökonomischen und lebensweltlichen Handlungsspielräume der Beschäftigten durch veränderte Geschlechterverhältnisse und gesteigerte außerberufliche Verpflichtungen (u.a. in der Altenpflege) ‚aufgezehrt' werden.

Individuell unterschiedliche biographische Optionen und private Verpflichtungen werden also von den Tarifvertragsparteien oft zu wenig unterstützt. Allerdings verfügen insbesondere größere Unternehmen in dieser personalpolitischen Grundkonstellation häufig über formalisierte ‚familienfreundliche' Personalpolitiken und klare Routinen ihrer Inanspruchnahme, darunter z.b. Angebote zur Kinderbetreuung, Sabbaticals, Rückkehrgarantien nach Familienphasen, Qualifizierungsangebote, etc.

## 4.4 ‚Vergemeinschaftung': Im Sog der ‚Betriebsfamilie'

Vergemeinschaftende Personalpolitiken führen, in anderer Weise als das beim Typus des ‚Arbeitskraftunternehmers' der Fall ist, zu einer Entgrenzung von Arbeit und Leben. Doch es ist in dieser beschäftigungspolitischen Konstellation nicht der Markt, der in das Privatleben einbricht. Vielmehr machen die Unternehmen Bindungsangebote, die Betriebsangehörigen wenig Platz und Zeit für private Verpflichtungen lassen, und die sich, z.B. bei Festen, auch auf die Familien erstrecken können (vgl. Wittel 1997). Diese Personalpolitiken sprechen Arbeitnehmer als Personen, nicht als Rollenträger an, und sie bieten explizit Gelegenheiten, Subjektivität in den Arbeitsprozess zu tragen. Damit erfüllen sie Bedürfnisse nach sozialer Zugehörigkeit durch Aufnahme in Betriebsgemeinschaften, die sich immer häufiger auch als herausragende Leistungsgemeinschaften inszenieren. Das alles wird in Verbindung mit hoher Beschäftigungssicherheit und der Eröffnung langfristiger (berufs-)biografischer Perspektiven offeriert. Der Preis dafür sind Hingabe, eine freiwillige Einpassung in dichte Organisationskulturen und eine Identifikation mit dem Unternehmen bzw. dem Arbeitsteam. Und diese Konkurrenz wird nicht nur um Zeit ausgetragen, sondern eben auch um Aufmerksamkeit und Engagement (vgl. Hochschild 2002). Vergemeinschaftende Personalpolitiken bergen ein Risiko eingeschränkter Sozialbeziehungen, weil diese Art der Erwerbsarbeit als Substitut für vieles wirken kann, was sonst in Primärbeziehungen erfahren wird.

Andere Grenzen dieser (Höchst-) Leistungs- und Bindungsbereitschaft einfordernden Personalpolitik ergeben sich nicht nur aus veränderten Flexibilitätsbedürfnissen der Betriebe, sondern für die Beschäftigten auch aus häufigeren, wenig prognostizierbaren und immer weniger an bestimmte Lebensabschnitte gebundenen Wechseln privater Lebensformen. Eine so intensive Bindung, wie sie Personalpolitiken der Vergemeinschaftung erzeugen können, ist möglicherweise auf Dauer nicht gut lebbar und auch nicht wünschenswert. Insbesondere nicht, wenn die Familienmitglieder die auch an sie gerichteten Avancen der Betriebsgemeinschaft, etwa bei Feiern oder Freizeitaktivitäten, nicht würdigen können. Wenn aber auf diesem Wege die soziale Kohäsion und gesteigerte Leistungsbereitschaft des Teams gefährdet wird, dann droht Beschäftigten ein Verstoß aus der Betriebsgemeinschaft, der möglicherweise getätigte Investitionen in die Berufslaufbahn entwertet.

## 5 Resümee

In der von uns vorgeschlagenen tauschtheoretischen Perspektive lässt sich also die ‚Familienfreundlichkeit' von Personalpolitik nur in einer ganzheitlichen Betrachtung des Gebens und Nehmens zwischen den Arbeitsvertragsparteien einschätzen. Personalpolitiken stellen verschiedene Lösungen des ‚Transformationsproblems' und des ‚Inklusionsproblems' der Arbeitgeber dar. Sie sind mit unterschiedlichen Graden der Generalisierung von Tauschbeziehungen zwischen Betrieben und Beschäftigten, mit bestimmten Erwartungen der Tauschpartner und spezifischen Ressourcen, die neben Lohn und Leistung im Tausch relevant werden, verbunden.

Wir haben dargelegt, dass personalpolitische Grundarrangements mit Geschäftsstrategien und Anforderungen des Arbeitsprozesses in Beziehungen der ‚Wahlverwandtschaft' (nicht in festen Abhängigkeiten!) stehen. Auch die Rolle von kollektiven Interessenvertretungen variiert. Daraus resultieren pfadspezifische Entwicklungskorridore für Personalpolitiken, die auch für die Einführung ‚familienfreundlicher Maßnahmen' gelten. Sie beeinflussen die Wahrscheinlichkeit, dass Maßnahmen zur besseren Vereinbarkeit von Familie und Beruf initiiert werden, und sie begrenzen mögliche Veränderungen der Beschäftigungsarrangements. So werden sich Unternehmen, die Vermarktlichung praktizieren, gegenüber ihren externalisierten Belegschaften kaum auf langfristige Absprachen, wie Sabbaticals oder Programme für Berufsrückkehrerinnen, einlassen. Außerdem stehen eingeführte Maßnahmen hier unter besonderem Verdacht, einseitige Kostenvorteile für das Unternehmen zu legitimieren. Personalpolitiken sind also ‚Paketlösungen', die nicht ohne weiteres aufzuschnüren sind.

Die Betrachtung von Beschäftigungsverhältnissen als Tausch gibt auch Hinweise auf mögliche Gründe der oft geringen Nutzung vorhandener betrieblicher Angebote zur besseren Vereinbarkeit von Beruf und Familie. Es ist zum einen fraglich, ob bestehende Angebote überhaupt auf tatsächliche Problemlagen der jeweiligen Mitarbeiterschaft zugeschnitten sind, zum anderen, ob ihre Inanspruchnahme mit anderen betrieblichen Anforderungen an die Beschäftigten vereinbar ist. So sind Beschäftigte in vermarktlichten Konstellationen wohl häufig in der Situation, sich Auszeiten nicht erlauben zu können, solche in vergemeinschafteten Konstellationen in der Situation, sie sich nicht erlauben zu wollen, auch wenn es keine formalen Barrieren gibt.

Aus den vorgestellten Überlegungen ergibt sich, dass ‚Familienfreundlichkeit' von Personalpolitik nicht nur graduell als different (im Sinne von ‚mehr' oder ‚weniger') zu beschreiben ist, sondern auch als qualitativ unterscheidbarer Möglichkeitsraum für Beschäftigte und ihre Angehörigen zu sehen ist. Insbesondere in ihren neueren Ausprägungen sind alle drei von uns vorgestellten personalpolitischen Konstellationen mit bestimmten Risiken und bestimmten Chancen verbunden, und gerade Beschäftigungsformen, die zunächst besonders attraktiv für Familien aussehen, können aufgrund ihrer mangelnden Anschlussfähigkeit für unterschiedliche Familienformen und Wechsel im Lebenslauf Gefahren von biographischen Sackgassen und künftigen Rigiditäten bergen. Wie und ob Familien mit bestimmten Beschäftigungsangeboten der Arbeitgeber leben können, entscheidet sich daher nicht nur im Betrieb, sondern auch in den privaten Lebenszusammenhängen. Diskussionen über mögliche Unterstützungen von Familien durch Interessenverbände, Kommunen und staatliche Leistungen – etwa im Rahmen der ‚Flexicurity'-Debatte – sollten jedoch die unterschiedlichen Risiken existierender Beschäftigungsarrangements zum Ausgangspunkt machen.

## Literatur

Ahlers, E./Brussig, M. (2004): Gesundheitsbelastungen und Prävention am Arbeitsplatz: Ergebnisse der WSI-Betriebsrätebefragung 2004. In: WSI-Mitteilungen, 57, 11: 617-624.
Akerlof, G. (1982): Labor Contracts as Partial Gift Exchange. In: The Quarterly Journal of Economics, 97, 4: 543-569.
Beckmann, P. (2002): Zwischen Wunsch und Wirklichkeit – Tatsächliche und gewünschte Arbeitszeitmodelle von Frauen mit Kindern liegen immer noch weit auseinander. IAB-Werkstattbericht, 12. Nürnberg: IAB.
Behr, M. (1995): Regressive Gemeinschaft oder zivile Vergemeinschaftung? Ein Konzept zum Verständnis posttraditionaler Formen betrieblicher Sozialintegration. In: Zeitschrift für Soziologie, 24, 5: 325-344.
Bundesministerium für Familie, Senioren, Frauen und Jugend (BMFSFJ) (Hrsg.) (2004): Erwartungen an einen familienfreundlichen Betrieb – Erste Auswertung einer repräsentativen Befragung von Arbeitnehmerinnen und Arbeitnehmern mit Kindern oder Pflegeaufgaben. Berlin.
Bundesministerium für Familie, Senioren, Frauen und Jugend (BMFSFJ) (Hrsg.) (2005): Familie zwischen Flexibilität und Verlässlichkeit – Perspektiven für eine lebenslaufbezogene Familienpolitik. Siebter Familienbericht. Berlin.
Bundesministerium für Familie, Senioren, Frauen und Jugend (BMFSFJ) (Hrsg.) (2006): Unternehmensmonitor Familienfreundlichkeit 2006. Berlin.

Bode, I./Brose, H.-G. (1999): Die neuen Grenzen organisierter Reziprozität: Zum gegenwärtigen Wandel der Solidaritätsmuster in Wirtschafts- und Nonprofit-Organisationen. In: Berliner Journal für Soziologie, 11, 2: 179-196.
Böhm, S./Herrmann, C./Trinczek, R. (2002): Löst Vertrauensarbeitszeit das Problem der Vereinbarkeit von Familie und Beruf? In: WSI-Mitteilungen, 55, 8: 435-441.
Botsch, E./Lindecke, C./Wagner, A. (2006): Familienfreundlicher Betrieb – ein Blick in die Praxis. In: WSI-Mitteilungen, 59, 9: 485-491.
Brose, H.-G./Schulze-Böing, M./Meyer W. (1990): Arbeit auf Zeit – Zur Karriere eines neuen Beschäftigungsverhältnisses. Opladen: Leske + Budrich.
Brose, H.-G. (2000): Die Reorganisation der Arbeitsgesellschaft. In: Brose, H.-G. (Hrsg.), Die Reorganisation der Arbeitsgesellschaft. Frankfurt/Main, New York: Campus, 9-28.
Brose, H.-G./Diewald, M./Goedicke, A. (2004): Arbeiten und Haushalten – Wechselwirkungen zwischen betrieblichen Beschäftigungspolitiken und privater Lebensführung. In: Struck, O./Koehler, C. (Hrsg.), Beschäftigungsstabilität im Wandel. München, Mering: Hampp, 287-309.
Brüderl, J. (2004): Die Pluralisierung partnerschaftlicher Lebensformen in Westdeutschland und Europa. In: Aus Politik und Zeitgeschichte, 19: 3-10.
Deutschmann, C. (1987): Der „Betriebsclan" – Der japanische Organisationstypus als Herausforderung an die soziologische Modernisierungstheorie. In: Soziale Welt, 38, 2: 133-147.
Deutschmann, C. (2002): Postindustrielle Industriesoziologie. Weinheim, München: Juventa.
Dörre, K. (2005): Prekarität – Eine arbeitspolitische Herausforderung. In: WSI-Mitteilungen, 58, 5: 250-258.
Eberling, M./Hielscher, V./Hildebrandt, E./Jürgens, K. (2004): Prekäre Balancen – Flexible Arbeitszeiten zwischen betrieblicher Regulierung und individuellen Ansprüchen. Berlin: edition sigma.
Erlinghagen, M./Knuth, M. (2004): Beschäftigungsstabilität in der Wissensgesellschaft. In: Struck, O./Koehler, C. (Hrsg.), Beschäftigungsstabilität im Wandel. München, Mering: Hampp, 23-38.
Faber, C./Borchers, U. (1999). Familie oder Beruf oder Beruf und Familie? München, Mering: Hampp.
Franzpötter, R. (2000): Der ‚unternehmerische' Angestellte – ein neuer Typus der Führungskraft in entgrenzten Interorganisationsbeziehungen. In: Minssen, H. (Hrsg.), Begrenzte Entgrenzungen. Berlin: edition sigma, 163-176.
Franzpötter, R./Renz, C. (2002): Organisatorische Restrukturierung und Wandel der Arbeitsbeziehungen. Akademie für Technikfolgenabschätzung, Arbeitsbericht 211. Stuttgart.
Goudswaard, A./Nanteuil, M. de (2000): Flexibility and Working Conditions: A Qualitative and Comparative Study in Seven EU Member States – A Summary. European Foundation for the Improvement of Living and Working Conditions, Publication EF0007. Dublin.
Hammer, M./Champy, J. (1994): Business Reengineering. Frankfurt/Main, New York: Campus.
Hillmert, S./Mayer, K.U. (Hrsg.) (2004): Geboren 1964 und 1971 – Neuere Untersuchungen zu Ausbildungs- und Berufschancen in Westdeutschland. Wiesbaden: Verlag für Sozialwissenschaften.

Hochschild, A. (2002): Keine Zeit – Wenn die Arbeit zum Zuhause wird und zu Hause nur Arbeit wartet. Opladen: Leske + Budrich.
Hohendanner, C./Bellmann, L. (2006): Interne und externe Flexibilität. In: WSI-Mitteilungen, 59, 5: 241-246.
Höhn, C./Ette, A./Ruckdeschel, K. (2006): Kinderwünsche in Deutschland – Konsequenzen für eine nachhaltige Familienpolitik. Bundesinstitut für Bevölkerungsforschung für die Robert-Bosch-Stiftung. Stuttgart.
Holtgrewe, U. (1989): Die Arbeit der Vermittlung – Frauen am Klappenschrank. In: Hessische Blätter für Volks- und Kulturforschung, 24: 113-124.
Jaehrling, K. (2004): Wischen in der Wissensgesellschaft – Zum Wandel einfacher Arbeit. In: Institut Arbeit und Technik (Hrsg.), Jahrbuch 2003/2004. Gelsenkirchen, 136-152.
Jurczyk, K. (2005): Work-Life-Balance und geschlechtergerechte Arbeitsteilung – Alte Fragen neu gestellt. In: Seifert, H. (Hrsg.), Flexible Arbeitszeiten in der Arbeitswelt. Frankfurt/Main, New York: Campus, 102-123.
Jürgens, K./Reinecke, K. (1998): Zwischen Volks- und Kinderwagen – Auswirkungen der 28,8-Stunden-Woche bei der VW AG auf die familiale Lebensführung von Industriearbeitern. Berlin: edition sigma.
Keller, B./Seifert, H. (2000): Flexicurity – Das Konzept für mehr soziale Sicherheit flexibler Beschäftigung. In: WSI-Mitteilungen, 53, 5: 291-300.
Klenner, C. (2004): Gender – ein Fremdwort für Betriebsräte? In: WSI-Mitteilungen, 57, 5: 277-286.
Klenner, C. (2005): Balance von Beruf und Familie – Ein Kriterium guter Arbeit. In: WSI-Mitteilungen, 58, 4: 207-213.
Kotthoff, H./Reindl, J. (1990): Die soziale Welt kleiner Betriebe. Göttingen: Schwartz, 354-393.
Krell, G. (1994): Vergemeinschaftende Personalpolitik. München, Mering: Hampp.
Kronauer, M./Linne, G. (Hrsg.) (2005): Flexicurity – Die Suche nach Sicherheit in der Flexibilität. Berlin: edition sigma.
Luhmann, N. (1964): Funktionen und Folgen formaler Organisation. Berlin: Duncker & Humblot.
Lutz, B. (1986): Die Bauern und die Industrialisierung. In: Berger, J. (Hrsg.), Die Moderne – Kontinuitäten und Zäsuren. Soziale Welt (Sonderband 4), 119-137.
Massa-Wirth, H./Seifert, H. (2004): Betriebliche Bündnisse für Arbeit mit begrenzter Reichweite? In: WSI-Mitteilungen, 57, 5: 46-254.
Mayer-Ahuja, N. (2006). Normalarbeitsverhältnis in Internetfirmen? Zur schleichenden Entwertung eines Konzeptes. In: WSI-Mitteilungen, 59, 6: 335-340.
Mintzberg, H./Quinn, J.B. (1991): The Strategy Process: Concepts, Contexts, Cases. Englewood Cliffs: Prentice Hall, 2. Auflage.
Moen, P./Wethington, E. (1992): The Concept of Family Adaptive Strategies. In: Annual Review of Sociology, 18: 223-251.
Moldaschl, M. (1998): Internalisierung des Marktes – Neue Unternehmensstrategien und qualifizierte Angestellte. In: ISF München, INIFES Stadtbergen, IfS Frankfurt, SOFI Göttingen (Hrsg.), Jahrbuch Sozialwissenschaftliche Technikberichterstattung 1997. Berlin: edition sigma, 197-250.
Munz, E. (2006): Mehr Balance durch selbst gesteuerte Arbeitszeiten? In: WSI-Mitteilungen, 59, 9: 478-484.

Osterman, P. (1995): Work/family Programs and the Employment Relationship. In: Administrative Science Quarterly, 40, 4: 681-700.
Ouchi, W.G./Jaeger, A.M. (1978): Type Z Organization: Stability in the Midst of Modernity. In: Academy of Management Review, 3, 2: 305-313.
Parsons, T./Neil S. (1956): Economy and Society. London u.a.: Routledge & Paul.
Piore, M./Sabel, C. (1985): Das Ende der Massenproduktion. Berlin: Wagenbach.
Promberger, M./Bellmann, L./Dreher, C./Sowa, F./Schramm, S./Theuer, S. (2006): Leiharbeit im Betrieb: Strukturen, Kontexte und Handhabung einer atypischen Beschäftigungsform. Abschlussbericht zum Projekt HBS-2002-418-3. Nürnberg.
Rehder, B. (2003): Betriebliche Bündnisse für Arbeit in Deutschland – Mitbestimmung und Flächentarif im Wandel. Frankfurt/Main, New York: Campus.
Sauer, D./Kratzer, N. (2004): Flexibilisierung und Subjektivierung von Arbeit. In: Soziologisches Forschungsinstitut Göttingen (Hrsg.), Berichterstattung zur sozioökonomischen Entwicklung in Deutschland – Arbeit und Lebensweisen (Teil II). Göttingen: SOFI, 41-65.
Schumann, M./Kuhlmann, M./Sanders, F./Sperling, H.J. (2005): Anti-tayloristisches Fabrikmodell – Auto 5000 bei Volkswagen. In: WSI-Mitteilungen, 58, 1: 3-10.
Schumann, M./Kuhlmann, M./Sanders, F./Sperling, H.J. (2006): Vom Risiko- zum Vorzeigeprojekt: Auto 5000 bei Volkswagen. In: WSI-Mitteilungen, 59, 6: 299-306.
Seifert, H. (2005): Flexible Zeiten in der Arbeitswelt. Frankfurt/Main, New York: Campus.
Stöbe-Blossey, S. (2004): Arbeitszeit und Kinderbetreuung: Ergebnisse einer Repräsentativbefragung in NRW. IAT-Report, 2004-01. Gelsenkirchen: Institut Arbeit und Technik.
Struck, O./Koehler, C. (Hrsg.) (2004): Beschäftigungsstabilität im Wandel. München, Mering: Hampp.
Tölke, A./Diewald, M. (2003): Berufsbiografische Unsicherheiten und der Übergang zur Elternschaft bei Männern. In: Bien, W./Marbach, J. (Hrsg.), Partnerschaft und Familiengründung – Ergebnisse der dritten Welle des Familien-Survey. Opladen: Leske + Budrich, 349-384.
Voß, G./Pongratz, H. (1998): Der Arbeitskraftunternehmer – Eine Grundform der „Ware Arbeitskraft"? In: Kölner Zeitschrift für Soziologie und Sozialpolitik, 50, 1: 131-158.
Voss-Dahm, D. (2005): Verdrängen Minijobs „normale" Beschäftigung? In: Institut Arbeit und Technik (Hrsg.), Jahrbuch 2005. Gelsenkirchen, 232-246
Voswinkel, S. (2005): Reziprozität und Anerkennung in Arbeitsbeziehungen. In: Adloff, F./Mau, S. (Hrsg), Vom Geben und Nehmen – Zur Soziologie der Reziprozität. Frankfurt/Main, New York: Campus, 237-256.
Walgenbach, P. (2000). Das Konzept der Vertrauensorganisation – Eine theoriegeleitete Betrachtung. In: Die Betriebswirtschaft, 60: 707-720.
Williamson, O.E./Wachter, M.L./Harris, J.E. (1975): Understanding the Employment Relation: The Analysis of Idiosyncratic Exchange. In: The Bell Journal of Economics, 6, 1: 250-278.
Wittel, A. (1997): Belegschaftskultur im Schatten der Firmenideologie – Eine ethnographische Fallstudie. Berlin: edition sigma.

# Flexibilisierte Lebensläufe?
# Die Dynamik von Auszug und erster Heirat

Simone Scherger

## 1 Einleitung

Flexibilisierte Lebensläufe und die Flexibilisierung von Arbeitsverhältnissen werden oft in einem Atemzug genannt. Dieser Beitrag untersucht, ob sich die zeitliche Struktur familialer Übergänge im Lebenslauf tatsächlich in einer Weise verändert hat, die es rechtfertigt, von ‚flexibilisierten' Lebensläufen zu sprechen. Mit Flexibilisierung des Lebenslaufs ist gemeint, dass sich seine vormals festeren zeitlichen Strukturen verflüssigen, indem zum Beispiel das Timing wichtiger Übergänge variabler wird. Durch den Gebrauch des Begriffs der Flexibilisierung klingt an, dass diese Veränderungen am besten durch die ebenfalls mit Flexibilisierung bezeichnete Dynamik von Arbeitsmärkten und Arbeitsverhältnissen zu erklären seien.

Da sich in der Diskussion um Arbeitsflexibilität und -flexibilisierung sozialwissenschaftliche Fragestellungen mit politischen Analysen und Forderungen vermischen, ist eine genaue begriffliche Abgrenzung unabdingbar. Vobruba (2006: 26) versteht unter Arbeitsflexibilität „einen Vorrat an Handlungsalternativen, [unter] Arbeitsflexibilisierung dessen Herstellung. Arbeitsflexibilität ist ein Potenzial von Akteuren oder von Institutionen. [...] Dimensionen der Arbeitsflexibilität sind: Zeit, Raum, Qualifikation". Über externe, interne, numerische oder funktionale Flexibilisierung setzen Unternehmen Arbeitskraft variabler ein und können so schneller auf Veränderungen z.B. des Marktes reagieren (Keller/Seifert 2002, Vobruba 2006: 29).

Die Annahme eines Zusammenhangs zwischen flexibilisierten Arbeitsverhältnissen und veränderten Lebensläufen ist in mancher Hinsicht plausibel, denn die Art des zeitlichen und räumlichen Einsatzes von Erwerbstätigen ist Teil ihrer Lebensläufe und der ihrer Familienmitglieder. Aber gerade weil die Redeweise der ‚Flexibilisierung von Lebensläufen' den Zusammenhang selbstverständlich und in einer bestimmten Richtung impliziert, erscheint sie vorschnell. *Dass* sich insbesondere familiale Übergänge der ersten Lebenshälfte in ihrem Timing verändert haben, ist unbestritten.

Im Anschluss folgt zunächst ein Überblick darüber, welche Konzepte verwendet werden, um Veränderungen von Lebenslaufmustern zu beschreiben, und mit welchen Problemen sie behaftet sein können. In den beiden folgenden, empirisch orientierten Abschnitten steht der Vergleich von Geburtskohorten im Mittelpunkt, der zwar relativ grob ist, aber dafür weit in die Vergangenheit hineinreicht: Im dritten Abschnitt wird anhand einiger deskriptiver Befunde untersucht, in welcher Weise sich das Timing des Auszugs aus dem Elternhaus und die erste Eheschließung über die Kohorten gewandelt und ob es sich nicht eher differenziert als destandardisiert hat. Im vierten Abschnitt nehme ich die Dynamik hinter den angedeuteten Destandardisierungstendenzen in den Blick. Zu diesem Zweck analysiere ich multivariat die Bedingungen, unter denen sich der Übergang in einen eigenen Haushalt vollzieht. Der abschließende fünfte Abschnitt präsentiert Schlussfolgerungen aus den Ergebnissen und zeigt weitere Forschungsperspektiven auf.

## 2 Begriffe

In welcher Weise sich Lebensläufe über die vergangenen Jahrzehnte verändert haben, wird in unterschiedliche Begriffe gefasst. Lebensläufe seien beispielsweise der „Deinstitutionalisierung" (Held 1986, Levy 1996: 103, Kohli 2003: 529), der „Entstrukturierung" (Hurrelmann 2003, Amrhein 2004) oder eben der Flexibilisierung (Amrhein 2004: 157) ausgesetzt. Sie zeichneten sich durch „increasing fluidity" (Heinz/Krüger 2001: 45) oder erhöhte „Diskontinuität" (Heinz/Krüger 2001: 36) aus oder unterlägen Prozessen der Pluralisierung (Brückner/Mayer 2005: 33), (Aus-)Differenzierung oder Individualisierung (Buchmann 1989, Weymann 1989). Begriffe wie Entstrukturierung, „increasing fluidity" oder erhöhte Diskontinuität sind allgemeiner und beschreibender Natur. Eine zweite Gruppe von Begriffen, insbesondere Pluralisierung und (Aus-)Differenzierung, beinhaltet eine genauere Vorstellung davon, in welchen Mustern sich Lebensläufe verändern. Differenziert haben sich Lebensläufe möglicherweise insofern, als sich unterschiedliche Personengruppen in ihrem Übergangstiming immer mehr voneinander unterscheiden, dabei aber in sich homogen bleiben. Dies kann in einer größeren zeitlichen Streuung des Übergangs über alle Gruppen hinweg resultieren. Dieses Muster wird weiter unten empirisch überprüft.

Eine dritte Kategorie von Begriffen, zu der neben Flexibilisierung vor allem Deinstitutionalisierung und Individualisierung gehören, ist zumeist unausgesprochen mit bestimmten Erklärungen für den Wandel von Lebensläufen verbunden. Deinstitutionalisierung bezieht sich entweder auf den Lebenslauf als Institution (Kohli 1985), die sich auflöst, oder auf die institutionelle Steuerung von Lebensläufen, die schwächer wird. Individualisierung meint die Umstellung des Vergesellschaftungsmodus auf einen individuellen (vgl. Kohli 1985: 3), der die Struktur von Lebensläufen verändert. In Kohlis Augen ist das moderne Lebenslaufregime der 60er Jahre bereits ein herausragendes Beispiel für einen solchen Vergesellschaftungsmodus, der sich direkt auf das Individuum bezieht, welches damit immer weniger über Klassen, Stände, etc. eingebunden ist. Andere sprechen erst für die Entwicklung der letzten beiden Jahrzehnte von einer Individualisierung des Lebenslaufs, womit dann folglich ein neuer Grad von Veränderung oder etwas ganz anderes gemeint sein muss[1]. Flexibilisierung, Deinstitutionalisierung und Individualisierung sind schillernde Begriffe mit weit reichenden theoretischen Implikationen, die zunächst offen gelegt werden müssten, bevor die einzelnen Behauptungen geprüft werden können. Deswegen wird ihr Gebrauch als Trendaussage in diesem Beitrag vermieden. In die inhaltliche Diskussion um die noch genauer zu beschreibenden Veränderungen werden diese Konzepte jedoch mit Gewinn als mögliche Erklärungen aufgenommen.

Die *Beschreibung* der Lebenslaufdynamik muss also begrifflich deutlich von ihrer *Erklärung* getrennt werden. Deswegen ziehe ich zur Charakterisierung der Veränderungen des aktuellen Lebenslaufregimes den Begriff der Destandardisierung vor (vgl. Kohli 1985, 1986, 2003; Guillemard 1991; Siebers 1996: 28; Heinz 2002: 49; Konietzka/Huinink 2003; MacMillan 2005). Ein Merkmal von Zeitordnungen, zu denen der Lebenslauf gehört, ist das Ausmaß, in dem sie gesellschaftliche Prozesse standardisieren, d.h., in dem sie zum einen das Auftreten bestimmter Aktivitäten, zum anderen deren Beginn, Ende, Dauer, Abfolge und Rhythmus festschreiben. In Bezug auf Lebensläufe stellen Übergänge und aus Übergängen zusammengesetzte Sequenzen die Beobachtungseinheit dar, an deren Timing Standardisiertheit gemessen werden kann. (De-)Standardisierung dient als neutraler, gradueller und relativer Beschreibungsrahmen: Lebensläufe sind immer nur im historischen oder internationalen Vergleich standardisiert oder destandardisiert. Trotz seines scheinbar ‚technischen' Charakters greift der Begriff immer auf gesellschaftlich vordefinierte Zustände und Übergänge zurück.

Für Lebensläufe lassen sich zwei Aspekte von Standardisiertheit trennen (Brückner/Mayer 2005: 32): Universalität und Uniformität. Bei Universalität geht es um die Verbreitung von Zuständen und Übergängen, also um die Frage, ob bestimmte Übergänge des Lebenslaufs bei fast allen, nur bei wenigen, usw. auftreten. Uniformität, der zweite Aspekt, meint die zeitliche Festgelegtheit (Brückner/Mayer 2005: 32) von Übergängen, Zuständen, Sequenzen und Lebensläufen. Uniformität zeigt sich beispielsweise in deutlich erkennbaren, klar definierten Zeitpunkten oder Zeiträumen für einzelne Aktivitäten im Lebenslauf, d.h. unter anderem in typischen Altersstufen für Übergänge. Aber auch der Zusammenhang mehrerer Übergänge kann als standardisiert oder destandardisiert beschrieben werden. Die Reihenfolge verschiedener Übergänge, genauer ihre diachrone sowie synchrone Verknüpftheit zu Sequenzen und Lebensläufen, kann stärker oder schwächer festgelegt sein. Bei

---

1 Ein Teil der vorgestellten Überlegungen und Analysen beruht auf der Dissertationsschrift der Autorin, die voraussichtlich im Laufe des Jahres 2007 veröffentlicht wird. Vgl. dort für ausführlichere begriffliche und empirische Analysen.

hoher Uniformität stellen Sequenzen oder Lebensläufe relativ feste Muster dar.

Zunächst präsentiere ich einige deskriptive Beispiele dafür, in welcher Weise sich wichtige Übergänge im Lebenslauf über die Kohorten destandardisiert haben. Ihren direkten Niederschlag findet die Flexibilisierung von Arbeitsverhältnissen in der Destandardisierung von Übergangen aus der Ausbildung in den Beruf und von Erwerbskarrieren als solchen. Diese werden hier nicht betrachtet. Familiale Übergänge der ersten Lebenshälfte[2] unterliegen ebenfalls Prozessen der Destandardisierung, wie der nächste Abschnitt zeigt. Doch ist hier der Zusammenhang zu flexibleren Arbeitsverhältnissen nicht so klar, wie es auf den ersten Blick scheint.

## 3 Destandardisierung und Differenzierung

Ausgehend von der Annahme, dass sich der vermutete Wandel, hier: die Destandardisierung von Lebensläufen, über Geburtskohorten vollzieht, wird die zeitliche Entwicklung über den Vergleich verschiedener Geburtskohorten veranschaulicht. Damit trage ich der Idee des Lebenslaufs als eines ganzheitlichen Zusammenhangs Rechnung: Geburtskohorten sind im Verlauf ihres Lebens ähnlichen Einflüssen ausgesetzt und deswegen als Einheiten der Beschreibung gut geeignet.

Für die empirischen Analysen bediene ich mich der Daten des Sozioökonomischen Panels (SOEP). Das SOEP ermöglicht einen breiten Vergleich westdeutscher Kohorten (ca. 1920 bis 1970). Die älteren Kohorten haben die meisten wichtigen biographischen Übergänge vor dem Erhebungszeitraum des SOEP erlebt. Diese Ereignisse wurden zu Beginn des Erhebungszeitraums allein retrospektiv und in Jahresangaben erhoben. Die innerhalb des Erhebungszeitraums erfolgten Übergänge der jüngeren Geburtsjahrgänge liegen in vielen Fällen zwar als Monatsangaben vor, können mit den Angaben der Älteren aber nur in Form grober Jahresangaben verglichen werden. So sind einerseits kleinere Schwankungen schlechter erfassbar. Wenn sich selbst mit diesen groben Angaben ein deutlicher Trend abzeichnet, sollte dieser andererseits robust sein.

Der Auszug aus dem Elternhaus und der Übergang in die erste Ehe sind zwei wichtige Schritte im Übergang zum Erwachsenenalter. Der Auszug vollendet die Loslösung von der Herkunftsfamilie räumlich, auch wenn die ökonomische Abhängigkeit deswegen nicht immer endet. Die erste Eheschließung stellt einen Schritt auf dem Weg zur Gründung einer eigenen Fa-

---

2 Dies trifft auf die vielfach vernachlässigten familialen Übergänge der zweiten Lebenshälfte (z.B. Auszug des letzten Kindes aus dem Elternhaus) weniger oder gar nicht zu; die hier geführte Diskussion passt auf sie nur sehr bedingt (vgl. Fußnote 1).

*Flexibilisierte Lebensläufe? Die Dynamik von Auszug und Heirat* 197

milie dar. Der Zeitpunkt des endgültigen Auszugs aus dem Elternhaus kann nicht immer genau bestimmt werden, da es sich manchmal um einen längeren Übergangsprozess in mehreren Schritten handelt (vgl. Mayer/Wagner 1989: 25, Wagner/Huinink 1991: 39, Ziegler/Schladt 1993)[3].
Dies gilt für die erste Eheschließung nicht. Gleichwohl ist mit ihr nur ein Ausschnitt aus dem eigentlich relevanten Geschehen erfasst, denn retrospektiv (d.h. für die älteren Kohorten) sind keine Angaben zu nichtehelichen Lebensgemeinschaften vorhanden. Diese Informationen sind für die Diskussion eigentlich unverzichtbar, da nichteheliche Lebensgemeinschaften je nach Standpunkt oder Bezugsgruppe als Vorform der Ehe oder als ihr strukturelles Äquivalent begriffen werden (ausführlicher Burkart/Kohli 1992, Klein 1999a und 1999b, Lauterbach 1999, Nave-Herz 2001).

Grafik 1 zeigt die Quartilsabstände[4] für das Alter beim Auszug[5], also den Abstand in Jahren zwischen dem Alter, in dem 25 Prozent der jeweiligen Kohorte ausgezogen sind und demjenigen, in dem 75 Prozent ihr Elternhaus verlassen haben. In der letzten Kohorte (1975 bis 1979 geborene Personen) haben erst zwischen 50 und 75 Prozent den Übergang vollzogen, so dass noch kein vollständiger Quartilsabstand angegeben werden kann.

Das Auszugsalter sinkt zunächst über die Kohorten und steigt dann wieder. In allen Kohorten ziehen Frauen im Mittel zwei bis drei Jahre, bei den jüngsten sogar vier Jahre früher aus als die jeweiligen Männer. Am stärksten konzentriert ist das Auszugsalter bei den in den 40er und 50er Jahren Geborenen. Danach erfolgt eine deutliche Destandardisierung, vor allem bei den Männern, deren Auszugsalter aber schon immer stärker streute. Bei den Jüngsten beträgt das Alter, in dem die Hälfte einer Kohorte ausgezogen ist,

---

3  Zunehmendes Pendeln zwischen Herkunfts- und eigenem Haushalt sowie vermehrte Rückzüge ins Elternhaus (z.B. bei zeitweiliger Arbeitslosigkeit, vgl. da Vanzo/Kobrin Goldscheider 1990) sind selbst Destandardisierungserscheinungen, die aber nur mittels ausgefeilter Erhebungsinstrumente erfasst werden können.
4  Die Quartilsabstände werden auf Basis des Produkt-Limit-Verfahrens von Kaplan und Meier geschätzt, das den Vorteil bietet, rechtszensierte Fälle einzubeziehen, die den Übergang noch nicht vollzogen haben (ausführlicher vgl. Kleinbaum 1996: 45ff).
5  Bei den älteren Kohorten, deren Auszugsalter im Jahr 1985 retrospektiv erhoben wurde, gehe ich davon aus, dass es sich bei dieser Angabe um den endgültigen Auszug aus dem Elternhaus und die Gründung eines eigenen Haushalts handelt, obwohl darüber keine genauen Informationen vorliegen. Für die nach 1984 Ausgezogenen, deren Auszugstermin ich über den Vergleich von Haushaltsnummern ermittele (ähnlich Lauterbach/Lüscher 1999; vgl. Fußnote 1), ergibt sich ein Anteil von knapp unter zehn Prozent, der zwei- oder mehrmals den elterlichen Haushalt verlässt; hier wurde jeweils der früheste Auszugstermin übernommen. Damit werden unvermeidlich in einigen Fällen unterschiedliche Schritte des Auszugsverhaltens miteinander verglichen, ein Fehler, der aber insgesamt wenig ins Gewicht fällt. Im schlechtesten Fall wird der letzte von mehreren Auszügen bei den älteren Kohorten mit dem ersten Auszug bei den Jüngeren verglichen, was bei der gegebenen Erhöhung des Alters beim Auszug über die Kohorten eher zu einer Unterschätzung des Unterschieds führt; umgekehrt wäre ein deutlicher Unterschied zwischen den Kohorten ein umso robusteres Ergebnis. Ausgeschlossen von den Betrachtungen sind Auszüge von unter 18jährigen.

für Frauen 24 und für Männer 26 Jahre, damit liegt diese Schätzung am oberen Ende dessen, was andere Daten ergeben[6].

Grafik 1: *Alter beim Auszug aus dem Elternhaus*

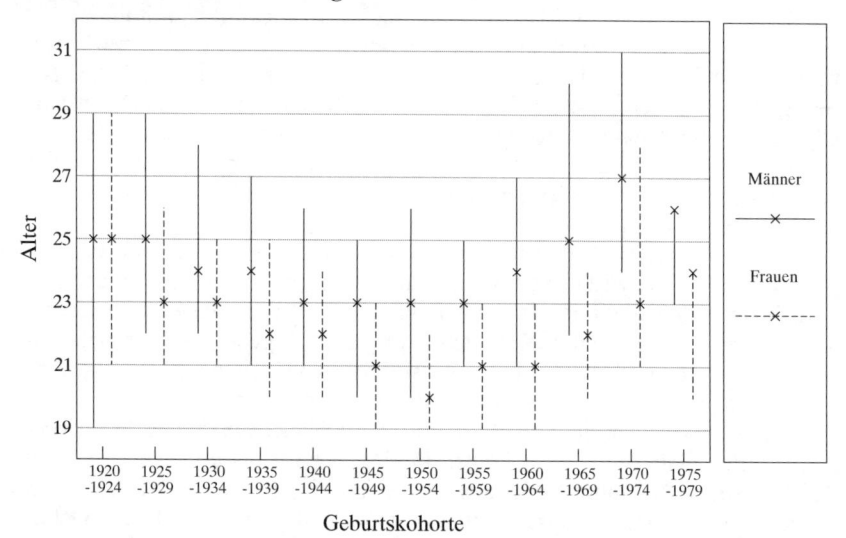

Datenbasis: SOEP 1984 bis 2004, n= 7.527 (6.916 Ereignisse).

Ausgehend von der Kohorte der 20er Jahre hat sich das Auszugsalter zunächst konzentriert und ist gesunken. Die mittleren Kohorten bilden somit eine verhältnismäßig standardisierte Ausnahme nicht nur im Vergleich zu den Kohorten danach, sondern auch zu denen davor. So relativieren sich aktuelle Destandardisierungsprozesse im historischen Vergleich. Allerdings übertrifft die Destandardisierung der jüngsten Kohorten diejenige bei den ältesten.

Grafik 2 bietet ein ähnliches Bild für die erste Eheschließung[7]. Frauen sind im Mittel zwei bis vier Jahre jünger als Männer, wenn sie erstmals heiraten. Die Ende der 40er, Anfang der 50er Jahre geborenen Frauen und Männer sind diejenigen, die am frühesten heiraten, nämlich im Mittel mit 22 (Frauen) bzw. 25 Jahren (Männer). In der Geburtskohorte 1920 bis 1924 heiraten dagegen Frauen im Mittel mit 25, Männer mit 27 Jahren, in der zuletzt geborenen Kohorte mit 27 bzw. 31 Jahren.

---

6 Relativiert wird dies durch die nur sehr groben Jahresangaben. Genauer müsste man (z.B. den Median) jeweils so interpretieren, dass 50 Prozent einer Kohorte in dem Jahr ausgezogen sind, in dem sie (z.B.) das 24. Lebensjahr vollendet haben.

7 Ausgeschlossen werden nur unplausible Fälle, die in einem Alter von unter 16 Jahren geheiratet haben. In bestimmten Ausnahmefällen ist heute wie auch vor 1975 eine Eheschließung mit 16 oder 17 Jahren möglich.

*Flexibilisierte Lebensläufe? Die Dynamik von Auszug und Heirat*

Grafik 2: *Alter bei erster Eheschließung*

Geburtskohorte

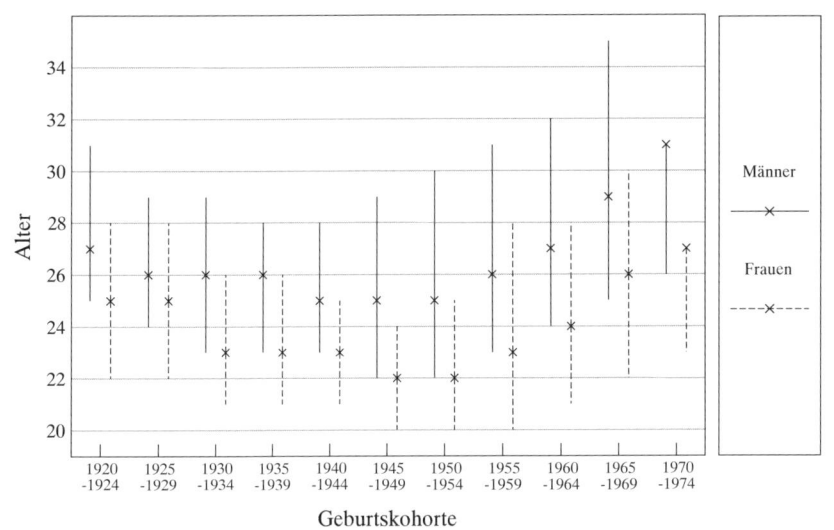

Datenbasis: SOEP 1984 bis 2004, n= 17.192 (15.853 Ereignisse).

Der Abstand zwischen denen, die früh im Lebenslauf heiraten, und denen, die diesen Übergang spät vollziehen, beträgt bei den mittleren Kohorten im Minimum vier bzw. fünf Jahre, bei den ältesten sechs Jahre, und bei den jüngsten schnellt er auf acht Jahre bei den Frauen und zehn Jahre bei den Männern hinauf. Auch hier kehren die jüngeren Kohorten also zu einem weniger standardisierten Muster zurück, übertreffen die ältesten aber in der Streuung des Übergangs.

Im nächsten Schritt prüfe ich, ob die auf den ersten Blick für den Auszug aus dem Elternhaus und die erste Heirat bestätigte Tendenz der Destandardisierung durch Differenzierungsprozesse erklärt wird. Möglicherweise ist die größere zeitliche Streuung des Übergangs darauf zurückzuführen, dass sich verschiedene Gruppen ausdifferenziert haben, deren Übergangstiming immer weiter auseinander geht.

Die wichtigste Differenzierung, neben der zwischen Männern und Frauen, ist die nach Bildungsgruppen. Dafür gibt es mehrere mögliche Gründe, vor allem hinsichtlich der Eheschließung: Erstens die verlängerte Bildungsphase, in deren Folge Auszug und Heirat aufgeschoben werden, unter anderem weil die finanzielle Unabhängigkeit immer später erreicht wird. In dieser Phase ist ein Auszug oft nur mit ökonomischer Unterstützung der Eltern oder mit einem Nebenjob möglich; zudem sind kurzfristige, flexiblere Bindungsformen wie eine Partnerschaft ohne gemeinsamen Haushalt oder eine nichteheliche Lebensgemeinschaft attraktiver als eine Ehe, da erstere leichter und ohne Folgekosten lösbar ist als eine Ehe (Blossfeld et al. 1999). Zweitens wird in Bezug auf die Heiratsneigung von Frauen immer wieder das Argument angeführt, dass sich nach großen Investitionen in Bildung und Ausbildung eine Heirat (und spätere Familiengründung[8]) nicht mehr lohne, weil sie relativ zum potentiell entgangenen Einkommen immer unattraktiver werde[9]. Drittens wird zuweilen in Hinblick auf bestimmte Milieus bzw. Lebensstilgruppen argumentiert, dass eine Heirat hier nicht mehr unbedingt zum normativ favorisierten Lebenslaufmodell gehöre (z.B. Burkart/Kohli 1989, Lauterbach 1999).

Grafik 3: *Alter bei Auszug aus dem Elternhaus nach Schulabschluss*

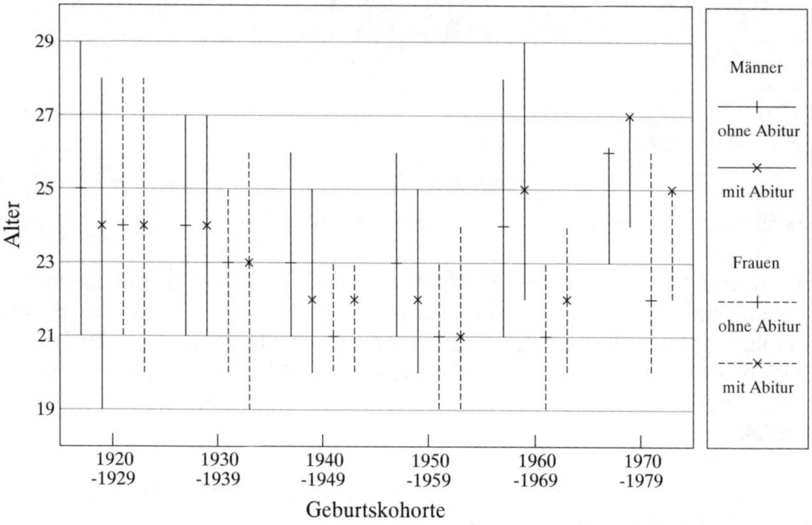

Datenbasis: SOEP 1984 bis 2004, n=7.489 (6.887 Ereignisse).

Grafik 3 stellt das Alter beim Auszug aus dem Elternhaus nicht nur differenziert nach Geschlecht dar, sondern unterscheidet auch Personen mit und ohne Abitur. Weiterführende Abschlüsse sind zu diesem biographischen Zeitpunkt oft noch nicht erworben worden, so dass sich der Schulabschluss am besten zur Differenzierung eignet. Bis in die Kohorte der 50er Jahre bestehen nur

---

8   Ausführlicher zum Verhältnis von Flexibilisierung und Elternschaft vgl. Düntgen/Diewald sowie Kreyenfeld in diesem Band.
9   Dieses sehr umstrittene Argument, seine Differenzierungen und die Gegenargumente können im vorliegenden Zusammenhang nicht ausführlich dargelegt werden. Vgl. beispielhaft Becker (1981) und Oppenheimer (1988, 1994, 2003).

geringe Unterschiede zwischen Personen mit und ohne Abitur – Männer mit Abitur ziehen in den mittleren Kohorten sogar etwas früher aus als ihre Altersgenossen ohne. Erst ab der Kohorte der in den 60er Jahren Geborenen bleiben diejenigen mit Abitur länger im Elternhaus; der Unterschied des Medians beträgt ein bis drei Jahre. Allerdings verschiebt und destandardisiert sich das Auszugsalter der Personen ohne Abitur ebenso, wenn auch etwas weniger deutlich als bei den höher Gebildeten. Die in Grafik 1 gezeigte Destandardisierung ist somit nicht allein oder hauptsächlich auf eine Differenzierung zurückzuführen. Das Auszugsalter destandardisiert sich in allen Kohorten und erfährt überdies eine leichte Differenzierung in Abhängigkeit vom Bildungsstand, hier gemessen in Form des Schulabschlusses.

Ähnliches gilt für die erste Eheschließung (Grafik 4), bei der die Destandardisierung ebenso wenig in der Differenzierung nach Bildung aufgeht, selbst wenn letztere etwas offensichtlicher ausfällt als beim Auszug aus dem Elternhaus.

Grafik 4: *Alter bei erster Eheschließung nach Schulabschluss*

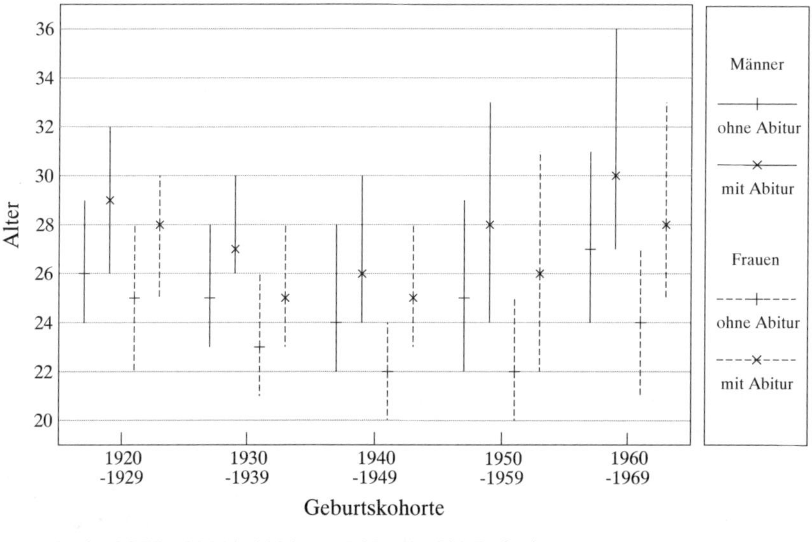

Datenbasis: SOEP 1984 bis 2004, n=15.994 (15.081 Ereignisse).

Während Destandardisierung und Aufschub der Übergänge anfänglich vor allem mit veränderten Werten und Präferenzen im biographischen Handeln erklärt wurden, verschiebt sich der Fokus der Ursachensuche inzwischen auf Impulse und Zwänge, die von verlängerten Bildungsprozessen, den Schwierigkeiten des Übergangs in die Erwerbstätigkeit und allgemein von instabileren Erwerbskarrieren ausgehen (Brückner/Mayer 2005)[10]. Mit dieser Verschiebung erfolgt auch eine engere Verknüpfung der Erklärungsmuster mit dem auf Arbeitsverhältnisse bezogenen Flexibilisierungsdiskurs.

## 4 Die Verknüpfungslogik familialer Übergänge am Beispiel des Auszugs aus dem Elternhaus

Gegen die gerade geschilderte Interpretation des Zusammenhangs kann aus zwei Richtungen argumentiert werden. Erstens ist es vor allem für den Unterschied zwischen den Geschlechtern nicht ausreichend, das veränderte Timing familialer Übergänge der ersten Lebenshälfte nur als Anpassung an Arbeitsmarkterfordernisse und flexibilisierte Erwerbsverhältnisse zu betrachten. Erst mit dem Wandel von Werten und Geschlechterrollen können sich neue Lebensformen entfalten, welche die alten Muster ganz, zeit- oder teilweise aufbrechen. Wenn man zweitens familiale Übergänge auf ihre Abhängigkeit vom – natürlich zentralen – Bereich der Erwerbsarbeit reduziert, wird die dem Lebenslauf eigene Dynamik verkürzt. Es besteht zwar eine Beziehung zwischen familialen und beruflichen Übergängen, ihre Gestaltung ist aber im Prinzip variabel, wird von einer Vielzahl weiterer Einflüsse moderiert und kann sich mit der Zeit verändern. Das folgende multivariate Beispiel deutet an, in welcher Logik einzelne (familiale) Übergänge miteinander verknüpft sind. Als Beispiel dient dabei abermals der Auszug aus dem Elternhaus.

Im Mittelpunkt klassischer theoretischer Herangehensweisen an den Auszug aus dem Elternhaus stehen ökonomische Marktmodelle oder Kosten-Nutzen-Ansätze (Hill/Hill 1976, da Vanzo/Kobrin Goldscheider 1982, Ott 1986), die beschreiben sollen, was den Entschluss zum Auszug prägt. Dieser wird dabei mal Eltern, mal Kindern und mal Verhandlungen zwischen beiden Parteien zugerechnet. In den Entscheidungsprozess fließen die ökonomischen Ressourcen der Eltern und der Kinder, die familiale Situation der Herkunftsfamilie (Geschwister, Trennung der Eltern), Werthaltungen beider Seiten, die Qualität der Eltern-Kind-Beziehung, die Wohnsituation im Elternhaus und die Lage auf dem Wohnungsmarkt ein. Kontextvariablen wie die letztere erweisen sich vor allem im internationalen Vergleich als relevant, ähnlich wie regionale Herkunft und wohlfahrtsstaatliche Arrangements.

---

10 Die möglichen Gründe für Standardisierung oder Destandardisierung (im historischen und internationalen Vergleich) verdienten eine ausführlichere Diskussion. Ein Komplex aus kulturellen Faktoren (Werte und Normen), institutionellen Einflüssen (Wohlfahrtsstaat, Bildungssystem) und gesamtgesellschaftlichen Rahmenbedingungen (wirtschaftliche Entwicklung, Konjunkturlage) – so kann man bisherige Forschungen zusammenfassen – formt das Lebenslaufregime in entscheidender Weise (z.B. Kohli 1985, Brückner/Mayer 2005).

Andere Übergänge im Lebenslauf verändern die Entscheidungs- und Verhandlungssituation in Bezug auf den Auszug grundlegend und stellen herausragende Erklärungsfaktoren für seinen Zeitpunkt dar. Dazu zählen neben Heirat, Zusammenzug mit einem nichtehelichen Partner oder Geburt eines Kindes berufliche Übergänge, etwa ein mit einem Wohnortwechsel verbundener Studien- oder Ausbildungsbeginn oder die erste berufliche Tätigkeit mit regulärem Einkommen (Mayer/Wagner 1989: 33, Ziegler/Schladt 1993: 78, Lauterbach/Lüscher 1999, Aasve et al. 2002).

Für die Verschiebung und Destandardisierung des Auszugsalters werden unterschiedliche Ursachen genannt[11]. Besonders die verlängerte Bildungsphase und der verspätete Eintritt ins Berufsleben verzögern sowohl Auszüge als auch Eheschließungen und nichteheliche Lebensgemeinschaften, so vielfach die Argumentation (z.b. Blossfeld et al. 2005).

In der multivariaten Analyse verwende ich die oben schon gezeigten Daten für den Auszug in einem discrete-time model. Für dieses logistische Übergangsratenmodell werden die Daten in Jahres-Spells umgewandelt und mittels logistischer Regression analysiert. Das Modell wird zwar etwas unübersichtlich, wenn man Alter als kategoriale unabhängige Variable verwendet, jedoch sind leicht andere Übergänge als zeitabhängige Variablen einbeziehbar. Sämtliche Angaben liegen nur in Jahren vor, weswegen insbesondere die Einflüsse der zeitabhängigen Variablen als zeitliche Kopplungen betrachtet werden sollten und keinesfalls nur als kausale Einflüsse. Denn was biographische Zusammenhänge angeht, muss ein kausaler Einfluss dem abhängigen Ereignis nicht unbedingt vorangehen. So kann etwa eine in einem halben Jahr geplante Eheschließung zum Auszug führen, die geplante Eheschließung ist hier die Ursache (bzw. das Motiv) für den Auszug, obwohl sie erst auf diesen folgt. Die Schwierigkeit, die Richtung des Zusammenhangs eindeutig zu erfassen, wäre auch mit Monatsangaben nicht hinlänglich zu lösen.

Um das Auszugstiming der Kohorten zu vergleichen, prüfe ich seinen Zusammenhang mit Alter, Geschlecht, ersten Erwerbstätigkeit und den Übergängen in die Ehe und Elternschaft[12]. In welcher Weise hat sich das Gefüge

---

11 Als Ursachen für den Geschlechterunterschied werden die Geschlechterrollen genannt (die es Frauen erleichtern, einen eigenen Haushalt zu führen), ein früheres Heiratsalter von Frauen, das zu früheren Auszügen führt, sowie damit zusammenhängend ihre lange geringere Bildungsbeteiligung (z.B. Mayer/Wagner 1989: 33, Weick 1993: 105, Ziegler/Schladt 1993: 82, Weick 2002: 12). Die letzte Erklärung ist ohnehin obsolet geworden; eine erschöpfende Antwort, warum der Geschlechterunterschied unvermindert fortbesteht bzw. sich der Tendenz nach sogar verstärkt, bieten aber auch die anderen nicht.

12 Das als kategoriale Variable gefasste Alter wird dabei der Übersichtlichkeit halber in Drei-Jahres-Gruppen zusammengefasst; in Ein-Jahres-Schritten wäre seine Erklärungskraft am größten (auch größer als die einer metrischen Variable). Die Kohortenunterschiede im Auszugsalter erweisen sich in Modellen, die alle Gruppen umfassen, als größtenteils signifikant. Zur Betrachtung ausgewählt wurden die Altersstufen von 18 bis 35, womit in den betreffenden Kohorten etwa 97 Prozent der Fälle einbezogen sind. Die Kohorte 1970 bis 1979

der Faktoren verändert, die den Auszug aus dem Elternhaus bedingen – oder haben sich die bisherigen Zusammenhänge bei den jüngeren Kohorten sogar aufgelöst? Bei zunehmender Flexibilisierung im Sinne einer Anpassung an den erwerbsbiographischen Strang des Lebenslaufs müsste der Erwerbseinstieg das entscheidende Signal zum Auszug geben. Flexibilisierung in einem allgemeineren Sinn könnte heißen, dass die Zahl der den Auszug beeinflussenden Faktoren zunimmt und die statistischen Beziehungen insgesamt schwächer, da individuell variabler werden. Alterseffekte, die trotz Kontrolle anderer Einflüsse signifikant fortbestehen, sind ein Hinweis auf Altersnormen.

Tabelle 1: *Auszug aus dem Elternhaus – Übergang in die Erwerbstätigkeit (discrete-time models für einzelne Geburtskohorten)*

| Geburtskohorte | 1920-1929 | 1930-1939 | 1940-1949 | 1950-1959 | 1960-1969 |
|---|---|---|---|---|---|
| | Exp (b) | Exp (b) | Exp (b) | Exp (b) | Exp (b) |
| Alter (Ref.: 18-20 Jahre) | | | | | |
| 21-23 | 0,98 | 1,42** | 1,76*** | 1,60*** | 1,38** |
| 24-26 | 1,13 | 1,91*** | 1,96*** | 1,97*** | 1,79*** |
| 27-29 | 1,13 | 1,38 | 2,28*** | 1,15*** | 1,68** |
| 30-32 | 0,81 | 1,97** | 2,19** | 0,69 | 0,65 |
| 33-35 | 1,25 | 2,54** | 1,38 | 0,28* | 0,64 |
| Geschlecht (Ref.: männlich) | | | | | |
| Weiblich | 1,02 | 1,07 | 1,23* | 1,47*** | 2,02*** |
| Zeitabhängige Variablen | | | | | |
| Jemals erwerbstätig gewesen (Ref.: nie gearbeitet) | 0,81 | 1,02 | 0,75* | 1,17 | 2,09*** |
| Beginn erste Ehe im gleichen Jahr (Ref.: andere Jahre) | 45,71*** | 57,74*** | 51,01*** | 32,40*** | 28,52*** |
| Geburt des ersten Kindes im gleichen Jahr (Ref.: andere Jahre) | 1,68* | 1,99* | 2,59*** | 3,33*** | 1,81 |
| Konstante | 0,06 | 0,05 | 0,07 | 0,07 | 0,04 |
| Nagelkerkes r² | 0,39 | 0,48 | 0,48 | 0,37 | 0,26 |
| n in Jahren | 6194 | 6551 | 5827 | 5198 | 4215 |
| n in Personen (Ereignisse) | 765 (693) | 972 (946) | 1.035 (1.018) | 999 (969) | 675 (636) |

Datenbasis: SOEP 1984 bis 2004 (* p<0,05, **p<0,01, ***p<0,001).

hat das Alter von 35 Jahren 2004 noch nicht erreicht, weshalb sie von den Betrachtungen ausgeschlossen wird.

Vom Übergang in die erste Erwerbstätigkeit wird ebenso wie vom Eintritt in die erste Ehe ein positiver Einfluss erwartet, da sie als eine Art Pull-Faktoren für die Gründung eines eigenen Haushalts wirken. Das Gleiche gilt für die erste Elternschaft, zumindest bei den älteren Kohorten: Da ein gewisser Anteil dieser Jahrgänge auch nach der Eheschließung im Elternhaus eines der Partner wohnen bleibt, stellt die Geburt eines Kindes einen neuerlichen Anreiz zum Auszug dar, weil etwa der Wohnraum knapper wird.

Der Einfluss des Alters auf das Wahrscheinlichkeitsverhältnis[13] auszuziehen ist bei denen am größten, die in den 30er und 40er Jahren geboren wurden (Tabelle 1). In der Altersstufe Anfang 20 weisen diese Jahrgänge zudem eine größere Auszugsneigung auf als die zuletzt geborenen. Auch im Alter jenseits der 30 zeigen die in den 30er und 40er Jahren Geborenen noch eine erhöhte Auszugsneigung. Für die jüngsten beiden Kohorten gilt dies nicht mehr: Die wenigen, die mit über 30 noch im Haushalt der Eltern verbleiben, haben keine signifikant andere Wahrscheinlichkeit, das Elternhaus zu verlassen, als die 18- bis 20jährigen. Der Tendenz nach ist diese Wahrscheinlichkeit im Vergleich zu den Jüngsten sogar verringert, wenn auch nur in einem Fall signifikant.

In der ältesten Kohorte hat das Alter als solches keinen signifikanten Einfluss auf die Auszugswahrscheinlichkeit, offensichtlich sind andere Einflüsse ausschlaggebend. Erst in den Kohorten danach bestimmt das Alter unabhängig von anderen Übergängen und Faktoren das Timing des Auszugs mit und wird zu einem Maßstab, an dem die Gestaltung von Lebensläufen orientiert ist. Die Institutionalisierung des Lebenslaufs, deren Merkmal unter anderem eine starke Altersgradierung einzelner Übergänge ist, erreicht bei den mittleren Kohorten ihren Höhepunkt.

Während sich in den ersten beiden Kohorten kein signifikanter Geschlechtereffekt findet, ist dieser bei den jüngeren deutlich und signifikant: Frauen ziehen im beobachteten Alter von 18 bis 35 häufiger aus als Männer – ein Anzeichen der zunehmenden Zahl männlicher Nesthocker[14].

Die erwartete Beziehung der Auszugschancen zur ersten Erwerbstätigkeit[15] findet sich nur in der zuletzt geborenen Kohorte, in der sich nach Auf-

---

13 Die exponierten Werte von b geben wieder, um welchen Faktor sich das Wahrscheinlichkeitsverhältnis (p/1-p) unter Einfluss der jeweiligen Ausprägung und im Vergleich zur Referenzgruppe ändert. Ein Wert über 1 bedeutet eine Vergrößerung des Wahrscheinlichkeitsverhältnisses, ein Wert unter 1 eine Verringerung. Dem entspricht eine Vergrößerung bzw. Verringerung der Wahrscheinlichkeit, jedoch um einen anderen Faktor.
14 Genau genommen interagieren Alter und Geschlecht: Männer ziehen in der Lebensspanne von 18 bis 35 deutlich später aus als Frauen.
15 Sämtliche andere Varianten der Variable zu Erwerbstätigkeit, ihre Beschränkung auf Vollzeit-Erwerbstätige oder die Umkodierung als Indikator nur für das Jahr, in dem erstmals gearbeitet wird, ergeben nicht signifikante oder schlechtere Ergebnisse als die hier aufgeführte Version. Auch eine im gleichen Jahr bestehende Arbeitslosigkeit weist keinen überzufälligen Zusammenhang zur Auszugswahrscheinlichkeit auf.

nahme der Erwerbstätigkeit das Chancenverhältnis eines Auszugs verdoppelt[16]. Dabei kann der Zusammenhang in beide Richtungen interpretiert werden: Wer arbeitet, kann sich eher eine eigene Wohnung leisten, und wer bereits das Elternhaus verlassen hat, ist stärker darauf angewiesen, zu arbeiten, und sei es nebenbei. Bei den in den 40er Jahren Geborenen gibt es einen der These des positiven Zusammenhangs zur ersten Erwerbstätigkeit widersprechenden Effekt, der schwer zu erklären, aber auch schwächer signifikant ist.

Der Einfluss des Übergangs in die Ehe[17] auf den Auszug aus dem Elternhaus nimmt wie erwartet ab, bleibt aber auch bei den in den 60er Jahren Geborenen stärker als alle anderen bestehen. Die Kopplung des Auszugs mit der Geburt eines Kindes löst sich dagegen in der letzten Kohorte auf. Es gibt in den jüngeren Kohorten kaum noch Paare, die nach der Eheschließung im Haushalt der Eltern verbleiben, so dass bei Geburt eines Kindes der Auszug fast immer schon erfolgt ist.

Die Erklärungskraft des Modells ist in der mittleren Kohorte am größten, bei der fast 50 Prozent der Varianz erklärt werden, und halbiert sich bis zur letzten. In den ältesten Kohorten – ereigniszeitlich in den 50er und 60er Jahren – besteht die engste Kopplung zwischen Auszug aus dem Elternhaus und der ersten Eheschließung: Junge Frauen und Männer bleiben oft so lange im Elternhaus, bis sie einen Ehepartner gefunden haben – die Heirat ist das entscheidende Signal zum Auszug aus dem Elternhaus. Die Beendigung der Ausbildungsphase und die Aufnahme einer ersten Erwerbstätigkeit spielen dabei keine eigenständige Rolle. Im Hintergrund dieser Befunde steht gleichwohl der sich über die Kohorten verlängernde Bildungsprozess: In den ältesten Kohorten hat nur ein sehr kleiner Teil der Befragten das Abitur und einen Hochschulabschluss erworben, und dies gilt erst recht für Frauen. Deswegen wurde die Ausbildungsphase sehr oft vor oder etwa mit der Volljährigkeit[18] abgeschlossen – ihr Abschluss *konnte* in diesen Fällen den Auszug der jun-

---

16 Die hier (wegen hoher Korrelation zur ersten Erwerbstätigkeit) nicht untersuchte Beteiligung an Bildungsprozessen bzw. das Bildungsniveau sind ebenso Teil des Bedingungskomplexes. In hier nicht gezeigten Modellen sind nur einige der bildungsbezogenen Koeffizienten signifikant. Im Vergleich der Kohorten hindert aktuelle *Bildungsbeteiligung* immer stärker an einem Auszug aus dem Elternhaus. Bildungsprozesse jeglicher Art verzögern den Auszug ab den Geburtskohorten der 40er und 50er Jahre – die Stärke dieses Einflusses variiert jedoch mit Ausbildungsgang und Geschlecht. Studierende ziehen eher aus als Auszubildende, sind aber dabei oft älter als diese. Der verzögernde Effekt eines höheren *Bildungsniveaus* (z.B. Abitur oder Hochschulabschluss) bestätigt sich allenfalls in der letzten Kohorte und fällt schwächer aus als erwartet. Eine lineare Beziehung des Bildungsniveaus zum Auszugsalter deutet sich wenn überhaupt nur für Männer an.
17 Die Effekte fallen schlechter aus, wenn man statt des Ereignisses der Eheschließung eine Variable bildet, die nur die Jahre *vor* von den Jahren *nach* der Heirat unterscheidet und so den Wechsel des Familienstands angibt. Offensichtlich hat der Übergang als solcher eine starke Wirkung, die aber nach einer gewissen Zeit nachlässt: Wer nicht nach der Heirat auszieht, bleibt demnach wahrscheinlich noch etwas länger im elterlichen Haushalt (wenn kein Kind geboren wird).
18 Diese begann zudem bis 1974 nicht früher als mit 21 Jahren.

gen Erwachsenen gar nicht beeinflussen, wenn man davon ausgeht, dass erst Volljährige einen eigenen Haushalt gründen. Mit der Verlängerung der Bildungsphase schiebt sich bei vielen eine Zeit des Alleinlebens zwischen den Auszug aus dem Elternhaus und die erste Eheschließung bzw. die erste nichteheliche Lebensgemeinschaft, wodurch andere Einflüsse beim Auszug an Bedeutung gewinnen, etwa ökonomische Eigenständigkeit. Dem muss aber ein normativer Wandel vorausgegangen sein, der das Alleinleben junger Erwachsener, insbesondere junger Frauen, legitimierte. Da die Eltern der jungen Erwachsenen oft in der Lage sind, die räumliche Unabhängigkeit ihrer noch in Ausbildung befindlichen Kinder finanziell zu unterstützen, ist der Beginn einer ersten Erwerbstätigkeit jedoch keine notwendige Bedingung für den Auszug, sondern begünstigt ihn nur.

Ähnliche Modelle zur ersten Eheschließung (vgl. Fußnote 1) verlieren ebenso an Erklärungskraft wie das hier dargestellte Modell zum Auszug, was vor allem am zurückgehenden Einfluss des Alters liegt – die Altersnormen des institutionalisierten Lebenslaufs verlieren an Bedeutung. Mit der Pluralisierung der Lebensformen vervielfältigt sich auch das Bedingungsgefüge, unter dem es zu einer Eheschließung kommt. Dabei bestehen aber Verknüpfungen zu anderen Übergängen in allen Kohorten fort und schwächen sich in den letzten nur leicht ab: Eine erste Ehe wird eher dann geschlossen, wenn die Ausbildung beendet und eine erste Erwerbstätigkeit aufgenommen wurde, wobei eine Vollzeittätigkeit die erste Heirat stärker begünstigt als eine Tätigkeit in Teilzeit. Während sich diese Beziehung bei den älteren Frauenkohorten nicht oder umgekehrt findet, haben sich die Lebensläufe der in den 60ern geborenen Frauen in dieser Hinsicht denen der Männer angepasst.

Längere Bildungsprozesse verzögern eindeutig die erste Eheschließung, allenfalls erscheint die nichteheliche Lebensgemeinschaft als angemessene Lebensform, die eben nicht langfristig bindet. Bildungsniveaueffekte werden zwar teilweise bestätigt, sind aber schwächer als solche der Bildungsbeteiligung, nicht linear sowie nach Geschlecht differenziert. Die verzögernde Wirkung bestimmter Bildungsniveaus auf die erste Heirat ist nur in den jüngsten Geburtskohorten deutlich ausgeprägt. Eine Schwangerschaft stellt in allen Kohorten einen starken Anreiz zur ersten Eheschließung dar.

## 5 Schlussfolgerungen

Alles in Allem sprechen die Befunde weder für eine weitgehende Auflösung des Timings und der Verknüpfungslogik familialer Übergänge noch für ihren dauerhaften Bestand. Die schwächere Erklärungskraft des Alters und die verminderte Kopplung des Auszugs an den Beginn der Ehe sind Anzeichen einer Destandardisierung, die nur zu einem kleinen Teil durch eine Differenzierung nach Bildung erklärt wird. Indes haben sich die signifikanten Beziehungen zwischen Auszug und Alter sowie Eheschließung noch nicht aufgelöst. Über die Kohorten ist eine Strukturierung des Übergangs in einen eigenen Haushalt nach Bildungsbeteiligung, erster Erwerbstätigkeit und zunehmend nach Geschlecht zu erkennen. Dabei sind weder die eigene Erwerbssituation und die damit verbundene Frage, ob man sich die Gründung eines eigenen Haushalts leisten kann, noch die durch Ausbildung und Erwerb bedingte Mobilität allein ausschlaggebend (auch Konietzka/Huinink 2003: 291). Die Zusammenhänge sind vielmehr differenziert und durch Wechselwirkungen geprägt, vor allem in der jüngsten Kohorte. In der ältesten Kohorte bestimmen letztlich allein die Übergänge zur Ehe und in die Elternschaft den Zeitpunkt des Auszugs, während das Alter als solches bedeutungslos ist. Möglicherweise haben der Krieg und seine Folgen den Übergang dieser Kohorte für die einen verzögert, für die anderen beschleunigt, so dass sich gegenläufige Effekte aufheben und es insgesamt zu einem unübersichtlicheren Bild kommt. Andererseits könnte das weniger standardisierte Timing symptomatisch auch für die Lebensläufe der Geburtskohorten davor stehen. Dafür spricht, dass für andere Länder, auf die das Kriegsargument nicht anwendbar ist, ähnliche Befunde vorliegen (z.B. Ravanera et al. 2004 für Kanada). Zwischen den Interpretationsalternativen lässt sich ohne weiter zurückreichende Daten keine gut begründete Wahl treffen.

Es gibt bei genauer Betrachtung kaum Gründe dafür, die Entwicklung bei den jüngsten Kohorten als Rückkehr zur Normalität des unübersichtlichen, weniger institutionalisierten Lebenslaufs zu interpretieren, wie ihn die Befunde für die Kohorte der 20er Jahre andeuten. Die Destandardisierung der letzten Jahrzehnte entspricht wahrscheinlich nur oberflächlich betrachtet einer Rückkehr zur weniger strukturierten Normalität der ersten Hälfte des 20. Jahrhunderts und davor (vgl. auch Kohli 1986: 202). Zwischen Auszug und Beginn der ersten Ehe hat sich – anders als in den ältesten Kohorten – ein biographischer Spielraum eröffnet, der keineswegs frei von Strukturierungen ist. Im Rahmen dieser Strukturierungen wird der Umgang mit den Übergangsschritten vielfältiger, und die Wege vom Elternhaus in einen eigenen Haushalt und weiter in eine eigene Familie pluralisieren sich. Die früher bei Männern für die Ehe entscheidende ökonomische Eigenständigkeit spielt nun bereits beim Schritt davor eine wichtige Rolle, dem Auszug aus dem Elternhaus, und zwar auch bei Frauen. Dass der Auszug aus dem Elternhaus in den jüngsten Kohorten selbst bei gleichzeitiger Kontrolle anderer Einflüsse immer noch stark vom Alter abhängt, spricht für den Institutionencharakter des Lebenslaufs, der ein grobes Ablaufprogramm auch jenseits konkreter Anreize und Hemmnisse hat verbindlich werden lassen.

Weiterführend ist zu untersuchen, ob die Rolle des Auszugsanlasses auch vom Übergang in eine nichteheliche Lebensgemeinschaft übernommen wird, oder ob tatsächlich eine Phase des Alleinlebens in der Zeit nach dem Auszug typisch ist. Auch hier sind Differenzierungen nach Bildung und Geschlecht plausibel. So ist etwa noch nicht genau geklärt, ob Frauen eher als Männer eine Zeit lang allein leben und ob der Auszug besonders bei männlichen Absolventen mittlerer und niedriger Bildungsgänge an den Zusammenzug mit der Partnerin gekoppelt ist.

Im Ganzen bestehen immer noch erhebliche Unterschiede zwischen den Geschlechtern, was das Timing familialer Übergänge in der ersten Lebenshälfte angeht – Frauen ziehen früher aus dem Elternhaus aus und heiraten früher. Für das Verhältnis von Erwerbstätigkeit und Familiengründung im weiblichen Lebenslauf deutet sich zumindest eine Verschiebung an. Mehr und mehr folgen beide Geschlechter derselben Logik der Verknüpfung verschiedener Übergänge, ohne dass es bis jetzt zu einer Angleichung gekommen ist.

Die Logik und die Regeln, nach denen sich familiale Übergänge in der ersten Lebenshälfte vollziehen, haben sich damit nicht umwälzend geändert. Erwerbstätigkeit – hier in Form des Berufseinstiegs betrachtet – ist nur ein Einfluss unter mehreren (geworden), der in familiale Entscheidungen eingeht. Deswegen von einer weit reichenden Flexibilisierung des Lebenslaufs zu sprechen, erscheint unangemessen. Im Gegenteil sind die Verknüpfungen verschiedener Übergänge von den genannten Veränderungen abgesehen erstaunlich stabil. Allerdings kann über die zugrunde liegende Handlungslogik, das heißt die Gestaltungsprozesse auf der Ebene unterhalb der gezeigten Zusammenhänge, mit den hier verwendeten Daten keine Aussage gemacht werden. Eventuell verändern sich die biographischen Deutungen stärker, als es aus den vorliegenden Daten ablesbar ist.

Dass typische Lebenslaufmuster sich in der beschriebenen Weise verändert haben, liegt (unter anderem) gerade am Fortbestehen der im Lebenslauf wirkenden Prinzipien, dass etwa Bildungsphase und erste Eheschließung sich ausschließen, dass Familien eher auf Basis eines gesicherten Einkommens gegründet werden, etc. Trotzdem determinieren die Veränderungen im Bildungssystem und auf dem Arbeitsmarkt die Lebenslaufgestaltung deswegen nicht oder prägen sie stärker als früher. Neue Lebensformen haben den im jungen Erwachsenenleben neu entstandenen Spielraum gefüllt. Sie ‚passen' zwar gut zur flexiblen Arbeitswelt, so gut, dass sie so lange wie möglich beibehalten werden. Ohne einen normativen Wandel wäre dies jedoch nicht möglich gewesen, was ebenso für die wachsende Bedeutung der Erwerbstätigkeit in den Lebensläufen von Frauen gilt.

Als vorläufiges und weiter zu prüfendes Ergebnis sei folgende These festgehalten: Die Destandardisierung des Timings familialer Übergänge der ersten Lebenshälfte ist zumindest teilweise dadurch bedingt, dass gewisse Verknüpfungsregeln weiter bestehen oder sich *nur* transformieren, statt sich aufzulösen. Lebensläufe werden nicht einfach flexibilisiert, vielmehr schlägt sich ein prekärer Übergang in die Erwerbstätigkeit über biographische Unsicherheit in einem Aufschubverhalten nieder. Die Normen biographischer Gestaltung werden eher eingehalten als gebrochen. Inwiefern sich über die Kohorten eine Art Gewöhnung an Unsicherheiten in der Erwerbskarriere einstellt, wird sich zukünftig zeigen. Im Zuge einer solchen Anpassung der eigenen Erwartungen und Pläne könnten etwa Familiengründungen tatsächlich ‚flexibilisiert' werden, indem sie unter ganz unterschiedlichen Bedingungen erfolgen und nicht mehr nur unter denjenigen ökonomischer Sicherheit. Über den Moment hinaus bestehende Planungs- und materielle Sicherheit spielen nicht nur in früheren Kohorten, sondern auch heute noch eine Schlüsselrolle im biographischen Handeln und Entscheiden.

## Literatur

Aassve, A./Billari, F.C./Mazzuco, S./Ongaro, F. (2002): Leaving Home: A Comparative Analysis of ECHP Data. In: Journal of European Social Policy, 12, 4: 259-275.
Amrhein, L. (2004): Der entstrukturierte Lebenslauf? Zur Vision einer „altersintegrierten" Gesellschaft. In: Zeitschrift für Sozialreform, 50, 1/2: 147-169.
Becker, G.S. (1981): A Treatise on the Family. Cambridge: Harvard University Press.
Blossfeld, H.-P./Klijzing, E./Kurz, K./Mills, M. (Hrsg.) (2005): Globalization, Uncertainty and Youth in Society. London, New York: Routledge.
Blossfeld, H.-P./Klijzing, E./Pohl, K./Rohwer, G. (1999): Why Do Cohabiting Couples Marry? An Example of a Causal Event History Approach to Interdependent Systems. In: Quality and Quantity, 33, 3: 229-242.
Brückner, H./Mayer, K.U. (2005): De-standardization of the Life Course: What it Might Mean? And if it Means anything, whether it Actually Took Place? In: MacMillan, R. (Hrsg.), The Structure of the Life Course: Standardized? Individualized? Differentiated? New York: Elsevier, 27-53.
Buchmann, M. (1989): Die Dynamik von Standardisierung und Individualisierung im Lebenslauf – Der Übertritt ins Erwachsenenalter im sozialen Wandel fortgeschrittener Industriegesellschaften. In: Weymann, 90-104.
Burkart, G./Kohli, M. (1989): Ehe und Elternschaft im Individualisierungsprozeß: Bedeutungswandel und Milieudifferenzierung. In: Zeitschrift für Bevölkerungswissenschaft, 15, 4: 405-426.
da Vanzo, J./Kobrin, F.E. (1982): Leaving the Nest and the Transition to Adulthood. Santa Monica: Rand.
da Vanzo, J./Kobrin Goldscheider, F.E. (1990): Coming Home Again: Returns to the Parental Home of Young Adults. In: Population Studies, 44, 2: 241-255.
Guillemard, A.-M. (1991): Die Destandardisierung des Lebenslaufs in den europäischen Wohlfahrtsstaaten. In: Zeitschrift für Sozialreform, 37, 10: 620-639.
Heinz, W.R. (2002): Self-Socialization and Post-Traditional Society. In: Settersten, R.A. Jr./Owens, T.J. (Hrsg.), Advances in Life Course Research. New York: Elsevier, 41-64.
Heinz, W.R./Krüger, H. (2001): Life Course: Innovations and Challenges for Social Research. In: Current Sociology, 49, 2: 29-57.

Held, T. (1986): Institutionalization and Deinstitutionalization of the Life Course. In: Human Development, 29: 157-162.
Hill, D.H./Hill, M.S. (1976): Older Children and Splitting off. In: Duncan, G.J./Morgan, J.N. (Hrsg.), Five Thousand American Families – Patterns of Economic Process. Vol. 4. Ann Arbor: University of Michigan, Institute for Social Research, 117-154.
Hurrelmann, K. (2003): Der entstrukturierte Lebenslauf – Die Auswirkungen der Expansion der Jugendphase. In: Zeitschrift für Soziologie der Erziehung und Sozialisation, 23, 2: 115-126.
Keller, B./Seifert, H. (2002): Flexicurity – Wie lassen sich Flexibilität und soziale Sicherheit vereinbaren? In: Mitteilungen aus der Arbeitsmarkt- und Berufsforschung, 35, 1: 90-106.
Klein, T. (1999a): Pluralisierung versus Umstrukturierung am Beispiel partnerschaftlicher Lebensformen. In: Kölner Zeitschrift für Soziologie und Sozialpsychologie, 51, 3: 469-490.
Klein, T. (1999b): Verbreitung und Entwicklung nichtehelicher Lebensgemeinschaften im Kontext des Wandels partnerschaftlicher Lebensformen. In: Klein, T./Lauterbach, W. (Hrsg.), Nichteheliche Lebensgemeinschaften – Analysen zum Wandel partnerschaftlicher Lebensformen. Opladen: Leske + Budrich, 63-94.
Kleinbaum, D.G. (1996): Survival Analysis – A Self-Learning Text. New York: Springer.
Kohli, M. (1985): Die Institutionalisierung des Lebenslaufs. In: Kölner Zeitschrift für Soziologie und Sozialpsychologie, 37, 1: 1-29.
Kohli, M. (1986): Gesellschaftszeit und Lebenszeit: Der Lebenslauf im Strukturwandel der Moderne. In: Berger, J. (Hrsg.), Die Moderne – Kontinuitäten und Zäsuren. Soziale Welt (Sonderband 4). Göttingen: Schwartz, 183-208.
Kohli, M. (2003): Der institutionalisierte Lebenslauf: Ein Blick zurück und nach vorn. In: Allmendinger, J. (Hrsg.), Entstaatlichung und soziale Sicherheit – Verhandlungen des 31. Kongresses der Deutschen Gesellschaft für Soziologie in Leipzig 2002. Opladen: Leske + Budrich, 525-545.
Konietzka, D./Huinink, J. (2003): Die De-Standardisierung einer Statuspassage? Zum Wandel des Auszugs aus dem Elternhaus und des Übergangs in das Erwachsenenalter in Westdeutschland. In: Soziale Welt, 54, 3: 285-311.
Lauterbach, W./Lüscher, K. (1999): Wer sind die Spätauszieher? Oder: Herkunftsfamilie, Wohnumfeld und die Gründung eines eigenen Haushalts. In: Zeitschrift für Bevölkerungswissenschaft, 24, 4: 425-448.
Lauterbach, W. (1999): Die Dauer nichtehelicher Lebensgemeinschaften – Alternative oder Vorphase zur Ehe? In: Klein, T./Lauterbach, W. (Hrsg.), Nichteheliche Lebensgemeinschaften. Analysen zum Wandel partnerschaftlicher Lebensformen. Opladen: Leske + Budrich, 269-307.
Levy, R. (1996): Toward a Theory of Life Course Institutionalization. In: Weymann, A./Heinz, W.R. (Hrsg.), Society and Biography – Interrelationships between Social Structure, Institutions and the Life Course. Weinheim: Deutscher Studien-Verlag, 83-108.
MacMillan, R. (2005): The Structure of the Life Course: Classic Issues and Current Controversies. In: MacMillan, R. (Hrsg.), The Structure of the Life Course: Standardized? Individualized? Differentiated? New York: Elsevier, 3-24.
Mayer, K.U./Wagner, M. (1989): Wann verlassen Kinder das Elternhaus? Hypothesen zu den Geburtsjahrgängen 1929-31, 1939-41, 1949-51. In: Herlth, A./Strohmeier,

K.P. (Hrsg.), Lebenslauf und Familienentwicklung. Opladen: Leske + Budrich, 17-37.
Nave-Herz, R. (2001): Die nichteheliche Lebensgemeinschaft – eine soziologische Analyse. In: Familie Partnerschaft Recht, 7: 3-7.
Oppenheimer, V.K. (1988): A Theory of Marriage Timing. In: American Journal of Sociology, 94, 3: 563-591.
Oppenheimer, V.K. (1994): Women's Rising Employment and the Future of the Family in Industrial Societies. In: Population and Development Review, 20, 2: 293-342.
Oppenheimer, V.K. (2003): Cohabiting and Marriage During Young Men's Career-Development Process. In: Demography, 40, 1: 127-149.
Ott, N. (1986): Ausscheiden erwachsener Kinder aus dem elterlichen Haushalt. In: Zimmermann, K.F. (Hrsg.), Demographische Probleme der Familienökonomie. Bochum: Brockmeyer, 43-79.
Ravanera, Z. R./Rajulton, F./Burch, T. K. (2004): Patterns of Age Variability in Life Course Transitions. In: Canadian Journal of Sociology, 29, 4: 527-542.
Siebers, R. (1996): Zwischen Normalbiographie und Individualisierungssuche – Empirische Grundlagen für eine Theorie der Biographisierung. Münster: Waxmann.
Vobruba, G. (2006): Grundlagen der Soziologie der Arbeitsflexibilität. In: Berliner Journal für Soziologie, 16, 1: 25-35.
Wagner, M./Huinink, J. (1991): Neuere Trends beim Auszug aus dem Elternhaus. In: Buttler, G./Hoffmann-Nowotny, H.-J./Schmitt-Rink, G. (Hrsg.), Acta Demographica 1991. Heidelberg: Physica, 39-62.
Weick, S. (1993): Determinanten des Auszugs aus der elterlichen Wohnung. In: Diekmann, A./Weick, S. (Hrsg.), Der Familienzyklus als sozialer Prozeß – Bevölkerungssoziologische Untersuchungen mit den Methoden der Ereignisanalyse. Berlin: Duncker & Humblot, 86-108.
Weick, S. (2002): Auszug aus dem Elternhaus, Heirat und Elternschaft werden zunehmend aufgeschoben. In: Informationsdienst soziale Indikatoren, 27: 11-14.
Weymann, A. (Hrsg.) (1989): Handlungsspielräume – Untersuchungen zur Individualisierung und Institutionalisierung von Lebensläufen in der Moderne. Stuttgart: Enke.
Ziegler, R./Schladt, D. (1993): Auszug aus dem Elternhaus und Hausstandsgründung. In: Diekmann, A./Weick, S. (Hrsg.), Der Familienzyklus als sozialer Prozeß – Bevölkerungssoziologische Untersuchungen mit den Methoden der Ereignisanalyse. Berlin: Duncker und Humblot, 66-85.

# Auswirkungen der Flexibilisierung von Beschäftigung auf eine erste Elternschaft

Alexandra Düntgen, Martin Diewald

## 1 Einleitung

Die lange soziologische Tradition, sich mit den Folgen gesellschaftlicher Differenzierung bzw. Modernisierung und ihren Folgen für die soziale Integration zu beschäftigen, hat durch die Flexibilisierung der Erwerbsarbeit einen neuen Schub erhalten. In vergangenen Jahren ging es primär um Auswirkungen der Verstädterung, der Individualisierung, der Ausbreitung leistungsfähiger Märkte und ausgebauter Wohlfahrtsstaaten, und jeweils wurden vor allem Befürchtungen hinsichtlich eines Rückgangs stabiler und verlässlicher Bindungen geäußert. In jüngster Zeit wurden derartige Befürchtungen auch für die Ausbreitung flexibilisierter Beschäftigungsverhältnisse laut: Die Globalisierung erfordere einen jederzeit mobilen und deshalb weitgehend bindungslosen Menschen als neuen Prototyp der Lebensführung (z.B. Sennett 2000). Diese Überlegungen betreffen auch die Neigung, eine eigene Familie zu gründen, denn Elternschaft stellt sicherlich eine, wenn nicht die voraussetzungsvollste und gleichzeitig wohl am langfristigsten bindende Beziehungsart dar. In unserem Beitrag wollen wir uns genau mit dieser Frage auseinander setzen, wobei es uns hier im Vergleich zu anderen Beiträgen (vgl. u.a. die Beiträge von Blossfeld et al. und Kreyenfeld in diesem Band) stärker darum geht, (a) die Unterschiede der unter dem Stichwort der Flexibilisierung zusammengefassten Beschäftigungs- und Karrieremerkmale zu thematisieren, (b) dabei nicht nur die zeitveränderlichen, jeweils aktuellen Beschäftigungsmerkmale zu betrachten, sondern auch die kumulierten lebensgeschichtlichen Erfahrungsaufschichtungen sowie (c) neben den häufiger untersuchten Frauen – trotz methodischer Probleme (s. Abschnitt 3) – auch die Elternschaft von Männern zum Gegenstand der Analysen zu machen (vgl. Tölke/Diewald 2003a, b; Kurz 2004; Schmitt 2004).

Im Folgenden thematisieren wir zunächst knapp die unterschiedlichen Ausformungen der Destandardisierung der Erwerbsarbeit und davon ausgehend Hypothesen zu potentiellen Auswirkungen auf den Übergang zu einer ersten Elternschaft (Abschnitt 2). Abschnitt 3 stellt Datenbasis und Operationalisierungen für die nachfolgenden Ereignisanalysen vor, deren Ergebnisse im vierten Abschnitt dargestellt werden. Abschnitt 5 fasst die wesentlichen Ergebnisse noch einmal zusammen.

## 2 Theoretische Überlegungen

Welcher Art sind denn die Veränderungen auf dem Arbeitsmarkt, die die Neigung zum Eingehen einer Elternschaft beeinflussen sollen? Zu Theorie und Empirie der Veränderungen der Arbeitswelt in Deutschland in den letzten zwei Jahrzehnten liegen unter den Stichworten ‚Destandardisierung', ‚Flexibilisierung' oder ‚Globalisierung' zahlreiche Untersuchungen vor (vgl. etwa Struck/Köhler 2004, Hillmert/Mayer 2004), so dass sich eine ausführliche Wiederholung der üblichen Argumente und Befunde an dieser Stelle erübrigt. Es ist uns jedoch wichtig in Erinnerung zu rufen, dass es sich dabei um einen heterogenen Formenkreis von Veränderungen handelt, die sich schwerlich unter einem einzigen Begriff sinnvoll zusammenfassen lassen und verweisen auf folgende, häufig unterbelichtet bleibende Unterscheidungen (ähnlich: Neumark 2000):

(a) *Flexibilisierung* von Beschäftigung als das Ausmaß, in dem sich Arbeitsbedingungen, Einsatzorte, Aufgabenbereiche, Anforderungen verändern bzw. wechseln. Dies muss keineswegs mit entsprechenden Arbeitsplatzwechseln verbunden sein, sondern kann sich durchaus auch innerhalb eines Arbeitsplatzes ereignen. Flexibilisierung ist per se weder gut noch schlecht für die Beschäftigten. Ob einzelne Flexibilisierungsmerkmale als Chance oder als Risiko wahrgenommen werden, hängt zum einen von der weiteren institutionellen Ausgestaltung (Pfarr 2000) und zum anderen von der jeweiligen Passung mit den unterschiedlichen Bedürfnissen der Beschäftigten ab (Smith 1997).

(b) *Stabilität* von Beschäftigung als das Ausmaß, in dem Beschäftigung durch stabile Zugehörigkeiten bzw. geringe Wechselhäufigkeiten über die Lebensarbeitszeit geprägt ist. Stabilität kann auf drei Ebenen gemessen werden: (1) einzelne Arbeitsplätze, (2) Betriebszugehörigkeit oder (3) Verbleib im selben Beruf(sfeld).

(c) *Sicherheit* von Beschäftigung manifestiert sich auf der Ebene von faktischen oder befürchteten beruflichen Abstiegen oder Arbeitslosigkeiten sowie hinsichtlich der Nichterfüllung von Aufstiegserwartungen – sei es in moderatem Umfang im Rahmen von Senioritätsregeln selbst bei geringer Karriereorientierung, sei es schneller entlang institutionalisierter Karriereleitern in Unternehmen und Berufsfeldern. Insofern bedeutet das Ausbleiben von Einkommenserhöhungen über längere Zeit nicht unbedingt den Regelfall, sondern im Rahmen von Karriereleitern eher die nicht erwartete Ausnahme. Diese Dimensionen der Sicherheit von Beschäftigung sind nicht einfach gleichzusetzen mit Beschäftigungsstabilität, auch wenn Stabilität in der Regel für Sicherheit förderlich ist.

Die Grenze zwischen diesen drei Aspekten ist nicht immer leicht zu ziehen, weder theoretisch noch empirisch, denn beispielsweise können häufige Arbeitsplatzwechsel sowohl auf chancenreiche Arbeitsmarktbedingungen hinweisen als auch auf die Suche nach mehr Beschäftigungssicherheit. Erstens ist der entscheidende Punkt jedoch, dass es bei den Veränderungen der Arbeitsgesellschaft keineswegs nur Unsicherheiten im harten, klassischen Sinne sind, die für mögliche Konsequenzen auf der Ebene der Beziehungsgestaltung relevant sind, sondern auch Unstetigkeiten sowie häufig damit verbundene kürzere Erwartungs- und Planungshorizonte (vgl. auch Sennett 2000).

Wie damit bereits angedeutet, geht es zweitens dabei nicht nur um unterschiedliche Erwerbsstatus und Beschäftigungsmerkmale, sondern auch um Ereignisse im Karriereverlauf wie Aufstiege und Abstiege. Und drittens wirken sich Beschäftigungsmerkmale, inklusive Arbeitslosigkeitsepisoden, nicht unbedingt nur transitorisch aus, d.h., sie wirken nur, solange sie präsent sind. Unterschiedliche Erfahrungen können auch ein ‚Gedächtnis' haben, d.h., sie beeinflussen das Framing der Entscheidung für oder gegen eine Elternschaft über die Beendigung der jeweiligen Zustände hinaus.

Welche Überlegungen können nun zu potentiellen Auswirkungen von Unsicherheit, Erwartungsunsicherheit und Unstetigkeit auf den Übergang zu einer Elternschaft angestellt werden? Solche Überlegungen sind aufgrund des unterschiedlichen Lebenszusammenhangs von Männern und Frauen geschlechtsspezifisch zu formulieren. Sowohl nach dem klassischen familienökonomischen Ansatz, der eher die Bedeutung der aktuellen finanziellen Verhältnisse betont, als auch nach Oppenheimer (1988), die eher die Bedeutung der beruflichen Zukunftsperspektiven betont, sollten sich Unsicherheit und Erwartungsunsicherheit für Männer in jedem Fall negativ auf die mit langfristigen finanziellen Zusatzverpflichtungen einhergehende Elternschaft auswirken, denn gerade die Übernahme der Ernährerrolle verstärkt den Druck, beruflich stabil und erfolgreich zu sein. Dies gilt zumindest so lange, wie Männern außer der (Mit-) Ernährerrolle keine alternative Rollenoption zur Verfügung steht, wovon auch heute noch unvermindert ausgegangen werden kann. Nolens volens gilt eine entsprechende Vermutung dann auch für Phasen außerhalb des Erwerbslebens, die der Aus- und Weiterbildung dienen und typischerweise mit begrenzten finanziellen Ressourcen verbunden sind. Diese in der Literatur am häufigsten anzutreffende Vermutung postuliert also eine gleichsinnige Generalisierung von Erfahrungen im Erwerbsleben auf die Bereitschaft zur Elternschaft: Gute Aussichten erweitern die Handlungsmöglichkeiten und beeinflussen so auch den Übergang zur Elternschaft positiv; umgekehrt verengen Unsicherheit und Unstetigkeit die Handlungsmöglichkeiten und reduzieren so auch die Wahrscheinlichkeit einer Elternschaft.

Allerdings ist auch ein umgekehrter Einfluss theoretisch plausibel begründbar. Friedmann et al. (1994) haben dies vor dem Hintergrund der Annahme postuliert, dass Unsicherheitsreduktion eines der zentralen menschlichen Handlungsziele darstelle. Demnach wäre die Entscheidung für ein Kind eine Möglichkeit, die im beruflichen Bereich erfahrenen Unsicherheiten durch eine langfristige Festlegung in einem anderen Lebensbereich gewissermaßen zu kompensieren. Dieses Argument muss nicht auf die Annahme einer Unsicherheitsreduktion als zentralem Handlungsmotiv reduziert werden. In der Familiensphäre können schlicht Erfolgserfahrungen gesucht werden, die Misserfolgserfahrungen im Erwerbsleben ausgleichen bzw. eine explizite kompensatorische Reaktion auf die Bedingungen und Erfahrungen im Erwerbsleben darstellen. Eine gegensinnige Beziehung zwischen Erfolg und Misserfolg im Erwerbsleben auf der einen und dem Eingehen einer Elternschaft auf der anderen Seite wäre schließlich auch unter der Annahme einer Konkurrenzbeziehung zu erwarten: Demnach würden sich höhere Grade an Engagement in den Bereichen Familie und Beruf aufgrund begrenzter Zeit gegenseitig beeinträchtigen oder sogar ausschließen (vgl. allgemein dazu Zedeck 1992).

Für Frauen stellen sich diese Zusammenhänge nicht unbedingt in gleicher Weise dar. Für Frauen ist die Alternativrolle der nicht oder nicht voll erwerbstätigen Mutter gesellschaftlich eher akzeptiert. Damit treffen die für die Männer vorgebrachten Argumente nicht nur in voraussichtlich geringerem Umfang für die Frauen zu, sondern darüber hinaus können berufsbiographische Unsicherheiten sogar umgekehrt eher förderlich dafür sein, aus primär beruflichem Engagement in die weniger oder gar nicht erwerbsorientierte Mutterrolle zu wechseln. Zusammengefasst: Insgesamt spricht bei Männern mehr für die Generalisierungsthese, während für Frauen mehr Evidenz für die Kompensationsthese vorhanden ist – jeweils unter der Voraussetzung weitgehend traditionaler Rollenvorstellungen.

## 3 Daten und Methoden

Die empirischen Analysen basieren auf den Daten des Sozio-oekonomischen Panel (SOEP) der Wellen 1984 bis 2003. Das SOEP ist eine seit 1984 in Westdeutschland und seit 1990 in Ostdeutschland durchgeführte Wiederholungsbefragung von Deutschen, Ausländern und Zuwanderern (vgl. SOEP Group 2001). Die hier vorgestellten Analysen beschränken sich auf Frauen und Männer aus West- und Ostdeutschland, die einerseits noch kinderlos sind, da nur der Übergang zum ersten (leiblichen) Kind interessiert und die andererseits eine erste berufliche Ausbildung entweder nicht vorweisen können oder diese oder ein Studium bereits abgeschlossen haben. Folglich stellt der Einstieg in das Erwerbsleben den Beginn des Beobachtungsfensters dar. Dieser Beginn wurde gewählt, weil erst ab der Beendigung einer Ausbildung eine erhöhte Wahrscheinlichkeit für eine Familiengründung besteht und zusätzlich das Interesse primär an den Auswirkungen flexibilisierter Erwerbsmerkmale und -bedingungen auf den Übergang zu einer Elternschaft besteht. Darüber hinaus war es auf Grund der Betrachtung von zurückliegenden Erwerbserfahrungen nötig, nur solche Personen zu selektieren, die erst mit oder nach der Erstbefragung in den Arbeitsmarkt eingetreten sind, um eine lückenlose zurückliegende Erwerbsgeschichte erfassen zu können. Ausländer und Zuwanderer gehen nicht in die Analysen ein, weil sich deren Lebenswege und -umstände von denen deutscher Mitbürger sehr unterscheiden. Außerdem beschränken sich die Analysen auf Personen, die beim Einstieg in das Beobachtungsfenster mindestens 18 Jahre alt sind und das Alter von 39 (Frauen) bzw. 40 Jahren (Männer) nicht überschritten haben. Diese Altersbegrenzung ergibt sich daraus, dass in der selektierten Stichprobe keine Frau später als mit 39 und kein Mann später als mit 40 Jahren Vater bzw. Mutter wird.

Die Analysen werden getrennt für Frauen und Männer für Deutschland insgesamt und dann auch separat für Ost- und Westdeutschland sowie im Anschluss daran noch einmal separat für zwei Arbeitsmarkteintrittskohorten durchgeführt. Diese Differenzierungen werden vorgenommen, weil sich für Frauen und Männer der Zusammenhang zwischen der Integration ins Erwerbsleben und Prozessen der Familiengründung unterschiedlich darstellen könnte und sich insbesondere das Problem der Vereinbarkeit von Familie und Beruf für Frauen eindeutig schärfer stellt als für Männer (vgl. Brüderl/Klein 1993, Schneewind et al. 1997, Schaeper/Kühn 2000). Auch stellen sich die Konsequenzen einer Familiengründung für die weitere Lebensführung, insbesondere hinsichtlich beruflicher Chancen, für Frauen gravierender dar als für Männer. Es sind nach wie vor insbesondere die Frauen, die nach der Geburt eines Kindes ihre Erwerbstätigkeit unterbrechen (vgl. Schneider/Rost 1998).

Getrennte Analysen für Ost- und Westdeutschland werden durchgeführt, weil sich die Muster der Familiengründung und des familialen Zusammenlebens immer noch zwischen beiden Teilen Deutschlands unterscheiden und keine simple Angleichung Ostdeutschlands festzustellen ist (Konietzka/Kreyenfeld 2004). Für verschiedene Arbeitsmarkteintrittskohorten werden sie aufgrund der Veränderungen auf dem Arbeitsmarkt durchgeführt. Wenn man auch nicht von einer flächendeckenden Destandardisierung der Erwerbsarbeit in den letzten Jahren sprechen kann, so scheinen sich jedoch vor allem ab Mitte der 1990er Jahre einige Destandardisierungsentwicklungen abzuzeichnen, wie z.B. eine abnehmende Arbeitsplatzstabilität und Beschäftigungssicherheit oder eine Zunahme externer und eine Abnahme interner Flexibilisierungsmaßnahmen (vgl. Diewald/Sill 2004). Für jüngere Arbeitsmarkteintrittskohorten sind damit Flexibilisierungserwartungen und -erfahrungen gewissermaßen normaler geworden, und es könnte von daher möglich sein, dass sich diese dann weniger von entsprechenden Erfahrungen in ihrer Lebensplanung beeindrucken lassen als ältere Arbeitsmarkteintrittskohorten. Unterschiedliche kulturelle Traditionen und vor allem verschärfte Arbeitsmarktbedingungen für Ostdeutschland und insgesamt verschiedene Lebensumstände und -bedingungen legen schließlich separate Modelle für West- und Ostdeutschland nahe.

Die Analysen dieses Beitrags beruhen auf Ereignisanalysen auf Basis monatsgenauer Ereignisdaten (vgl. Blossfeld/Rohwer 2001). Konkret werden periodenspezifische Exponentialmodelle („piecewise constant exponential models') geschätzt. Diese Modelle ermöglichen es, die Zeitabhängigkeit der Übergangsrate flexibel zu modellieren, d.h., die Hazardrate wird nicht über den gesamten Beobachtungszeitraum als konstant angenommen, sondern lediglich für bestimmte zuvor festgelegte Zeitabschnitte. Die Exponentialkoeffizienten in den Modellen geben die Wahrscheinlichkeit wieder, im nächstfolgenden Zeitabschnitt (Monat) Vater bzw. Mutter zu werden. Exponentialkoeffizienten größer 1 bedeuten, dass sich die Wahrscheinlichkeit erhöht, und Werte unter 1 verringern die Wahrscheinlichkeit einer Geburt eines Kindes. Diesbezüglich ist es mit einer ab dem Jahr 2000 erhobenen Zusatzstichprobe des SOEP erstmals möglich, neben den Informationen aus den einzelnen Wellen nicht nur die Geburtsbiographie der Frauen, sondern auch der Männer zu ermitteln. Für alle anderen männlichen Stichprobenmitglieder haben wir dagegen nur die im Haushaltskontext beobachtbaren Geburten einbeziehen können, d.h., die Beobachtungen sind in dieser Hinsicht leider selektiv.

Die Prozesszeit, die den Analysen zu Grunde liegt, ist die historische Zeit gemessen in Monaten fortlaufend seit Januar 1983, und sie beginnt mit dem Interviewmonat seit Erwerbseintritt. Alle ausgewählten Personen werden bis zum Monat des Übergangs in eine Elternschaft beobachtet oder, wenn keine Geburt erfolgt, bis zum Zeitpunkt (Monat) des Interviews. Bei den Modellberechnungen wird nicht das Kalenderjahr bzw. der Kalendermonat einer Geburt betrachtet, sondern das Jahr zuvor. Auf diese Weise wird man dem Umstand gerecht, dass einer Geburt eine 9-monatige Schwangerschaft und zumindest eine gewisse Planungsphase vorausgehen. Da nicht alle Veränderungen im Erwerbsverlauf im SOEP monatsgenau erfasst werden, war eine jahresgenaue Konstruktion der zeitveränderlichen Kovariaten erforderlich[1].

Um Interkorrelationen zwischen verschiedenen Prädiktoren nachvollziehbar zu machen, werden die Prädiktoren schrittweise in die Modelle eingeführt. Als *Basismodell* gehen insgesamt vier Merkmale in die Analysen ein. Das *Alter*, das *berufliche Bildungsniveau*, das *Nettoeinkommen* und der *Erwerbsstatus*. Das berufliche Bildungsniveau wird mit den Ausprägungen ‚kein Bildungsabschluss', ‚Lehre (o.ä)' und ‚Hochschulabschluss' kodiert. ‚Lehre o.ä.' umfasst z.B. auch berufliche Bildungsabschlüsse, die auf Berufsfachschulen oder auf einer Schule des Gesundheitswesen erworben werden konnten. Das verwendete Nettoeinkommen entspricht dem individuellen Monatsnettoeinkommen/100, und der Erwerbsstatus umfasst ‚Vollzeit', ‚Teilzeit',

---

[1] Nur der ‚berufliche Bildungsabschluss' geht als zeitkonstante Kovariate in die Modelle ein.

,Arbeitslos' und ,in Ausbildung', wobei es sich im letzten Fall um (weitere) Ausbildungszeiten nach dem erfolgten Berufseinstieg handelt.

Als zeitveränderliche Merkmale unstetiger bzw. unsicherer *Beschäftigungsmerkmale* werden die *derzeitige Befristung* des Arbeitsverhältnisses, eine *Einkommenserhöhung* und eine *Einkommensreduzierung* jeweils um mindestens zehn Prozent im Vergleich zum Vorjahr sowie *selbstständige Beschäftigung* in die Modelle einbezogen (s. Modell 3). Selbstständige sind meist in besonderem Maße beruflich beansprucht und können sich nicht – wie Arbeitnehmer – auf eine kontinuierliche ,Höhe' ihres Einkommens und auf eine staatliche Absicherung gegenüber wirtschaftlichen Risiken (wie z.B. der Zahlung von Arbeitslosengeld im Falle von Arbeitslosigkeit) verlassen (vgl. Tölke/Diewald 2003a).

Um zusätzlich *zurückliegende Berufserfahrungen* bzw. Karriereverläufe abbilden zu können (s. Modell 4), werden drei unterschiedliche Merkmale der bisherigen Berufsbiographie in die Analysen einbezogen, und zwar die *Mobilität des individuellen Monatsnettoeinkommens*, die kumulierte *Dauer von Arbeitslosigkeitsepisoden* (in Monaten) und die kumulierte Anzahl an *Arbeitsplatzwechseln*. Die Mobilität des Einkommens seit dem Start ins Erwerbsleben gibt mit ihren sechs Ausprägungen Varianten unterschiedlich unstetiger oder unvorteilhafter oder eben stetiger oder erfolgreicher Karrieremuster wieder. Sie umfasst folgende sechs Kategorien: ,Nur laterale Einkommensentwicklungen' verweist darauf, dass im Erwerbsverlauf das Einkommen niemals um mehr als zehn Prozent gestiegen oder gesunken ist. ,Lateral mit einer Reduzierung' zeigt an, dass die Erwerbspersonen zumindest einmal in ihrem bisherigen Karriereverlauf eine Reduzierung von mehr als zehn Prozent hinnehmen mussten, ohne auch mal einen Einkommensgewinn in dieser Größenordnung realisiert haben zu können. ,Lateral mit mindestens zwei Reduzierungen' zeigt an, dass die Karriere bereits schon mindestens zwei Mal von einer Einkommensreduzierung betroffen war. Erwerbsverläufe, die sowohl beides, also Verluste und Gewinne aufweisen, bilden die vierte Kategorie. Es ist anzunehmen, dass sowohl Einkommensreduzierungen als auch ein Auf und Ab Unsicherheiten auf dem Arbeitsmarkt reflektieren, im zweiten eher im Sinne von Erwartungsunsicherheiten als massiver Statusbedrohung. Dagegen kann man davon ausgehen, dass Erwerbsverläufe, die die letzten beiden Kategorien bilden, ,lateral mit einer Einkommenserhöhung' oder ,lateral mit mindestens zwei Erhöhungen' erfolgreiche Karrieren repräsentieren. Als weiteres Merkmal zur Abbildung des zurückliegenden Erwerbsverlaufs geht die Betroffenheit von Arbeitslosigkeit in die Analysen ein, und zwar als kumulierte Dauer der Arbeitslosigkeit in Monaten. Eine Arbeitslosigkeitsphase wird als solche definiert, wenn sie mindestens vier Monate angehalten hat. Häufige Arbeitsplatzwechsel weisen ebenfalls auf einen zumindest unstetigen Verlauf der Erwerbskarriere hin und gehen als kumulierte Anzahl an Jobwechseln in die Analysen ein. Häufige Arbeitsplatzwechsel können sowohl Chancen(suche) als auch Risiko(bewältigung) abbilden. In beiden Fällen aber ist ein Jobwechsel doch auch mit (unsicheren) Anpassungsleistungen verbunden.

Als dritter Block (s. Modell 5) werden in den Modellanalysen *subjektive Zukunftserwartungen* insbesondere die weitere berufliche Laufbahn betreffend betrachtet. Die Einschätzung, in den nächsten zwei Jahren *beruflich aufzusteigen* oder sich in den nächsten zwei Jahren *beruflich zu verschlechtern* (jeweils innerhalb des eigenen Unternehmens)[2], gehen jeweils als Dummys in die Analysen ein und zwar, wenn die Wahrscheinlichkeit als sehr groß bzw. größer als 80 Prozent eingeschätzt wird. Außerdem werden in Hinblick auf die beruflichen Zukunftserwartungen die *Sorgen um die eigene Arbeitsplatzsicherheit*, kodiert als ‚keine', ‚einige' und ‚große Sorgen' bei den Analysen berücksichtigt. Die *Zufriedenheit mit dem Haushaltsnettoeinkommen* ist eine weitere subjektive Einschätzung, die in den Analysen als Dummy (‚mit sehr großer Unzufriedenheit') Berücksichtigung finden wird. Dass diese Indikatoren relativ spät ins Modell eingeführt werden, reduziert ihren potentiellen Erklärungsbeitrag – durchaus gewollt – auf mögliche Auswirkungen, die *nicht* durch die bereits ins Modell eingeführten Merkmale der bisherigen Erwerbsgeschichte erklärt werden können.

Über die bereits angeführten Variablen hinaus werden weitere drei *Kontrollvariablen* einbezogen: die *regionale Herkunft* (Ost- oder Westdeutschland) und die *Dauer seit dem Eintritt ins Erwerbsleben* (‚Berufserfahrung' in Monaten; s. Modell 2-6) sowie im letzen Modell (6) der *Partnerschaftsstatus*, wobei hier zwischen verheiratet, nichtehelich zusammenlebend sowie partnerlosen Befragten unterschieden wird. Letztere können allerdings zu einem unbekannten Anteil auch in Partnerschaften ohne gemeinsamen Haushalt leben, denn diese Lebensform ist nicht oder nur teilweise als solche im SOEP identifizierbar. Wichtig ist hier insbesondere die Kontrolle nach dem Partnerschaftsstatus, denn die hier untersuchten Einflussfaktoren beruflicher Unstetigkeit und Unsicherheit könnten, wie einige Untersuchungen nahe legen, nicht erst das Eingehen einer Elternschaft beeinflussen, sondern bereits das Eingehen einer Partnerschaft als regelhafter Voraussetzung für eine Elternschaft (vgl. Kurz 2004).

## 4 Ergebnisse

In den folgenden Darstellungen konzentrieren wir uns auf die im Vordergrund unseres Untersuchungsinteresses stehenden Merkmale und kommentieren

---

2   Die Einschätzung, sich beruflich zu verschlechtern (Variable ‚Abstieg'), wurde im SOEP erst ab 1990 erfragt und findet deshalb in den Analysen für die Arbeitsmarkteintrittskohorte ‚1984-1990' keine Berücksichtigung.

deshalb nicht alle Koeffizienten. Tabelle 1 zeigt die Ergebnisse der gesamtdeutschen Modellanalysen für Männer. Erwartungemäß bestätigen mehrere Einzelergebnisse die Dominanz der Generalisierungsthese: Höheres Einkommen wirkt sich positiv auf den Übergang zur Vaterschaft aus. Auch werden Männer, die einer Vollzeitbeschäftigung nachgehen, eher Väter als alle anderen. Vor allem die bei Männern insgesamt seltene Teilzeitbeschäftigung scheint nicht das Rollenmodell des seine beruflichen Ambitionen einschränkenden ‚neuen Vaters' – anders als man vermuten könnte – abzubilden, sondern dient eher als Signal, nicht als Familienernährer zur Verfügung zu stehen. Arbeitslosigkeit wirkt sich interessanterweise nicht sofort aus, aber beeinflusst mit zunehmender Dauer immer negativer die Realisierung einer Vaterschaft. Auch Selbstständige haben eine deutlich geringere Neigung, Vater zu werden, was mit ihrer durchschnittlich hohen Arbeitsbelastung und eher instabileren Einkommensverhältnissen erklärt werden kann.

Ein Blick auf die Unsicherheits- und Unstetigkeitsindikatoren im eigentlichen Sinn zeigt, dass derzeitige Befristungen und rezente Einkommensverbesserungen oder -verschlechterungen (von mehr als zehn Prozent im Vergleich zum Vorjahr) weder einen beschleunigenden noch verzögernden Effekt haben. Insgesamt scheint aber vor allem ein stetiger und damit beständiger Einkommensverlauf ohne große Karrieresprünge in der bisherigen Berufskarriere eine positive Wirkung auf die Realisierung einer Vaterschaft zu haben. Dagegen wirken sich sowohl häufige Arbeitsplatzwechsel (Unstetigkeit) als auch schlingernde Karriereverläufe (Erwartungsunsicherheit) negativ aus, wenn für das Vorhandensein einer Partnerschaft kontrolliert wird. Eindeutiger negativ verlaufende Karrieren mit Einkommensreduzierungen scheinen allerdings demgegenüber keine Beeinträchtigung der Wahrscheinlichkeit einer Vaterschaft darzustellen; allerdings lassen sich auch keine kompensatorischen Reaktionen beobachten.

Beschleunigen steile Karrieren den Übergang zu einer Vaterschaft? Der Vergleich der beiden Verlaufsmuster mit einer bzw. zwei deutlichen Einkommenserhöhungen ist hier sehr aufschlussreich. Wurde bisher eine deutliche Einkommenssteigerung erreicht, ist die Wahrscheinlichkeit eines Übergangs in die Vaterschaft nur etwa halb so hoch wie bei einem lateralen Einkommensverlauf. Es scheint hier also eine Konkurrenz zwischen Investitionen in den Beruf und in eine Familie vorzuliegen. Anders bei mindestens zwei solcher Steigerungen: Hier gibt es wieder eine mit lateralen Verläufen vergleichbare Wahrscheinlichkeit einer Vaterschaft, d.h., die Zusammenhänge sind kurvilinear, ohne dass jedoch besonders steile Karrieren mit einer besonders hohen Wahrscheinlichkeit einer Vaterschaft einhergehen würden. Die Erweiterung der Modelle um subjektive Einschätzungen scheint dagegen keine darüber hinausgehenden Effekte zu haben.

Tabelle 1: Übergangsraten zur ersten Vaterschaft

| Modell | 1 | 2 | 3 | 4 | 5 | 6 |
|---|---|---|---|---|---|---|
| **Aktuelle Erwerbsmerkmale** | | | | | | |
| Einkommen | 1,01*** | 1,01*** | 1,01*** | 1,01*** | 1,01*** | 1,01** |
| Vollzeit | 1 | 1 | 1 | 1 | 1 | 1 |
| Teilzeit | 0,12** | 0,13** | 0,15* | 0,14* | 0,14* | 0,21 |
| Arbeitslos | 0,73 | 0,71 | 0,69 | 1,06 | 1,11 | 1,22 |
| In Ausbildung | 0,63** | 0,63** | 0,77 | 0,69 | 0,7 | 0,98 |
| Derzeitige Befristung | | | 1,33 | 1,29 | 1,28 | 1,26 |
| Selbstständigkeit | | | 0,51** | 0,55* | 0,55* | 0,62 |
| **Zurückliegende Erwerbserfahrungen** | | | | | | |
| Lateraler Einkommensverlauf | | | | 1 | 1 | 1 |
| Verlauf mit 1 Reduzierung | | | | 1,19 | 1,22 | 1,16 |
| Verl. mit mind. 2 Reduzier. | | | | 1,39 | 1,43 | 0,9 |
| Beides: Erhöhg.+Reduzier. | | | | 0,72 | 0,72 | 0,66** |
| Verlauf mit 1 Erhöhung | | | | 0,45*** | 0,45*** | 0,48*** |
| Verlauf mind. 2 Erhöhungen | | | | 1,02 | 1,02 | 0,89 |
| Dauer Arbeitslosigkeit | | | | 0,97*** | 0,97*** | 0,98* |
| Anzahl Jobwechsel | | | | 0,94 | 0,94 | 0,89** |
| Einkommenserhöh.Vorjahr | | | 1,06 | 1,21 | 1,21 | 1,08 |
| Einkommensreduzier.Vorjahr | | | 0,81 | 0,81 | 0,81 | 0,72 |
| **Subjektive Erwartungen / Einschätzungen** | | | | | | |
| Einschätzung Aufstieg | | | | | 1,05 | 1,06 |
| Einschätzung Abstieg | | | | | 0,41 | 0,43 |
| Keine Sorgen um Arbeitsplatz | | | | | 1 | 1 |
| Geringe Sorgen | | | | | 0,99 | 0,9 |
| Große Sorgen | | | | | 0,98 | 0,87 |
| Unzufried. HH-Einkommen | | | | | 0,84 | 0,83 |
| **Kontrollvariablen** | | | | | | |
| Alter | 1,07*** | 1,04** | 1,05** | 1,06*** | 1,06*** | 0,97 |
| Lehre | 1 | 1 | 1 | 1 | 1 | 1 |
| Kein Abschluss | 0,95 | 0,95 | 0,95 | 1,01 | 1,02 | 1,29 |
| Hochschulabschluss | 1,09 | 1,35* | 1,36* | 1,26 | 1,25 | 1,02 |
| Dauer seit Erwerbseintritt | | 1,01** | 1,01** | 1,01*** | 1,01*** | 1,01** |
| Herkunft Ost | | 1,38** | 1,43*** | 1,50*** | 1,51*** | 1,30* |
| Verheiratet | | | | | | 1 |
| Nichtehel. Lebensgemeinsch. | | | | | | 0,22*** |
| Living apart together / ledig | | | | | | 0,03*** |
| Ereignisse | 337 | 337 | 337 | 337 | 337 | 337 |
| Personen | 1678 | 1678 | 1678 | 1678 | 1678 | 1678 |
| Signifikanz | *** | *** | *** | *** | *** | *** |

Datenbasis: SOEP 1984-2003, eigene Berechnungen. *** p< 0,01, ** p< 0,05, * p< 0,1, piecewise constant exponential model, hazard ratios.

*Auswirkungen der Flexibilisierung auf eine erste Elternschaft*

Tabelle 2: Übergangsraten zur ersten Mutterschaft

| Modell | 1 | 2 | 3 | 4 | 5 | 6 |
|---|---|---|---|---|---|---|
| **Aktuelle Erwerbsmerkmale** | | | | | | |
| Einkommen | 0,92*** | 0,91*** | 0,90*** | 0,88*** | 0,88*** | 0,91*** |
| Vollzeit | 1 | 1 | 1 | 1 | 1 | 1 |
| Teilzeit | 0,51*** | 0,54*** | 0,54*** | 0,58*** | 0,58*** | 0,63** |
| Arbeitslos | 0,65*** | 0,66** | 0,60*** | 0,89 | 0,88 | 1,01 |
| In Ausbildung | 0,61** | 0,63** | 0,99 | 0,95 | 0,96 | 1,36 |
| Derzeitige Befristung | | | 0,38*** | 0,43*** | 0,43*** | 0,45*** |
| Selbstständigkeit | | | 0,72 | 0,85 | 0,86 | 1,26 |
| **Zurückliegende Erwerbserfahrungen** | | | | | | |
| Lateraler Einkommensverlauf | | | | 1 | 1 | 1 |
| Verlauf mit 1 Reduzierung | | | | 0,41*** | 0,41*** | 0,38*** |
| Verl. mit mind. 2 Reduzier. | | | | 0,45** | 0,46** | 0,53* |
| Beides: Erhöhg.+Reduzier. | | | | 0,46*** | 0,45*** | 0,43*** |
| Verlauf mit 1 Erhöhung | | | | 0,74** | 0,74** | 0,67*** |
| Verl. m. mind. 2 Erhöhungen | | | | 0,61*** | 0,62*** | 0,61*** |
| Dauer Arbeitslosigkeit | | | | 0,96*** | 0,96*** | 0,98*** |
| Anzahl Jobwechsel | | | | 0,92* | 0,92* | 0,93 |
| Einkommenserhöh. Vorjahr | | | 1,22* | 1,73*** | 1,72*** | 1,61*** |
| Einkommensreduzier. Vorjahr | | | 0,95 | 1,60** | 1,57** | 1,39* |
| **Subjektive Erwartungen / Einschätzungen** | | | | | | |
| Einschätzung Aufstieg | | | | | 0,71 | 0,83 |
| Einschätzung Abstieg | | | | | 1,59 | 1,91** |
| Keine Sorgen um Arbeitsplatz | | | | | 1 | 1 |
| Geringe Sorgen | | | | | 0,89 | 0,92 |
| Große Sorgen | | | | | 1,04 | 0,98 |
| Unzufried. HH-Einkommen | | | | | 1,18 | 1,32* |
| **Kontrollvariablen** | | | | | | |
| Alter | 1,09*** | 1,02 | 1,02 | 1,02 | 1,02 | 0,94*** |
| Lehre | 1 | 1 | 1 | 1 | 1 | 1 |
| Kein Abschluss | 0,72*** | 0,70*** | 0,73*** | 0,81* | 0,81* | 0,9 |
| Hochschulabschluss | 1,04 | 1,50*** | 1,64*** | 1,98*** | 2,00*** | 1,88*** |
| Dauer seit Erwerbseintritt | | 1,01*** | 1,01*** | 1,02*** | 1,02*** | 1,01*** |
| Herkunft Ost | | 1,25** | 1,24** | 1,14 | 1,13 | 1,08 |
| Verheiratet | | | | | | 1 |
| Nichtehel. Lebensgemeinsch. | | | | | | 0,31*** |
| Living apart together / ledig | | | | | | 0,09*** |
| Ereignisse | 503 | 503 | 503 | 503 | 503 | 503 |
| Personen | 1767 | 1767 | 1767 | 1767 | 1767 | 1767 |
| Signifikanz | *** | *** | *** | *** | *** | *** |

Datenbasis: SOEP 1984-2003, eigene Berechnungen. *** p< 0,01, ** p< 0,05, * p< 0,1, piecewise constant exponential model, hazard ratios.

Tabelle 2 zeigt, inwiefern sich die Zusammenhänge für Frauen anders als für Männer darstellen. Hierbei kann man sowohl Unterschiede als auch vor allem überraschend viele Gemeinsamkeiten der Auswirkungen berufsbiographischer Merkmale auf die Realisierung einer Elternschaft feststellen. Der Unterschied bei Betrachtung der Modelle von Männern und Frauen zeigt sich vor allem beim Einfluss des Einkommens, denn im Gegensatz zu den Männern hat das Einkommen bei den Frauen einen deutlich negativen Effekt. Frauen verzögern also mit steigendem Einkommen eine Mutterschaft, wogegen Männer mit zunehmendem Einkommen eine Vaterschaft beschleunigen. Und sowohl Teilzeitarbeit als auch arbeitslos und in Ausbildung zu sein, reduziert die Wahrscheinlichkeit einer Mutterschaft bei den Frauen signifikant. Hier scheint also eine (bei Männern) Generalisierungs- gegen eine Konkurrenzbeziehung (bei Frauen) zu stehen.

Dass für Hochschulabsolventinnen so deutlich positive Koeffizienten zu verzeichnen sind, hat damit zu tun, dass wir hier nur Frauen betrachten, die bereits in das Erwerbsleben eingetreten sind, also ihre Ausbildung abgeschlossen haben. Wie aus anderen Untersuchungen bekannt, findet gerade dann bei Hochschulabsolventen ein vergleichsweise beschleunigter Übergang zur Mutterschaft statt, wenn sich Bildungsressourcen nicht gleich in Karriereressourcen bzw. Einkommenspotential haben umsetzen lassen (vgl. Blossfeld et al. 1993). Auch bei den Frauen zeigt sich, dass vor allem eine Teilzeitbeschäftigung – wie auch schon bei den Männern – über alle Modelle hinweg eine Elternschaft verzögert. Und wie bei den Männern kommt es bei zunehmender Arbeitslosigkeitsdauer keineswegs zu einer eventuell als kompensatorisch zu deutenden Beschleunigung von Elternschaft, sondern zu einer Reduzierung. Auch eine kürzlich zurückliegende Betroffenheit von Arbeitslosigkeit senkt die Wahrscheinlichkeit einer Mutterschaft.

Bei der Betrachtung rezenter Einkommensveränderungen wie auch der Einkommensverläufe insgesamt fällt auf, dass im Vergleich zu ruhigen, gleichmäßigen Verläufen bei allen davon abweichenden, im Sinne von Unsicherheit, Erwartungsunsicherheit oder Unstetigkeit interpretierbaren Indikatoren eine signifikante Verzögerung der Mutterschaft zu finden ist, egal in welche Richtung sie weisen. Offensichtlich ist für Frauen noch sehr viel mehr als für Männer eine solche eher ruhige Berufsperspektive einer Elternschaft förderlich. Sowohl berufliche Gefährdungen als auch eine prononcierte Karriereentwicklung sind für eine Mutterschaft hinderlich. Im ersten Fall geht es dann wohl um die hartnäckige Sicherung einer beruflichen Etablierung, im zweiten eher um eine Konkurrenz zwischen Investitionen in beiden Lebensbereichen. Wiederum scheinen subjektive Einschätzungen über die Zukunft kaum einen darüber hinausreichenden Einfluss auf die Entscheidung für oder gegen ein Kind zu haben. Nur die Erwartung, einen beruflichen Abstieg hinnehmen zu müssen, erhöht bei Kontrolle des Partnerschaftsstatus die Wahrscheinlichkeit einer Mutterschaft.

Tabelle 3: Übergangsraten zur ersten Vaterschaft.
Getrennte Analysen für West- und Ostdeutschland

| Modell | 1 West | 2 West | 3 Ost | 4 Ost |
|---|---|---|---|---|
| **Aktuelle Erwerbsmerkmale** | | | | |
| Einkommen | 1,03*** | 1,01* | 1 | 1 |
| Vollzeit | 1 | 1 | 1 | 1 |
| Teilzeit | 0,00*** | 0,00*** | 1,12 | 1,14 |
| Arbeitslos | 1,12 | 1,3 | 1,08 | 0,85 |
| In Ausbildung | 0,87 | 1,06 | 0,35 | 0,47 |
| Derzeitige Befristung | 1,36 | 1,29 | 1,13 | 1,09 |
| Selbstständigkeit | 0,37** | 0,48* | 1,34 | 1,42 |
| **Zurückliegende Erwerbserfahrungen** | | | | |
| Lateraler Einkommensverlauf | 1 | 1 | 1 | 1 |
| Verlauf mit 1 Reduzierung | 0,7 | 0,71 | 2,65** | 2,46** |
| Verlauf mit mind. 2 Reduzierungen | 2,21 | 1,22 | 0,71 | 0,79 |
| Beides: Erhöhungen+Reduzierungen | 0,64** | 0,61** | 0,53 | 0,48 |
| Verlauf mit 1 Erhöhung | 0,42*** | 0,39*** | 0,41** | 0,6 |
| Verlauf mit mind. 2 Erhöhungen | 1 | 0,84 | 0,55 | 0,56 |
| Dauer Arbeitslosigkeit | 0,97** | 0,98 | 0,97** | 0,97** |
| Anzahl Jobwechsel | 0,96 | 0,90* | 0,87 | 0,73** |
| Einkommenserhöhung Vorjahr | 1,15 | 1,1 | 1,23 | 0,9 |
| Einkommensreduzierung Vorjahr | 0,9 | 0,89 | 0,47 | 0,39** |
| **Subjektive Erwartungen / Einschätzungen** | | | | |
| Einschätzung Aufstieg | 1,13 | 1,25 | 0,85 | 0,75 |
| Einschätzung Abstieg | 0,00*** | 0,00*** | 0,74 | 0,73 |
| Keine Sorgen um Arbeitsplatz | 1 | 1 | 1 | 1 |
| Geringe Sorgen | 1,01 | 0,92 | 0,92 | 0,73 |
| Große Sorgen | 1,01 | 1 | 1,26 | 0,97 |
| Unzufriedenheit mit HH-Einkommen | 0,38** | 0,41** | 1,79* | 1,97** |
| **Kontrollvariablen** | | | | |
| Alter | 1,07 | 0,98 | 0,94 | 0,94 |
| Lehre | 1 | 1 | 1 | 1 |
| Kein Abschluss | 0,79 | 0,87 | 1,93** | 3,64*** |
| Hochschulabschluss | 1,07 | 0,86 | 2,46** | 1,9 |
| Dauer seit Erwerbseintritt | 1 | 1 | 1,02*** | 1,02*** |
| Verheiratet | | 1 | | 1 |
| Nichteheliche Lebensgemeinschaft | 1 | 0,14*** | 1 | 0,73 |
| Living apart together / ledig | | 0,02*** | | 0,07*** |
| Ereignisse / Personen | 258/1273 | 258/1273 | 79/405 | 79/405 |
| Signifikanz | *** | *** | *** | *** |

Datenbasis: SOEP 1984-2003, eigene Berechnungen. *** p< 0,01, ** p< 0,05, * p< 0,1, piecewise constant exponential model, hazard ratios.

Tabelle 4: *Übergangsrate zur ersten Vaterschaft. Getrennte Analysen für die Arbeitsmarkteintrittskohorten ‚1984-1990' und ‚ab 1991'*

| Modell | 1 (84-90) | 2 (84-90) | 3 (ab 91) | 4 (ab 91) |
|---|---|---|---|---|
| **Aktuelle Erwerbsmerkmale** | | | | |
| Einkommen | 1,02*** | 1,01* | 1,02** | 1 |
| Vollzeit | 1 | 1 | 1 | 1 |
| Teilzeit | 0,51 | 0,42 | 0,00*** | 0,00*** |
| Arbeitslos | 1,66 | 1,62 | 0,87 | 1,11 |
| In Ausbildung | 0,84 | 1,08 | 0,54* | 0,91 |
| Derzeitige Befristung | 1,5 | 1,44 | 1,03 | 1,13 |
| Selbstständigkeit | 0,32** | 0,41 | 1,08 | 1,11 |
| **Zurückliegende Erwerbserfahrungen** | | | | |
| Lateraler Einkommensverlauf | | | | |
| Verlauf mit 1 Reduzierung | 1 | 1 | 1 | 1 |
| Verlauf mit mind. 2 Reduzierungen | 0,75 | 0,67 | 1,33 | 2,05* |
| Beides: Erhöhungen+Reduzierungen | 1,66 | 1,12 | 0,78 | 0,63 |
| Verlauf mit 1 Erhöhung | 0,75 | 0,59 | 0,23*** | 0,41*** |
| Verlauf mit mind. 2 Erhöhungen | 0,30*** | 0,29*** | 0,32*** | 0,46*** |
| Dauer Arbeitslosigkeit | 0,83 | 0,73 | 0,48** | 0,63 |
| | 0,98*** | 0,97** | 0,98 | 1 |
| Anzahl Jobwechsel | 0,95 | 0,91 | 0,93 | 0,83** |
| Einkommenserhöhung Vorjahr | 1,21 | 1,11 | 1,37 | 1,12 |
| Einkommensreduzierung Vorjahr | 0,91 | 0,88 | 0,65 | 0,49* |
| **Subjektive Erwartungen / Einschätzungen** | | | | |
| Einschätzung Aufstieg | 1,35 | 1,28 | 0,89 | 0,89 |
| Einschätzung Abstieg | ------ | ------ | 0,79 | 0,83 |
| Keine Sorgen um Arbeitsplatz | 1 | 1 | 1 | 1 |
| Geringe Sorgen | 0,98 | 0,87 | 1,08 | 0,96 |
| Große Sorgen | 0,49** | 0,46** | 1,87*** | 1,52** |
| Unzufriedenheit mit HH-Einkommen | 0,54 | 0,53 | 1,07 | 1,08 |
| **Kontrollvariablen** | | | | |
| Alter | 1,04 | 0,96 | 1,08*** | 1 |
| Lehre | 1 | 1 | 1 | 1 |
| Kein Abschluss | 0,82 | 1,06 | 1,1 | 1,52* |
| Hochschulabschluss | 1,4 | 1,02 | 1,03 | 1,05 |
| Dauer seit Erwerbseintritt | 1 | 1 | 1,02*** | 1,01*** |
| Herkunft Ost | | | 1,52** | 1,46** |
| Verheiratet | | 1 | | 1 |
| Nichteheliche Lebensgemeinschaft | | 0,30*** | | 0,18*** |
| Living apart together / ledig | | 0,03*** | | 0,03*** |
| Ereignisse/Personen | 178/656 | 178/656 | 159/1022 | 159/1022 |
| Signifikanz | *** | *** | *** | *** |

Datenbasis: SOEP 1984-2003, eigene Berechnungen. *** p< 0,01, ** p< 0,05, * p< 0,1, piecewise constant exponential model, hazard ratios.

*Auswirkungen der Flexibilisierung auf eine erste Elternschaft*

Tabelle 5: Übergangsraten zur ersten Mutterschaft in Ost und West

| Modell | 1 West | 2 West | 3 Ost | 4 Ost |
|---|---|---|---|---|
| **Aktuelle Erwerbsmerkmale** | | | | |
| Einkommen | 0,87*** | 0,90*** | 0,91*** | 0,91*** |
| Vollzeit | 1 | 1 | 1 | 1 |
| Teilzeit | 0,58** | 0,63* | 0,48 | 0,51 |
| Arbeitslos | 0,66* | 0,77 | 1,63 | 1,69 |
| In Ausbildung | 0,89 | 1,29 | 1,31 | 1,35 |
| Derzeitige Befristung | 0,38*** | 0,41*** | 0,56* | 0,53** |
| Selbstständigkeit | 0,75 | 1,26 | 1,58 | 1,61 |
| **Zurückliegende Erwerbserfahrungen** | | | | |
| Lateraler Einkommensverlauf | 1 | 1 | 1 | 1 |
| Verlauf mit 1 Reduzierung | 0,30*** | 0,36** | 0,61 | 0,44 |
| Verlauf mit mind. 2 Reduzierungen | 0,47* | 0,51 | 0,31 | 0,34 |
| Beides: Erhöhungen+Reduzierungen | 0,48*** | 0,46*** | 0,23*** | 0,22*** |
| Verlauf mit 1 Erhöhung | 0,77 | 0,63*** | 0,47** | 0,59* |
| Verlauf mit mind. 2 Erhöhungen | 0,68* | 0,61*** | 0,26*** | 0,41*** |
| Dauer Arbeitslosigkeit | 0,96*** | 0,98*** | 0,96*** | 0,96*** |
| Anzahl Jobwechsel | 0,90* | 0,89** | 0,92 | 1,01 |
| Einkommenserhöhung Vorjahr | 1,71*** | 1,54*** | 2,30** | 1,87** |
| Einkommensreduzierung Vorjahr | 1,58** | 1,15 | 1,88 | 2,35 |
| **Subjektive Erwartungen / Einschätzungen** | | | | |
| Einschätzung Aufstieg | 0,76 | 0,87 | 0,48 | 0,49 |
| Einschätzung Abstieg | 0,72 | 1 | 2,61** | 2,55*** |
| Keine Sorgen um Arbeitsplatz | 1 | 1 | 1 | 1 |
| Geringe Sorgen | 0,94 | 1,03 | 0,78 | 0,73 |
| Große Sorgen | 1 | 1,03 | 1,07 | 0,94 |
| Unzufriedenheit mit HH-Einkommen | 1,08 | 1,29 | 1,32 | 1,3 |
| **Kontrollvariablen** | | | | |
| Alter | 1,03 | 0,96* | 0,99 | 0,91*** |
| Lehre | 1 | 1 | 1 | 1 |
| Kein Abschluss | 0,85 | 0,92 | 0,54** | 0,7 |
| Hochschulabschluss | 2,00*** | 1,78*** | 2,34 | 2,47*** |
| Dauer seit Erwerbseintritt | 1,02*** | 1,01*** | 1,02*** | 1,02*** |
| Verheiratet | | 1 | | 1 |
| Nichteheliche Lebensgemeinschaft | | 0,22*** | | 0,69 |
| Living apart together / ledig | | 0,07*** | | 0,16*** |
| Ereignisse/Personen | 383/1336 | 383/1336 | 120/436 | 120/436 |
| Signifikanz | *** | *** | *** | *** |

Datenbasis: SOEP 1984-2003, eigene Berechnungen. *** p< 0,01, ** p< 0,05, * p< 0,1, piecewise constant exponential model, hazard ratios.

**Tabelle 6:** Übergangsraten zur ersten Mutterschaft
Arbeitsmarkteintrittskohorten ‚1984-1990' und ‚ab 1990'

| Modell | 1 (80-90) | 2 (80-90) | 3 (ab 91) | 4 (ab 91) |
|---|---|---|---|---|
| **Aktuelle Erwerbsmerkmale** | | | | |
| Einkommen | 0,88*** | 0,91*** | 0,89*** | 0,91*** |
| Vollzeit | 1 | 1 | 1 | 1 |
| Teilzeit | 0,61 | 0,51** | 0,75 | 1 |
| Arbeitslos | 1,02 | 1,11 | 0,88 | 0,98 |
| In Ausbildung | 0,94 | 1,37 | 1,13 | 1,42 |
| Derzeitige Befristung | 0,45** | 0,52** | 0,44*** | 0,43*** |
| Selbstständigkeit | 1,42 | 1,92** | 0,00*** | 0,00*** |
| **Zurückliegende Erwerbserfahrungen** | | | | |
| Lateraler Einkommensverlauf | 1 | 1 | 1 | 1 |
| Verlauf mit 1 Reduzierung | 0,42* | 0,28*** | 0,32*** | 0,29*** |
| Verlauf mit mind. 2 Reduzierungen | 0,46 | 0,49 | 0,37** | 0,46* |
| Beides: Erhöhungen+Reduzierungen | 0,46*** | 0,44*** | 0,30*** | 0,34*** |
| Verlauf mit 1 Erhöhung | 0,62** | 0,62** | 0,58** | 0,58*** |
| Verlauf mit mind. 2 Erhöhungen | 0,61** | 0,61** | 0,40*** | 0,46*** |
| Dauer Arbeitslosigkeit | 0,96*** | 0,97*** | 0,96*** | 0,98** |
| Anzahl Jobwechsel | 0,99 | 1 | 0,82** | 0,83** |
| Einkommenserhöhung Vorjahr | 1,67*** | 1,63*** | 1,98*** | 1,62** |
| Einkommensreduzierung Vorjahr | 1,47 | 1,4 | 1,63 | 1,38 |
| **Subjektive Erwartungen / Einschätzungen** | | | | |
| Einschätzung Aufstieg | 0,94 | 1,12 | 0,61 | 0,72 |
| Einschätzung Abstieg | ------ | ------ | 2,02* | 1,44 |
| Keine Sorgen um Arbeitsplatz | 1 | 1 | 1 | 1 |
| Geringe Sorgen | 0,79* | 0,81 | 0,98 | 1,02 |
| Große Sorgen | 0,66** | 0,69* | 1,43** | 1,29 |
| Unzufriedenheit mit HH-Einkommen | 1,22 | 1,51** | 1,02 | 1,07 |
| **Kontrollvariablen** | | | | |
| Alter | 0,99 | 0,92*** | 1,05** | 0,96 |
| Lehre | 1 | 1 | 1 | 1 |
| Kein Abschluss | 0,79 | 0,84 | 0,84 | 0,96 |
| Hochschulabschluss | 2,15*** | 1,99*** | 1,74*** | 1,73*** |
| Dauer seit Erwerbseintritt | 1,01*** | 1,01*** | 1,02*** | 1,02*** |
| Herkunft Ost | | | 1,53*** | 1,61*** |
| Verheiratet | | 1 | | 1 |
| Nichteheliche Lebensgemeinschaft | | 0,30*** | | 0,29*** |
| Living apart together / ledig | | 0,11*** | | 0,07*** |
| Ereignisse/Personen | 270/665 | 270/665 | 233/1112 | 233/1112 |
| Signifikanz | *** | *** | *** | *** |

Datenbasis: SOEP 1984-2003, eigene Berechnungen. *** $p<0,01$, ** $p<0,05$, * $p<0,1$, piecewise constant exponential model, hazard ratios.

Unsere nächste Aufmerksamkeit gilt der Frage, inwiefern sich diese Muster für *Ost- und Westdeutschland* unterscheiden (s. Tabellen 3 bis 6). Wir beschränken uns dabei auf diejenigen Unterschiede bei den Indikatoren von Arbeitsmarktunsicherheiten und -unstetigkeiten, die uns auf unterschiedliche Strukturierungen hinzuweisen scheinen. Für *Männer* zeigen sich zwischen West- und Ostdeutschland markante Unterschiede hinsichtlich Einkommen, Teilzeitarbeit, Selbständigkeit, bei Einkommensverlusten und der Zukunftserwartung eines beruflichen Abstiegs sowie bei Unzufriedenheit mit den Haushaltseinkommen. Diese Unterschiede lassen sich so zusammenfassen, dass in Westdeutschland Einkommen bzw. Einkommenschancen und Ängste vor einem beruflichen Abstieg bedeutsamer sind im Sinne der Generalisierungsthese, dass sich beruflicher Erfolg positiv, Misserfolg und Unsicherheit negativ auf den Übergang in eine Vaterschaft auswirken. Dieser Interpretation steht allerdings entgegen, dass in Ost-, aber nicht in Westdeutschland, kürzliche Einkommensreduzierungen im Erwerbsverlauf negativ zu Buche schlagen; genauso wie höhere Bildungsabschlüsse für Ostdeutsche bedeutsamer sind. Insgesamt scheinen jedoch in Westdeutschland die Indikatoren einer Generalisierung stärker ins Gewicht zu fallen, ohne so weit gehen zu wollen, zwischen West und Ost unterschiedliche Muster zu behaupten.

Bei den *Frauen* lassen sich im Vergleich West- zu Ostdeutschland nur wenige Unterschiede dingfest machen. Insgesamt lassen sich aber überraschenderweise eher in Ostdeutschland kompensatorische Reaktionen und Konkurrenzbeziehungen feststellen: Abstiegserwartungen führen nicht in West-, aber in Ostdeutschland eher zu einer Mutterschaft. Auch Erfahrungen unstetiger Einkommensentwicklung und karriereorientierte, also mit einer oder mehreren deutlichen Einkommensverbesserungen verbundene Verläufe wirken sich in Ostdeutschland stärker negativ aus.

Im Vergleich der zwei *Arbeitsmarkteintrittskohorten* war vermutet worden, dass Destandardisierungserscheinungen bei der älteren Kohorte eventuell stärker ins Gewicht fallen könnten, da solche Erfahrungen für sie noch unnormaler gewesen sind. Die Ergebnisse bestätigen diese Vermutung für *Männer* nicht, mit der Ausnahme des subjektiven Indikators großer Sorgen um den Arbeitsplatz. Führte dies bei der älteren Kohorte noch zu einer signifikanten Verzögerung einer Vaterschaft, lässt sich für die jüngere sogar umgekehrt eine Beschleunigung konstatieren. Die anderen Indikatoren, insbesondere diejenigen zu den Erwerbsverläufen, bestätigen diese Vermutung jedoch nicht in gleicher Weise, so dass die Evidenz insgesamt gegen eine gestiegene Unempfindlichkeit der Lebensplanung gegenüber solchen Erfahrungen spricht. Für *Frauen* lassen sich noch weniger Veränderungen konstatieren, abgesehen von der insgesamt nur seltenen selbständigen Tätigkeit und davon, dass große Sorgen um einen Arbeitsplatz bei der älteren Kohorte eine Mutterschaft signifikant hinauszögerte, bei der jüngeren Kohorte jedoch nicht mehr.

## 5 Fazit

Dieser Beitrag hatte zum Ziel, den Einfluss mehrerer Erscheinungsformen von Unsicherheit, Erwartungsunsicherheit und Unstetigkeit von Erwerbsverläufen auf den Übergang zu einer Elternschaft zu prüfen. Insgesamt zeigte sich bei den Männern ein dominantes Muster der Generalisierung von solchen Erfahrungen im Sinne eines Aufschubs der Vaterschaft, das sich im Vergleich zweier Arbeitsmarkteintrittskohorten auch nur wenig abgeschwächt hat. Bei den Frauen stellt man dagegen eher ein etwas uneinheitlicheres Bild von Generalisierungs- und Konkurrenzbeziehungen zwischen Erwerbsarbeit und Familiengründung fest. Sowohl für Männer als auch für Frauen scheint in der Gesamtbetrachtung – bei allen Unterschieden im Detail – vor allem ein eher ruhiger und sicherer Erwerbsverlauf für eine Familiengründung förderlich zu sein. Im Vergleich zwischen Ost- und Westdeutschland zeigen sich eher Gemeinsamkeiten als Unterschiede, was die Wirkung solcher Arbeitsmarkterfahrungen angeht. In der Tendenz jedoch sind bei den Männern die Generalisierungstendenzen in West- stärker als in Ostdeutschland, was auch den Erwartungen einer im Westen stärker verhafteten männlichen Ernährerrolle entspricht. Von uns jedoch weniger erwartet wurde, dass Erfahrungen von (Erwartungs-) Unsicherheit eher bei den ostdeutschen als bei den westdeutschen Frauen eine Familiengründung beschleunigt.

## Literatur

Blossfeld, H.-P./Huinink, J./Rohwer, G. (1993): Wirkt sich das steigende Bildungsniveau der Frauen tatsächlich negativ auf den Prozess der Familienbildung aus? In: Diekmann/Weick, 216-233.
Blossfeld, H.P./Rohwer, G. (2001): Techniques of Event History Modeling – New Approaches to Causal Analysis. Mahwah, NJ: Erlbaum.
Brüderl, J./Klein, T. (1993): Bildung und Familiengründungsprozeß deutscher Frauen: Humankapital- und Institutionseffekt. In: Diekmann/Weick, 194-215.
Diekmann, A./Weick, S. (Hrsg.) (1993): Der Familienzyklus als sozialer Prozeß – Bevölkerungssoziologische Untersuchungen mit den Methoden der Ereignisanalyse. Berlin: Duncker & Humblot
Diewald, M./Sill, S. (2004): Mehr Risiken, mehr Chancen? Trends in der Arbeitsmarktmobilität seit Mitte der 1980er Jahre. In: Struck/Köhler, 39-62.
Friedman, D./Hechter, M./Kanazawa, S. (1994): A Theory of the Value of Children. In: Demography, 31, 3: 375-401.
Hillmert, S./Mayer, K.U. (Hrsg) (2004): Geboren 1964 und 1971. Wiesbaden: Verlag für Sozialwissenschaften.
Konietzka, D./Kreyenfeld, M. (2004): Angleichung oder Verfestigung von Differenzen? Geburtenentwicklung und Familienformen in Ost- und Westdeutschland. In: Berliner Debatte Initial, 15, 4: 26-41.

Kurz, K. (2004): Die Familiengründung von Männern im Partnerschaftskontext. In: Tölke/Hank, 179-197.
Neumark, D. (2000): Changes in Job Stability and Job Security: A Collective Effort to Untangle, Reconcile and Interpret the Evidence. NBER Working Paper 7472. Cambridge, MA: National Bureau of Economic Research.
Oppenheimer, V.K. (1988): A Theory of Marriage Timing. In: American Journal of Sociology, 94, 3: 563-591.
Pfarr, H. (2000). Soziale Sicherheit und Flexibilität: Brauchen wir ein ‚Neues Normalarbeitsverhältnis'? In: WSI-Mitteilungen, 53, 5: 279-283.
Schaeper, H./Kühn, T. (2000): Zur Rationalität familialer Entscheidungsprozesse am Beispiel des Zusammenhangs zwischen Berufsbiographie und Familiengründung. In: Zeitschrift für Soziologie der Erziehung und Sozialisation, Beiheft 3: 124-145.
Schmitt, C. (2004): Kinderlosigkeit bei Männern – Geschlechtsspezifische Determinanten ausbleibender Elternschaft. In: Tölke/Hank: 73-99.
Schneewind, K.A./Vaskovics, L.A./Backmund, V./Buba, H./Rost, H./Salih, A./Sierwald, W./Vierzigmann, G. (1997): Optionen der Lebensgestaltung junger Ehen und Kinderwunsch – Endbericht. Schriftreihe des Bundesministeriums für Familie und Senioren, 128,1. Stuttgart: Kohlhammer.
Schneider, N.F./Rost, H. (1998): Von Wandel keine Spur – Warum ist Erziehungsurlaub weiblich? In: Oechsle, M./Geissler, B. (Hrsg.), Die ungleiche Gleichheit – Junge Frauen und der Wandel im Geschlechterverhältnis. Opladen: Leske + Budrich, 217-236.
Sennett, R. (2000): Der flexible Mensch – Die Kultur des neuen Kapitalismus. Berlin: Siedler.
Smith, V. (1997): New Forms of Work Organization. In: Annual Review of Sociology, 23: 315-339.
SOEP Group (2001): The German Socio-Economic Panel (GSOEP) After More Than 15 Years – Overview. In: Holst, E./Lillard, D.R./DiPrete, T.A. (Hrsg.), Proceedings of the 2000 Fourth International Conference of German Socio-Economic Panel Study Users (GSOEP 2000). Vierteljahrshefte zur Wirtschaftsforschung, 70, 1: 7-14.
Struck, O./Köhler, C. (Hrsg.) (2004): Beschäftigungsstabilität im Wandel? München, Mering: Hampp.
Tölke, A./Diewald, M. (2003a): Berufsbiographische Unsicherheiten und der Übergang zur Elternschaft bei Männern. In: Marbach, J.H./Bien, W. (Hrsg.), Elternschaft und Geschlecht – Wandel und Entwicklung familialer Lebensformen in Deutschland. Opladen: Leske + Budrich, 349-384.
Tölke, A./Diewald, M. (2003b): Insecurities in Employment and Occupational Careers and Their Impact on the Transition to Fatherhood in Western Germany. In: Demographic Research, 9, 3: 42-68.
Tölke, Angelika/Hank, K. (Hrsg.) (2004): Das vernachlässigte Geschlecht in der Familienforschung: Untersuchungen zu Partnerschaft und Elternschaft bei Männern. Zeitschrift für Familienforschung (4. Sonderheft).
Zedeck, S. (1992): Introduction: Exploring the Domain of Work and Family Concerns. In: Zedeck, S. (Hrsg.), Work, Families and Organizations. San Francisco: Jossey Bass Publishers, 8-22.

# Ökonomische Unsicherheit und der Aufschub der Familiengründung

## Michaela Kreyenfeld

### 1 Einleitung*

In den letzten Jahrzehnten ist in den meisten europäischen Ländern ein dramatischer Anstieg des Alters bei Erstgeburt zu beobachten. Der Aufschub der Familiengründung gehört dabei nicht nur zu den markantesten demographischen Veränderungen unserer Zeit, er spielt auch beim Rückgang der jährlichen Geburtenziffern eine zentrale Rolle (Bongaarts 1999: 256, Sobotka 2004). Ein Anstieg des Alters bei Familiengründung hat ebenfalls langfristige Konsequenzen für die endgültige Familiengröße, indem eine späte Erstelternschaft die Wahrscheinlichkeit weiterer Geburten reduziert (Marini/Hodson 1981, Morgan/Rindfuss 1999).

Die zunehmende Erwerbstätigkeit und Emanzipation der Frau galten lange Zeit als zentrale Faktoren für den Anstieg des Alters bei Erstgeburt (Rindfuss et al. 1996, Martin 2000, Gustafsson 2001). Neuere Studien haben jedoch darauf hingewiesen, dass Jugendarbeitslosigkeit, befristete Arbeitsverträge und instabile Beschäftigungsverhältnisse andere wichtige Faktoren sind, die den Aufschub der Familiengründung erklären könnten (McDonald 2000: 10f., Adsera 2004, Blossfeld et al. 2005, De la Rica/Iza 2005). Der Aufschub der Familiengründung in ein höheres Alter könnte in diesem Sinne die zunehmenden Unsicherheiten reflektieren, denen junge Erwachsene im frühen Lebenslauf ausgesetzt sind.

Obgleich der Zusammenhang von ökonomischer Unsicherheit und Familiengründung eine hohe theoretische Relevanz besitzt, befassen sich nur wenige empirische Studien mit diesem Thema. Zwar liegen empirische Evidenzen auf der Makroebene vor, wonach ökonomische Krisen in den meisten Fällen einen unmittelbaren Einfluss auf die jährlichen Geburtenraten genommen haben. Die Weltwirtschaftskrise ist in diesem Zusammenhang wohl das bekannteste Beispiel, das eindrucksvoll zeigt, wie ein plötzlicher Anstieg der Arbeitslosigkeit einen Einbruch der Geburtenziffern zur Folge hatte (Kiser/Whelpton 1953). Der Geburtenrückgang in Ostdeutschland ist ein anderes

---

* Für wertvolle Kommentare danke ich Ines Wlosnewski und Cordula Zabel. Der SOEP-Gruppe sei für die Bereitstellung der Daten des Sozio-oekonomischen Panels gedankt. Insbesondere bin ich Silke Anger für wertvolle Kommentare zur Generierung der Befristungsvariablen im SOEP dankbar.

Beispiel für einen deutlichen Zusammenhang zwischen ökonomischen Umbrüchen und einer niedrigen Fertilitätsrate auf der Makroebene (Eberstadt 1994, Witte/Wagner 1995, Huinink/Kreyenfeld 2005). Es ist jedoch unklar, inwiefern derartige historische Ausnahmesituationen verallgemeinert werden können. Auf der Mikroebene existieren einige Studien zum Zusammenhang von Arbeitslosigkeit und Fertilität (Andersson 2000, Hoem 2000, Kravdal 2002, Vikat 2004, Kurz et al. 2005, Schmitt 2005, Kreyenfeld/Mika 2006, Düntgen/Diewald in diesem Band). Auch ist die Bedeutung von ökonomischen Faktoren für Fertilitätsintentionen untersucht worden (Kohler/Kohler 2002, Speder/Vikat 2005). Allerdings gibt es nur wenige Studien zum Zusammenhang der subjektiv empfundenen ökonomischen Lage und dem Geburtenverhalten. Ein wesentlicher Grund hierfür dürfte sein, dass zur Analyse dieses Zusammenhangs umfangreiche Längsschnittdaten benötigt werden, die nicht nur komplette Fertilitätsbiographien, sondern auch Längsschnittinformationen zur subjektiv empfundenen ökonomischen Lage der Befragten enthalten sollten.

Das Ziel dieses Beitrags ist es, den Zusammenhang von ökonomischer Unsicherheit und dem Übergang zum ersten Kind in Deutschland zu analysieren. Als Datenbasis dient das Sozio-oekonomische Panel (SOEP), das Längsschnittinformationen zu Fertilität, Erwerbstätigkeit und zu den Einstellungen der Befragten für den Zeitraum 1984 bis 2005 zur Verfügung stellt. Als Methode werden ereignisanalytische Modelle verwendet. Ein besonderer Schwerpunkt der Analyse ist es, zu untersuchen, inwiefern sich der Einfluss ökonomischer Faktoren auf die Erstgeburtsrate für unterschiedliche sozioökonomische Gruppen unterscheidet. Da das SOEP eines der größten und längsten Panels Europas ist, stellt es eine hinreichend große Stichprobe zur Verfügung, um eine derartige Fragestellung zu untersuchen. Gegliedert ist dieser Beitrag wie folgt: In Teil 2 werden die wesentlichen Forschungshypothesen generiert. In Teil 3 werden Datenbasis und Methode beschrieben. In Teil 4 werden die Ergebnisse präsentiert, Teil 5 bildet das Fazit.

## 2 Vorüberlegungen und Hypothesen

### 2.1 Ökonomische Unsicherheit und Geburtenentwicklung im Rückblick

In der Fertilitätsforschung existiert eine lange Tradition, die auf der Vorstellung aufbaut, dass Fertilitätsentscheidungen im engen Zusammenhang mit der ökonomischen Situation getroffen werden. In seinem berühmten ‚Essay on Population' aus dem Jahr 1798 hat Malthus die These aufgestellt, dass das Nahrungsmittelangebot und das Bevölkerungswachstum eng miteinander verbunden seien. Obwohl Malthus der Meinung war, dass die zentralen Mechanismen, die Nahrungsmittelangebot und Bevölkerungswachstum in Gleichgewicht bringen, Elend, Hungersnöte und Kriege sind, spekulierte er dennoch darüber, dass ökonomische Notlagen auch zu einem bewussten Aufschub von Heirat und Familiengründung führen könnten. Die Vorstellung, dass Geburten einer gesicherten ökonomischen Situation bedürfen, hat ebenfalls Einfluss auf die gesellschaftlichen Institutionen genommen. Das ‚Western European Marriage Pattern', welches in Westeuropa bis in das ausgehende 19. Jahrhundert bestimmend war, war gekennzeichnet durch ein relativ hohes Alter bei Erstheirat und einen hohen Anteil von Personen, die Zeit ihres Leben unverheiratet blieben. Dieses Muster ist vor allem auf strikte Heiratsbeschränkungen zurückzuführen, die ungelernte Arbeiter und Empfänger von Armenunterstützungen das Recht zu Heiraten versagten. In einer Zeit, in der nichteheliche Geburten sanktioniert und gesellschaftlich geächtet wurden, waren derartige Regelungen effektive Mittel, um die Fertilität derjenigen Bevölkerungsgruppen zu begrenzen, von denen man annahm, dass sie nicht aus eigenen Kräften in der Lage waren, eine Familie zu ernähren. Hajnal (1965: 133), der den Begriff des ‚Western European Marriage Patterns' geprägt hat, vermerkt dazu:

„In Europe it has been necessary for a man to defer marriage until he could establish an independent livelihood to support a family".

Die Idee, dass Geburtenentscheidungen in einem engen Zusammenhang zur ökonomischen Situation stehen, wurde durch die Entwicklungen, die als Europas ‚erster demographischer Übergang' in die Literatur eingegangen sind, in Frage gestellt. Der mit der Industrialisierung einhergehende ökonomische Fortschritt war von einem raschen Rückgang der Geburtenziffern gefolgt. Auch wenn immer noch Unklarheiten darüber existieren, welche zentralen Faktoren es sind, die hinter dem ersten demographischen Übergang stehen, besteht relative Einigkeit darin, dass der Rückgang der Fertilität mit den veränderten Kosten und Nutzen von Kindern (insbesondere in Bezug auf die Altersvorsorge), einer bewussteren Kontrolle der Fertilitätsentscheidungen wie auch Veränderungen in den Werten, die Eltern ihren Kindern beimessen, zusammen hängt (Coale 1973, Ariès 1980, Hirschman 1994). Was dem ersten demographischen Übergang folgte, war eine Situation, in der eine hohe soziale Position und ein hohes Einkommen mit einer niedrigen Kinderzahl einhergingen.

Die Beobachtung, dass es gerade die höheren sozialen Schichten waren, die ihre Kinderzahl stärker kontrollierten, verlangte nach neuen theoretischen Ansätzen. Gelehrte wie Brentano (1910: 588) haben darüber spekuliert, dass mit dem sozialen Aufstieg die gesellschaftlichen Anforderungen an Konsumausgaben derart ansteigen, dass es schwierig ist „eine Familie zu unterhalten". Mombert (1912: 816ff.) oder Mackenroth (1953: 397ff.) haben ähnliche Überlegungen vorgelegt. Leibenstein (1975) hat sich wiederum später auf

Konzepte sozial differenzierter Statusgruppen mit differenzierten Konsumgewohnheiten bezogen, um den inversen Zusammenhang von Einkommen und Fertilität zu erklären. Durchgesetzt hat sich letztendlich Gary S. Becker, der die fundamentale Unterscheidung zwischen der Anzahl der Kinder (Kinderquantität) und den zeitlichen und monetären Ausgaben pro Kind (Kinderqualität) vorgenommen hat. Becker (1960, 1981) vermutet, dass mit wachsendem Einkommen die Nachfrage nach ‚Kinderqualität' überproportional ansteigt. In seinen ersten Veröffentlichungen spekuliert Becker (1960: 212) noch darüber, dass man prinzipiell von einem leicht positiven Zusammenhang von Fertilität und Einkommen ausgehen könnte, dass dieser aber überlagert wird durch die Tatsache, dass untere Einkommensschichten eine geringere Kenntnis über die effektive Verwendung von Kontrazeptiva besitzen. In seinen späteren Veröffentlichungen verwirft er jedoch diese Hypothese und geht davon aus, dass ein strikt negativer Zusammenhang zwischen Einkommen und Fertilität existiert (Becker 1981).

Seit den 1970er Jahren hat die Fertilitätsforschung einen erneuten Richtungswechsel erfahren. Im Zuge dessen haben die theoretischen Überlegungen von Dirk van de Kaa und Ron Lesthaeghe zentrale Bedeutung erlangt (van de Kaa 1987, Lesthaeghe 1995). Van de Kaa und Lesthaeghe konstatieren durchgreifende und fundamentale Veränderungen in Einstellungen und Werten, die erst in Nordeuropa zu beobachten waren, von dort aus Westeuropa und schließlich Südeuropa erfassten und einen Wandel im generativen Verhalten einleiteten, der als Europas ‚zweiter demographischer Übergang' bekannt wurde. Individualisierung, Selbstthematisierung und die Emanzipation der Frauen nehmen einen zentralen Platz in diesen Überlegungen ein, wohingegen den Arbeitsmarktentwicklungen oder ökonomischen Unsicherheiten keine Bedeutung beigemessen wird. Im Wesentlichen werden ‚individualistische' Werte und Einstellungen als treibende Kraft hinter dem Geburtenrückgang angesehen.

## 2.2 Ökonomische Unsicherheit und Geburtenentwicklung in heutigen Gesellschaften

Seit den 1970er Jahren war letztendlich die Fertilitätsforschung auf die Hypothese fixiert, dass der zentrale Grund für den Aufschub der Familiengründung und den Rückgang der Geburten in Individualisierungstendenzen und der zunehmenden Erwerbsorientierung von Frauen zu finden sei. In den letzten Jahren ist jedoch das Interesse an dem Zusammenhang von ökonomischer Unsicherheit und Geburtenentwicklung in das Zentrum des Interesses gerückt. Die Länder Süd-, Mittel- und Osteuropas haben seit Anfang der 1990er Jahre einen dramatischen Rückgang der jährlichen Geburtenziffern erlebt. In diesem Zusammenhang ist die Vermutung geäußert worden, dass Besonderheiten der südeuropäischen Arbeitsmarktregime, welche sich in hoher Jugendarbeitslosigkeit und prekären Beschäftigungsverhältnissen äußern, sich in niedrigen Geburtenraten niederschlagen (McDonald 2000: 10f., De la Rica/Iza 2004). Arbeitsmarktunsicherheiten gelten auch als zentrale Faktoren, die hinter dem beispiellosen Geburtenrückgang stehen, der alle ost- und mitteleuropäischen Länder nach dem Zusammenbruch der kommunistischen Regime erfasst hat (Eberstadt 1994, Witte/Wagner 1995, Ranjan 1999, Kharkova/Andreev 2000). Mills und Blossfeld (2005) vermuten, dass die zunehmende ökonomische Unsicherheit ein allgemeines Merkmal moderner Gesellschaften darstellt, welches durch die Globalisierung internationaler Märkte befördert wurde. Diese Unsicherheiten, die insbesondere den frühen Erwerbsverlauf betreffen, beeinflussen unmittelbar den Bereich Partnerschaft und Familie. Jugendarbeitslosigkeit, befristete Beschäftigungsverhältnisse und instabile Erwerbssituationen gelten in diesem Sinne als zentrale Momente hinter dem Aufschub der Familiengründung im heutigen Europa.

Im Wesentlichen knüpfen diese Überlegungen an frühere Fertilitätstheorien an, die von der Erwartung geprägt waren, dass die ökonomische Situation die zentrale Determinante der Geburtenentwicklung ist. Im Unterschied zu den früheren Überlegungen, die von der Prämisse ausgehen konnten, dass die ökonomische Position einer Familie in erster Linie durch die Aktivitäten des Ehemannes bestimmt wird, stellt die zunehmende Frauenerwerbstätigkeit eine entscheidende neue theoretische Dimension dar, die in sehr unterschiedlicher Art und Weise in die Forschungsarbeiten integriert worden ist.

### 2.3 Ökonomische Unsicherheit und Geburtenentwicklung in Deutschland (Hypothesen)

Für Deutschland ist der Zusammenhang von ökonomischer Unsicherheit und Fertilität insbesondere im Zusammenhang mit dem Geburteneinbruch in Ostdeutschland untersucht worden. Interessanterweise haben die ersten Studien zu diesem Thema die Geschlechterperspektive praktisch unberücksichtigt gelassen (Eberstadt 1994, Witte/Wagner 1995). Hingegen hat sich die feministisch orientierte Forschung in erster Linie auf die Erwerbssituation von Frauen fokussiert. So argumentiert beispielsweise Adler (1997, 2004), dass in Ostdeutschland der Aufschub der Familiengründung und der zunehmende Verzicht auf Kinder als Zeichen zunehmender Unsicherheiten im weiblichen Erwerbsverlauf gedeutet werden kann.

Für Westdeutschland liegen nur wenige Überlegungen vor, die sich mit der Thematik befassen, inwiefern sich Unsicherheiten in den Lebensläufen von Männern und Frauen im Familienbildungsprozess niederschlagen. Kurz, Steinhage und Golsch (2005: 59f.) weisen darauf hin, dass in Westdeutschland die Vereinbarkeit von Kind und Beruf gering ist, das männliche Ernährermodell dominiert und man deshalb davon ausgehen kann, dass der Zusammenhang zwischen ökonomischer Unsicherheit und Fertilität traditionell geprägt ist. Unsicherheiten im Erwerbsverlauf des Mannes sollten zu einem Aufschub der Elternschaft führen bis zu dem Zeitpunkt, zu dem sich der männliche Ernährer am Arbeitsmarkt etabliert hat. Dahingegen sollten Arbeitslosigkeit und instabile Beschäftigungsverhältnisse im weiblichen Erwerbsverlauf nicht zwangsläufig die Familiengründung verzögern, da Frauen die Alternativrolle der Hausfrau und Mutter wählen können.

Geht man davon aus, dass Mutterschaft als biographische Alternative zu einer unbefriedigenden Erwerbskarriere wahrgenommen wird, könnte man sogar vermuten, dass ökonomische Unsicherheiten im weiblichen Erwerbsverlauf die Neigung zur Erstelternschaft erhöhen. Friedman, Hechter und Kanazawa (1994: 383ff.) haben in einem ähnlichen Zusammenhang die Hypothese formuliert, dass es gerade Frauen mit begrenzten Arbeitsperspektiven sind, die Elternschaft als biographische Alternative zu einer unbefriedigenden Erwerbskarriere wählen. Zu einer ähnlichen Schlussfolgerung kommt McDonald (2000), der argumentiert, dass gerade in Zeiten globalisierter Märkte bestimmte Personengruppen systematisch vom Arbeitsmarkt ausgeschlossen werden:

„For this group, nothing is lost by having children because they have no opportunity to succeed in the mainstream economy. By having children, they are able to participate in family life which at least provides some meaning in life" (McDonald 2000: 10).

Für höher qualifizierte und erwerbsorientierte Frauen wird in den meisten Fällen die Rolle der Hausfrau und Mutter keine attraktive biographische Alternative zur Erwerbskarriere sein. Diese Frauen werden – gerade in Westdeutschland – eher kinderlos bleiben, da Kind und Beruf schwer vereinbar sind. Hoch qualifizierte Frauen, die sich dennoch für ein Kind entscheiden, sind meist besser in der Lage, Vereinbarkeitsprobleme zu lösen, und sie sind auch schneller als andere Frauen nach der Geburt eines Kindes wieder erwerbstätig (Kurz 1998, Drobnič 2000). Da die eigene Erwerbskarriere für höher qualifizierte Frauen relevanter ist als für andere Frauen, sollten Unsicherheiten in ihren Erwerbsverläufen häufiger zu einem Aufschub der Familiengründung führen. Inwiefern es sozialstrukturelle Unterschiede im Einfluss ökonomischer Unsicherheit in weiblichen Erwerbsverläufen auf den Übergang zur Erstelternschaft gibt, ist die Kernfrage der folgenden empirischen Analysen.

## 3 Daten und Methode

Um den Einfluss ökonomischer Unsicherheit auf den Übergang zum ersten Kind zu untersuchen, werden die Daten des Sozio-oekonomischen Panels verwendet (SOEP-Group 2001). Das SOEP ist eines der längsten Haushaltspanels Europas und stellt Längsschnittinformationen für den Zeitraum 1984 bis 2005 zur Verfügung. Die erste Welle des SOEP wurde im Jahr 1984 erhoben und umfasste etwa 4.500 westdeutsche Haushalte (Sample A) sowie eine Stichprobe von etwa 1.500 westdeutschen Haushalten mit einem ausländischen Haushaltsvorstand (Sample B). Seit 1984 ist das SOEP durch unterschiedliche Substichproben ergänzt worden. Beispielsweise wurde 1990 eine Oststichprobe und im Jahr 1995 eine Zuwandererstichprobe gezogen. In den Jahren 1998, 2000 und 2002 folgten weitere Ergänzungen. Für die Analyse in diesem Beitrag werden nur Personen der beiden ersten westdeutschen Stichproben verwendet.

Das SOEP ist eine Panelstudie, in der Personen im jährlichen Rhythmus befragt werden. Es umfasst eine Batterie von Fragen zum Erwerbsstatus, zur Arbeitsmarktposition, zum Einkommen, zu Einstellungen und zur Komposition des Haushalts. Viele der Items werden in einer ähnlichen Frageformulierung jedes Jahr erhoben, so dass ein hinreichend langer Zeitraum für Längsschnittanalysen zur Verfügung steht. Einige der Informationen liegen auf Monatsbasis vor, wie beispielsweise der Erwerbsstatus. Andere Aspekte, wie Einstellungen zur ökonomischen Situation, werden allerdings nur zum Befragungszeitpunkt erfasst. Für den Zeitraum zwischen den Befragungen liegen keine Informationen über die Einstellungen der Befragten vor. In den folgenden Analysen wird davon ausgegangen, dass die jeweiligen Charakteristika der Person bis zum nächsten Befragungszeitpunkt konstant sind.

Um Fertilitätsanalysen durchzuführen, ist es von Bedeutung, komplette Angaben zur Kinderzahl und zum Alter bei Geburt zur Verfügung zu haben. Zudem benötigt man für die meisten ereignisanalytischen Verfahren monatsgenaue Angaben zum Zeitpunkt der Geburt des jeweiligen Kindes. Komplette Angaben zur Parität und zum Jahr der Geburt liegen für alle Frauen der Stichprobe A und B vor, jedoch ist der Geburtsmonat im Wesentlichen nur für die Geburten erfasst, die im Panelzeitraum stattgefunden haben. Für 73 der 1.125 Geburten, die in die Analyse einfließen, war es nicht möglich, den genauen Geburtszeitpunkt zu identifizieren. Für diese Fälle wurde der Geburtsmonat imputiert[1].

Als Methode werden in diesem Beitrag ereignisanalytische Modelle angewandt, um den Einfluss ökonomischer Faktoren auf den Übergang zum ersten Kind zu untersuchen. Die Prozesszeit beginnt im Alter 16 und endet mit der ersten Schwangerschaft. Der Zeitpunkt der Schwangerschaft wurde berechnet, indem vom Zeitpunkt der Geburt neun Monate abgezogen wurden. Zensierungen finden spätestens im Alter 45 statt oder zu dem Zeitpunkt, zu

---

1 Für die folgende Analyse ist es von besonderer Bedeutung, die zeitliche Ordnung zwischen der objektiven oder subjektiven ökonomischen Situation und der späteren Schwangerschaft zu gewährleisten. Aus diesem Grund wurde für fehlende Angaben zum Monat der frühestmögliche Zeitpunkt im Jahr (also Januar des Jahres) als Imputationszeitpunkt gewählt.

dem die Person aus dem Panel ausscheidet. Für die Spezifikation der Baseline Hazard wurde eine Piecewise Constant-Funktion gewählt (Blossfeld/Rohwer 2002: 120ff.). Die Analyse ist auf den Panelzeitraum begrenzt, was bedeutet, dass einige Fälle linkstranchiert sind (siehe Guo 1993).

Der Fokus der Analyse liegt auf dem Einfluss ökonomischer Unsicherheit auf den Übergang zum ersten Kind. In die Analysen werden je zwei subjektive und objektive Indikatoren einbezogen, die Aufschluss über die ökonomische Situation der Person geben können. Ein zentraler subjektiver Indikator ist eine kategoriale Variable, die Aufschluss darüber gibt, ob die Person sich große Sorgen, einige Sorgen oder keine Sorgen über die eigene wirtschaftliche Situation macht. Diese Variable hat diverse Vorzüge, insbesondere gehört sie zu den Variablen, die jedes Jahr und im gleichen Wortlaut erhoben worden sind. Dies gilt ebenfalls für die Sorgen zur Sicherheit des Arbeitsplatzes, die ebenfalls in die Analysen einbezogen werden.

Ein objektiver Indikator zur ökonomischen Situation ist der Erwerbsstatus, der im SOEP auf Basis eines monatlichen Kalendariums erfasst wird. Der Erwerbsstatus wurde für die folgenden Analysen in die Kategorien in Ausbildung, Vollzeit, Teilzeit, Arbeitslosigkeit, Nichterwerbstätigkeit und sonstige Aktivitäten gefasst. In Ausbildung umfasst dabei Schule, Berufsausbildung, Studium und Weiterbildung. Arbeitslosigkeit umfasst nur beim Arbeitsmarkt gemeldete Episoden der Arbeitslosigkeit. Nichterwerbstätigkeit umfasst alle weiteren Formen der Nichterwerbstätigkeit, inklusive Episoden, in denen Befragte angegeben haben, Hausfrau gewesen zu sein. Falls eine Person gleichzeitig mehrere Aktivitäten verfolgt, wurde eine Hierarchisierung vorgenommen. Wenn eine Person beispielsweise angegeben hat, Vollzeit erwerbstätig gewesen zu sein und gleichzeitig einer Ausbildung nachgegangen ist, wurde nur die Bildungsbeteiligung berücksichtigt.

Die weitere zentrale Variable zur objektiven ökonomischen Unsicherheit ist ein Indikator, der Personen danach unterscheidet, ob sie einen befristeten oder einen unbefristeten Arbeitsvertrag besitzen oder selbständig sind. Informationen zur Befristung des Arbeitsvertrages liegen im SOEP im Wesentlichen für jedes Befragungsjahr vor. Allerdings ist die Frageformulierung zu dieser Variable über die Befragungsjahre hinweg leicht verändert worden[2]. Zudem ist die Frage zur Befristung in einigen Befragungsjahren nur an Personen gestellt worden, die seit der letzten Befragung Veränderungen ihrer beruflichen Situation erfahren haben. Inwiefern eine Stellung befristet ist, ist da-

---

2   Im Jahr 1984 wurde die Frage zur Befristung nicht gestellt. 1985-1999 wurden die drei Kategorien ‚befristeter Arbeitsvertrag', ‚unbefristeter Arbeitsvertrag', ‚trifft nicht zu / bin Selbständiger' vorgegeben; 2000-2005 wurden die drei Kategorien ‚befristeter Arbeitsvertrag', ‚unbefristeter Arbeitsvertrag', ‚kein Arbeitsvertrag' vorgegeben. Ein Vergleich mit anderen verfügbaren Variablen im SOEP zeigt, dass bei der alleinigen Verwendung der Befristungsvariablen der Anteil von Selbständigen unterschätzt wird. Aus diesem Grund wurde zur Generierung der Kategorie ‚Selbständig' ebenfalls die berufliche Position zum Befragungszeitpunkt herangezogen.

mit in den meisten Fällen durch Fortschreibung der beruflichen Situation im Vorjahr der Befragung erfolgt. Leider ergibt sich für diese Variable dennoch eine Reihe von fehlenden Angaben, die in Form einer separaten Kategorie in den Analysen berücksichtigt werden.

Ein zentrales theoretisches Anliegen dieses Beitrags ist es, zu untersuchen, inwiefern es gerade karriereorientierte Frauen sind, die die Familiengründung in ökonomisch unsicheren Zeiten aufschieben. Zwar lässt sich Karriereorientierung im SOEP nur begrenzt erfassen, jedoch liegen zeitveränderliche Informationen zum Bildungsniveau vor, die hinreichend gut mit der Erwerbsorientierung einer Person korreliert sein sollten. Das Bildungsniveau wurde auf Basis des schulischen Abschlusses erfasst, wobei eine Unterscheidung in Abitur, Realschulabschluss, Hauptschulabschluss und kein Abschluss vorgenommen wurde. Da nur wenige Befragte keinen Schulabschluss besitzen, wurden diese Personen zusammen in eine Kategorie mit den Hauptschulabsolventinnen gefasst. Obwohl ein Schulabschluss früh im Lebenslauf erworben wird, wurde auch diese Kovariate zeitabhängig generiert. Aus diesem Grund wurde auch die Kategorie ‚in Schule' berücksichtigt. Zwangsläufig ergeben sich damit leichte Kollinearitäten zwischen der Schulbildung und dem Erwerbsstatus.

Eine weitere Kontrollvariable im Modell ist der Partnerschaftsstatus, wobei danach unterschieden wurde, ob die Befragte mit einem ehelichen oder nichtehelichen Partner zusammen lebt oder kein Partner im Haushalt vorhanden ist. Es wurde auch die Nationalität berücksichtigt, indem nach deutschen und nicht-deutschen Befragten unterschieden wurde.

Insgesamt enthält das SOEP der Stichproben A und B 9.577 Frauen, die mindestens ein valides Interview im Zeitraum 1984-2005 geführt haben. 34 Frauen mussten ausgeschlossen werden, da ihre Fertilitätsbiographie fehlte oder unplausibel war. Insbesondere mussten all jene Frauen aus der Analyse ausgeschlossen werden, die nicht mehr im Untersuchungszeitraum (1984 bis 2005) dem Risiko ausgesetzt waren, ein erstes Kind zu bekommen. Dies kann der Fall sein, da die Person bereits vor Eintritt in das Panel ein erstes Kind bekommen hat, oder weil die Person nach dem Alter 45 erstmalig befragt wurde. Insgesamt trifft dies auf 6.204 Personen zu, so dass für die abschließenden Analysen nur 3.373 Frauen berücksichtigt werden können. Tabelle 1a gibt einen Überblick über die Komposition der Stichprobe, wonach 1.175 Geburten und 209.513 Personenmonate in die Analyse einfließen.

Da in den Analysen ebenfalls Interaktionsmodelle mit dem Bildungsniveau durchgeführt werden, ist in Tabelle 1b die Komposition der Stichprobe nach dem Schulabschluss der Befragten aufgelistet. Aus der Tabelle wird ersichtlich, dass die Mehrzahl der befragten Frauen vor der Geburt des ersten Kindes Vollzeit erwerbstätig ist. Befristete Arbeitsverträge treffen eine relativ kleine Minderheit der Befragten. Generell macht sich auch nur eine Minder-

*Ökonomische Unsicherheit und der Aufschub der Familiengründung* 241

Tabelle 1a: *Deskriptive Darstellung der Komposition der Stichprobe*

|  | Verteilung der Personenmonate | Geburten |
|---|---|---|
| **Nationalität** | | |
| Deutsch | 76% | 854 |
| Andere | 24% | 321 |
| **Partnerschaftsstatus** | | |
| Kein Partner im Haushalt | 59% | 265 |
| Nichteheliche Lebensgemeinschaft | 16% | 226 |
| Eheliche Lebensgemeinschaft | 20% | 599 |
| Keine Angaben | 5% | 85 |
| **Bildungsniveau** | | |
| In Schule | 3% | 2 |
| Kein Abschluss / Hauptschulabschluss | 36% | 472 |
| Realschulabschluss | 33% | 411 |
| Abitur | 24% | 249 |
| Keine Angaben | 3% | 41 |
| **Erwerbsstatus** | | |
| In Ausbildung / Schule | 28% | 69 |
| Vollzeit | 49% | 735 |
| Teilzeit | 7% | 71 |
| Arbeitslosigkeit | 3% | 44 |
| Nichterwerbstätigkeit | 10% | 237 |
| Sonstige / keine Angaben | 3% | 19 |
| **Befristung des Beschäftigungsverhältnisses** | | |
| In Ausbildung / Schule | 28% | 69 |
| Arbeitslosigkeit | 3% | 44 |
| Nichterwerbstätigkeit | 10% | 237 |
| Befristet | 6% | 64 |
| Unbefristet | 38% | 593 |
| Selbständig | 2% | 21 |
| Keine Angaben | 13% | 147 |
| **Sorgen um eigene wirtschaftliche Situation** | | |
| Große Sorgen | 17% | 210 |
| Einige Sorgen | 51% | 585 |
| Keine Sorgen | 31% | 367 |
| Keine Angaben | 1% | 13 |
| **Sorgen um Arbeitsplatzsicherheit** | | |
| In Ausbildung / Schule | 28% | 69 |
| Arbeitslosigkeit | 3% | 44 |
| Nichterwerbstätigkeit | 10% | 237 |
| Große Sorgen | 5% | 78 |
| Einige Sorgen | 17% | 231 |
| Keine Sorgen | 27% | 423 |
| Keine Angaben | 10% | 93 |
| Insgesamt | 209.513 | 1.175 |

Datenbasis: SOEP 1984-2005, eigene Berechnungen.

Tabelle 1b: *Deskriptive Darstellung der Komposition der Stichprobe nach Schulbildung der Befragten*

| | Hauptschule / Kein Abschluss | | Realschule | | Abitur | |
|---|---|---|---|---|---|---|
| | Exp | Occ | Exp | Occ | Exp | Occ |
| **Erwerbsstatus** | | | | | | |
| In Ausbildung / Schule | 28% | 28 | 23% | 13 | 28% | 23 |
| Vollzeit | 46% | 257 | 57% | 284 | 48% | 166 |
| Teilzeit | 5% | 29 | 5% | 24 | 12% | 18 |
| Arbeitslosigkeit | 5% | 22 | 3% | 16 | 2% | 5 |
| Nichterwerbstätigkeit | 12% | 128 | 10% | 68 | 9% | 32 |
| Sonstige / keine Angaben | 4% | 8 | 2% | 6 | 2% | 5 |
| **Befristung des Beschäftigungsverhältnisses** | | | | | | |
| In Ausbildung / Schule | 28% | 28 | 23% | 13 | 28% | 23 |
| Arbeitslosigkeit | 5% | 22 | 3% | 16 | 2% | 5 |
| Nichterwerbstätigkeit | 12% | 128 | 10% | 68 | 9% | 32 |
| Befristet | 5% | 24 | 6% | 21 | 8% | 19 |
| Unbefristet | 35% | 201 | 44% | 239 | 38% | 134 |
| Selbständig | 1% | 6 | 1% | 6 | 4% | 8 |
| Keine Angaben | 15% | 63 | 12% | 48 | 12% | 28 |
| **Sorgen um eigene wirtschaftliche Situation** | | | | | | |
| Große Sorgen | 20% | 111 | 16% | 65 | 14% | 25 |
| Einige Sorgen | 50% | 235 | 52% | 221 | 50% | 108 |
| Keine Sorgen | 28% | 117 | 31% | 123 | 36% | 115 |
| Keine Angaben | 1% | 9 | 1% | 2 | 0% | 1 |
| **Sorgen um Arbeitsplatzsicherheit** | | | | | | |
| In Ausbildung / Schule | 28% | 28 | 23% | 13 | 28% | 23 |
| Arbeitslosigkeit | 5% | 22 | 3% | 16 | 2% | 5 |
| Nichterwerbstätigkeit | 12% | 128 | 10% | 68 | 9% | 32 |
| Große Sorgen | 6% | 49 | 4% | 19 | 4% | 9 |
| Einige Sorgen | 18% | 88 | 18% | 95 | 15% | 40 |
| Keine Sorgen | 20% | 112 | 33% | 175 | 31% | 123 |
| Keine Angaben | 11% | 45 | 9% | 25 | 11% | 17 |
| **Insgesamt** | 80.200 | 472 | 73.909 | 411 | 54.042 | 249 |

Datenbasis: SOEP 1984-2005, eigene Berechnungen. Exp: Verteilung der Personenmonate (exposures), Occ: Ereignisse (occurrences). In Tabelle 1b wurden alle Personen mit fehlenden Angaben zum Bildungsabschluss aus der Darstellung ausgeschlossen. Ebenso wurden Episoden nicht berücksichtigt, in denen die Befragte noch die Schule besucht.

heit große Sorgen um die eigene wirtschaftliche Situation oder um die Sicherheit des Arbeitsplatzes. Dennoch zeigen sich bildungsspezifische Unterschiede in der Betroffenheit von ökonomischen Unsicherheiten. Frauen mit Hauptschul- bzw. ohne Abschluss sind häufiger vor der Geburt ihres ersten Kindes nicht erwerbstätig oder arbeitslos. Allerdings haben Frauen mit Abitur häufiger befristete Arbeitsverträge als andere und sind häufiger selbständig. Abiturientinnen scheinen sich jedoch seltener große Sorgen um die eigene wirtschaftliche Situation oder um die Sicherheit ihres Arbeitsplatzes zu machen.

## 4 Ergebnisse

### 4.1 Ökonomische Unsicherheit und der Übergang zum ersten Kind

In den folgenden Analysen wird untersucht, inwiefern objektive und subjektive ökonomische Indikatoren die Familiengründung in Westdeutschland beeinflussen. Da das Datum der Geburt des ersten Kindes um neun Monate zurückdatiert wurde, ist die abhängige Variable die Dauer bis zur ersten Schwangerschaft, die mit einer Lebendgeburt endete. Um die Lesbarkeit der Ergebnisbeschreibungen zu gewährleisten, wird jedoch verkürzt vom ‚Übergang zum ersten Kind' gesprochen.

Tabelle 2 gibt die Ergebnisse ereignisanalytischer Modelle wieder. Es sind insgesamt vier Modelle geschätzt worden. Modell 1 enthält die wesentlichen Kontrollvariablen, wie Nationalität, Partnerschaftsstatus und Bildung sowie den Erwerbsstatus. Modell 2 enthält eine Kombinationsvariable aus dem Erwerbsstatus und der Befristung eines Beschäftigungsverhältnisses. Es wurde aus dem Erwerbsstatus und dem Beschäftigungsverhältnis eine neue Variable gebildet, da letztendlich nur Erwerbstätige einen unbefristeten oder befristeten Arbeitsvertrag besitzen können. Modell 3 und Modell 4 enthalten schließlich die subjektiven ökonomischen Indikatoren.

Die Ergebnisse des ersten Modells liefern für die Kontrollvariablen im Wesentlichen die zu erwartenden Befunde. Die Chance, ein erstes Kind zu bekommen, geht rapide nach dem Alter 33 zurück. Bis zu diesem Zeitpunkt lässt sich jedoch kein ausgeprägtes Altersprofil ausmachen. Angemerkt sei, dass das Altersprofil stärker ausfallen würde, wenn man nicht für den Partnerschaftsstatus kontrollierte, der einen deutlich altersspezifischen Verlauf nimmt. Wie zu erwarten, übt der Partnerschaftsstatus einen durchgreifenden Einfluss auf die Übergangsrate zum ersten Kind aus. Vergleicht man Frauen in nichtehelichen Lebensgemeinschaften mit Frauen ohne Partner, erhöht sich die Übergangsrate zum ersten Kind um etwa 150 Prozent. Für verheiratete Frauen ist das Erstgeburtsrisiko um 500 Prozent höher als für Frauen ohne Partner im Haushalt. Damit unterscheiden sich auch nichteheliche und eheliche Lebensgemeinschaften signifikant voneinander. Im Vergleich zu nichtehelichen Lebensgemeinschaften ist die Erstgeburtenrate in ehelichen Lebensgemeinschaften mehr als doppelt so hoch.

Tabelle 2: Ergebnisse eines ereignisanalytischen Modells des Übergangs zum ersten Kind in Westdeutschland, relative Risiken

|  | Modell 1 exp(b) | Modell 2 exp(b) | Modell 3 exp(b) | Modell 4 exp(b) |
|---|---|---|---|---|
| **Alter** | | | | |
| 16-20 | 1 | 1 | 1 | 1 |
| 21-24 | 0,96 | 0,96 | 0,96 | 0,95 |
| 25-28 | 1,05 | 1,02 | 1,06 | 1,04 |
| 29-32 | 0,85 | 0,82 | 0,85 | 0,84 |
| 33-45 | 0,25*** | 0,24*** | 0,25*** | 0,24*** |
| **Nationalität** | | | | |
| Deutsch | 1 | 1 | 1 | 1 |
| Andere | 1,12 | 1,10 | 1,11 | 1,10 |
| **Partnerschaftsstatus** | | | | |
| Kein Partner im Haushalt | 1 | 1 | 1 | 1 |
| Nichteheliche Lebensgemeinschaft | 2,46*** | 2,47*** | 2,47*** | 2,45*** |
| Eheliche Lebensgemeinschaft | 6,01*** | 5,99*** | 6,03*** | 5,94*** |
| **Bildungsniveau** | | | | |
| In Schule | 0,25* | 0,25** | 0,25** | 0,25** |
| Kein / Hauptschulabschluss | 1 | 1 | 1 | 1 |
| Realschulabschluss | 0,87** | 0,86** | 0,86** | 0,85** |
| Abitur | 0,90 | 0,90 | 0,90 | 0,89 |
| **Erwerbsstatus** | | | | |
| In Ausbildung | 0,30*** | | 0,30*** | |
| Vollzeit | 1 | | 1 | |
| Teilzeit | 0,75** | | 0,76** | |
| Arbeitslosigkeit | 0,98 | | 0,97 | |
| Nicht erwerbstätig | 1,29*** | | 1,28*** | |
| **Befristung** | | | | |
| In Ausbildung | | 0,29*** | | |
| Arbeitslosigkeit | | 0,95 | | |
| Nicht erwerbstätig | | 1,25*** | | |
| Unbefristet erwerbstätig | | 1 | | |
| Befristet erwerbstätig | | 0,76** | | |
| Selbständig | | 0,91 | | |
| Keine Angaben | | 0,78*** | | |
| **Sorgen um wirtschaftliche Situation** | | | | |
| Große Sorgen | | | 1 | |
| Einige Sorgen | | | 0,91 | |
| Keine Sorgen | | | 0,98 | |
| **Sorgen um Arbeitsplatzsicherheit** | | | | |
| In Ausbildung | | | | 0,28*** |
| Arbeitslosigkeit | | | | 0,92 |
| Nicht erwerbstätig | | | | 1,22 |
| Große Sorgen | | | | 1 |
| Einige Sorgen | | | | 0,85 |
| Keine Sorgen | | | | 0,96 |

Datenbasis: SOEP 1984-2005, eigene Berechnungen. Für fehlende Angaben wurde kontrolliert. ***: $p \leq 0.01$, **: $0.01 \leq p \leq 0.05$, *: $0.05 \leq p \leq 0.10$.

Erwartungsgemäß ist auch der Einfluss der Nationalität, wonach ausländische Befragte ein höheres Erstgeburtsrisiko zeigen als deutsche Befragte. Die Schulbildung übt einen tendenziell negativen Einfluss auf die Übergangsmuster zum ersten Kind aus. Frauen mit Realschulabschluss oder Abitur weisen eine geringere Übergangsrate zum ersten Kind auf als Frauen, die die Schule ohne Abschluss oder mit Hauptschulabschluss verlassen haben. Generell würde man erwarten, dass Abiturientinnen sich stärker durch eine niedrige Erstgeburtenrate auszeichnen. Zu beachten ist hier jedoch, dass gleichzeitig in den Modellen für die Bildungsbeteiligung kontrolliert wurde. Frauen mit Abitur verbringen längere Phasen ihres Lebens in Schule und Studium, was wiederum einen durchgreifend negativen Einfluss auf die Übergangsmuster zum ersten Kind hat.

Im Vergleich zu Vollzeit erwerbstätigen Frauen reduziert sich die Übergangsrate zum ersten Kind für Personen in Ausbildung oder Studium um mehr als 70 Prozent. Überraschenderweise hat eine Teilzeiterwerbstätigkeit ebenfalls einen signifikant negativen Einfluss auf die Familiengründung. Sie reduziert im Vergleich zur Vollzeiterwerbstätigkeit die Neigung zur Erstelternschaft um etwa 25 Prozent. Generell hätte man erwarten können, dass eine Teilzeitbeschäftigung eine Erwerbsform ist, die gute Bedingungen zur Vereinbarkeit von Kind und Beruf gewährleistet. Dass gerade Teilzeiterwerbstätige eine geringe Neigung zur Erstelternschaft zeigen, mag damit zusammen hängen, dass eine Teilzeitbeschäftigung häufig auch eine prekäre Beschäftigungsform ist. Arbeitslosigkeit hat keinen und andere Formen der Nichterwerbstätigkeit einen signifikant positiven Einfluss auf den Übergang zur Erstelternschaft. Damit gibt es keinen Hinweis darauf, dass Nichterwerbstätigkeit oder Arbeitslosigkeit im weiblichen Erwerbsverlauf einen signifikanten Beitrag zum Verständnis des Aufschubprozesses der Familiengründung leistet.

Modell 2 enthält die Kombinationsvariable aus dem Erwerbstaus und der Befristung des Arbeitsvertrags. Demnach übt die Befristung eines Beschäftigungsverhältnisses einen signifikant negativen Einfluss auf die Familiengründung aus. Im Vergleich zu unbefristet Beschäftigten reduziert sich die Erstgeburtenrate für befristet Beschäftigte um mehr als 20 Prozent. Es wurde für diese Kovariate auch die Kategorie ‚keine Angaben' ausgewiesen, da diese Gruppe relativ groß ist und sich zudem in ihrem Erstgeburtsverhalten signifikant unterscheidet. Demnach haben Frauen, die keine Angaben zur Befristung ihres Beschäftigungsverhältnisses gemacht haben, eine um 20 Prozent reduzierte Übergangsrate zum ersten Kind, verglichen mit erwerbstätigen Frauen, die einen unbefristeten Arbeitsvertrag besitzen. Dieser Befund legt nahe, dass es sich bei den fehlenden Angaben zur Befristung um einen systematischen Ausfall handelt[3].

---

3 Möglicherweise handelt es sich hier vermehrt um Personen, die erstmalig oder nach einer Unterbrechung wieder erwerbstätig waren (siehe auch Fußnote 3).

Modell 3 und 4 berücksichtigen die subjektiven ökonomischen Faktoren. Demnach ist es unerheblich für die Entscheidung zur Elternschaft, ob sich eine Frau einige, keine oder große Sorgen über ihre eigene wirtschaftliche Situation macht. Die relativen Risiken sind insignifikant und kaum von 1 verschieden. Ähnliches gilt für die Sorgen um die Sicherheit des Arbeitsplatzes, die keinen Einfluss auf die Erstgeburtenrate auszuüben scheinen. Zwar könnte man annehmen, dass zwischen den subjektiven und den objektiven ökonomischen Indikatoren ein enger Zusammenhang besteht. Ein Modell, in dem neben den Kontrollvariablen nur die subjektiven ökonomischen Faktoren enthalten sind, liefert jedoch keine aussagekräftigeren Ergebnisse.

## 4.2 Bildungsspezifische Unterschiede im Einfluss ökonomischer Unsicherheiten auf den Übergang zum ersten Kind

Ausgehend von den theoretischen Vorüberlegungen sollte es sozialstrukturelle Unterschiede im Einfluss ökonomischer Unsicherheit auf die Übergangsrate zum ersten Kind geben. Besonders für erwerbsorientierte Frauen sollte Arbeitslosigkeit oder andere Formen von ökonomischen Unsicherheiten zu einem Aufschub der Familiengründung führen. Geht man des Weiteren davon aus, dass das Bildungsniveau ein hinreichender Indikator für die Erwerbsorientierung darstellt, sollte es bildungsspezifische Unterschiede im Einfluss ökonomischer Unsicherheit auf die Übergangsrate zum ersten Kind geben. Um diese bildungsspezifischen Unterschiede im Verhalten abzubilden, wurden verschiedene Interaktionsmodelle geschätzt.

In Grafik 1 sind die Ergebnisse eines Interaktionsmodells zwischen Bildung und Erwerbsstatus wiedergegeben (siehe auch Tabelle A1 im Anhang). Große Unterschiede ergeben sich demnach in Bezug auf den Einfluss der Nicht- und Teilzeiterwerbstätigkeit. So sind es in erster Linie Frauen mit Abitur, die die Familiengründung aufschieben, wenn sie Teilzeit erwerbstätig sind. Der Einfluss der Nichterwerbstätigkeit ist ebenfalls deutlich bildungsspezifisch geprägt. Während Nichterwerbstätigkeit für Abiturientinnen die Übergangsrate zum ersten Kind eher reduziert, hat die Nichterwerbstätigkeit für Frauen mit Hauptschulabschluss bzw. keinem Abschluss einen positiven Einfluss auf die Übergangsrate zum ersten Kind. Arbeitslosigkeit (im Vergleich zu Vollzeiterwerbstätigkeit) hat ebenfalls nur für Abiturientinnen einen negativen Einfluss auf die Erstelternschaft. Allerdings sind nur die Unterschiede zwischen Teilzeit und Vollzeit erwerbstätigen Abiturientinnen signifikant, nicht jedoch die Unterschiede zwischen arbeitslosen und Vollzeit erwerbstätigen Abiturientinnen.

Ökonomische Unsicherheit und der Aufschub der Familiengründung

Grafik 1: *Ergebnisse eines ereignisanalytischen Modells des Übergangs zum ersten Kind in Westdeutschland, Interaktionsmodell zwischen Schulabschluss und Erwerbsstatus, relative Risiken*

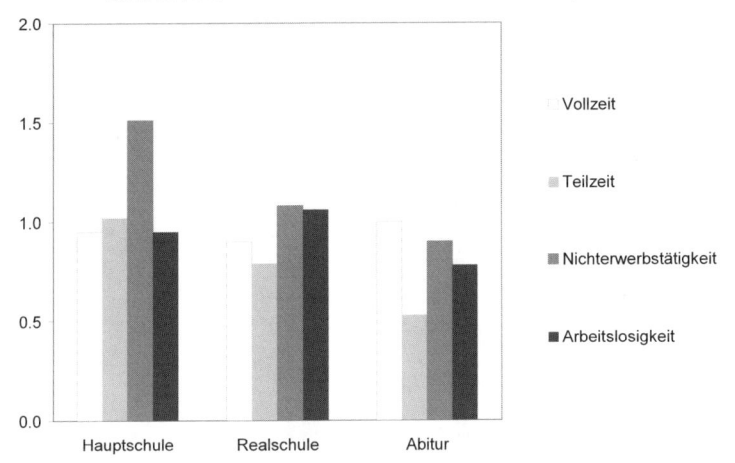

Datenbasis: SOEP 1984-2005, eigene Berechnungen.

Grafik 2: *Ergebnisse eines ereignisanalytischen Modells des Übergangs zum ersten Kind in Westdeutschland, Interaktionsmodell zwischen Schulabschluss und Befristung des Beschäftigungsverhältnisses, relative Risiken*

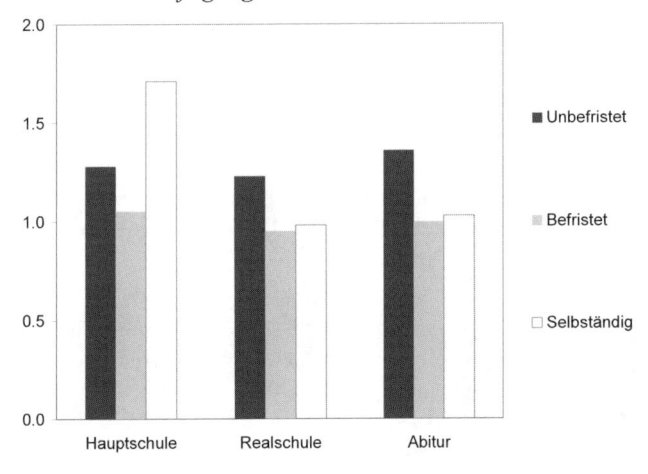

Datenbasis: SOEP 1984-2005, eigene Berechnungen. Anmerkungen zu Grafik 1 und 2: siehe Tabelle A1 und A2 im Anhang.

Grafik 3: *Ergebnisse eines ereignisanalytischen Modells des Übergangs zum ersten Kind in Westdeutschland, Interaktionsmodell zwischen Schulabschluss und ökonomischen Sorgen, relative Risiken*

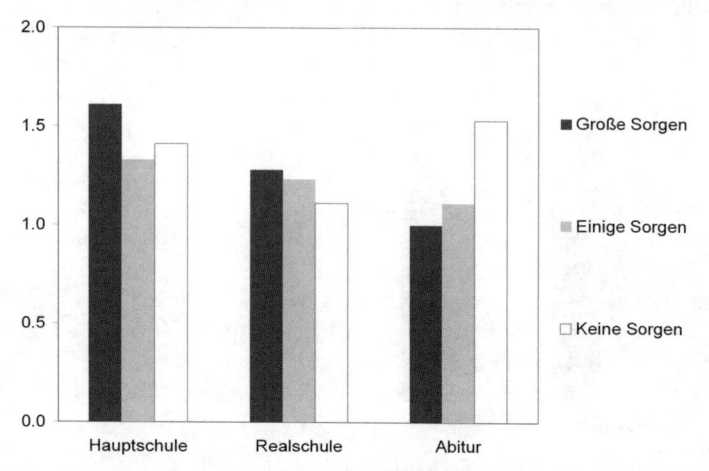

Datenbasis: SOEP 1984-2005, eigene Berechnungen.

Grafik 4: *Ergebnisse eines ereignisanalytischen Modells des Übergangs zum ersten Kind in Westdeutschland, Interaktionsmodell zwischen Schulabschluss und Sorgen um Arbeitsplatzsicherheit, relative Risiken*

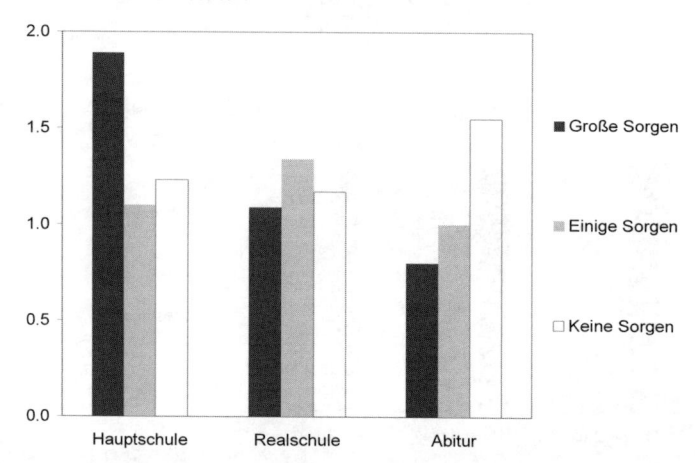

Datenbasis: SOEP 1984-2005, eigene Berechnungen. Anmerkungen zu Grafik 3 und 4: siehe Tabelle A3 und A4 im Anhang.

Grafik 2 gibt eine Interaktion zwischen der Befristung des Beschäftigungsverhältnisses und der Schulbildung wieder. Demnach gibt es keine wesentlichen bildungsspezifischen Unterschiede im Einfluss eines befristeten Beschäftigungsverhältnisses. Für alle Bildungsgruppen zeigt sich, dass ein befristeter Arbeitsvertrag zu einem Aufschub der Familiengründung führt. Auffallend ist der Einfluss der Selbständigkeit. Während eine Selbständigkeit unter Frauen mit Hauptschulabschluss bzw. ohne Abschluss die Übergangsrate zum ersten Kind erhöht, reduziert diese Erwerbsform für die anderen Bildungsgruppen die Familiengründungsrate.

In Grafik 3 und Grafik 4 sind die Interaktionsmodelle zur subjektiv empfundenen ökonomischen Unsicherheit abgebildet. Demnach gibt es deutliche bildungsspezifische Unterschiede im Einfluss der subjektiv empfundenen ökonomischen Situation auf den Übergang zum ersten Kind. Für die Gruppe der Abiturientinnen lässt sich ein klar negativer Zusammenhang zwischen einer als ökonomisch unsicher empfundenen Situation und der Erstgeburtenrate feststellen. Für Realschulabsolventinnen zeigt sich ein derartiger Zusammenhang nicht. Für Frauen mit Hauptschulabschluss oder ohne Abschluss deutet sich sogar an, dass eine ökonomisch unsichere Situation die Erstgeburtenrate erhöht.

Ein ähnliches Muster findet man für die Sicherheit des Arbeitsplatzes. Nur für Abiturientinnen zeigt sich ein signifikant negativer Zusammenhang zwischen den Sorgen, die sich die Befragten um die Sicherheit ihres Arbeitsplatzes machen und der Übergangsrate zum ersten Kind. Frauen mit Hauptschulabschluss bzw. ohne Abschluss zeigen gerade dann ein erhöhtes Erstgeburtenrisiko, wenn sie sich große Sorgen um die Sicherheit ihres Arbeitsplatzes machen.

## 5 Fazit

Das Ziel dieses Beitrags war es zu untersuchen, inwiefern Unsicherheiten im weiblichen Erwerbsverlauf zu einem Aufschub der Familiengründung führen. In der Fertilitätsforschung gibt es eine lange Tradition, die auf der Idee aufbaut, dass eine Familiengründung einer sicheren ökonomischen Basis bedarf. Als ökonomische Basis galt lange Zeit der Zeitpunkt, zu dem der männliche Ernährer eine gesicherte Erwerbsposition erzielt hatte. Mit zunehmender Frauenerwerbstätigkeit und den sich verbessernden Bedingungen zur Vereinbarkeit von Kind und Beruf lässt sich nicht mehr davon ausgehen, dass es allein die ökonomische Position des männlichen Ernährers ist, die für die Entscheidung zur Elternschaft relevant ist. Allerdings ist es schwierig, allgemeine Aussagen zum Zusammenhang von Unsicherheiten im weiblichen Erwerbsverlauf und dem Aufschub der Familiengründung zu formulieren, da für Frauen – insbesondere in Westdeutschland – die Mutterschaft weiterhin eine biographische Alternative zur Erwerbstätigkeit darstellt. In diesem Beitrag stand die Frage im Vordergrund, inwiefern es bildungsspezifische Unterschiede im Einfluss ökonomischer Unsicherheit auf die Familiengründungsrate gibt. Die zentrale These lautete, dass es gerade höher qualifizierte Frauen sind, für die Unsicherheiten im Erwerbsverlauf zu einem Aufschub des Familienbildungsprozesses führen.

Die empirischen Ergebnisse bestätigen teilweise diese Hypothese. Ein befristetes Beschäftigungsverhältnis reduziert die Erstgeburtenrate. Dieser Einfluss ist für alle Bildungsgruppen ähnlich. Nichterwerbstätigkeit oder eine subjektiv empfundene ökonomische Unsicherheit haben keinen negativen Einfluss auf die Erstgeburtenrate. Differenziert man jedoch nach dem Bildungsabschluss der Befragten, zeigt sich, dass es gerade Frauen mit Abitur sind, für die eine als subjektiv unsicher empfundene ökonomische Situation zu einem Aufschub der Familiengründung führt. Ähnliches gilt für eine Teilzeiterwerbstätigkeit, die nur bei Frauen mit einem höheren Schulabschluss zu einem Aufschub der Elternschaft führt. Dieser Befund unterstützt die These, dass für höher qualifizierte Frauen Teilzeiterwerbstätigkeit eine Form prekärer Beschäftigung sein kann, die als inadäquat für die Familiengründung wahrgenommen wird.

Ein beachtliches Ergebnis ist des Weiteren, dass sich für Frauen mit Hauptschulabschluss oder ohne Abschluss in Phasen der ökonomischen Unsicherheit die Neigung zur Erstelternschaft erhöht. Diese Ergebnisse schließen an Überlegungen von Friedman, Hechter und Kanazawa (1994) an, die argumentieren, dass für Frauen mit begrenzten Erwerbsoptionen Elternschaft als biographische Alternative zu einer unbefriedigenden Erwerbskarriere wahrgenommen werden kann.

Insgesamt zeigen diese Ergebnisse auf, dass sozialstrukturelle Unterschiede zum Verständnis des Geburtenverhaltens in Westdeutschland relevant sind. Dennoch musste dieser Beitrag viele Aspekte unberücksichtigt lassen, so auch die sehr wahrscheinlich zentrale Rolle der Erwerbsposition des Partners. Einschränkend muss auch abschließend darauf hingewiesen werden, dass letztendlich kleine Fallzahlen es nicht möglich machten, die sozialstrukturellen Unterschiede im Erstgeburtenverhalten detailliert, d.h. insbesondere im Vergleich von verschiedenen Kohorten oder Perioden zu untersuchen.

# Literatur

Andersson, G. (2000): The Impact of Labour-Force Participation on Childbearing Behaviour: Pro-Cyclical Fertility in Sweden during the 1980s and 1990s. In: European Journal of Population, 16, 4: 293-333.

Adler, M.A. (1997): Social Change and Decline in Marriage and Fertility in Eastern Germany. In: Journal of Marriage and Family, 59, 1: 37-49.
Adler, M.A. (2004): Child-Free and Unmarried: Changes in the Life Planning of Young East German Women. In: Journal of Marriage and Family, 66, 5: 1170-1179.
Adsera, A. (2004): Changing Fertility Rates in Developed Countries – The Impact of Labor Market Institutions. In: Journal of Population Economics, 17, 1: 17-43.
Ariès, P. (1980): Two Successive Motivations for the Declining Birth Rate in the West. In: Population and Development Review, 6, 4: 645-650.
Becker, G.S. (1960): An Economic Analysis of Fertility. In: Demographic and Economic Change in Developed Countries. NBER Conference Series, 11: 209-231.
Becker, G.S. (1981): A Treatise on the Family. Cambridge: Harvard University Press.
Blossfeld, H.P./Rohwer, G. (2002): Techniques of Event History Modeling – New Approaches to Causal Analysis. Mahwah, NJ: Erlbaum.
Blossfeld, H.-P./Klijzing, E./Mills, M./Kurz, K. (Hrsg.) (2005): Globalization, Uncertainty and Youth in Society. London: Routledge.
Bongaarts, J. (1999): Fertility Decline in the Developed World: Where Will it End? In: American Economic Review, 89, 2: 256-260.
Brentano, L. (1910): The Doctrine of Malthus and the Increase of Population During the last Decades. In: Economic Journal, 20: 371-93.
Coale, A.J. (1973) The Demographic Transition Reconsidered. In: International Union for Scientific Study of Population (Hrsg.), International Population Conference, Liège, 1: 53-72.
De la Rica, S./Iza, A. (2005): Career Planning in Spain: Do Fixed-Term Contracts Delay Marriage and Parenthood? In: Review of Economics of the Household, 3, 1: 49-73.
Drobnič, S. (2000): The Effects of Children on Married and Lone Mother's Employment in the United States and (West) Germany. In: European Sociological Review, 16, 2: 137-157.
Eberstadt, N. (1994): Demographic Shocks After Communism: Eastern Germany, 1989-93. In: Population and Development Review, 20: 137-152.
Friedman, D./Hechter, M./Kanazawa, S. (1994): A Theory of the Value of Children. In: Demography, 31, 3: 375-401.
Guo, G. (1993): Event History Analysis of Left-Truncated Data. In: Marsden P. (Hrsg.), Sociological Methodology. San Francisco: Jossey-Bass, 217-242.
Gustafsson, S.S. (2001): Optimal Age at Motherhood: Theoretical and Empirical Considerations on Postponement of Maternity in Europe. In: Journal of Population Economics, 14, 2: 225-247.
Hajnal, J. (1965): European Marriage Patterns in Perspective. In: Glass, D./Eversley, D. (Hrsg.), Population in History. London: Arnold, 101-143.
Hirschman, C. (1994): Why Fertility Changes? In: Annual Review of Sociology, 20: 203-233.
Hoem, B. (2000): Entry Into Motherhood in Sweden: The Influence of Economic Factors on the Rise and Fall in Fertility, 1986-1997. In: Demographic Research, 2, 4.
Huinink, J./Kreyenfeld, M. (2005): Family Formation in Times of Social and Economic Change: An Analysis of the East German Cohort 1971. In: Diewald, M./ Goedicke, A./Mayer, K.U. (Hrsg.), After the Fall of the Wall: Life Courses in the Transformation of East Germany. Palo Alto: Stanford University Press, 171-190.

Kharkova, T.L./Andreev, E.M. (2000): Did the Economic Crisis Cause the Fertility Decline in Russia: Evidence from the 1994 Microcensus. In: European Journal of Population, 16, 3: 211-233.

Kiser, C./Whelpton, P.K. (1953): Resume of the Indianapolis Study of Social and Psychological Factors Affecting Fertility. In: Population Studies, 7: 95-110.

Kohler, H.P./Kohler, I. (2002): Fertility Decline in Russia in the Early and Mid 1990s: The Role of Economic Uncertainty and Labor Market Crisis. In: European Journal of Population, 18, 3: 233-262.

Kravdal, O. (2002): The Impact of Individual and Aggregate Unemployment and Fertility in Norway. In: Demographic Research, 6, 10: 262-294.

Kreyenfeld, M./Mika, T. (2006): Die „Biographiedaten" der DRV: Analysemöglichkeiten im Bereich Fertilität und Familie. In: Deutsche Rentenversicherung, 61: 583-608.

Kurz, K. (1998): Das Erwerbsverhalten von Frauen in der intensiven Familienphase – Ein Vergleich zwischen Müttern in der Bundesrepublik Deutschland und den USA. Opladen: Leske + Budrich.

Kurz, K./Steinhage, N./Golsch, K. (2005): Case Study Germany – Global Competition, Uncertainty and the Transition to Adulthood. In: Blossfeld et al., 51-81.

Leibenstein, H. (1975): The Economic Theory of Fertility Decline. In: The Quarterly Journal of Economics, 98, 1: 1-31.

Lesthaeghe, R. (1995): The Second Demographic Transition in Western Countries: An Interpretation. In: Mason, K.O./Jensen, A.M. (Hrsg.), Gender and Family Change in Industrialized Countries. Oxford University Press, 17-62.

Mackenroth, G. (1953): Bevölkerungslehre – Theorie, Soziologie und Statistik der Bevölkerung. Berlin: Springer.

Marini, M.M./Hodson, P.J. (1981): Effects of the Timing of Marriage and First Birth of the Spacing of Subsequent Births. In: Demography, 18, 4: 529-548.

Martin, S.P. (2000): Diverging Fertility Among U.S. Women Who Delay Child Bearing Past Age 30. In: Demography, 37, 4: 523-533.

McDonald, P. (2000): Gender Equity, Social Institutions and the Future of Fertility. In: Journal of Population Research, 17, 1: 1-16.

Meron, M./Widmer, I. (2002): Unemployment Leads Women to Postpone the Birth of Their First Child. In: Population, 57, 2: 301-330.

Mills, M./Blossfeld, H.P. (2005): Globalization, Uncertainty and Changes in Early Life Courses. In: Blossfeld et al., 1-24.

Mombert, P. (1912): Über den Rückgang der Geburten- und Sterbeziffern in Deutschland. In: Archiv für Sozialwissenschaft und Sozialpolitik, 34: 794-878.

Morgan, P.S./Rindfuss, R.R. (1999): Reexamining the Link of Early Childbearing to Marriage and Subsequent Fertility. In: Demography, 36, 1: 59-75.

Ranjan, P. (1999): Fertility Behavior under Income Uncertainty. In: European Journal of Population, 15, 1: 25-43.

Rindfuss, R.R./Morgan, P.S./Offutt, K. (1996): Education and the Changing Age Pattern of American Fertility: 1963-1989. In: Demography, 33, 3: 277-290.

Sobotka, T. (2004): Is Lowest-Low Fertility in Europe Explained by the Postponement of Childbearing? In: Population and Development Review, 30, 2: 195-220.

Schmitt, C. (2005): Gender-Specific Effects of Unemployment on Family Formation – Evidence From a Cross-National View. Paper presented at the IUSSP-conference in Tours (France).

SOEP-Group (2001): The German Socio-Economic Panel (GSOEP) After More Than 15 Years – Overview. In: Vierteljahreshefte zur Wirtschaftsforschung, 70, 1: 7-14.
Speder Z./Vikat, A. (2005): Intentions to Become a Parent After Societal Transformation in Hungary. Paper presented at the IUSSP conference in Tours (France).
Van de Kaa, D.J. (1987): Europe's Second Demographic Transition. In: Population Bulletin, 42, 1: 1-57.
Vikat, A. (2004): Women's Labor Force Attachment and Childbearing in Finland. In: Demographic Research Special Collection, 3: 177-212.
Witte, J.C./Wagner, G.G. (1995): Declining Fertility in East Germany After Unification: A Demographic Response to Socioeconomic Change. In: Population and Development Review, 21, 2: 387-397.

# Anhang

Tabelle A1: *Ergebnisse eines ereignisanalytischen Modells des Übergangs zum ersten Kind in Westdeutschland, Interaktionsmodelle zwischen Schulabschluss und Erwerbsstatus, relative Risiken*

|  | Hauptschule / kein Abschluss | Realschule | Abitur |
|---|---|---|---|
| In Ausbildung | 0,34 *** | 0,20 *** | 0,33 *** |
| Vollzeit | 0,95 | 0,90 | 1 |
| Teilzeit | 1,02 | 0,79 | 0,53 *** |
| Arbeitslosigkeit | 0,95 | 1,06 | 0,78 |
| Nicht erwerbstätig | 1,51 *** | 1,08 | 0,90 |

Tabelle A2: *Ergebnisse eines ereignisanalytischen Modells des Übergangs zum ersten Kind in Westdeutschland, Interaktionsmodelle zwischen Schulabschluss und Befristung des Beschäftigungsverhältnisses, relative Risiken*

|  | Hauptschule / kein Abschluss | Realschule | Abitur |
|---|---|---|---|
| Unbefristet erwerbstätig | 1,28 | 1,23 | 1,36 |
| Befristet erwerbstätig | 1,05 | 0,95 | 1 |
| Selbständig | 1,71 | 0,98 | 1,03 |
| Keine Angaben | 1,16 | 0,93 | 0,87 |

Tabelle A3: *Ergebnisse eines ereignisanalytischen Modells des Übergangs zum ersten Kind in Westdeutschland, Interaktionsmodelle zwischen Schulabschluss und ökonomischen Sorgen, relative Risiken*

|  | Hauptschule / kein Abschluss | Realschule | Abitur |
|---|---|---|---|
| Große Sorgen | 1,61 *** | 1,28 | 1 |
| Einige Sorgen | 1,33 | 1,23 | 1,11 |
| Keine Sorgen | 1,41 | 1,11 | 1,53 * |

Tabelle A4: *Ergebnisse eines ereignisanalytischen Modells des Übergangs zum ersten Kind in Westdeutschland, Interaktionsmodelle zwischen Schulabschluss und Sorgen um Sicherheit des Arbeitsplatzes, relative Risiken*

|  | Hauptschule / kein Abschluss | Realschule | Abitur |
|---|---|---|---|
| Große Sorgen | 1,89 *** | 1,09 | 0,83 |
| Einige Sorgen | 1,10 | 1,34 | 1 |
| Keine Sorgen | 1,23 | 1,17 | 1,55 ** |

Datenbasis: SOEP 1984-2005, eigene Berechnungen. Ergebnisse eines Piecewise Constant Models mit Alter als Baseline Hazard. Weitere Kontrollvariablen im Modell sind Partnerschaftsstatus und Nationalität. In den Modellen in Tabelle A2 bis Tabelle A4 wird des Weiteren für den Erwerbsstatus kontrolliert. ***: $p \leq 0.01$, **: $0.01 \leq p \leq 0.05$, *: $0.05 \leq p \leq 0.10$.

# Moderne Zeiten – Ansprüche an Arbeits- und Familienzeiten aus Sicht von Eltern und Kindern

Svenja Pfahl

## 1 Einleitung

Die gegenwärtig sich vollziehenden Veränderungen in den Arbeitsverhältnissen, wie etwa die Flexibilisierung von Arbeitszeiten, die Prekarisierung von Arbeitsverhältnissen oder die Entgrenzung von Arbeit, stellen gerade Familien vor besondere zeitliche Abstimmungs- und Sicherungsprobleme und bedingen einen erhöhten Koordinations- und Abstimmungsaufwand im familialen Alltag. Die zeitliche Lebensführung von Familien ist allein schon dadurch komplexer geworden, dass in der Mehrheit der Familien in Deutschland mit Kindern unter 15 Jahren heute beide Elternteile erwerbstätig sind (60 Prozent). In solchen Familien gilt es nicht nur die Erwerbsarbeitszeiten beider Eltern, sondern auch die verbindlichen Schul- und Betreuungszeiten der Kinder miteinander abzustimmen. Welche alltäglichen Herausforderungen dabei in Familien gemeistert werden müssen, um Familienzeiten auch unter Bedingungen flexibler Arbeitszeiten von Eltern abzusichern, dies ist das forschungsleitende Interesse meines Projektes[1], aus dem im vorliegenden Beitrag berichtet werden soll.

Modernisierte Arbeitsverhältnisse und Arbeitszeiten zeichnen sich meist nicht durch besondere Familienfreundlichkeit aus, sondern gehen von einem ungebundenen, verfügbaren, von Care-Verantwortung entlasteten Individuum aus. Gleichzeitig führen voranschreitende Veränderungen in den Geschlechterverhältnissen zu erweiterten Ansprüchen von Frauen und Männern an Partnerschaft und Familie, zu einem steigenden Erwerbsinteresse von Müttern und einem vorsichtig wachsenden Interesse von Vätern an der Übernahme von Care-Aufgaben. Diese sich in den Erwerbsarbeits- und Geschlechterverhältnissen parallel vollziehenden Veränderungen können durchaus Chancen auf neue und andere Balancen zwischen Arbeit, Familie und weiteren Lebensbereichen stiften (Jurczyk et al. 2005), sofern es tatsächlich gelingt, neuartige Lebens- und Alltagsarrangements in den Familien zu verwirklichen und es nicht einfach zu einer noch stärkeren zeitlichen Verdichtung des Familienalltags kommt. Die Herstellung und Absicherung des Alltags wird dabei jedoch zu einer immer anspruchsvolleren Leistung der Individuen (Projektgrup-

---

[1] Das Promotionsvorhaben ist an der Humboldt-Universität Berlin angesiedelt und wird von Prof. Dr. Hildegard Maria Nickel betreut.

pe Alltägliche Lebensführung 1995) bzw. der Familien (Jürgens 2001). Dies gilt in besonderer Weise für Familien, die den Anspruch verfolgen, dass beide Partner sowohl in Erwerbsarbeit und als auch in familiale Care-Aufgaben eingebunden sein sollen (Ludwig et al. 2002, Rüling/Kassner 2004).

Solche Familien, in denen beide Eltern erwerbstätig sind und flexible Arbeitszeiten haben, stehen im Zentrum des folgenden Beitrags. Für sie soll untersucht werden, welche Interessen Eltern und Kinder in Bezug auf gemeinsame Familienzeiten und die Gestaltung der Arbeitszeiten haben – und inwiefern sich ihre jeweiligen Interessen entsprechen. Die Betrachtung soll daher explizit aus Sicht von Eltern *und* Kindern erfolgen, denn ohne die Perspektive der Kinder einzubeziehen, lassen sich die Schwierigkeiten bei der Gestaltung von Familienzeiten nicht zufrieden stellend meistern (Abschnitt 2)[2]. Unter Verweis auf die jeweils spezifischen, „familialen Grundarrangements" von Familien soll dabei auch berücksichtigt werden, dass Familien bei der Gestaltung ihrer Alltagszeiten unterschiedliche Wege verfolgen (Abschnitt 3). Es soll aufgezeigt werden, welche zeitlichen Spannungen zwischen flexiblen Erwerbsarbeitszeiten und Kinderbetreuungszeiten in Deutschland überhaupt bestehen (Abschnitt 4), welche Bedeutung den Familienzeiten aus Sicht von Eltern und Kindern zukommt (Abschnitt 5) und welche familienorientierten Arbeitszeitinteressen Eltern und Kinder schließlich selbst formulieren (Abschnitt 6). Im Fazit wird eine erste Antwort auf die Frage formuliert, inwiefern sich flexible Arbeitszeiten als unterstützend oder hinderlich für die Herstellung von Familienzeiten und -alltag erweisen (Abschnitt 7).

Empirische Basis für die Betrachtung sind aktuelle Ergebnisse meines Projektes, welches die Auswirkungen flexibler Arbeitszeiten auf die zeitlichen Abstimmungen von Eltern und Kindern und auf die Familienzeiten untersucht. Hierzu wurden qualitative Interviews mit 27 Eltern und 22 Kindern aus 27 Familien geführt, in denen beide Elternteile mit flexiblen Arbeitszeiten erwerbstätig sind. Die Interviews orientieren sich am problemzentrierten (Witzel 2000) sowie am episodischen Interview (Flick 1999). Der Zugang zu den Befragten erfolgte einerseits über Betriebe mit flexiblen Arbeitszeiten (Nordrhein-Westfalen) als auch über Schulhorte an Grundschulen (Berlin), die eine Betreuungszeit bis 18 Uhr anbieten. Eltern und Kinder wurden in getrennten Interviews mit unterschiedlichen Leitfäden befragt, dabei stets die Eltern zuerst. Samplebildung und Auswertungsprozess des Materials orientieren sich an der Grounded Theory (Strauss/Corbin 1996) sowie an den Vorschlägen von Kelle und Kluge (1999) zum Fallvergleich. Im Zentrum der Auswertung stehen die 14 Familien, in denen jeweils ein Elternteil als auch

---

2 Eine differenzierte Betrachtung nach Geschlecht muss demgegenüber leider zurückgestellt werden. Zu den Arbeitszeiten und den alltäglichen Zeitarrangements von Frauen und Männern sei an dieser Stelle daher auf die Ergebnisse des WSI-FrauenDatenReports (Bothfeld et al. 2005: 187ff.) sowie auf die deutsche Zeitbudgeterhebung (Pinl 2004, Schäfer 2004) verwiesen.

insgesamt 22 Kinder zwischen sechs und zwölf Jahren befragt wurden. Hier ist ein direkter Perspektivwechsel zwischen Eltern und Kindern aus den gleichen Familien möglich. Ergänzt wird dies durch 13 Elterninterviews, deren Kinder nicht befragt werden konnten (u.a. wegen des zu geringen Alters der Kinder). In die Rekonstruktion des gemeinsamen Alltags gehen Kinder- wie Elternsicht ein, daneben werden die zeitlichen Abstimmungsprozesse der Familie sichtbar gemacht und zentrale familiale Zeitrhythmen herausgearbeitet.

## 2 Erweiterung der Untersuchungsperspektive auf alle Familienmitglieder

Erst langsam etabliert sich in der Forschung zu Arbeits- und Alltagszeiten eine Perspektive, die nicht ausschließlich vom Individuum ausgeht, sondern seine (familiale) Lebenssituation in den Mittelpunkt rückt, so dass damit auch die Zeitstrukturen des sozialen Umfeldes sowie die notwendigen zeitlichen Abstimmungen zwischen den Familienmitgliedern in den Blick geraten. Von Interesse ist, wie Familienmitglieder einen gemeinsamen Familienalltag herstellen und gemeinsame Zeiten ausgestalten und absichern. Unter ‚Familie' soll hier die besondere Beziehung zwischen zwei Generationen verstanden werden, in der beide Generationen zueinander in einem Eltern-Kind-Verhältnis stehen und in der von den Eltern eine ‚soziale Elternschaft' für die Kinder übernommen wird. Diese soziale Elternschaft kann, im Gegensatz zur biologischen, übernommen, aufgekündigt oder auch verweigert werden, auch von Seiten des Kindes. Die familialen Beziehungen sind personenbezogen und unverwechselbar, sie sind auf gegenseitige Fürsorge, Solidarität und Kooperation ausgelegt (vgl. Lenz/Böhnisch 1999, Lenz 2003, Nave-Herz 2003).

Die Vorstellungen darüber, was Kindheit bedeutet und welchen Einfluss Kinder auf die Konstitution von Familie haben, unterliegen einer fortwährenden Veränderung (Lauterbach/Lange 2000, Zeiher 2005). Kinder werden mittlerweile nicht länger als Anhängsel ihrer Eltern betrachtet, sondern als Teil der Gesellschaft mit einer eigenständigen Lebenswelt (Lange 2001) und einer besonderen, „kindlichen Lebensführung" (Kirchhöfer 2002), die es, genauso wie die der Erwachsenen, zu erforschen gilt. Das moderne Verständnis von Kindheit geht mit einer aufgewerteten Position des Kindes innerhalb der Familie einher und mit einer stärkeren kommunikativen Aushandlung des Familienlebens zwischen Eltern und Kindern (Bücher/du Bois-Reymond 1998). Dies spiegelt sich darin wieder, dass die Interessen der Kinder von den Eltern erkundet, angehört und berücksichtigt werden und in die innerfamilialen Abstimmungsprozesse einfließen.

Welchen Anteil Kinder an der Herstellung von Familienzeit haben, wurde in der Forschung bisher vernachlässigt. Kinder wurden meist nur als Auslöser für Zeitprobleme ihrer Eltern berücksichtigt. Hintergrund hierfür ist die Abtrennung der kindlichen Lebensbedingungen von der Welt der Erwachsenen, wie sie typisch für das gesellschaftliche Verständnis von Kindheit bis in die Gegenwart ist. Familie und Bildungssystem werden dabei als ‚Schonraum' für Kinder konstruiert, wo sie geschützt vor den Anforderungen und Auswirkungen der Arbeitswelt aufwachsen sollen (Zeiher 2005). Diese Trennung funktioniert(e) allerdings weder heute noch früher: Alltagsleben und Zeitumgang der Kinder werden vielmehr stark durch die Arbeits- und Lebenswelt der Eltern geprägt. Kirchhöfer (2002) verweist zudem darauf, dass die kindliche Lebenswelt und die Arbeitswelt der Erwachsenen zukünftig – unter zunehmend flexibilisierten Erwerbs- und Lebensverhältnissen – noch viel enger aufeinander Bezug nehmen werden. Die kindliche Lebensführung, die durch Spielen, Lernen, Erproben und Phantasieren geprägt und in besonderer Weise darauf ausgerichtet ist, Unvereinbares zu vereinbaren, könnte sich demnach als erfolgreicher ‚Prototyp' für Erwachsene erweisen, die sich in immer dynamischeren und offeneren Arbeits- und Lebensbedingungen ausprobieren und bewähren müssen. Dies könnte die gesellschaftliche Wahrnehmung von Kindern als bedeutungsvolle Subjekte und soziale Akteure (weiter) befördern.

Im vorliegenden Beitrag wird daher die Perspektive der Kinder auf die Arbeits- und Familienzeiten gleichberechtigt neben die der Eltern gestellt. Sowohl Familienzeiten (Abschnitt 5) als auch Arbeitszeitinteressen (Abschnitt 6) sollen konsequent aus Sicht von Eltern wie Kindern beschrieben werden, so dass sich abschließend ein Fazit aus Perspektive der *ganzen Familie* ziehen lässt (Abschnitt 7).

## 3 Ausgangspunkt: Familiales Grundarrangement als strukturierender Rahmen für Familienzeiten

Je nachdem *wie* Familien miteinander leben, unterscheiden sich auch ihr gemeinsamer Alltag und ihre jeweiligen Familienzeiten voneinander. Prägend für die Zeitstrukturen, die sich in einer Familie etablieren, ist das „familiale Grundarrangement" – dies konnte als erstes Ergebnis unserer Forschungen zum Zusammenhang von flexiblen Arbeitszeiten und Familienzeiten herausgearbeitet werden (Klenner et al. 2002, Klenner/Pfahl 2005)[3]. Im familialen Grundarrangement drücken sich die Basisstrukturen des familialen Zusammenlebens aus; es umfasst sowohl objektive, gesellschaftliche Rahmenbedingungen als auch subjektive Vorstellungen, Konzepte und Präferenzen der Familienmitglieder. Zentrale Dimensionen für das jeweilige familiale Grund-

---

3 Das „familiale Grundarrangement" ist Ergebnis eines vorausgehenden Forschungsprojektes am WSI in der Hans-Böckler-Stiftung, das ich gemeinsam mit Dr. Christina Klenner und Dipl.-Soz. Stefan Reuyß bearbeitet habe.

arrangement, welches sich in seiner Ausgestaltung von Familie zu Familie unterscheidet, sind:

- Erwerbskonstellation und Arbeitszeiten der Eltern,
- häusliche Arbeitsteilung der beiden Eltern,
- zugrunde liegende Paar- und Familienkonzepte,
- Art und Zeiten der Kinderbetreuung,
- zugrunde liegende Vorstellungen der Eltern in Bezug auf Kindheit und Erziehung,
- Art und Weise der gemeinsamen Lebensführung, inkl. ihren Ansprüchen an gemeinsame Familienzeit sowie
- räumliche Faktoren (Wohnform, Wohnort, Siedlungsgröße).

In Anknüpfung an das Konzept der alltäglichen Lebensführung lässt sich das familiale Grundarrangement als Ergebnis geronnener Handlungen und Entscheidungen beschreiben, auf deren Basis Familien ihren Alltag gestalten. Mit diesen vorausgegangenen Handlungen und Entscheidungen sind die Rahmenbedingungen für die aktuelle Gestaltung familialer Zeiten bereits gesetzt, an ihnen orientieren sich gegenwärtige Zeitwünsche und -interessen. Mit ihm existiert ein Bedingungsgefüge, welches weitere Entscheidungen und Handlungsspielräume kanalisiert und eine strukturierende Wirkung auf die Gestaltung der Alltagszeiten hat. Sind Arbeitsplatz und Arbeitszeit der beiden Eltern erst einmal gewählt, Wohnortentscheidungen getroffen und Kinderbetreuungslösungen realisiert, dann fordert das damit gesetzte Grundarrangement ein in zeitlicher Hinsicht schlüssiges Handeln ein. Spontane Veränderungen der Alltagszeiten scheitern dann beispielsweise an den Arbeits- oder Betreuungszeiten, an Wohnortstrukturen die eine Wegebegleitung der Kinder zwingend erforderlich machen, oder an eingespielten Zuständigkeiten der Partner für Haushalt und Kinderbetreuung. Veränderungen und Umstellungen dieser Grundstrukturen sind für die Betroffenen oftmals allenfalls mittelfristig denkbar und realisierbar.

Vorrangig geprägt wird das familiale Grundarrangement zwar durch die Vorstellungen und Entscheidungen der Eltern, unbeteiligt sind die Kinder hieran jedoch nicht. Zum einen denken die Eltern beim Ausbalancieren von eigenen Arbeitszeiten und gemeinsamen Familienzeiten die Belange der Kinder laufend mit und beziehen so die Kinderinteressen in vermittelter Weise in die Gestaltung des Familienalltags ein. Zum anderen können die Kinder das von den Eltern vorgesehene Alltagsarrangement auch direkt befördern, unterlaufen oder durch ihr Handeln erschweren. Denn Kinder werden nicht einseitig durch die Erziehungsvorstellungen und -praxen ihrer Eltern geformt, sondern setzen sich als Akteure ihres Alltags und als „Autoren" ihrer eigenen Entwicklung zu diesen aktiv in Beziehung (Lauterbach/Lange 2000, Kirchhöfer 2001).

Anhand der von mir geführten Kinderinterviews lässt sich nachvollziehen, wie die Kinder, die in die Gegebenheiten ihres jeweiligen familialen Grundarrangements hineingewachsen sind, dieses zunächst als etwas Gegebenes akzeptieren. Sie stellen das vor allem durch die Eltern geprägte Alltagsgefüge ihrer Familie nicht leichtfertig in Frage, sondern formulieren ihre – ggf. davon abweichenden – zeitlichen Interessen den Eltern gegenüber vorsichtig. Zugleich respektieren sie die von den Eltern bereits getroffenen Entscheidungen. Ihre eigenen Anliegen bringen sie nicht nur in Form kommunikativer Verhandlungen mit den Eltern ein, sie drücken ihre von den Eltern abweichenden Interessen auch durch Kooperation, Verzögerung, Ausweichen, Nichtbeachten, Unwohlsein oder Widerstand im Alltag aus. Besonders deutlich wird der Einfluss der Kinder auf eine gelingende Umsetzung des familialen Grundarrangements, wenn sie ihre Zustimmung zu Alltagsabläufen plötzlich verweigern. Beispiele hierfür sind Kinder, die sich gegen Ferienbetreuung oder den Hortbesuch verwehren, die sich lieber mittags allein etwas zum Essen aufwärmen als weiterhin zum Essen zur Oma zu gehen. Sie können so den familialen Alltag ins Schleudern bringen und Umstrukturierungen im Grundarrangement, etwa bei den elterlichen Arbeitszeiten, auslösen.

## 4 Überblick über Inkompatibilitäten und Spannungen zwischen Kinderbetreuungszeiten und Arbeitszeiten in Deutschland

Die Alltagszeit in den Familien wird insbesondere durch zwei familienexterne Zeitstrukturen und deren Ausgestaltung beeinflusst: die Schul- und Betreuungszeiten der Kinder sowie die Arbeitszeiten der Eltern. Beide sind aus Sicht von erwerbstätigen Eltern in Deutschland nicht hinreichend familienfreundlich gestaltet, wie durch zahlreiche quantitative und qualitative Studien hinreichend belegt werden konnte (Garhammer 1999, Hochschild 2002, Ludwig et al. 2002, Moen 2003, Klenner 2004, Stöbe-Blossey 2004). Im Folgenden soll ein – vor allem quantitativer – Überblick über die auftretenden Spannungen zwischen Arbeits- und Kinderbetreuungszeiten sowie den diesbezüglichen Interessen von Eltern gegeben werden.

Hinsichtlich der zeitlichen Ausgestaltung der Kinderbetreuung besteht in Deutschland vor allem eine Angebotslücke bei der Ganztagsbetreuung sowie bei der Betreuung während der Schulferien. Aus Sicht von erwerbstätigen Eltern mangelt es an stärker ausgedehnten Betreuungszeiten, die sich in den späten Nachmittag (16.30-19.00 Uhr) oder in den Samstag hinein erstrecken. Eine Betreuung während der Nacht oder am späten Abend steht dagegen für die große Mehrheit der Eltern nicht auf der Wunschliste, da diese als nicht kindgerecht empfunden werden (Stöbe-Blossey 2004). Erwerbstätige Eltern äußern ein Interesse an Betreuungsangeboten, die sich flexibel und bedarfsgerecht nutzen lassen. Sie brauchen die Kinderbetreuung nicht immer pauschal, sondern vielmehr als gezieltes Angebot, abgestimmt auf ihre jeweiligen Arbeitszeitmuster: Etwa an einzelnen Tagen oder als gelegentliche Zusatzstunden, ohne dass sie diese Stunden gleich pauschal als Maximalvariante für alle Wochentage fest buchen (und bezahlen) wollen. Über die bisherigen Angebote hinaus brauchen sie Krippen- oder Kindertagesplätze, die sie entsprechend ihrer tatsächlichen Arbeitszeiten flexibel nutzen können, Betreuungsangebote ‚rund-um-das-Jahr', ohne mehrwöchige Schließzeiten im Sommer sowie Notfall-Betreuungslösungen für Zeiten ‚außer der Reihe', wenn die Tagesmutter krank ist oder der Schulunterricht ausfällt. Eltern von Schulkindern benötigen zudem spezielle Betreuungsangebote während der Schulferien, da diese doppelt so lang wie die Urlaubszeiten der Eltern sind.

Eltern richten ihre Erwartungen bezüglich erweiterter und flexiblerer Betreuungszeiten nicht nur an den Staat, sondern auch an die Betriebe. Den Ergebnissen einer aktuellen Befragung (Forsa Institut 2005) zufolge stimmen 90 Prozent der Eltern der Ansicht zu, dass die Verwirklichung einer guten Kinderbetreuung nicht nur Aufgabe des Staates oder der Eltern selbst ist, sondern auch die der Arbeitgeber. Dass ein betriebliches Angebot der Kinderbetreuung nicht nur wünschenswert ist, sondern auch auf ein tatsächliches Nutzungsinteresse bei erwerbstätigen Eltern stößt, belegen die Ergebnisse einer repräsentativen Befragung des WSI unter erwerbstätigen Eltern in Deutschland (Klenner 2004, Pfahl 2005): 56 Prozent der erwerbstätigen Eltern mit Kindern unter acht Jahren geben an, ein solches Angebot gerne nutzen zu wollen, wenn es denn vorhanden wäre[4]. Darüber hinaus wünschen sie sich vor allem betrieblich organisierte Angebote zur Notfallbetreuung, also Angebote für Tage/Stunden, zu denen die reguläre Betreuung der Kinder (Kita, Krippe, Tagesmutter, Großeltern etc.) ausfällt. Das Interesse hieran ist unter Eltern fast viermal so weit verbreitet (83 Prozent) wie das tatsächliche betriebliche Angebot hierzu (21 Prozent). Und das Interesse an betrieblich organisierten Freizeitangeboten während der Schulferien ist sogar sechsmal größer (49 Prozent) als das bisherige Angebot hierzu (8 Prozent).

Um bestehende ‚Betreuungslücken' zwischen Arbeitszeiten und Betreuungszeiten zu schließen, wie auch um spontan auftretende Engpass-Situationen abzufedern, benötigen insbesondere erwerbstätige Eltern außerdem Unterstützung durch dritte Personen. Die IAT-Befragung von erwerbstätigen Müttern in Nordrhein-Westfalen (Stöbe-Blossey 2004) weist nach, dass über die Hälfte der Kinder von erwerbstätigen Müttern (53 Prozent) nicht nur durch die Eltern, sondern auch noch durch weitere Personen betreut werden, wie z.B. durch Großeltern, Nachbarn, Freunde, andere Mütter von befreundeten Kindern, Tanten/Onkel, etc. Für ein Viertel der Kinder mit erwerbstätigen Müt-

---

4   Aktuell finden jedoch überhaupt nur 6 Prozent der abhängig beschäftigten Eltern mit Kindern bis acht Jahre Angebote zur Kinderbetreuung im eigenen Betrieb vor.

tern werden verschiedene Betreuungsbausteine miteinander kombiniert (23 Prozent). So entstehen ‚Netzwerke' der Betreuung, in denen Betreuungseinrichtungen sowie dritte Personen die erwerbstätigen Eltern bei ihren Betreuungsaufgaben entlasten (vgl. Büchel/Spiess 2002). Unter den dritten Personen spielen gerade die Großeltern eine wichtige Rolle (Fendrich/Schilling 2004).

Der zweite, externe Einflussfaktor auf die familiale Zeitgestaltung ergibt sich durch die Erwerbsarbeitszeiten der Eltern. Wie andere abhängig Beschäftigte auch, sind Eltern in erheblichem Umfang von Arbeitszeiten mit besonderer, von der Normalarbeitszeit abweichender Lage betroffen. So arbeitet fast die Hälfte aller abhängig beschäftigten Eltern zumindest gelegentlich auch am Samstag (45 Prozent), ein gutes Drittel auch am Abend (37 Prozent), wie die Ergebnisse der WSI-Studie zeigen (Klenner 2004). Zudem sind 41 Prozent der abhängig beschäftigten Eltern zumindest gelegentlich von einer stark schwankenden Arbeitszeitdauer pro Tag betroffen. Solche Arbeitszeiten werden von bestehenden Kinderbetreuungsangeboten kaum abgedeckt, was hohe Anforderungen an die zeitliche Abstimmung innerhalb von Familien stellt. Die Arbeitszeiten erweisen sich als Dreh- und Angelpunkt dafür, wie erwerbstätige Eltern ihre Arbeitssituation insgesamt bewerten. Nach der WSI-Studie hält ein Drittel der abhängig beschäftigten Eltern die Arbeitsbedingungen im Betrieb bisher nicht für familienfreundlich (31 Prozent). Gefragt nach dem Bereich mit dem größten Handlungsbedarf im Betrieb setzen 32 Prozent aller erwerbstätigen Eltern die „familienfreundlichen Arbeitszeiten" auf den ersten Platz (Klenner 2004).

Ob angemessene Familienzeiten realisierbar sind, hängt neben der Arbeitszeitdauer, -lage und -verteilung auch von den Mitgestaltungsmöglichkeiten der Eltern über ihre Arbeitszeiten ab. Als besonders problematisch für die zeitliche Vereinbarkeit erweisen sich Arbeitszeiten zu unvorhergesehenen Zeiten. 64 Prozent der Eltern mit solchen Arbeitszeiten bewerten ihre Vereinbarkeitssituation als negativ. Dies trifft genauso auf Eltern zu, die zumindest gelegentlich am Sonntag arbeiten (52 Prozent) oder die Arbeit auf Abruf übernehmen müssen (50 Prozent). Überdurchschnittlich negativ bewerten Eltern ihre Vereinbarkeitssituation auch dann, wenn sie zumindest gelegentlich samstags (44 Prozent) oder abends (43 Prozent) arbeiten müssen (Pfahl 2005)[5]. Lange Arbeitszeiten spitzen die Vereinbarkeitsprobleme jeweils noch zu: So wird die Arbeitszeitsituation von den Eltern jeweils als problematischer erlebt, wenn sie mit einer langen tatsächlichen Arbeitszeitdauer von mehr als 40 Stunden pro Woche einhergeht (ebd.). Gerade die Väter arbeiten zu 82 Prozent länger als 40 Wochenstunden, und 46 Prozent von ihnen arbeiten sogar mehr als 45 Stunden pro Woche (Frauen: 35 bzw. 15 Prozent; Klenner 2004). Aus diesem Grund bewerten die erwerbstätigen Väter ihre Arbeitssituation insgesamt als weniger familienfreundlich als die erwerbstätigen Müt-

---

5  Zum Vergleich: Im Durchschnitt bewerten 20 Prozent aller befragten Eltern ihre Vereinbarkeitssituation als (eher) negativ.

ter. Ähnliches gilt für allein erziehende Eltern: Sie erhalten bei der Absicherung der Kinderbetreuung keine Unterstützung durch einen zweiten Elternteil und sind damit ebenfalls einer höheren zeitlichen Individualbelastung ausgesetzt.

Jenseits aller Differenzen lässt sich abschließend ein gemeinsames Interesse von erwerbstätigen Eltern an Arbeitszeiten, die an familiale Bedürfnisse anpassbar sind, sowie nach längeren und flexibleren Betreuungszeiten für ihre Kinder konstatieren. Familienfreundliche Arbeitszeiten und eine stärkere Beteiligung von Unternehmen an der Kinder(notfall)betreuung – dies sind die zentralen Wünsche erwerbstätiger Eltern. Auch wenn aktuell ausgiebig über die Notwendigkeit einer familienfreundlicheren Arbeitswelt diskutiert wird, so besteht doch in der betrieblichen Praxis noch erheblicher Nachbesserungsbedarf (Wagner 2005). Erst wenige ‚Leuchtturm-Unternehmen' setzen tatsächlich eine explizit familienorientierte Gestaltung der Arbeitsbedingungen um. Das 2001 im Betriebsverfassungsgesetz verankerte Aufgabengebiet „Vereinbarkeit von Familie und Beruf" wird in Betrieben zwar durchaus diskutiert, verbindliche Regelungen in Form von Betriebsvereinbarungen finden sich hierzu aber bisher nur in sieben Prozent der Betriebe (Lindecke/Klenner 2005, Lindecke 2006). Das Vorhandensein von Betriebsräten begünstigt die Realisierung von Maßnahmen zur Vereinbarkeit oder Chancengleichheit (Beblo/Wolf 2004), viele der bereits vorhandenen familienfreundlichen Maßnahmen folgen aber noch immer der Vorstellung, dass Beschäftigte ihre Familienarbeit privat zu regeln haben und richten sich vorzugsweise an Frauen. Gleichstellungsorientierte Ansätze, die eine umfassende Balance von Erwerbsarbeit und Familie anstreben und sich auf Frauen wie Männer beziehen, finden sich in den Betrieben bisher sehr viel seltener (Wagner 2005).

## 5 Stellenwert gemeinsamer Familienzeit für Eltern und Kinder

Die grundlegende Passfähigkeit von Arbeitszeiten und Schul-/Betreuungszeiten setzt den Rahmen dafür, wie gut eine Familie Arbeitszeiten, Kinderbetreuung und Familienalltag zeitlich vereinbaren und gemeinsame Familienzeiten realisieren kann. Dies belegen vorliegende Forschungsergebnisse für Deutschland eindrucksvoll (Abschnitt 4). Wofür aber brauchen Familien gemeinsame Familienzeiten, und welchen qualitativen Anforderungen müssen diese genügen? Darauf gibt das von mir erhobene qualitative Datenmaterial eine deutliche Antwort: Gemeinsame Zeiten der Familienmitglieder sind notwendig, um Familie mit Leben zu füllen und Nähe, Anteilnahme, Solidarität und Kooperation zwischen den Familienmitgliedern zu stiften. Kontinuierliche Kommunikationsprozesse und der gemeinsame Austausch über die Ausgestaltung der familialen Beziehungen (inklusive ihrer Veränderungen und

Krisen) sind entscheidend für die Beziehungsqualität zwischen Eltern und Kindern. Eltern und Kinder drücken in ihren Interviews fast ausnahmslos ihr großes Interesse an einem gemeinsamen, miteinander koordinierten Alltag aus, in den alle Familienmitglieder eingebunden sein sollen.

Unter *Familienzeiten* im engeren Sinne sollen hier Zeiten verstanden werden, die auf eine Herstellung von Gemeinsamkeit, Nähe und gegenseitiger Zuwendung abzielen. Sie realisieren sich letztlich erst durch das mehr oder weniger intensive Abstimmen und Aushandeln von Zeiten und Tätigkeiten zwischen den Familienmitgliedern (Klenner et al. 2002). Familienzeiten setzen erstens die Bereitschaft und Fähigkeit von allen Familienmitgliedern voraus, sich auf ein *innerfamilial verzahntes Handeln* einzulassen. Dabei greifen die Handlungen der verschiedenen Personen ineinander, bauen nahtlos aufeinander auf oder werden teilweise gegenseitig gedanklich vorweg genommen. Die Familienmitglieder müssen zweitens interessiert daran sein, ihre jeweiligen Zeitmuster miteinander *abzustimmen* und zu koordinieren. Etwa indem sie sich gegenseitig gezielt über ihre Arbeitszeiten oder Stundenpläne informieren und die der anderen – soweit wie möglich – bei der eigenen Zeitgestaltung berücksichtigen. Eine wichtige Anforderung für das Herstellen von Familienzeit ist schließlich die *vorausschauende Fähigkeit zur Alltagsorganisation,* um vorhersehbare Engpässe oder Störungen so früh wie möglich zu beseitigen. Vor allem im Zusammenhang mit der Absicherung der Kinderbetreuung und -versorgung ist hier flexibles und kreatives Organisieren gefragt, welches insbesondere von den Müttern übernommen wird, die das Zusammenspiel des Familienalltags stärker als die Väter verantworten.

Familienzeiten umfassen zweierlei Arten von Zeit: Erstens gemeinsame *Aktivitäten von Eltern und Kindern,* die bewusst gestaltet sind und dem Miteinander dienen. Diese Aktivitäten können innerhalb des Haushalts (z.B. Spielen, Gespräche) oder außerhäuslich stattfinden (z.B. Ausflüge, Familienbesuche). Zweitens umfassen Familienzeiten solche Zeiten, die der unmittelbaren physiologischen und psychosozialen *Versorgung der Kinder* dienen. Da viele Bedürfnisse der Kinder zyklisch auftreten und in regelmäßigen Abständen anfallen, haben die Versorgungszeiten einen zeitlich stark strukturierenden Einfluss auf den Familienalltag. Sie umfassen je nach Alter der Kinder zum Beispiel: Körperpflege, Anziehen, Mahlzeiten zubereiten, Trösten, Hausaufgabenbetreuung, Wegebegleitung. Auch wenn die Versorgungszeiten zweckgebunden und auf die konkreten Bedürfnisse der Kinder ausgerichtet sind, so sind sie für das Familienleben nicht von geringerer Bedeutung, als die möglicherweise stärker in den Blick fallenden und vergnüglicheren Spielzeiten.

Da die Grundbedürfnisse der Kinder in eher regelmäßigen, wenn auch nicht starren Rhythmen anfallen, sind gemeinsame Zeiten von Eltern und Kindern im Alltag zu einem hohen Anteil durch Routinen und Rituale geprägt. Die hohe Bedeutung eines Beisammenseins von Eltern und Kindern, auch bei ganz alltäglichen Erledigungen und Routinen, spiegelt sich auch in den Alltagsbeschreibungen der befragten Kinder wider. So sind gemeinsame Mahlzeiten oder Fernsehzeiten mit den Eltern für sie ausgesprochen wichtig und haben den Status vollwertiger Familienzeiten (so auch Christensen 2002). Insbesondere Familienrituale knüpfen an Versorgungsnotwendigkeiten der Kinder an, reichen aber in ihrem Bedeutungsgehalt weit über den eigentlichen, materiellen Kern der Aktivität hinaus. Sie machen sich häufig am gemeinsamen Abendessen der ganzen Familie, am Zu-Bett-Bringen der Kinder, oder am gemeinsamen Ansehen der Lieblingssendung im Fernsehen fest. Gerade ritualisierte Familienmahlzeiten gehen in ihrer Bedeutung weit über eine bloße Nahrungsaufnahme hinaus und stellen einen kommunikativen Treffpunkt für die ganze Familie dar. Sie bieten den Rahmen für Anteilnahme und intensiven Austausch über den Tagesverlauf. Ähnliches gilt etwa auch für abendliche Gespräche zwischen Eltern und Kindern beim Zu-Bett-Bringen, und selbst der wöchentliche Hausputz am Samstag kann so zum Familienritual werden. Zugleich haben gerade Rituale und Routinen eine synchronisierende Wirkung auf die Zeiten der Familienmitglieder und dienen als zeitliche ‚Eckpfeiler' für den gemeinsamen Familienalltag. Sie stehen für eine bewusste Zeitnutzung mit besonderer Qualität und schaffen eine besondere Nähe und Intimität zwischen Eltern und Kindern (Klenner et al. 2002). Eltern streben familiale Routinen und Rituale nicht nur aus Gründen der Alltagsvereinfachung an, sondern weil sie davon überzeugt sind, dass dies für ihre Kinder wichtig ist – und Kinder fordern solche Routinen und Rituale ein. Kontinuität und Planbarkeit, die sich in ihnen ausdrücken, geben den Kinder Überblick über das Familiengeschehen und garantieren ihnen Verlässlichkeit und Orientierung. Viele Eltern bemühen sich daher auch bei sehr flexibler Arbeitszeitgestaltung darum, ihren Kindern verlässliche Abendrituale, feste Schlafenszeiten und feste Essenszeiten zu bieten (Klenner et al. 2003).

Der hohe Stellenwert, der hier für die Familienzeiten behauptet wird, bestätigt sich durch andere, bereits vorliegende quantitative Befragungen von Grundschulkindern. Diese zeigen, dass gemeinsam verbrachte Zeiten in den Augen der Kinder Voraussetzung für eine qualitativ bedeutungsvolle Beziehung zu den Eltern sind. Zehn- bis elfjährige Schüler/innen in Nordengland bewerten gemeinsame Zeiten mit den Eltern als wichtiger als Zeiten mit ihren Freund/innen (Christensen 2002). „Gemeinsame Zeit mit den Eltern" zählt für neun- bis vierzehnjährige Grundschüler in Deutschland zu den vier wichtigsten Aspekten ihrer Herkunftsfamilie. Die gleichen Grundschüler benennen „mehr Zeit mit den Eltern" als zentralen Wunsch für ihre Familie (LBS-Initiative Junge Familie 2002).

Auch meine Interviews machen deutlich, dass der Umfang an gemeinsamer Familienzeit allein noch kein hinreichender Beleg für zufrieden stellende Familienzeiten ist[6]. Die Kinder machen noch konsequenter als ihre befragten

---

6  Die Ergebnisse der deutschen Zeitbudgetuntersuchung (Schäfer 2004), bestätigt durch US-amerikanische Forschungen (Galinsky 1999), belegen, dass sich inkompatible Zeitstruktu-

Eltern klar, dass für sie weder eine maximal ausgedehnte Familienzeit erstrebenswert ist, genauso wenig wie andererseits eine stark limitierte und zugleich mit hoher Bedeutung aufgeladene und verdichtete „Quality Time" (Hochschild 2002). Für die befragten Kinder kommt es vielmehr auf den richtigen *Mix aus verschiedenen Zeitqualitäten* im Alltag an, der sich insbesondere auch an der Qualität der Ausgestaltung von Familienzeiten festmacht (so auch Christensen 2002). Sie erwarten echtes Interesse der Eltern, möchten an der Ausgestaltung des gemeinsamen Alltags beteiligt werden und fordern die vertraute Einhaltung von Familienroutinen und Ritualen ein. Sie beschweren sich, wenn das Ritual aus Zeitgründen mal „flotter" oder verkürzt durchgeführt werden muss. Für Kinder ist von besonderer Bedeutung, welche Qualitäten die gesamten Zeitstrukturen des Alltags haben und wie sich diese zusammenfügen. Dieser Alltag soll – im richtigen Verhältnis – so unterschiedliche Zeiten umfassen wie:

a) *Mit den Eltern genutzte Aktivitätszeiten,* zum gemeinsamen Spielen oder Feiern sowie für gemeinsame Gespräche. Dies umfasst auch die Teilnahme der Eltern an für die Kinder wichtigen Aktivitäten, wie etwa das Seepferdchenabzeichen oder das Weihnachtskonzert der Musikschule.

b) *Eigenzeiten* für die Kinder, bei denen die Eltern bloß im Hintergrund anwesend sind. Die Kinder können die Eltern im Bedarfsfall aus eigenem Antrieb aufsuchen, um Unterstützung oder Anteilnahme von ihnen zu erhalten. Dies umfasst auch Zeiten, in denen die Eltern übers Telefon Anteil nehmen, Rat geben oder Probleme lösen.

c) *Versorgungs- und Begleitzeiten,* bei denen die Eltern für die Kinder da sind und deren Bedürfnisse befriedigen.

d) Strikt *elternfreie Zeiten,* in denen die Kinder frei spielen können, Zeit mit Freund/innen verbringen oder die Wohnung mal für sich ganz alleine nutzen können.

So wichtig den Kindern gemeinsam verbrachte Familienzeiten sind, so wichtig ist ihnen auch das genaue Gegenteil: strikt elternfreie Zeiten. Die von mir

---

ren nicht nur in einer absoluten Reduktion der Familienzeit ausdrücken, sondern auch ‚lediglich' zu Qualitätseinbußen bei der inhaltlichen Gestaltung der Familienzeit führen können. So kam es in Deutschland im Zehnjahreszeitraum zwischen 1991/1992 und 2001/ 2002, trotz aller beschriebenen Mängel bei Arbeitszeiten und Kinderbetreuungszeiten, nicht zu einer quantitativen Reduktion der von Eltern und Kindern gemeinsam verbrachten Zeit. Gründe hierfür sind: a) der Rückgang der Anzahl von Haushalten mit (Klein-)Kindern und b) das Bemühen erwerbstätiger Mütter, ihre mit dem Kind verbrachte Zeit konstant zu halten, auch wenn sie dafür Abstriche bei Eigen- und Regenerationszeiten hinnehmen müssen. Schwierigkeiten bei der qualitativen Absicherung von Familienzeiten zeigen sich auch daran, dass es den Eltern nur abwechselnd gelingt, für die Kinder da zu sein, oder dass sich keine gemeinsamen Zeiten aller Familienmitglieder realisieren lassen. Die Verwirklichung von Familienzeiten kann daher nicht rein quantitativ bewertet werden, sondern muss sich auch an der Qualität und Nutzbarkeit der Zeit messen lassen.

befragten Grundschüler/innen wünschen sich zum ganz überwiegenden Teil keine lückenlose Betreuungskette nach der Schule mehr, sondern begrüßen die Erwerbstätigkeit ihrer Eltern und deren zeitweise Abwesenheit von zu Hause. Dies bestätigt sich in quantitativen Studien zum Thema: Diejenigen Kinder, deren Eltern eine mittlere Arbeitszeitdauer aufweisen, sind am zufriedensten. Kinder, deren Eltern besonders viel oder besonders wenig arbeiten, bewerten ihre familiale Situation hingegen häufiger als belastend (Roppelt 2003). Daraus lässt sich schlussfolgern, dass sich die Erwerbstätigkeit der Eltern direkt förderlich auf die Eltern-Kind-Beziehung auswirkt. Die Zufriedenheit mit der Eltern-Kind-Beziehung ist bei Kindern größer, deren Eltern in relevantem Umfang arbeiten und nicht immer nur zu Hause sind.

Auf Basis der von mir geführten Interviews lässt sich bestätigen, dass die Abwesenheit der Eltern, genauso wie gezielte ‚Lücken' in der täglichen Betreuungskette, den Kindern geschätzte Möglichkeiten zur Erprobung von Autonomie bieten und sie in ihrem Bemühen um Selbstständigkeit unterstützen. Hier können zeitliche Interessen von Eltern und Kindern auch durchaus voneinander abweichen: Während die Idealvorstellungen vieler befragter Eltern hinsichtlich des Kinderalltags in Richtung einer nahtlosen Betreuungskette für die Kinder gehen – etwa durch eine Kombination aus Schule, Hort, Elternbetreuung und feste Freizeittermine – gehen die Vorstellungen und Wünsche von Kindern in eine etwas andere Richtung. Eine total gelungene ‚Rundum-Kontrolle' über den Kinderalltag liegt nicht in ihrem Interesse. Sie wollen ihre Zeiten mit zunehmendem Alter stärker autonom gestalten.

Wie viel Familienzeit Eltern und Kinder pro Tag oder Woche letztlich miteinander verbringen wollen oder können, dies lässt sich nur schwer quantifizieren und unterscheidet sich zudem deutlich zwischen den Familien. Die Vorstellungen von Eltern, wie viel Zeit die ganze Familie gemeinsam verbringen sollte bzw. wie viel Eigenzeit jedes Familienmitglied im Gegensatz dazu braucht, differieren mit dem jeweiligen familialem Grundarrangement (vgl. Abschnitt 3). Hierbei spielen nicht nur die jeweiligen Konzepte von Familie und Familienleben, sondern auch familiale Vorstellungen über die Selbständigkeit der Kinder eine große Rolle. Aber auch die Bedürfnisse der Kinder bezüglich des Umfangs gemeinsamer Familienzeit unterscheiden sich, etwa nach ihrem Alter, dem Grad ihrer sozialen Einbindung in Peer Groups, dem Umfang ihrer Freizeittermine, nach ihren Vorerfahrungen mit dem Alleinsein sowie nach ihrer Selbständigkeit.

## 6 Arbeitszeitinteressen aus Sicht von Eltern und Kindern

Eltern versuchen ihre (flexiblen) Arbeitszeiten so zu beeinflussen, dass diese möglichst mit den Versorgungsbedürfnissen ihrer Kinder und mit wichtigen

Ereignissen im Kinderalltag vereinbar sind – dies zeigen die bisherigen Auswertungen meines empirischen Interviewmaterials deutlich. Inwiefern sie dabei erfolgreich sind, hängt vor allem davon ab, welchen Einfluss sie auf die tatsächliche Ausgestaltung ihrer eigenen Arbeitszeiten nehmen können und ob betriebliche Arbeitszeitanforderungen und ‚elastische Rhythmen' des familialen Zusammenlebens in grundsätzlichen Aspekten passfähig zueinander sind. Gerade Arbeitszeitkonten, als eine der am weitesten verbreiteten Flexibilisierungsformen unter abhängig Beschäftigten (Bauer et al. 2004, Klenner 2004), bieten grundsätzlich die Möglichkeit, Arbeitszeiten ungleichmäßig über die Woche oder den Monat zu verteilen und dabei auch die Wünsche von Beschäftigten zu berücksichtigen. Dies gibt den Eltern die Chance, vom regelmäßigen Arbeitszeitgrundmuster gezielt an einzelnen Tagen abzuweichen, um Arbeitsbeginn oder -ende familienbezogen zu variieren, oder sich zusätzliche freie Tage zu erarbeiten. Wie die Forschung zu Arbeitszeitkonten belegt, folgt die alltägliche Ausgestaltung von Arbeitszeitkontenmodellen in der Praxis vorrangig den betrieblichen Bedürfnissen (Bauer et al 2004, Klenner/Pfahl 2005), dennoch ergeben sich durch Arbeitszeitkonten kleine und dennoch wichtige Gestaltungsspielräume für die Eltern, die sie für eine familienorientierte Gestaltung zu nutzen suchen.

Die Arbeitszeitinteressen der befragten Eltern stehen in engem Zusammenhang mit den familialen Zeitrhythmen. Die formulierten Interessen lassen sich zu drei Aspekten zusammenfassen: So wünschen sich die Eltern *erstens* gleichmäßige und planbare Arbeitszeiten, um die tägliche Versorgung der Kinder möglichst gleichmäßig zu organisieren und um gemeinsame Familienzeiten und -rituale einhalten zu können. Dies umfasst auch, dass sozial bedeutungsvolle Zeitlagen – etwa am späten Nachmittag, frühen Abend und am Wochenende – arbeitsfrei bleiben. *Zweitens* brauchen Eltern aber auch eine selbst bestimmte Flexibilität bei der Arbeitszeitgestaltung, um ihre Arbeitszeiten dauerhaft auf regelmäßige, wöchentliche Termine ihrer Kinder oder ihres Partners abstimmen zu können. Sie möchten mal länger arbeiten können, wenn das Kind sowieso bis 18.30 Uhr im Sportverein ist, oder einmal die Woche später zur Arbeit kommen, weil sie selbst an diesem Tag Sohn oder Tochter morgens zur Schule bringen. *Drittens* wünschen sich Eltern eine kind- oder familienbezogene Elastizität der Arbeitszeiten, um auf kurzfristige Besonderheiten und Einzelfälle im Leben ihrer Kinder reagieren zu können, um z.B. das Kind zum Arzt zu begleiten oder bei Liebeskummer zu trösten.

Erwerbstätige Eltern benötigen daher ein stabiles und planbares Arbeitszeitgrundmuster, welches sie sowohl dauerhaft variieren können, von dem sie aber auch gelegentlich spontan abweichen können. Auf den Punkt gebracht bedeutet dies, dass die Eltern sowohl Stabilität als auch Flexibilität wünschen. Ergänzend zeigt sich, dass zu lange Arbeitszeiten die Gestaltung von Familienzeiten ernsthaft erschweren, genauso wie Arbeitszeiten, deren Lage mit den wichtigen Sozialzeiten am frühen Abend, am Samstag oder Sonntag kollidieren. Dies wirkt sich erschwerend auf gemeinsame Zeiten von Vater und Kind(ern) aus, da gerade Väter besonders lange Arbeitszeiten aufweisen (vgl. Abschnitt 4). Arbeitszeiten, die sich kurzfristig und gegen den Willen der Eltern ändern und als ‚privat' empfundene Zeiträume besetzen, stören die familialen Rhythmen und Familienzeiten am stärksten (Klenner et al. 2003).

Wünsche und Interessen von Kindern in Bezug auf die elterlichen Arbeitszeiten sind in Deutschland bislang so gut wie nicht untersucht worden[7]. Es ist zudem nicht leicht, (auch) die Kritik der Kinder an den Zeiten der Eltern zu erheben, wie im Rahmen der geführten Kinderinterviews deutlich wurde. Die Kinder betrachten die (Arbeits-)Zeiten ihrer Eltern als Bestandteil des familialen Grundarrangements und akzeptieren diese als gegebene Notwendigkeiten, hinter die sie ihre eigenen, persönlichen Bedürfnisse im Zweifelsfall auch zurückstellen. Sätze wie: „(...) weil meine Eltern gehen ja arbeiten" tauchen bei fast jedem befragten Kind als Rechtfertigung für die gegebenen Familienzeiten auf. Auf Basis der von mir geführten Kinderinterviews ließen sich die Interessen der Kinder in Hinblick auf die elterlichen Arbeitszeiten herausarbeiten und zu vier Aspekten zusammenfassen:

1. Kinder wünschen sich etwas *kürzere Arbeitszeiten* für ihre Eltern, so dass diese später zur Arbeit gehen bzw. die Arbeit früher verlassen können. Damit verfolgen sie zwei Anliegen: a) Den Wunsch nach Entlastung für die von der Arbeit gestressten Eltern, sowie b) den Wunsch nach zusätzlichen Familienzeiten. Letztere sollen auf die Kinder abgestimmt sein und dem gemeinsamen Spiel bzw. gemeinsamen Unternehmungen dienen. In diesem Zusammenhang spricht sich ein Teil der Kinder vehement gegen (v.a. unangekündigte) Überstunden aus: „(...) ich finde, das müsste er nicht machen, weil er hat, eigentlich hat er nur bis um fünf (...). Ich finde, ich meine, man braucht auch seine Kinder und seine Frau. Man muss ja auch für die Familie da sein und Freizeit haben" (Anneli, 10 Jahre).

2. Kinder sprechen sich gegen *familienunfreundliche Arbeitszeiten* aus und wünschen sich Arbeitszeiten, die regelmäßig auf familiale Routinen und Rituale Rücksicht nehmen. Henrike (9 Jahre) kritisiert dabei den Spätdienst ihrer Mutter. Das Problem sei, „(...) dass wir uns am Abend nicht mehr so richtig sehen können, weil sie erst später kommt". Geraldine (9 Jahre) ist gegen Arbeitszeiten am Freitagnachmittag: „(...) weil freitags, da machen wir auch meistens was zusammen und spielen manche Spiele zusammen". Beatrice (8 Jahre) lehnt die arbeitsbedingte Abwesenheit der Mutter an Feiertagen, wie z.B. Heiligabend, ab, „(...) wo das Christkind eigentlich kommt". Die vorgezogene Bescherung an einem anderen Tag ist für sie keine wirkliche Alternative. Sie wünscht sich arbeitsfreie Feiertage.

3. Zudem wünschen sich Kinder Arbeitszeiten, mit denen Eltern auch spontan auf besondere Ereignisse im Leben der Kinder Rücksicht nehmen

---

7 Vorarbeiten hierzu kommen vor allem aus den USA (Galinsky 1999, Polatnick 2002).

können. Sie sprechen sich hier für eine *familienorientierte Flexibilität der Eltern* aus. So berichtet Geraldine (9 Jahre) voller Stolz, dass die Mutter sich zu ihrem letzen Geburtstag den Tag frei genommen hat. Zumindest telefonisch kann sich die Mutter von Raoul (12 Jahre) spontan während der Arbeit für ihn Zeit nehmen. Er kann sie tagsüber am Arbeitsplatz anrufen, wenn er auf dem Pausenhof steht und Kummer hat: „Sie ist nicht wütend. Und sie redet dann mit mir immer. So lang wie die Pause ist".

4. Schließlich sprechen sich die Kinder für eine stärkere *Orientierung* der *elterlichen Arbeitszeitgestaltung an den kindlichen Bedürfnissen* aus. Die Kinder wissen ziemlich genau, wann und wie sie sich die Anwesenheit der Eltern wünschen. Carlotta (10 Jahre) schlägt Arbeitszeiten für die Eltern vor, die sich nach den täglichen Schulzeiten von ihr und ihrer Schwester richten. Sie möchte, dass die Mutter „(...) mit uns sozusagen aus dem Haus geht, und dann mit uns wieder nach Hause geht". Besonders pointiert drückt es Wanja (9 Jahre) aus: „Ich finde, es soll immer so sein, dass, wenn ich möchte, dass sie [= die Mutter] zu Hause ist, dann wenn ich nach Hause komme, dass sie dann auch zu Hause ist. Wenn ich nach Hause komme und ich möchte lieber, dass sie dann noch nicht da ist, dass sie dann auch noch nicht da ist".

Damit stimmen Eltern und Kinder letztlich in zentralen Anliegen bezüglich der Arbeitszeitgestaltung überein. Beide wünschen sich:

- ein Beibehalten der Erwerbstätigkeit der Eltern,
- etwas kürzere Arbeitszeiten (dies gilt insbesondere für Familien mit zwei vollzeitbeschäftigten Eltern sowie für Ein-Eltern-Familien),
- eine planbare Dauer, Lage und Verteilung der Arbeitszeit, auf die man sich verlassen kann,
- Arbeitszeitlagen, die nicht mit Sozialzeiten am Abend oder am Wochenende kollidieren und
- Arbeitszeiten, die regelmäßig und/oder situativ an familiale Erfordernisse angepasst werden können.

Diese Übereinstimmungen gehen auf das gemeinsame Interesse von Eltern und Kindern zurück, Zeit und Alltag miteinander zu teilen. Daneben zeigen sich jedoch auch Unterschiede: *Zum einen* werfen die Kinder einen noch viel radikaleren Blick auf die Qualität von Zeiten als ihre Eltern und formulieren ihre zeitlichen Interessen stärker als diese in Bezug auf potentielle Nutzungsinhalte. Wo Eltern mit Quantitäten argumentieren, denken Kinder stärker in Kategorien von ‚Bedarfsgerechtigkeit' bzw. von ‚Passgenauigkeit' in Bezug auf ein konkretes Nutzungsinteresse. *Zum anderen* nehmen die Kinder beide Elternteile durchaus differenziert mit ihren jeweiligen Stärken, Schwächen und Erziehungsvorstellungen wahr und profitieren, wenn sie die Gelegenheit haben, sich mit ihrem Anliegen wahlweise an einen der beiden Elternteile

*Arbeits- und Familienzeiten aus Sicht von Eltern und Kindern* 271

wenden zu können. So erweist sich die Situation für Kinder aus Familien, in denen beide Eltern (abwechselnd) Kinderbetreuungsaufgaben übernehmen, als besonders günstig (vgl. Klenner/Pfahl 2005). Dass sich dennoch die Mehrheit der kindlichen Zeitwünsche an die Mütter richten, ist der Tatsache geschuldet, dass in der Praxis bisher verstärkt die Mütter für versorgende, tröstende und beratende Aufgaben zuständig und die Väter aufgrund langer Arbeitszeiten weniger präsent sind. Diese elterliche Aufgabenteilung führt für die Kinder allerdings nicht gleich zum Umkehrschluss, dass die Väter von geringerer Bedeutung seien. Es erscheint ihnen nur unwahrscheinlicher (und mit zunehmendem Alter unvorstellbarer), dass die Väter tatsächlich für diese Anliegen zuständig sein könnten.

## 7  Fazit

Gerade Familien, in denen beide Partner sowohl an Erwerbsarbeit als auch an Care-Aufgaben beteiligt sind, weisen einen zeitlich komplexen Familienalltag mit erheblichem Abstimmungsbedarf auf. Bestehende Inkompatibilitäten zwischen Arbeitszeiten, Kinderbetreuungszeiten und Familienzeiten stellen diese Familien vor besondere Gestaltungsanforderungen. Je günstiger Arbeitszeiten und Betreuungszeiten dabei kombinierbar sind, je mehr Wahlmöglichkeiten und Einfluss Eltern in Bezug auf beide haben, umso günstiger ist dies für die Verwirklichung gelingender Familienzeiten. Vor dem Hintergrund unterschiedlicher familialer Grundarrangements lassen sich nur begrenzt pauschale Empfehlungen für eine bestmögliche Gestaltung von Arbeits- und Familienzeiten geben. Die dargelegten Anforderungen an die Gestaltung von Arbeitszeiten und Kinderbetreuungszeiten liefern jedoch wichtige Anhaltspunkte dafür, wie Zwei-Verdiener-Familien in zeitlicher Hinsicht unterstützt werden können. Unverzichtbar ist dabei, aus Sicht von Eltern wie Kindern, eine gesellschaftliche Rücksichtnahme auf familiale Routinen und Rituale, da diese das ‚bewegliche Rückgrat' der Familienzeiten bilden und Qualität im Zusammenleben der Familie stiften. Familienzeiten durch familienorientierte Arbeitszeiten vor einer Vereinnahmung durch Erwerbsarbeit zu schützen, diese Aufgabe richtet sich an Gesetzgeber, Tarifparteien, aber auch an einzelne Betriebe.

Die Arbeitszeitinteressen von Eltern und Kindern werden durch ein gemeinsames Grundanliegen geprägt: Dem Wunsch nach Arbeitszeiten, die einerseits planbar und stabil sind, die sich aber zugleich auch flexibel an kind- oder familienbezogene Bedürfnisse anpassen lassen.

Die Kinderperspektive verdeutlicht, dass die Debatte um Arbeits- und Familienzeiten stärker als bisher qualitativ geführt werden muss und lenkt den Blick insbesondere auf die Frage der Verzahnung von Zeiten: Seien es inkompatible Arbeitszeiten der beiden Eltern oder schlecht aufeinander abgestimmte Kinderbetreuungsangebote und Arbeitszeiten. Letztlich spricht vieles dafür, die Kinderperspektive im Feld der Arbeitszeitpolitik stärker als bisher zu berücksichtigen. Kinder wirken zentral an der Gestaltung der Balance von Arbeits- und Familienzeiten mit, sie können ihre familialen Zeitinteressen formulieren und haben klare Vorstellungen in Bezug auf die elterlichen Arbeitszeiten. Zugleich machen Kinder deutlich, dass nicht etwa die Erwerbswünsche von Müttern oder Vätern das Problem sind, sondern vielmehr die familienpolitischen Mängel innerhalb der Arbeitszeitgestaltung. Kinder sprechen sich implizit dafür aus, dass Vater und Mutter gleichermaßen für ihre Betreuung zuständig sein sollen. Die Kinder bringen eine Sicht in die Arbeitszeitdebatte ein, die konsequent auf die Qualität, die Nutzungs- und die Verfügungsmöglichkeiten der Zeiten ausgerichtet ist (Pfahl 2006). Sie greifen damit genau diejenigen Aspekte heraus, die auch in der aktuellen wissenschaftlichen und politischen Arbeitszeitdiskussion von zentraler Bedeutung sind.

## Literatur

Bauer, F./Groß, H./Lehmann, K./Munz, E. (2004): Arbeitszeit 2003 – Arbeitszeitgestaltung, Arbeitszeitorganisation und Tätigkeitsprofile. Köln: Institut zur Erforschung sozialer Chancen.

Beblo, M./Wolf, E. (2004): Chancengleichheit und Vereinbarkeit von Familie und Beruf – Faktoren des betrieblichen Engagements. In: WSI-Mitteilungen, 59, 1: 561-567.

Bothfeld, S./Klammer, U./Klenner, C./Leiber, S./Thiel, A./Ziegler, A. (2005): WSI-FrauenDatenReport. Berlin: edition sigma.

Büchel, F./Spiess, K.C. (2002): Form der Kinderbetreuung und Arbeitsmarktverhalten von Müttern in West- und Ostdeutschland. Bundesministerium für Familie, Senioren, Frauen und Jugend.

Büchner, P./du Bois-Reymond, M. (1998): Kinderleben zwischen Teddybär und erstem Kuß: Einleitende Überlegungen zum Marburg-Halle-Leiden-Längsschnitt. In: Büchner, P./DuBois-Reymond, M./Ecarius, J./Fuhs, B./Krüger, H.-H. (Hrsg.), Teenie-Welten: Aufwachsen in drei europäischen Regionen. Opladen: Leske + Budrich, 17-36.

Christensen, P.H. (2002): Why More ‚Quality Time' is not on the Top of Children's List: the ‚Qualitities of Time' for Children. In: Children and Society, 16, 2: 77-88.

Engstler, H./Menning, S. (2003): Die Familie im Spiegel der amtlichen Statistik. Bundesministerium für Familie, Senioren, Frauen und Jugend (erw. Neuauflage).

Fendrich, S./Schilling, M. (2004): Informelle Betreuungssettings in der außerfamilialen Kinderbetreuung. In: Statistisches Bundesamt (Hrsg.), Alltag in Deutschland – Analysen zur Zeitverwendung. Wiesbaden: Statistisches Bundesamt, 131-148.

Flick, U. (1999): Qualitative Forschung. Reinbek bei Hamburg: Rowohlt, 4. Auflage.

Forsa Institut (2005): Erziehung, Bildung und Betreuung: Ergebnisse einer repräsentativen Befragung junger Eltern. Berlin.

Galinsky, E. (1999): Ask the Children: What America's Children Really Think about Working Parents. New York: Morrow.

Garhammer, M. (1999): Wie Europäer ihre Zeit nutzen: Zeitstrukturen und Zeitkulturen im Zeichen der Globalisierung. Berlin: edition sigma.

Hochschild, A.R. (2002): Keine Zeit: Wenn die Firma zum Zuhause wird und zu Hause nur Arbeit wartet. Opladen: Leske + Budrich.

Jürgens, K. (2001): Familiale Lebensführung: Familienleben als alltägliche Verschränkung individueller Lebensführungen. In: Voß, G.G./Weihrich, M. (Hrsg.), tagaus – tagein: Neue Beiträge zur Soziologie alltäglicher Lebensführung. München, Mering: Hampp, 33-60.

Jurczyk, K./Lange, A./Szymenderski, P. (2005): Zwiespältige Entgrenzungen: Chancen und Risiken neuer Konstellationen zwischen Familien und Erwerbstätigkeit. In: Mischau, A./Oechsle, M. (Hrsg.), Arbeitszeit – Familienzeit – Lebenszeit: Verlieren wir die Balance? Zeitschrift für Familienforschung (Sonderheft 5), 13-33.

Kelle, U./Kluge, S. (1999): Vom Einzelfall zum Typus. Opladen: Leske + Budrich.

Kirchhöfer, D. (2001): Kindliche Lebensführung im Umbruch. In: Voß, G.G./Weihrich, M. (Hrsg.), tagaus – tagein: Neue Beiträge zur Soziologie alltäglicher Lebensführung. München, Mering: Hampp, 61-85.

Kirchhöfer, D. (2002): Die Vereinbarkeit des Unvereinbaren in kindlichen Lebensführungen. In: Weihrich, M./Voß, G.G. (Hrsg.), tag für tag: Neue Beiträge zur Soziologie Alltäglicher Lebensführung (Bd. 2). München, Mering: Hampp, 119-136.

Klenner, C./Pfahl, S./Reuyß, S. (2002): Arbeitszeiten – Kinderzeiten – Familienzeiten (unveröffentlichter Projektbericht). Düsseldorf: Hans-Böckler-Stiftung (www.arbeitszeiten.nrw.de/b4-1-6-3t_Arbeitszeiten_Kinderzeiten_Familienzeiten_Sabbaticals.htm, 20.11.06).

Klenner, C./Pfahl, S./Reuyß, S. (2003): Flexible Arbeitszeiten aus Sicht von Eltern und Kindern. In: Zeitschrift für Soziologie der Erziehung und Sozialisation, 23, 3: 268-285.

Klenner, C. (2004): Erwartungen an einen familienfreundlichen Betrieb. Bundesministerium für Familie, Senioren, Frauen und Jugend.

Klenner, C./Pfahl, S. (2005): Stabilität und Flexibilität – Ungleichmäßige Arbeitszeitmuster und familiale Arrangements. In: Seifert, H. (Hrsg.), Flexible Zeiten in der Arbeitswelt. Frankfurt/Main, New York: Campus, 124-168.

Lange, A. (2001): Zur Lebensführung von Kindern und Jugendlichen. In: Bundesvereinigung Kulturelle Jugendbildung e.V. (Hrsg.), Kulturelle Bildung und Lebenskunst. Remscheid: Bundesvereinigung Kulturelle Jugendbildung, 51-62.

Lauterbach, W. (2000): Kinder in ihren Familien – Lebensformen und Generationsgefüge im Wandel. In: Lange, A./Lauterbach, W. (Hrsg.), Kinder in Familie und Gesellschaft. Stuttgart: Lucius und Lucius, 155-186.

Lauterbach, W./Lange, A. (2000): Kinder, Kindheit und Kinderleben: Ein interdisziplinärer Orientierungsrahmen. In: Lange, A./Lauterbach, W. (Hrsg.), Kinder in Familie und Gesellschaft. Stuttgart: Lucius und Lucius, 5-25.

LBS-Initiative Junge Familie (Hrsg.) (2002): Kindheit 2001 – Das LBS Kinderbarometer. Opladen: Leske + Budrich.

Lenz, K./Böhnisch, L. (1999): Zugänge zu Familien: Ein Grundlagentext. In: dies. (Hrsg.), Familien: Eine interdisziplinäre Einführung. Weinheim, München: Juventa, 2. Auflage, 9-63.
Lenz, K. (2003): Familie – Abschied von einem Begriff? In: Erwägen, Wissen, Ethik, 14, 3: 485-498.
Lindecke, C./Klenner, C. (2005): Untersuchung zur betrieblichen Gleichstellung. In: Bundesarbeitsblatt, 8/9: 4-11.
Lindecke, C. (2006): Familienfreundlichkeit in Betrieben: Anspruch und Wirklichkeit. In: spw – Zeitschrift für Sozialistische Politik und Wirtschaft, 148, 2: 29-31.
Ludwig, I./Schlevogt, V./Klammer, U./Gerhard, U. (2002): Managerinnen des Alltags: Strategien erwerbstätiger Mütter in Ost- und Westdeutschland. Berlin: edition sigma.
Moen, P. (Hrsg.) (2003): It's About Time: Couples and Careers. Ithaca: ILR.
Nave-Herz, R. (2003): Die Ehe verweist auf Familie, aber die Familie verweist nicht unbedingt auf Ehe. In: Erwägen, Wissen, Ethik, 14, 3: 546-548.
Pfahl, S. (2005): Vertiefte Datenauswertung: Erwartungen an einen familienfreundlichen Betrieb. Düsseldorf: Hans Böckler Stiftung, unveröffentlichtes Manuskript.
Pfahl, S. (2006): Arbeits- und Familienzeiten: Aus Sicht von Eltern und Kindern. In: spw – Zeitschrift für Sozialistische Politik und Wirtschaft, 148, 2: 32-35.
Pinl, C. (2004): Wo bleibt die Zeit? Die Zeitbudgeterhebung 2001/2002 des Statistischen Bundesamts. In: Aus Politik und Zeitgeschichte, 31-32: 19-25.
Polatnick, M.R. (2002): Quantity Time: Do Children Want More Time with Their Full-Time Employed Parents? Working Paper 37. Berkeley: University of California, Center for Working Families.
Projektgruppe Alltägliche Lebensführung (1995): Alltägliche Lebensführung – Arrangements zwischen Traditionalität und Modernisierung. Opladen: Leske + Budrich.
Roppelt, U. (2003): Kinder – Experten ihres Alltags? Frankfurt/Main u.a.: Lang.
Rüling, A./Kassner, K. (2004): Geschlechterdemokratie leben: Junge Eltern zwischen Familienpolitik und Alltagserfahrungen. In: Aus Politik und Zeitgeschichte, 19: 11-18.
Schäfer, D. (2004): Unbezahlte Arbeit und Haushaltsproduktion im Zeitvergleich. In: Statistisches Bundesamt (Hrsg.), Alltag in Deutschland: Analysen zur Zeitverwendung. Wiesbaden: Statistisches Bundesamt, 247-273.
Stöbe-Blossey, S. (2004), Arbeitszeit und Kinderbetreuung: Ergebnisse einer Repräsentativbefragung in NRW. In: IAT-Report, 2004-01. Gelsenkirchen: Institut Arbeit und Technik, 1-12.
Strauss, A./Corbin, J. (1996): Grounded Theory: Grundlagen Qualitativer Sozialforschung. Weinheim: Psychologie Verlags Union.
Wagner, A. (2005): Familienfreundliche Maßnahmen: Erfahrungen aus der Praxis. In: Bundesarbeitsblatt, 8/9: 11-18.
Witzel, A (2005): Das problemzentrierte Interview. In: Forum Qualitative Sozialforschung, 1, 1. Online Journal, www.qualitative-research.net/fsq-texte/1-00/1-00witzel-d.htm, 04.01.07.
Zeiher, H. (2005): Neue Zeiten – neue Kindheiten? Wandel gesellschaftlicher Zeitbedingungen und die Folgen für die Kinder. In: Mischau, A./Oechsle, M. (Hrsg.), Arbeitszeit – Familienzeit – Lebenszeit: Verlieren wir die Balance? Zeitschrift für Familienforschung (Sonderheft 5), 74-91.

# Traditionalisierung in der Flexibilisierung: Familiäre Arbeitsteilung in Ostdeutschland

Tatjana Thelen, Astrid Baerwolf

## 1 Einleitung

Bereits seit mehreren Jahrzehnten wird die Flexibilisierung oder auch Destandardisierung von beruflichen und familiären Lebensläufen in der so genannten „Post-" oder „Zweiten" Moderne postuliert (Musner 2002, Kohli 2003). Im Verlauf der Diskussion sind neben überwiegend positiven Bewertungen im Sinne der Loslösung aus traditionellen Abhängigkeiten und der Entfaltung individueller Lebensentwürfe (Thien 2002: 19, siehe auch Beck/ Beck-Gernsheim 1994) in den 1990er Jahre verstärkt negative Interpretationen des Verlusts von Sicherheit und des Verlusts von individueller Stabilität und Bindungsfähigkeit hinzu gekommen (Sennett 1998). Empirische Studien belegen die Dramatik der populären Zeitdiagnosen nicht unbedingt, dennoch wird Flexibilisierung tendenziell als Aufhebung traditioneller Bindungen, Individualisierung und manchmal auch Angleichung weiblicher und männlicher Lebensläufe gedeutet.

Im Gegensatz dazu stellen wir im Folgenden Traditionalisierungseffekte durch Flexibilisierung in Ostdeutschland dar. Dabei untersuchen wir die oft als Widerspruch verhandelten Aspekte der Flexibilitätsanforderungen in der Erwerbsarbeit und die Flexibilisierung in der Kinderbetreuung als sich gegenseitig verstärkende Faktoren. Verbunden mit diesen zwei Arten der Flexibilisierung beschreiben wir eine Tendenz zur Traditionalisierung (oder genauer: „Verwestdeutschlandisierung", siehe auch Baerwolf/Thelen 2007) familiärer und beruflicher Lebensläufe in der Generation der heutigen Familiengründer. Mit Traditionalisierung meinen wir vor allem die Orientierung am männlichen Ernährer-Modell mit weiblichem Zuverdienst bzw. eine Annäherung an das westdeutsche Phasenmodell im weiblichen Lebenslauf (siehe auch Lewis/ Ostner 1994, Esping-Andersen 2003, Kohli 2003). Damit verbunden ist eine innerfamiläre Arbeitsteilung, in der die Frauen überwiegend für die Kinderbetreuung und die Hausarbeit zuständig sind. Flexibilisierung befördert in diesem Fall eine Essentialisierung von Geschlechterrollen (siehe auch Read/ Theodosiou 2006: 2).

Dieses Ergebnis ist in zweierlei Hinsicht bemerkenswert. Zum einen steht es im Widerspruch zu bisherigen Untersuchungen in den Neuen Bundesländern, die die hohe Wertschätzung weiblicher Erwerbstätigkeit durch beide Geschlechter sowie deren identifikatorischen Wert betonen (Rosenfeld et al.

2004: 113f., Thelen 2006a, b). Im Allgemeinen geht man in Bezug auf Ostdeutschland davon aus, dass sich in der sozialistischen Vergangenheit das Zwei-Verdienermodell durchgesetzt hat, d.h. eine weitgehende Angleichung männlicher und weiblicher Erwerbsbiographien (Merkel 1994, Tippach-Schneider 1999). So sind denn auch lange nach der Wende öffentliche Kinderbetreuung sowie die Erwerbsorientierung von Müttern in den neuen Bundesländern am DDR-Muster orientiert geblieben. Im Zuge der Vereinigung wird daher häufig von einer innerdeutschen Annäherung in dieser Hinsicht ausgegangen, da auch im Westen Deutschlands die weibliche Erwerbstätigkeit ansteigt und vielfach ein Ausbau der öffentlichen Kinderbetreuung gefordert wird.

Wir hingegen konstatieren eine Übernahme westdeutscher Modelle bezüglich der außerhäuslichen Kinderbetreuung sowie eine Übernahme von Werten insbesondere hinsichtlich der Erziehung der unter Dreijährigen. Zum anderen wird diese von uns beobachtete Werteverschiebung weniger durch die oft diskutierten „großen" wohlfahrtsstaatlichen Regelungen wie Steuerpolitik (Stichwort Ehegatten-Splitting), sondern vor allem durch niedrigschwellige Beratungsangebote sowie in der flexibilisierten Kinderbetreuung vermittelt. In Anlehnung an Bourdieu (2000) interpretieren wir diese Entwicklung als Teil eines langsamen habituellen Wandels, der durch die Inkorporation neuer sozialer Normen gefördert wird. Die solcherart geprägten Handlungspräferenzen lassen sich je nach den Möglichkeiten des Arbeitsmarktes unterschiedlich umsetzen. Die Flexibilisierung und Deregulierung der Arbeit führt dabei nicht, wie man annehmen könnte, zu einer Aufweichung der Arbeitsteilung zwischen dem männlichen Ernährer und der weiblichen Hausfrau (Henninger/Gottschall 2005: 6), sondern im Gegenteil zu einer für Ostdeutschland neuen Anpassung an dieses Modell.

Im Folgenden werden kurz die Forschungsmethodik sowie -orte geschildert und dann die Traditionalisierungseffekte entlang unserer Fallstudien im Bereich der Kindererziehung (Tagesmütter, neue Peer-Groups, Familienzentrum) dargestellt[1].

## 2 Forschungsmethodik und -orte

Die vorgestellte Studie basiert auf insgesamt neun Monaten Feldforschung in einem Stadtteil im Nordosten Berlins (Marzahn-Hellersdorf) sowie einer

---

1 Die empirischen Untersuchungen, die diesem Text zugrunde liegen, wurden im Rahmen des von der EU finanzierten Forschungsprojektes KASS (Kinship and Social Security, s. auch www.eth.mpg.de/kass) gefördert. Innerhalb von KASS arbeiten jeweils ein sozialhistorisches und ein ethnologisches Forschungsteam in acht europäischen Ländern (Frankreich, Italien, Russland, Polen, Kroatien, Schweden, Österreich, Deutschland) an der Erfassung sowohl der geschichtlichen Entwicklung des Zusammenspiels von Staat und Familie als auch ihres derzeitigen Erscheinungsbildes. Die sozial-historischen Berichte sind bereits fertiggestellt und werden in Kürze veröffentlicht; für Deutschland s. Rosenbaum/Timm (2005).

ländlichen Ortschaft in Brandenburg (Glindow)². Obwohl in ihrer Struktur recht unterschiedlich, teilen beide Orte entscheidende Entwicklungen im Vereinigungsprozess, insbesondere mit der wirtschaftlichen Umstrukturierung.

Glindow ist eine landschaftlich attraktiv gelegene Ortschaft im Obstanbaugebiet südwestlich von Berlin. Es ist eine größere Siedlung mit etwa 4.000 Einwohnern, die sowohl ländliche Aspekte aufweist als auch Züge einer Kleinstadt trägt³. Die Gemeinde hat im Zuge der Verwaltungsreform Anfang 2002 die Eigenständigkeit verloren und gehört seitdem zur nächstgelegenen Kleinstadt Werder. Insgesamt handelt es sich, trotz vorhandener Arbeitslosigkeit vor allem unter den älteren Bewohnern, um eine vergleichsweise gut situierte Ortschaft, was sowohl der geographischen Nähe zu Berlin als auch der frühen Diversifizierung der Erwerbslagen nach 1990 zuzuschreiben ist⁴.

Der Ort gliedert sich in mehrere Areale. Zum einen finden wir alte Siedlungskerne im Zentrum, die vorwiegend von „einheimischen" Familien⁵ bewohnt werden. Zum anderen sind hier vereinzelt auch größere Mehrfamilienhäuser entlang der Hauptstraße zu finden, während an den Rändern kleinere und größere Neubauareale nach 1990 entstanden sind. Insgesamt kann Glindow als typisch für ländliche Siedlungen, insbesondere Dörfer im Land Brandenburg gelten, die nahe am großstädtischen Ballungsraum liegen und einen hohen Anteil von Berufspendlern verzeichnen, ohne zum engeren „Speckgürtel" zu gehören.

Auch der zweite Feldforschungsort, Marzahn-Hellersorf in Berlin, setzt sich mit seinen über 250.000 Einwohnern aus unterschiedlichen Arealen zusammen. Auffällig sind vor allem die in der DDR erstellten Plattenbauten. Hier zogen von 1976 bis 1990 überwiegend junge Fachleute mit ihren Familien ein. Daneben finden sich aber auch alte Dorfkerne sowie viele Einfamilienhaussiedlungen sowohl älteren als auch jüngeren Datums. Trotz des schlechten Images in der Öffentlichkeit weist Marzahn-Hellersdorf nach dem Sozialindex gegenwärtig keine überdurchschnittliche Belastung auf⁶. In den Einfamilienhaussiedlungen finden sich erwartungsgemäß Milieus mit einer höheren Mittelschichtorientierung als in der Großsiedlung. Mit dem großen Anteil an Plattenbauten einschließlich extensiver Infrastruktur sowie einem ausgedehn-

---

2  An dieser Stelle möchten die Autorinnen Tilo Grätz, dem verantwortlichen Feldforscher in der ländlichen Gemeinde, für seine Unterstützung bei der Bearbeitung dieses Artikels danken.
3  Die Grundstruktur Glindows zeichnet sich durch das Nebeneinander älterer Höfe, Gartenbau und einer beinahe städtischen Infrastruktur mit modernem Hausbau und Kleingewerbe aus. Die Ortschaft profitiert zudem vom Ausflugstourismus, Wassersport und Saisonurlaubern (Gästezimmer, Dauerzeltplatz).
4  Die Arbeitslosenquote liegt im entsprechenden Landkreis Potsdam-Mittelmark bei 11,9 Prozent (Bundesagentur 2007).
5  Gemeint sind hier Bewohner, die vor 1990 ansässig waren bzw. wurden.
6  Die Arbeitslosenquote liegt mit 17,9 Prozent niedriger als der Berliner Durchschnitt (18,9 Prozent), ebenso der Anteil der Sozialhilfeempfänger (5.86 Prozent im Vergleich zu 7,55 Prozent). Das mittlere Pro-Kopf-Einkommen ist etwas niedriger als der Berliner Durchschnitt, allerdings liegt das mittlere Haushaltsnettoeinkommen mit 1.650 Euro im Vergleich zu 1,500 Euro im Berliner Durchschnitt höher (Senatsverwaltung 2003, Bezirksamt Marzahn-Hellersdorf 2004).

ten Siedlungsgebiet der eingemeindeten Dörfer repräsentiert der Bezirk eine weitere typische Siedlungsform in den neuen Bundesländern. Die Wohnzufriedenheit war unter den von uns Befragten in beiden Orten generell sehr hoch.

In der Forschung haben wir sowohl mit einem computergestützten standardisierten Fragebogen als auch mit verschiedenen Formen des qualitativen Interviews sowie mit teilnehmender Beobachtung gearbeitet. Da die Auswertung der Fragebögen noch nicht abgeschlossen ist, gehen wir im Folgenden nur auf die Analyse des qualitativen Teils der Feldforschung ein. Dazu gehören allerdings auch die während der strukturierten Interviews notierten Aufzeichnungen. Weitere Feldzugänge boten offene Treffpunkte in Familienzentren, Krabbel- und Seniorengruppen sowie Kirchengemeinden. Je 20 Interviews mit lokalen Experten, mit Lehrern, Psychologen, Erzieherinnen, Tagesmüttern, Vertretern des Sozial- und Jugendamtes sowie zahlreiche biographische und themenzentrierte Interviews mit Gruppen und einzelnen Personen, aber auch mit verschiedenen Generationen innerhalb einer Familie vermittelten den Zugang zu kognitiven Familienbildern. Die teilnehmende Beobachtung ergab wichtiges Kontextwissen zum Alltag in Familien und erlaubte in Einzelfällen einen Einblick in Prozesse der Traditionalisierung. Bezeichnenderweise stammt der überwiegende Teil unserer Daten von weiblichen Informantinnen, entweder weil sie diejenigen waren, die wir in den entsprechenden Einrichtungen vorfanden, oder weil wir von ihren Partnern an sie als Gesprächspartnerinnen zum Thema Familie und Kinder verwiesen wurden. Wir haben uns vor allem in der Spätphase bemüht, vermehrt Männer in die Leitfadeninterviews einzubeziehen[7].

Im folgenden Abschnitt geben wir zunächst einen Überblick zu den vorgefunden Tendenzen. Dabei differenzieren wir die Effekte nach Generationen und Zugangsmöglichkeiten zu einem flexibilisierten Arbeitsmarkt. Anschließend beleuchten wir den Beitrag der flexibilisierten Kinderbetreuung sowie der „kleinen" wohlfahrtsstaatlichen Einrichtungen zur Traditionalisierung oder „Verwestdeutschlandisierung".

## 3 „Verwestdeutschlandisierung": Von der Doppelverdienerstruktur zur Rehausfrauisierung

Die von uns so genannten Tendenzen der Traditionalisierung in der Flexibilisierung machen wir an mehreren Faktoren fest. Diese setzen sich zusammen aus neuen Praxen der Kinderbetreuung und des verlängerten Berufsausstiegs

---

7 Im Folgenden werden wir die unterschiedlichen Datenformen wie folgt kennzeichnen: TB (Aufzeichnungen der teilnehmenden Beobachtung), LF (Transkription aus halbstrukturiertem Leitfadeninterview) und I/Nummer (Informationen, die zusätzlich während eines strukturierten Interviews gesammelt wurden). Die Namenskürzel AB (Astrid Baerwolf), TT (Tatjana Thelen) und TG (Tilo Grätz) bezeichnen den jeweiligen Interviewer.

*Traditionalisierung in der Flexibilisierung* 279

von Müttern und aus einem grundlegenden Wertewandel in Bezug auf Mutterschaft sowie weibliche Berufstätigkeit.

In den oben geschilderten unterschiedlichen Forschungskontexten konnten wir in unseren Fallstudien eine milieuübergreifende schrittweise Verlängerung des Erziehungsurlaubes über das früher übliche „Babyjahr" hinaus feststellen. Obwohl zumindest in den höher gebildeten Gruppen eine weibliche Erwerbstätigkeit nach der Elternzeit durchaus noch angestrebt wird, so doch keine Vollerwerbstätigkeit, sondern eine Teilzeitbeschäftigung. Teilzeitbeschäftigung meint dabei oft einen sehr langsamen Wiedereinstieg in den Beruf etwa mit anfänglich einem Tag pro Woche und einer langsamen Steigerung der Stundenanzahl auf ca. 30 bei Erreichen des Schulalters der Kinder.

Zudem gibt es eine, zumindest für Ostdeutschland neue, allgemein anerkannte Grenze in der Anzahl der Kinder, ab der eine Mutter als nicht mehr erwerbsfähig angesehen wird. In beiden Orten liegt diese quer durch alle Milieus bei drei Kindern. So begründen beispielsweise zwei junge Mütter ihre Entscheidung gegen ein drittes Kind zunächst damit, dass es finanziell nicht möglich sei. Nach einigem Überlegen fügt eine der beiden hinzu:

„Eigentlich ist es vor allem, weil ich dann überhaupt nicht mehr arbeiten könnte. An sich kosten ja Kinder nicht viel, wenn man nicht besondere Vorstellungen hat, aber arbeiten, das wird schwierig" (TB, AB, 2.10.2005).

Sie selbst führte bei ihrem ersten Kind noch einen eigenen Laden, den sie vor der Geburt des zweiten auf Internetversandhandel umstellte. Auch diese häusliche Erwerbsarbeit glaubt sie mit drei Kindern nicht mehr schaffen zu können. Ihre Freundin überlegte nach der Geburt ihres zweiten Kindes ihre Halbtagsstelle im öffentlichen Dienst ganz aufzugeben und nur noch ihre selbstständige Kosmetikberatung zu betreiben

Eine Sozialarbeiterin führte ebenfalls aus, dass ab zwei und mehr Kindern die Frauen, ihrer Beobachtung nach, in der Regel nicht mehr in die Berufstätigkeit zurückkehren. Diese Unvereinbarkeit von Beruf und Familie, wie sie von Müttern und Experten wahrgenommen wird, ist eine deutliche Veränderung gegenüber den Verhältnissen in der DDR sowie den nachfolgenden zehn Jahren, als die mütterliche Erwerbstätigkeit auch bei mehreren Kindern durchaus üblich war bzw. angestrebt wurde.

Als Gründe für ihre Entscheidungen gegen einen (früheren) beruflichen Wiedereinstieg geben Mütter aus allen Milieus an, wenig karriereorientiert zu sein und lieber viel Zeit mit den Kindern verbringen zu wollen. Typische Argumente sind, dass die Kinder „nicht von anderen erzogen werden sollen" oder „ich hab die Kinder für mich bekommen" (z.B. TB, TT/AB, 29.6.2005). Das bedeutet, die eigene partielle oder gänzliche Exklusion vom Arbeitsmarkt wird in der subjektiven Selbsteinschätzung durchaus positiv erlebt oder zumindest so dargestellt. Auch manche lokale Experten gehen von einem freiwilligen längerfristigen Rückzug von Müttern vom Arbeitsmarkt aus. So sagte beispielsweise eine Sozialarbeiterin in Bezug auf den Wunsch nach der Berufsrückkehr von Müttern: „Also, aus meinem Empfinden, nee, ist nicht unbedingt der Wunsch, wenn ein zweiter Verdiener da ist" (LF, AB, 27.5.2005). Diese Entwicklungen deuten auf eine langfristige Annäherung an das westdeutsche Modell des männlichen Ernährers mit weiblichem Zuverdienst hin.

Dass es sich hier eher um eine Tendenz und langsame Angleichung handelt, zeigen die Unterschiede zwischen den Generationen besonders deutlich. Für diejenigen Mütter, die zwischen 1989 und 1991 trotz der unsicheren bzw. noch nicht absehbaren Entwicklung ihrer Arbeits- und Einkommensverhältnisse Kinder bekamen, war die Alternative Hausfrau zur Erwerbstätigkeit fast undenkbar. Diese oft geäußerte Einstellung formuliert eine 49 Jahre alte Lehrerin, deren Tochter zum Zeitpunkt der Wende geboren wurde, prägnant so: „Was hätte ich denn machen sollen, ab jetzt Hausfrau sein?" (I/14, AB, 8.9.2005). Eine weitere Mutter, deren Tochter 1990 geboren wurde, gab ihr Kind trotz Arbeitslosigkeit nach neun Monaten in eine Krippe, um eine Umschulung zu machen. Seit 1993 ist sie wieder erwerbstätig, seit 2000 sogar 135 km entfernt von Berlin. Auf Nachfrage erklärt auch sie, dass es für sie nicht in Frage gekommen sei, einen längeren Erziehungsurlaub zu nehmen:

„Hausfrau? Also, das war für mich nach der Wende, ja gut man hat das gehört, dass viele Frauen da [in Westdeutschland] nich arbeiteten. Das stand für mich überhaupt nich zur Diskussion. Also, gab's nich!" (LF, TT, 21.9.2005).

In dieser Generation unternahmen die Frauen oft große Anstrengungen, um die Erwerbstätigkeit aufrechtzuerhalten oder wiederzuerlangen. Dies ist bei jüngeren Interviewpartnern ganz anders. In beiden Orten finden wir in der Gruppe der jungen Eltern überwiegend ‚male-breadwinner' Arrangements, die denjenigen in Westdeutschland ähneln bzw. angestrebt werden. Deutlich wird der normative Wandel in der „Kinder oder Beruf"-Frage besonders in Konflikten zwischen den Generationen in einer Familie. In der DDR sozialisierte Eltern oder Schwiegereltern zeigen in einzelnen Fällen wenig Verständnis dafür, dass die (Schwieger-) Tochter nicht erwerbstätig ist und sich stattdessen auf ein Leben als Hausfrau und Mutter eingestellt hat. Insbesondere zeigt sich die positive Einstellung zur Erwerbstätigkeit von Müttern an der großen Bereitschaft der Eltern, ihren Töchtern und Schwiegertöchtern trotz deren Zuverdienermodell mit regelmäßiger und extensiver Enkelbetreuung dennoch zu „soviel Beruf wie möglich" zu verhelfen[8].

Der Wertewandel ist besonders interessant bei denjenigen, die als Kinder in der DDR die volle Berufstätigkeit ihrer Mütter erlebt haben und auch als Mütter später selbst berufstätig waren. So zum Beispiel eine Frau, deren al-

---

8 Die Rückverlagerung von Kinderbetreuung in familiäre Netzwerke ist ein weiterer Aspekt der Traditionalisierung, auf den wir jedoch hier aus Platzgründen nicht weiter eingehen können (Thelen et al. 2007, siehe auch Schmidt/Schönberger 1999). Für extreme Beispiele großelterlicher Fürsorge in Ostdeutschland, um den Töchtern oder auch Söhnen die Erwerbsarbeit zu ermöglichen, siehe Thelen 2005.

## Traditionalisierung in der Flexibilisierung

leinstehende Mutter mit drei Kindern immer erwerbstätig war und die selbst bei ihren älteren Kindern (heute 10 und 9 Jahre) anfänglich noch 16 bis 18 Stunden täglich als Frisörin arbeitete. Später nahm sie eine Halbtagsstelle als Putzfrau an. Seit ihrem dritten Kind ist sie nicht mehr erwerbstätig und sagt heute:

„Zeit für meine Kinder ist bei mir die höchste Priorität, ich will nicht, wie früher, die Kinder so nebenbei großziehen" (TB, AB, 11.10.2005).

Ähnlich nahm eine Kinderkrankenschwester aus der ländlichen Gemeinde bei ihrem 1988 geborenen Sohn ein Babyjahr und blieb bei ihrem zweiten 1991 geborenen Sohn zwei Jahre zu Hause (I/9, TG, 8.8.2005). Diese Tendenz zu „immer mehr Familie und immer weniger Beruf" findet sich bei vielen „Nachwende-Müttern".

Neben einer Umstellung auf einen längeren Berufsausstieg stellen wir eine Aufwertung der häuslichen Erziehungsarbeit fest. So blieb eine Mutter 1991 bei Geburt ihres ersten Kindes zehn Monate zu Hause, bei Geburt des zweiten 1996 bereits anderthalb Jahre, und das 2002 geborene Nesthäkchen wurde drei Jahre zu Hause betreut (I/19, TG, 8.9.2005)[9]. In diesem Beispiel deutet sich bereits eine Verschiebung hinsichtlich der Bewertung öffentlicher Betreuung an. Eine weitere Mutter erzählt:

„Zum Glück kann ich erstmal nur dreißig Stunden arbeiten. Das war eigentlich auch nicht geplant, ich wollte eigentlich voll einsteigen, aber das war so mein Gedanke, na ja haben doch immer alle geschafft. Aber seitdem ich die Kinder habe, will ich es einfach nicht mehr, nicht weil ich Angst habe, ich schaff das alles nicht. Sondern weil ich meine Kinder nicht so lange in Fremdbetreuung geben will, weil meine Überzeugung ist, ich habe sie bekommen für mich und will sie dann nicht anderen übertragen" (LF, AB/TT, 29.6.2005).

Für Frauen mit nur geringem ökonomischem und kulturellem Kapital bedeutet diese Werteverschiebung die Möglichkeit, durch Kinder einen Statusgewinn zu erfahren. Diese Frauen haben meist wenig Aussichten auf dem regulären Arbeitsmarkt. Sie sind geringfügig beschäftigt, 1-Euro-Jobber oder gänzlich arbeitslos und haben recht häufig nur geringe berufliche Ambitionen. Eine lokale Expertin brachte diese Tendenz von Frauen mit geringen beruflichen Perspektiven und z.T. auch ohne Ausbildung, die sich sozusagen „ersatzweise" für (mehrere) Kinder als Lebensperspektive entscheiden, im Interview auf den kurzen Nenner: die Frauen seien „statt perspektivlos, kinderlos und arbeitslos lieber kinderreich" (LF, AB, 27.7.2005). Ähnlich beobachtete eine in der Familien- und Erziehungsberatung tätige Psychologin ebenfalls seit 1991 einen längeren Prozess, in dem Frauen immer häufiger „auch nicht mehr arbeiten wollen", bzw. nach der Geburt des ersten Kindes keinen Arbeitsvertrag mehr bekommen, und dann setze ein „Umdeutungsprozess ein: dann bin ich eben Mutter" (LF, AB, 5.5.2005).

---

9 Allerdings unter Beteiligung des Vaters, des einzigen Mannes in unserem Sample, der (Teilzeit-) Erziehungsurlaub nahm.

Der Wandel der weiblichen Erwerbsorientierung in der Generation der heutigen Familiengründer ist sicherlich auf vielfältige Faktoren zurückzuführen. Allerdings war für uns letztlich überraschend, dass institutionelle Momente der westdeutschen Versorgerehe, wie das Ehegatten-Splitting, nur eine geringfügige Rolle spielen. Ein großer Anteil der jungen Eltern unter unseren Interviewpartnern, auch der so genannten „Häuslebauer", ist nicht verheiratet und kaum über die finanziellen Vorteile informiert, die eine Eheschließung mit sich bringt (siehe auch Baerwolf/Thelen 2006). Der maßgebliche Wandel der kognitiven Orientierung erscheint uns vielmehr getragen von Experten und Müttern aus den mittleren sozialen Lagen in neuen Organisationsformen rund um Mutterschaft und Kindererziehung. Deren Bedeutung macht sich vor allem an der Wertevermittlung sowie Unterstützung eines traditionellen (westdeutschen) Familienmodells fest.

## 4 Flexibilisierte Kindererziehung: Tagesmütter und neue Peer-Groups

In der DDR wurde die vorschulische außerhäusliche Kinderbetreuung durch Kinderkrippen und Kindergärten zumeist in den Zeiten zwischen 6.00 und 18.00 Uhr angeboten. Dieses einheitliche System hat sich seit der Vereinigung entscheidend diversifiziert und flexibilisiert. Neben öffentlichen Kindergärten treten nun auch verstärkt Tagesmütter sowie privat initiierte Treffpunkte in Erscheinung. Während unserer Forschung haben wir die für Ostdeutschland neuen Formen der Kinderbetreuung durch Tagesmütter sowie in Krabbelgruppen in beiden Orten über einen längeren Zeitraum begleitet.

### 4.1 Tagesmütter: ambivalente Träger von Flexibilisierung

Vor allem in den mittleren Einkommensklassen erfreut sich die Betreuung durch eine Tagesmutter zunehmenden Erfolgs. Wie schon in dem oben zitierten Beispiel angedeutet, wird Kinderbetreuung in öffentlichen Einrichtungen nicht grundsätzlich abgelehnt, allerdings gern zeitlich verschoben und zunächst ein Übergang in der Tagespflege vorgezogen. So bestätigen etwa die Verantwortlichen im für Glindow zuständigen Sozialdezernat, dass die gut verdienende Mittelschicht oft bewusst die Tagespflege als Alternative zur Kindertagesstätte wählt. Diese legen auch viel Wert auf die Auswahl der „richtigen" Tagesmutter, deren Tagespflege beispielsweise musikalische Früherziehung oder ein Haus mit Garten anzubieten hat (LF, TG, 7.6.2005). Diese Einschätzung wurde auch durch eine Tagesmutter in Berlin geteilt Da sie in besonderer Weise die ambivalente Rolle der Tagesmutter in der Flexibilisierung belegt, stellen wir ihren biographischen Werdegang an dieser Stelle ausführlicher vor[10].

### Eine Tagesmutter in Ostberlin

Sabine Theiss[11] wird 1968 in der DDR geboren, durchläuft das sozialistische Bildungssystem und absolviert bis 1989 eine berufliche Ausbildung als Bandagistin. Nach 1991 verändert sich ihr berufliches Umfeld, und sie ist zunehmend unzufrieden. So beginnt sie nach einer halbjährigen Zeit der Arbeitslosigkeit den Besuch einer Abendschule, um das Abitur nachzuholen, bricht aber ab und kehrt, nachdem sie zwischenzeitlich durch ihre kirchlichen Aktivitäten ihren jetzigen Mann kennen gelernt hat, zu ihrem alten Arbeitgeber zurück.

1994 heiratet sie und bekommt ihren ersten Sohn. Nach zweieinhalb Jahren Erziehungsurlaub kehrt sie halbtags an ihren Arbeitsplatz zurück. Nach der Geburt des zweiten Kindes (1997) gibt sie ihren Beruf auf und beginnt, zunächst privat, als Tagesmutter dazuzuverdienen. Seit 1999 arbeitet sie auch für offiziell vom Jugendamt vermittelte Kinder in ihrem inzwischen fertig gestellten Eigenheim. Sie bietet eine Betreuung von 7.00 bis 16.00 Uhr an, hat einen geregelten Tagesplan mit festen Zeiten und verschiedenen Aktivitäten der frühkindlichen Förderung.

Die Rollenaufteilung in ihrer Ehe gleicht dem westdeutschen Modell. Während sie Haushalt und Kinder übernimmt und ihrem Mann so „den Rücken freihält", wie sie sagt, verdient er als Selbständiger in der Baubranche den Hauptanteil des Familieneinkommens. Ihren jüngsten, 2004 geborenen Sohn möchte sie bis zu dessen dritten Lebensjahr zu Hause betreuen und danach möglicherweise erneut eine Ausbildung beginnen. Seit 1996 initiiert sie ehrenamtlich eine Krabbelgruppe in den Räumen der evangelischen Gemeinde und seit 2005 zusätzlich einen abendlichen Müttertreff.

Die ambivalente Rolle der flexibilisierten Kinderbetreuung drückt sich sowohl in den biographischen Entscheidungen von Sabine Theiss aus als auch in ihrer Rolle als Vermittlerin neuer Werte in ihrem Umfeld.

Zunächst bietet der Rahmen der institutionell flexibilisierten Kinderbetreuung Sabine Theiss die Möglichkeit, ihre Überzeugungen im privaten Leben umzusetzen. Nachdem sie in der Kinderphase sukzessive ihren Beruf aufgibt, findet sie in der Tätigkeit als Tagesmutter einen flexiblen Zuverdienst zum Einkommen ihres Mannes. Im Interview beschreibt sie, die Tagespflege ausdrücklich als Möglichkeit für Mütter zum Dazuverdienen. Als Sinnbild für den flexiblen Arbeitsmarkt verfügt sie weder über einen Arbeitsvertrag noch über eine pädagogische Ausbildung. Dementsprechend gering sind, zumindest anfänglich, ihre Einkünfte. Diese Flexibilität gibt ihr jedoch die Möglichkeit, ihre eigenen Vorstellungen zur Vereinbarkeit von Beruf und Familie umzusetzen. Da sie großen Wert auf Zeit mit ihrer eigenen Familie legt, bietet sie genau festgelegte Betreuungszeiten an.

---

10  Sabine Theiss wurde mehrfach von uns bei ihren unterschiedlichen Aktivitäten begleitet. Zusätzlich wurde je ein halbstrukturiertes Interview mit ihr und ihren Schwiegereltern aufgenommen.
11  Alle Namen wurden geändert.

Gleichzeitig gibt sie als Tagesmutter auch ihre Vorstellungen zur Kinderbetreuung an die Eltern weiter. So unterstützt sie in und durch ihre Arbeit aktiv psychologische Begründungen eines solchen Familien- und Betreuungsmodells. Sie ist überzeugt, dass Mütter mindestens ein Jahr ihr Kind zu Hause betreuen sollten, um die Mutter-Kind-Beziehung zu etablieren, und um, wie sie sagt, „ihr Kind richtig kennen zu lernen, wenn sie nicht beruflich unter zu großen Zwängen stehen". Danach seien Kontakte in der Tagespflege gut, und ab drei Jahren könne das Kind dann in den Kindergarten gehen (AB, TB, 1.6.2005). Sabine Theiss arbeitet zwar ohne pädagogische Vorbildung, vertritt aber ein eigenes Konzept. Dazu gehören auch die genannten festen Betreuungszeiten sowie ein Tagesplan und die verschiedenen Aktivitäten im Sinne der frühkindlichen Förderung. Bei den Eltern der durch sie betreuten Kleinkinder, aber auch durch die Krabbelgruppe und den abendlichen Mütterkreis, wirkt sie als Vermittlerin eines „traditionellen" (westdeutschen) Familienmodells.

Der Bereich der Tagespflege ist in den neuen Bundesländern zwar noch klein, aber doch im Wachstum begriffen. Schon allein das Phänomen der Tagesmutter sowie der privat initiierten Krabbelgruppen ist ein Import aus den alten Bundesländern und bedeutet eine Abkehr von den früher allgemein üblichen öffentlichen Krippen und Kindergärten. Während in Westdeutschland die Tagesmutter als Reaktion auf den Mangel an öffentlicher Betreuung entstand und sich daher auch nicht unbedingt durch besondere Flexibilität auszeichnet, ist das für Ostdeutschland neue Phänomen ein Angebot neben der öffentlichen Betreuung und verweist damit auf eine Flexibilisierung im Bereich der außerhäuslichen Kinderbetreuung[12]. Im Falle von Sabine Theiss stellen die Betreuungszeiten keine Verbesserung oder Flexibilisierung der gut ausgebauten öffentlichen Betreuung dar. Nach ihrer Aussage wird ihre Betreuung von den Eltern aus anderen Gründen gewählt, nämlich der kleineren Gruppengröße sowie der familiären Atmosphäre. So gibt auch eine Mutter aus dem von Sabine Theiss initiierten abendlichen Treffpunkt als Begründung für die bessere Betreuung bei einer Tagesmutter an: „weil es familiärer ist. Es sind vier oder fünf Kinder. Es ist dann leichter erst mal. Also für so kleine Kinder" (LF, AB/TT, 29.6.2005). Diese auch im Westen übliche Einschätzung (Schröther 1998) bedeuten eine Abkehr von der früheren Professionalität im Sinne einer pädagogischen Ausbildung und die Hinwendung zu neuen Werten in der Kinderbetreuung durch die Betonung eines familiären Umfeldes[13].

---

12 Insgesamt ist der Anteil der Kinder unter drei Jahren, die außerhäuslich betreut werden, seit der Vereinigung in Ostdeutschland erheblich gesunken: von 56,4 Prozent 1989 auf 14,4 Prozent im Jahr 2000. Davon sind bereits fünf Prozent von Tagesmüttern betreut (Dingeldey 2003: 447).

13 Schon die Bezeichnung Tagesmutter sowie ihr Arbeitsort (üblicherweise der eigene Haushalt) impliziert eine familiäre Beziehung (siehe auch Vinken 2002).

*Traditionalisierung in der Flexibilisierung*

In anderen Fällen sind Tagesmütter aber auch eine direkte Reaktion auf Flexibilisierung und Differenzierung des Arbeitslebens. Für Eltern mit unregelmäßigen Arbeitszeiten und für alleinstehende Mütter besteht die Notwendigkeit, nach einer flexibleren Betreuung in der Tagespflege zu suchen. Parallel zu den vor allem an den Erziehungsidealen der Mittelschichten orientierten Tagesmüttern, die ihren Job als Möglichkeit begreifen, selbst dieses Modell zu leben und dementsprechend ihr Angebot an Betreuung gestalten, gibt es eine Reihe „flexibilisierter" Tagesmütter. Während Sabine Theiss mit ihren, wie sie selbst betont, Kindern aus „guten Familien" feste Betreuungszeiten anbietet, halten diese ihre Betreuungszeiten extrem flexibel und stellen dies als Reaktion auf die Anforderungen an berufstätige Eltern dar. In einem Gespäch in einer von zwei der von uns begleiteten Tagesmüttergruppen in Ostberlin werden die Arbeitszeiten der Eltern der von ihnen betreuten Kinder auf dem allgemein flexibilisierten Arbeitsmarkt beispielsweise so beschrieben: „Die, die Arbeit haben, arbeiten rund um die Uhr, und viele arbeiten Schicht" (TB, AB/TT, 5.12.2005). Entsprechend den Bedürfnissen der Eltern bieten diese Tagesmütter lange Betreuungszeiten an, von 4.30 morgens bis 21.00 Uhr abends, und nehmen, wenn überhaupt, nur festgelegte kurze Urlaubszeiten. Übereinstimmend sagen sie, sie könnten die Arbeitszeiten nicht einschränken, da sie sonst „das Haus nicht voll kriegen", also nicht genügend verdienen würden. Auch hier wirkt Flexibilisierung ambivalent, denn oft haben sie ihren eigenen Job verloren. Andere haben sich aber auch wie Sabine Theiss bewusst und zum Wohle ihrer eigenen Kinder dafür entschieden „zu Hause" zu arbeiten (TB, AB, 19.9.2005, TB, AB/TT, 5.12.2005).

Wie dargestellt, bedienen verschiedene Typen von Tagesmüttern unterschiedliche Klientel, was auf ein weiteres Moment der Flexibilisierung verweist. Kinderbetreuung findet nicht in allen Schichten gleich statt, sondern Gruppen mit unterschiedlichem Bezug zum Arbeitsmarkt finden unterschiedliche Formen der Tagespflege. So wirkt die Einrichtung der Tagesmutter in zwei Richtungen: einerseits bietet sie denjenigen Frauen und Müttern eine Chance zum Zuverdienst, die schon eine traditionelle Rollenverteilung leben. Andererseits bietet sie potentiell berufsorientierten Frauen die Chance zur Weiterarbeit auf einem flexiblen Arbeitsmarkt. Allerdings ist dies eine zwiespältige Entwicklung, denn gerade Frauen mit höherer Schulbildung ziehen diejenigen Tagesmütter mit weniger Flexibilisierung in den Arbeitszeiten vor, da sie dort eine höhere Qualität an Betreuung vorzufinden meinen, die sich vor allem von einem Ideal „häuslicher", „familiärer Betreuung" ableitet. Das Argument flexibler Betreuungszeiten wird dann manchmal nur für den Antrag beim Jugendamt benötigt, während Überhangzeiten eigentlich von Großeltern übernommen werden (LF, TT/AB 29.6.2005).

Neben der Tagesmutter als Import aus Westdeutschland in der Tagespflege tragen verschiedentlich auch andere Institutionen zu einer Traditionalisierung familiärer Arbeitsteilung bei. Im Folgenden beschreiben wir neu entstandene Peer-Groups sowie staatlich unterstützte Beratungsinstitutionen.

## 4.2 Neue Peer-Groups: Geburtsvorbereitungskurse und Krabbelgruppen

Mit Beginn der Schwangerschaft stehen werdenden und jungen Müttern vielfältige Beratungs- und Aktivitätsangebote zur Verfügung. In Geburtsvorbereitungskursen sowie späteren Still- und Spielgruppen findet ein reger Informations- und Meinungsaustausch statt, der häufig auch zur Bildung neuer sozialer Netzwerke führt. Da die Beratung in Erziehungsdingen durch die eigenen Eltern eher in den Hintergrund tritt, haben diese Kommunikationsräume eine wichtige Funktion in der Wertevermittlung.

Während unserer Feldforschung haben wir wiederholt verschiedene solcher offenen Treffpunkte sowie Beratungsangebote besucht. Dabei konnten wir zahlreiche Gespräche und Diskussionen zur Vereinbarkeit von Beruf und Familie verfolgen. Folgendes Beispiel zeigt, dass auch in Ostdeutschland Frauen, die unter schwierigen Bedingungen Erwerbsarbeit und Kinder zu vereinbaren suchen, inzwischen Unverständnis ernten.

*Diskussion in einem Berliner Geburtsvorbereitungskurs*

Eine stellvertretende Leiterin eines Supermarktes, deren Mann Schicht arbeitet, steht kurz vor der Geburt ihres zweiten Kindes. In der Gruppe werdender Mütter erzählt sie von der wegen ihrer Arbeitszeiten bis heute sehr schwierigen Betreuung ihres ersten Kindes. Sie schließt ab mit der Frage: „Das war sicher nicht immer gut für meine Tochter, aber was soll ich machen, kein zweites Kind bekommen?". Unter den anwesenden Frauen entsteht eine Diskussion. Eine zweite Frau betont mehrmals, dass sie unter diesen Umständen auf keinen Fall ein weiteres Kind bekommen hätte. Sie selbst habe sich schon nur für ihr erstes Kind entschieden, weil sie wusste, dass sie halbtags arbeiten würde und ihren Kindern viel Zeit „zukommen lassen" könne. Die Frauen sind sich einig, dass sie damit die ideale Voraussetzung für Familie hat: ihr Mann verdient das Haupteinkommen, sie verdient halbtags dazu und hat genügend Zeit, sich um die beiden Kinder zu kümmern.

Die Diskussion verdeutlicht den Anpassungsdruck an sich verändernde Normvorstellungen. Nach der Geburt bieten Krabbel- und Spielgruppen einen ähnlichen Kommunikationsrahmen. Sowohl im städtischen wie auch ländlichen Umfeld hatten wir Gelegenheit, von Müttern privat initiierte Krabbelgruppen als für Ostdeutschland neue Form der gemeinsamen Kinderbetreuung über einen längeren Zeitraum zu begleiten. Beide Gruppen weisen einige strukturelle Ähnlichkeiten auf: sie wurden privat, aber z.T. unter Nutzung von Räumen der evangelischen Kirche initiiert. In beiden Fällen sind die Mütter jeweils den lokalen Mittelschichten zuzuordnen, d.h., es waren überwiegend gut ausgebildete Frauen mit berufstätigen Ehemännern.

*Eine Krabbelgruppe in Brandenburg*

In Glindow organisiert eine gelernte Krankenschwester eine Krabbelgruppe. Die Gruppe trifft sich einmal wöchentlich am Vormittag für anderthalb Stunden entweder abwechselnd bei einer der Mütter zu Hause oder manchmal in den Räumen des Gemeindehauses.

*Traditionalisierung in der Flexibilisierung*

Der „harte Kern" besteht aus fünf Frauen, gelegentlich gesellen sich noch ein oder zwei weitere Mütter hinzu. Manche kennen sich schon aus dem Geburtsvorbereitungskurs. Je nach Wetter spielen die Kinder draußen oder drinnen, während die Mütter sich unterhalten. Für manche ist die Krabbelgruppe, vor allem bei den Zugezogenen wie Katrin es für sich ausdrückt, „fast wichtigster Bezug" in Glindow. Viele der Gespräche drehen sich neben dem letzten Urlaub und Sonderangeboten um eine gesunde Ernährung, den Tagesrhythmus sowie die richtige Erziehung der Kinder. Auch die Vereinbarkeit von Familie und Beruf ist oft Gesprächsthema.

In dieser Gruppe stammen insgesamt drei Frauen aus den alten Bundesländern. Für sie scheinen Beruf und Familie besonders unvereinbar. Eine gelernte Verwaltungsfachfrau z.B. rechnet nicht damit, in ihrem Beruf arbeiten zu können, während eine weitere, deren Mann bei der Bundeswehr ist und oft Nachtdienst hat, befürchtet, dass bei einem Job außer Haus „wir uns nur immer die Klinke in die Hand geben". Sie sind es auch, die am ehesten zu sehr geringen Zuverdienstmöglichkeiten wie Tupper-Partys und Flohmarktverkäufen greifen. Obwohl die ostdeutschen Mütter in der Gruppe eher zuversichtlich ihren Berufswiedereinstieg planen, sind auch ihre Kinder bereits älter als anderthalb Jahre.

Die Ostberliner Krabbelgruppe war mit ihrem wöchentlichen Treff ähnlich angelegt. Sie wurde durch die oben vorgestellte Tagesmutter Sabine Theiss initiiert, die zudem einen abendlichen Treffpunkt für Mütter einrichtete. Nebenbei gab sie auch Anleitungen in Basteltechniken für die Kinder und zur Verschönerung des Heims.

In beiden Gruppen drehen sich die Unterhaltungen der Mütter meist um die richtige Ernährung, Beschäftigung, Erziehung und Förderung der Kinder. Es werden Standards gesetzt, die sich mit einer Vollerwerbstätigkeit nur schwer vereinbaren lassen würden. Hier treffen sich überzeugte Mütter, die um für ihre Kinder das Beste zu tun, bereit sind, ihre Berufstätigkeit, zumindest zeitweise, einzuschränken. In beiden Fällen stammt mindestens eine Mutter aus den alten Bundesländern, die, wenn auch nicht tonangebend, doch mit dieser Form der Organisation vertraut ist und selbst das typisch westdeutsche Modell der Versorgerehe lebt. Mit ihrem Selbstverständnis und ihrer Lebensführung befinden sie sich in Übereinstimmung mit den neuen Werten und nehmen so möglicherweise eine Art Katalysatorfunktion in der Wertevermittlung ein.

## 5  Flexibilisierung und institutionelle Wertevermittlung

Neben der flexibilisierten Kinderbetreuung setzen verschiedene Institutionen die Anforderungen und Möglichkeiten des flexibilisierten Arbeitsmarktes in Richtung einer Traditionalisierung bzw. „Verwestdeutschlandisierung" der familiären Arbeitsteilung ein und verstärken und ermöglichen so essentialisierte Geschlechterungleichheiten.

Insgesamt eröffnet die Flexibilisierung des Arbeitsmarktes unterschiedliche Chancen, die beschriebene in Ostdeutschland neue Norm des männlichen Ernährers mit weiblicher Teilzeitarbeit zu leben. Auffallend Begünstigte sind Mitarbeiterinnen des öffentlichen Dienstes und verwandten institutionalisierten Bereichen. Hier ist Flexibilisierung, insbesondere der Arbeitszeiten durch Kern- und Gleitzeiten, verschiedene Teilzeitmodelle, Arbeitszeitkonten, etc., mit großer Jobsicherheit gekoppelt. So wird der geringere Anteil der Ehemänner und Väter an Haushalt und Kindererziehung häufig mit den Flexibilitäts- und Mobilitätsanforderungen an diese begründet sowie einer hohen Arbeitsplatzunsicherheit. In vielen befragten Familien war es tatsächlich so, dass die Frauen im öffentlichen Dienst tätig waren, ihre Partner hingegen in der freien Wirtschaft; diese Arbeitsplatzverteilung wurde in den Interviews oft als selbsterklärender Umstand angeführt. Ganz anders ergeht es Frauen und Müttern in der freien Wirtschaft, besonders in den so genannten prekären, also unsicheren, gering entlohnten und befristeten Arbeitsverhältnissen. In manchen Fällen haben Frauen erfolgreich versucht, ihre berufliche Orientierung nach der Geburt von Kindern durch Branchenwechsel, Umschulung, Weiterbildung, etc. zu verändern, um Familie und Beruf besser vereinbaren zu können; wobei hier ebenfalls festzuhalten ist, das die Anpassungsleistung durch die Mütter und nicht durch die Väter gestellt wird. Andere Mütter treffen nicht nur in den oben beschriebenen neuen Peer-Groups, sondern auch an ihrem Arbeitsplatz auf Unverständnis hinsichtlich der Entscheidung zu einer (erneuten) Berufstätigkeit.

### Ute Bach, Verkäuferin, 23 Jahre

Wir lernen Ute Bach am Anfang unserer Feldforschung bei einem offenen Familienfrühstück kennen. Ihr kleiner Sohn ist damals wenige Monate alt, und Ute Bach plant, nach einer halbjährigen Pause wieder in ihren Beruf als Verkäuferin eines großen Warenhauses zurückzukehren. Als wir sie nach einigen Monaten erneut sprechen, erzählt sie, ihr (westdeutscher) Arbeitgeber habe ihr Gesuch zur frühen Wiederaufnahme der Berufstätigkeit abgelehnt. Auf die Frage nach den Gründen antwortet sie: „Na ja, die sind eben auch ein sehr familienfreundliches Unternehmen und haben gesagt, sie wollen das erst nach frühestens einem Jahr". Seit dem ersten Geburtstag ihres Sohnes arbeitet sie einen Tag in der Woche, was sie aber „jetzt auch ganz in Ordnung findet".

In diesem Beispiel hat die junge Mutter innerhalb weniger Monate ihre eigenen Wertvorstellungen zu „Erwerbstätigkeit und Mutter sein" neu definiert. Nicht alle unsere Interviewpartnerinnen übernehmen solche Vorstellungen, manche fügen sich eher in das scheinbar Unvermeidliche. So z.B. eine alleinerziehende Mutter in Glindow, die ähnliche Erfahrungen machte, als sie nach zwei Jahren Elternzeit erneut Vollzeit als Verkäuferin arbeiten wollte, aber von ihrem Arbeitgeber nur eine Teilzeitstelle von maximal fünf Stunden pro Tag angeboten bekam. Ihrer Einschätzung nach ist „das normal, der Arbeitgeber muss mich nehmen, aber nicht wieder den alten Vertrag anbieten". An-

*Traditionalisierung in der Flexibilisierung* 289

deren Kolleginnen sei die Arbeitszeit nach der Elternzeit gar auf die Mindestzeit von vier Stunden herabgesetzt worden (I/18, TG, 24.10.2005).

Einer anderen Mutter von drei Kindern wurde eine Ausbildung zur Logopädin vom Arbeitsamt mit dem Hinweis verweigert, sie würde ja dann „ohnehin nicht in dem Beruf arbeiten". Da die Bewilligung einer Maßnahme der beruflichen Qualifizierung an das Kriterium der „absehbaren Vermittelbarkeit" gebunden ist (siehe auch Dingeldey/Gottschall 2001: 34), ist die Schilderung durchaus glaubhaft. Bei der beschriebenen Norm, nach der Mütter mit mehreren Kindern nicht arbeiten können oder sollten, wäre die fallbezogene Einzelentscheidung des Arbeitsberaters demnach folgerichtig.

Diese individuellen Erfahrungsberichte werden durch unsere Beobachtungen in einem Familienzentrum eines freien Trägers in Berlin ergänzt. Die Einrichtung wird vorwiegend von Familien aus bildungsferneren Schichten genutzt und bietet verschiedene familienorientierte Beratungen sowie offene Treffpunkte an (Familienfrühstück, Mittagstisch, etc.). Zudem ist eine Hebamme im Haus tätig, und drei Sozialarbeiterinnen organisieren verschiedene Gruppen (Spielgruppen, Tagesmüttertreff, Hausaufgabenbetreuung) sowie einen Secondhandladen im Haus. Im Verlauf unserer Forschung sprachen wir verschiedentlich mit Mitarbeitern des Hauses und nahmen an verschiedenen Veranstaltungen teil. Ähnlich wie im Fall der Tagesmütter möchten wir eine im Beratungsbereich tätige Sozialarbeiterin im Folgenden kurz porträtieren[14].

Ulrike Lose, Sozialarbeiterin, 31 Jahre

Ulrike Lose ist im Süden der DDR geboren. Sie ist nicht verheiratet, lebt aber in einer festen Partnerschaft und wünscht sich, möglichst zeitnah selbst Mutter zu werden. Sie geht dabei davon aus, alleinerziehend zu sein, denn ihr Partner lebt in Freiburg. Privat und beruflich sei es ihre Erfahrung, dass Frauen ohnehin immer alleinerziehend seien. Daher sollten sich Frauen beruflich generell so einrichten, dass sie ihr/e Kind/er selber versorgen können. Persönlich stellt sie sich vor, nach der Geburt mindestens ein Jahr ihr Kind selbst zu Hause zu betreuen. Danach wäre eine Teilzeittätigkeit (höchstens 20 Stunden) bis zum fünften Lebensjahr des Kindes angemessen, und zwischen dem 5. und 8. Lebensjahr des Kindes erwägt sie etwa 30 Stunden Berufstätigkeit. Erst danach habe ein Kind ein ausreichend eigenes Leben, so dass man eventuell wieder voll erwerbstätig sein könne. Kinder und Haushalt seien viel Arbeit, das schaffe man nicht mit voller Berufstätigkeit, vor allem wenn man die Kinder nicht „nur so nebenher laufen lassen will – Arbeit-Abendbrot-Bett und von vorn". Stattdessen würde sie nur ein Kind bekommen, wenn sie auch genügend Zeit hätte, die sie mit ihm zusammen verbringen kann, z.B. gemeinsam Einkaufen, Kochen, Essen. Ihrer Meinung nach sollten Mütter von mehr als zwei Kindern maximal zwölf Stunden pro Woche arbeiten. Auch die anderen Sozialarbeiterinnen des Familienzentrums seien diesbezüglich einer Meinung. In der Beratung bemühe sie sich zwar um eine abwägende, individuelle und problemzentrierte Sichtweise, sage aber informell auch ihre eigene Meinung, z.B. wenn sie sich während der offenen Treffpunkte mit den (überwiegend weiblichen) Anwesenden unterhält.

---

14  Wir trafen sie mehrmals während unserer Forschung und hatten zwei längere Einzelgespräche mit ihr.

Innerhalb des Beratungsteams überlegten sie auch, ob und wie sie ihre eigenen Werte in die Beratung einfließen lassen sollten. Das scheint tendenziell bereits der Fall zu sein, denn bei Problemen in der Familie „fragen wir zunächst, ob sie [die Mütter] nicht weniger arbeiten könnten". Die Frage, wie bei der problematischen Organisation von Beruf und Familie die Väter beraten würden, kommt ihr sichtlich merkwürdig vor, denn sie würden überwiegend Mütter beraten. Schließlich aber sagt sie, dann würde sie fragen, ob die Männer eventuell (von beispielsweise 60 Stunden) auf die normale Arbeitszeit zurückgehen könnten.

In dem Beispiel wird deutlich, wie persönliche Erfahrungen und berufliche Praxis ineinander greifen. Selbst noch in der DDR erzogen, aber ausgebildet im vereinigten Deutschland, glaubt Ulrike Lose, dass eine frühe Trennung von der Mutter zum Nachteil für die Kinder ist. Diese Überzeugung teilt sie mit den Klientinnen des Zentrums sowie mit ihren Kolleginnen. Folgerichtig werden in der Beratungspraxis sowie den so genannten informellen Gesprächen (die dennoch durch einen Hierarchieunterschied strukturiert sind) zu familiären Problemen nur Mütter zur Reduktion der beruflichen Arbeitszeit aufgefordert. Die Beratungspraxis der Einrichtung erweist sich somit als explizit am männlichen Ernährer-Modell orientiert.

Die Vorgaben eines flexibilisierten Arbeitsmarktes werden folgerichtig hier nicht in Richtung von mehr, sondern weniger Berufstätigkeit/-fähigkeit von Müttern genutzt[15]. Dies findet auch eine Entsprechung in der Organisationspraxis des Zentrums. Während der Leiter des Zentrums männlich ist und während unserer Forschung explizit nach einem männlichen Psychologen für eine Vollzeitstelle sucht, sind die weiteren sozialpflegerischen Stellen ausschließlich mit Frauen in Teilzeit besetzt. Geringfügige Beschäftigung wird nicht als Einstieg in volle Berufstätigkeit, sondern letztlich als einzig vertretbare Zeitintensität für mütterliche Erwerbstätigkeit gesehen. Folgerichtig werden in der Küche, dem Laden und ähnlichen Bereichen fast ausschließlich Frauen als geringfügig und kurzfristig Beschäftigte angestellt, weil diese Art der Erwerbstätigkeit als diejenige angesehen wird, die jungen Müttern am meisten entgegenkommt[16]. Wie dargestellt, können nach Ansicht der Sozialarbeiterin Mütter ab drei Kindern maximal zwölf Stunden wöchentlich arbeiten. Es lässt sich also feststellen, dass flexibilisierte Arbeitszeit in diesem Zusammenhang meint, dass Frauen gedrängt werden, diese zu verkürzen, um sich mehr um ihre Familie zu kümmern.

---

15  Zum Konzept der „employability" und Beschäftigungspolitik bezüglich von Müttern im internationalen Vergleich siehe Dingeldey 2003.
16  Der soziale Dienstleistungsbereich macht ohnehin einen typisch weiblichen Bereich der Erwerbstätigkeit auf einem geschlechtersegregierten Arbeitsmarkt aus (siehe zum Beispiel Sing 2002). Hinzu kommt die politische Förderung geringfügiger Beschäftigungsverhältnisse, deren unausgesprochenes Leitbild die Schaffung von Zuverdienstmöglichkeiten vornehmlich für Frauen ist (Koch/Bäcker 2004). Insofern ist das vorgestellte Familienzentrum keine Ausnahme, hier wird allerdings das Leitbild offen ausgesprochen und normativ unterstützt.

*Traditionalisierung in der Flexibilisierung*

## 6 Schlussbemerkungen

Theorien der Flexibilisierung teilen häufig die fundamentale Annahme eines sozialen Wandels hin zu weniger Bedeutung der Sozialstruktur und eine Rekonfiguration sozialen Lebens in Richtung von mehr Bewegung, Reflexivität und Detraditionalisierung. Diese Literatur tendiert dazu, Tendenzen der Traditionalisierung durch Flexibilisierung zu übersehen. Im Gegensatz dazu argumentieren wir, dass Flexibilisierung zur Festigung traditioneller Bindungen und Arbeitsteilung beitragen kann.

Häufig wird der Begriff Flexibilisierung nur auf Erwerbstätigkeit bezogen, und hier insbesondere auf Arbeitnehmer, die gemeinhin ‚flexibler' werden sollen, d.h., ihnen werden sowohl eine hohe Jobmobilität als auch äußerst flexible Arbeitszeiten zugemutet. Traditionelle Bindungen z.B. innerhalb von Familien seien dadurch Auflösungstendenzen unterworfen. Im Unterschied dazu fassen wir Flexibilisierung als weitergehenden Trend in unterschiedlichen Lebensbereichen auf und beschreiben, wie eine flexibilisierte Kinderbetreuung sowie die Möglichkeit verkürzter Arbeitszeit zu Tendenzen einer Traditionalisierung familiärer Arbeitsteilung in Ostdeutschland beitragen.

Bezüglich der Situation in den neuen Bundesländern haben bisherige Studien eine relativ hohe Stabilität alter DDR-Muster mit ihrer weitgehenden Standardisierung und Angleichung weiblicher und männlicher Berufsbiographien mit der Folge einer überwiegend positiven Einstellung beider Geschlechter zu weiblicher Erwerbstätigkeit sowie öffentlicher Kindererziehung hervorgehoben. In unserer Forschung in Berlin und Brandenburg konnten wir dagegen Tendenzen zur Auflösung dieser Muster feststellen, die auf einen langfristigen Wandel habitueller Muster hindeuten. Je nach Zugang zum Arbeitsmarkt finden wir in unseren Fallstudien sowohl im ländlichen als auch im städtischen Umfeld vor allem in der Generation der heutigen Familiengründer unterschiedliche Grade der Angleichung an ein (westdeutsches) ‚male-breadwinner'-Modell.

Mit der Vereinigung wurde auch die außerhäusliche Kinderbetreuung destandardisiert und flexibler. Das scheinbar „familiäre Modell" der Tagesmutter gewinnt an Zuspruch im Vergleich zur Betreuung in öffentlichen Einrichtungen. Mit der Übernahme westdeutscher Normen und Werte bezüglich der Mutterschaft und frühen Kindheit findet eine Hinwendung zum westdeutschen Phasenmodell mit verlängertem Berufsausstieg nach Geburt eines Kindes sowie späterer Teilzeitorientierung statt. Möglicherweise hat mit dieser Entwicklung die Region Berlin und Umgebung eine Art Vorreiterrolle, da es hier gerade in den neuen Peer-Groups wie Krabbelgruppen eher zum Austausch mit westdeutschen Müttern kommt. Andererseits findet gerade im Stadtteil Marzahn-Hellersdorf im Gegensatz zu anderen Ostberliner Stadtteilen wenig direkter Austausch mit Bürgern aus den alten Bundesländern statt. Zudem haben in unseren Beispielen die einflussreichsten Figuren in der Wertevermittlung wie die Tagesmutter Sabine Theiss sowie die Sozialarbeiterin Ulrike Lose eine ostdeutsche Biographie. Hier spielen die Einbindung in die evangelische Gemeinde beziehungsweise in das westdeutsche Ausbildungs- und Beratungssystem eine entscheidendere Rolle.

Die beschriebene Umorientierung wird unterstützt durch unterschiedliche Institutionen und Arbeitgeber mit einem traditionellen Familienverständnis. Die beobachtete Destandardisierung und Flexibilisierung weiblicher Erwerbsbiographien könnte in eine erneute Standardisierung nach westdeutschem Vorbild mit dem dreijährigen Berufsausstieg als „Statuspassage" im Lebenslauf auch ostdeutscher Frauen münden[17]. Auf einem gleichzeitig flexibilisierten Arbeitsmarkt wird der erneute Berufseinstieg von Müttern nach verlängerter Familienphase erschwert. Unter diesen Umständen führt „Modernität" in Gestalt eines flexiblen Arbeitsmarktes zur Stärkung „traditioneller" Familienmuster.

## Literatur

Baerwolf, A./Thelen, T. (2006): Familiengründung und Retraditionalisierung in Ostdeutschland – Ein Forschungsbericht. In: Fikentscher, R. (Hrsg.), Gruppenkulturen in Europa. Halle: Mitteldeutscher Verlag, 69-84.
Baerwolf, A./Thelen, T. (2007): „Verwestdeutschlandisierung" von Familiengründung und familiärer Arbeitsteilung in Ostdeutschland. Tagungsband zum Kongress der Deutschen Gesellschaft für Soziologie 2006.
Beck, U./Beck-Gernsheim, E. (1994): Individualisierung in modernen Gesellschaften – Perspektiven und Kontroversen einer subjektorientierten Soziologie. In: Beck, U./Beck-Gernsheim, E. (Hrsg.), Riskante Freiheiten. Frankfurt/Main: Suhrkamp, 10-42.
Bezirksamt Marzahn-Hellersdorf (2004): Sozialbericht Marzahn-Hellersdorf.
Bird, K. (2001): Parental Leave in Germany – An Institution With Two Faces? In: Leisering, L./Müller, R./Schumann, K. (Hrsg), Institutionen und Lebenslauf im Wandel. Weinheim, München: Juventa, 55-87.
Bourdieu, P. (2000[1979]): Distinction: A Social Critique of the Judgment of Taste. London: Routledge.
Breuss, S. (2002): Die Zeit der Hausfrau. In: Gruber, S.,/Löffler, K. /Thien, K. (Hrsg.), Bewegte Zeiten – Arbeit und Freizeit nach der Moderne. Wien: Profil, 55-74.
Bundesagentur für Arbeit/Agentur für Arbeit Potsdam (2007): Der Arbeitsmarkt im Bezirk der Agentur für Arbeit Potsdam (Arbeitsmarktreport), März 2007. www. arbeitsagentur.de/RD-BB/Potsdam/A01-Allgemein-Info/Publikation/pdf/Der-Potsd amer-Arbeitsmarkt-im-Maerz-2007.pdf (10.04.2007).

---

17 In Westdeutschland führte der dreijährige Erziehungsurlaub zu mehr Standardisierung und einer neuen Statuspassage (Bird 2001).

Esping-Andersen, G. (2003): The Three Worlds of Welfare Capitalism. Cambridge: Polity Press.

Dingeldey, I. (2003): Implikationen und Konsequenzen des Konzepts der *employability* in der Arbeitsmarkpolitik: Die *beschäftigungsfähige Mutter* im Ländervergleich. In: Allmendinger, J. (Hrsg.), Entstaatlichung und Soziale Sicherheit – Verhandlungen zum 31. Kongress der Deutschen Gesellschaft für Soziologie in Leipzig 2002. Opladen: Leske + Budrich, 437-454.

Dingeldey, I./Gottschall, K. (2001): Alte Leitbilder und neue Herausforderungen: Arbeitsmarktpolitik im konservativ-korporatistischen Wohlfahrtsstaat. In: Aus Politik und Zeitgeschichte, 21: 31-38.

Gottschall, K./Bird, K. (2003): Family Leave Policies and Labor Market Segregation in Germany: Reinvention or Reform of the Male Breadwinner Model? In: Review of Policy Research, 20, 1: 115-134.

Henninger, A./Gottschall, K. (2005): Begrenzte Entgrenzung – Arrangements von Erwerbsarbeit und Privatleben bei Freelancern in den alten und neuen Medien. In: Journal für Psychologie, 13, 1/2: 5-20.

Koch, A./Bäcker, G. (2004): Mini- und Midi-Jobs – Frauenerwerbstätigkeit und Niedrigeinkommensstrategien in der Arbeitsmarktpolitik. In: Baatz, D./Rudolph, C./ Satimis, A. (Hrsg.), Hauptsache Arbeit? Feministische Perspektiven auf den Wandel von Arbeit. Münster: Westfälisches Dampfboot, 85-102.

Kohli, M. (2003): Der institutionalisierte Lebenslauf: ein Blick zurück und nach vorn. In: Allmendinger, J. (Hrsg.), Entstaatlichung und Soziale Sicherheit – Verhandlungen zum 31. Kongress der Deutschen Gesellschaft für Soziologie in Leipzig 2002. Opladen: Leske + Budrich, 525-545.

Lewis, J./Ostner, I. (1994): Gender and the Evolution of European Social Policy. Universität Bremen: Zentrum für Sozialpolitik.

Merkel, I. (1994): Leitbilder und Lebensweisen von Frauen in der DDR. In: Kaelble, H./Kocka, J./Zwahr, H. (Hrsg.), Sozialgeschichte der DDR. Stuttgart: Klett-Cotta, 359-382.

Musner, L. (2002): Vom angeblichen Ende der Arbeitsgesellschaft – Zur Ideologie bewegter Zeiten. In: Gruber, S./Löffler, K./Thien, K. (Hrsg.), Bewegte Zeiten – Arbeit und Freizeit nach der Moderne. Wien: Profil, 177-194.

Read, R./Theodosiou, S. (2006): Ambivalent Flexibilities: Anthropological Exploration and Perspectives. 9th Conference of the European Association of Social Anthropology in Bristol, Großbritannien (Vortragsmanuskript).

Rosenbaum, H./Timm, E. (2005): Verwandtschaft und soziale Sicherheit in Deutschland im 20. Jahrhundert – Soziologisch-historischer Bericht. Göttingen, Wien (unveröffentlichtes Manuskript).

Rosenfeld, R./Trappe, H./Gornick, J. (2004): Gender and Work in Germany: Before and After Reunification. In: Annual Review of Sociology, 30: 103-124.

Schmidt, W./Schönberger, K. (1999): „Jeder hat jetzt mit sich selbst zu tun" – Arbeit, Freizeit und politische Orientierungen in Ostdeutschland. Konstanz: Universitätsverlag.

Schröther, A. (1998): Formen und Möglichkeiten der Kleinkindbetreuung zwischen Erziehungsurlaub und Kindergarten. In: Zeitschrift für Familienforschung, 10, 2: 53-74.

Senatsverwaltung für Gesundheit, Verwaltung und Verbraucherschutz (Hrsg.) (2004): Sozialstrukturatlas Berlin 2003.

Sennett, R. (1998): Der flexible Mensch – Die Kultur des neuen Kapitalismus. Berlin: Siedler.
Sing, D. (2002): Die Bedeutung des (sozialen) Ehrenamtes für die Arbeitsmarktintegration von Frauen – Chance oder Risiko? In: Gottschall, K./Pfau-Effinger, B. (Hrsg.), Zukunft und Geschlecht der Arbeit – Diskurse, Entwicklungspfade und Reformoptionen im internationalen Vergleich. Opladen: Leske + Budrich: 207-230.
Thelen, T. (2005): Caring Grandfathers Changes in Support Between Generations in East Germany. In: Haukanes, H./Pine, F. (Hrsg.), Generations, Kinship and Care: Gendered Provisions of Social Security in Central Eastern Europe. University of Bergen, 163-188.
Thelen, T. (2006a): Lunch in an East German Enterprise – Differences in Eating Habits as Symbols of Collective Identities. In: Zeitschrift für Ethnologie, 131, 1: 51-70.
Thelen, T. (2006b): Experiences of Devaluation: Work, Gender and Identity in East Germany. Working Paper 85, Max Planck Institut für ethnologische Forschung.
Thelen, T./Baerwolf, A./Grätz, T. (2007): Ambivalenzen der Flexibilisierung: Traditionalisierung in Familien- und Geschlechterbeziehungen in Ostberlin und Brandenburg. Working Paper, Max-Planck-Institut für ethnologische Forschung.
Thien, K. (2002): Rhythmus – Takt – Gleichzeitigkeit. Zur Geschichte der „Freizeit". In: Gruber, S./Löffler, K./Thien, K. (Hrsg.), Bewegte Zeiten – Arbeit und Freizeit nach der Moderne. Wien: Profil, 11-28.
Tippach-Schneider, S. (1999): Sieben Kinderwagen, drei Berufe und ein Ehemann – DDR-Frauengeschichten im Wandel der Sozialpolitik. In: Dokumentationszentrum Alltagskultur der DDR (Hrsg.), Fortschritt, Norm und Eigensinn – Erkundungen im Alltag der DDR. Berlin: Links, 129-150.
Vinken, B. (2002): Die deutsche Mutter – Der lange Schatten eines Mythos. München: Piper.

# Arbeitsmarktflexibilität, Arbeitsmarktübergänge und Familie: Die europäische Perspektive

Lutz C. Kaiser

## 1 Überblick

Aus den verschiedensten Perspektiven wird seit vielen Jahren eine zunehmende Arbeitsmarktflexibilität konstatiert und deren Vor- und Nachteile für unterschiedliche Lebensperspektiven diskutiert. Arbeitsmarktflexibilität mit dem Bezug zur gesellschaftlichen Funktion und Position von Familien bildet dabei einen zentralen Gesichtspunkt (Peukert 2005: 259ff.)[1]. Können Familien dem Anspruch, den Kern der Gesellschaft zu prägen und zu reproduzieren, angesichts der flexiblen und sich weiter flexibilisierenden Anforderungen der Erwerbsgesellschaft überhaupt noch gerecht werden (BMFSFJ 2006)? Oder bietet gerade eine zunehmende Flexibilisierung der Arbeitswelt auch Familien vermehrte Optionen für eine bessere Vereinbarkeit von Familie und Beruf? Vor diesem Hintergrund untersucht der Beitrag Arbeitsmarktflexibilität an den Schnittstellen von Arbeitsmarktübergängen. In einer Längsschnittanalyse von europäischen Ländern mit verschiedener Ausgestaltung der Arbeitsmarkt- und Wohlfahrtsstaatregime (Dänemark, Deutschland, Niederlande, Portugal, Vereinigtes Königreich) wird die Bedeutung von familialen Determinanten für Arbeitsmarktübergänge verglichen. Im Fokus der Analysen steht dabei der *Faktor Kinder*, der im Wesentlichen die Lebenskonstellation Familie prägt. Die zentrale Fragestellung bezieht sich dabei auf länderübergreifende Unterschiede und deren Bedingtheiten. Hierbei sind institutionelle Rahmenbedingungen und deren Bedeutung für Arbeitsmarktübergänge relevant. Aufgrund dessen werden auch dezidiert länderübergreifende institutionelle Variationen in Betracht genommen.

Der Beitrag gliedert sich wie folgt: In Abschnitt 2 wird auf historische und theoretische Aspekte des Arbeitsangebots von Familien eingegangen. Darauf folgend werden unter Rekursnahme auf institutionelle Rahmenbedingungen Hypothesen gebildet (Abschnitt 3). Nach einer Beschreibung der für die empirischen Analysen verwendeten Datenbasis (Abschnitt 4) stehen jährliche Übergangswahrscheinlichkeiten als Formen von Arbeitsmarktflexibilität im Mittelpunkt (Abschnitt 5). Die deskriptive Perspektive stellt die Ergebnis-

---

1 Der Begriff Familie bezieht sich hier dezidiert auf sämtliche Lebensformen mit Kindern und schließt z.B. auch gleichgeschlechtliche Paare mit Kindern oder Alleinerziehende mit ein.

se für Frauen und Männer in den EU-Staaten lediglich gegenüber. Weitergehende Analysen beziehen sich vor allem auf Arbeitsmarktübergänge von Frauen (Abschnitt 6). Hier liegt der Einfluss von Kindern auf familiale Arbeitsmarktflexibilität im Zentrum der Betrachtung. Abschnitt 7 fasst die Ergebnisse zusammen und zeigt politische Implikationen auf.

## 2 Historie und Theorie

Wie ist der theoretische Zusammenhang von Arbeitsmarktflexibilität und Familie zu beschreiben? Es liegt zunächst auf der Hand, dass der Bezug in der *Kerneinheit Privathaushalt* liegt. Im Zeitverlauf finden sich eine inhaltliche Trennung und begriffliche *Unterscheidung von Arbeit und Erwerbsarbeit*:

„(T)he main locus of economic production shifted from the household to the factory, and this was accompanied by a reorganization of the family in terms of a gender-based division of labour involving the separation of work and the household" (Alwin et al. 1992: 13).

Diese Entwicklung führte zur Zuweisung von unbefristeten Vollzeiterwerbsverhältnissen (*Normalarbeitsverhältnis*) zum *male breadwinner* einerseits und von ökonomischer Inaktivität zum Status der *Hausfrauenehe* andererseits. Entweder war ‚Mann' durch ein Normalarbeitsverhältnis im Erwerbsleben verankert, oder es lag auf Seiten von Frauen so genannte ökonomische Inaktivität vor. Der volkswirtschaftliche und gesamtgesellschaftliche Wert von Haus- und Familienarbeit blieb jedoch schon damals wie auch heute unterbewertet[2]. Durch diese scheinbar klare zwischengeschlechtliche Trennung von Erwerbsarbeit und Nichterwerbsarbeit haben sich zugleich bestimmte Zuschreibungen unterschiedlicher Erwerbsverhalten für Frauen und Männern ergeben. Holst (2000: 80f.) verweist in diesem Zusammenhang auf einen sozialpsychologisch interpretierbaren *Dualismus von Rationalität und Emotion*. In diesem konnte sich historisch ein *separate self* – ein vom anderen getrenntes Selbst, das eher dem Mann zugeschrieben wurde – und ein *connected self* – ein mit anderen verbundenes Selbst, das eher mit der Frau identifiziert wurde – herausbilden. Aufgrund dessen ist die Arbeitsteilung durch *Spezialisierung auf Arbeit versus Erwerbsarbeit* nur scheinbar eindeutig geschlechtsspezifisch und damit „sicherlich weniger biologisch als durch den Sozialisierungsprozess bedingt" (Holst 2000: Fn. 74).

Die Gegenüberstellung von Erwerbsarbeit als Normalarbeitsverhältnis und ökonomischer Inaktivität als Haus- und Familienarbeit besaß jedoch nur

---

2   Solche familienübergreifenden Effekte liegen z.B. in der grundlegenden Vermittlung von Werten und Normen durch Erziehung von Kindern (‚Humanvermögensbildung'). Somit kann durchaus von positiven externen investiven Effekten von Familienarbeit gesprochen werden, die gesamtgesellschaftlich und volkswirtschaftlich relevant sind.

für den kurzen, von harten ökonomischen Krisen noch nicht betroffenen Zeitraum der 1960er und frühen 1970er Jahre empirische Gültigkeit. Es herrschte eine niedrige, natürliche Rate der Sucharbeitslosigkeit, und flexible Beschäftigungsverhältnisse fanden aufgrund ihres geringen Auftretens kaum Beachtung.

Die empirisch vorzufindenden Sachverhalte haben sich auch in der Theoriebildung niedergeschlagen. Das Arbeitsangebotsverhalten von Haushalten wurde systematisch von Gary Becker in Verbindung mit theoretischen Überlegungen zur Zeitallokation von Individuen ausgearbeitet (Becker 1965). Nach Becker (1973, 1974) konstituieren sich Haushalte durch Heirat und Ehen. Der zu erwartende gemeinsame Nutzengewinn aus geschlechtsspezifischer Arbeitsteilung dient als zentrales Argument für eine Haushaltsgründung. Die Nutzenfunktion des Haushalts wird dabei rein parametrisch bestimmt. Es wird angenommen, dass jedes (erwachsene) Haushaltsmitglied, in erster Linie Ehepartner, sich auf die jeweils produktivste Tätigkeit spezialisiert. Unter der Annahme einer höheren Produktivität von Frauen bei der Haus- und Familienarbeit wird eine für die Wohlfahrtsproduktion des Haushalts Nutzen steigernde Spezialisierung von Frauen auf eben solche Tätigkeiten induziert. Diese stringenten Annahmen bedürfen jedoch gerade bei internationalen Vergleichen der besonderen Prüfung, vor allem was den folgenden Allgemeingültigkeitsanspruch angeht: „(T)his sexual division of labor has been found in virtually all human societies" (Becker 1991: 39). Letztendlich bleibt „Becker die Antwort auf die unterschiedliche Entwicklung in verschiedenen Ländern, d.h. unter verschiedenen institutionellen Arrangements schuldig" (Ott 2001a: 15). In diesem Zusammenhang ist zunächst auf eine nationenübergreifende und somit auch in den Mitgliedsstaaten der Europäischen Union stattfindende konträre Entwicklung hinzuweisen. Frauen investieren zunehmend in Bildung und neigen vermehrt zur Erwerbsarbeit (Künzler 2002). Die damit verbundene Auflösung der Annahme einer statischen Spezialisierung auf Arbeit versus Erwerbsarbeit bedarf einer theoretischen Herleitung.

„Die Ursachen dieser Entwicklung werden vielfach einem allgemeinen ‚Wertewandel' und dem ‚Emanzipationsstreben' der Frauen zugeschrieben, welche jedoch selbst erklärungsbedürftig bleiben" (Ott 2001b: 199).

Auch soziokulturelle Erklärungsansätze lassen als truismische Zirkelerklärung die Determinanten für einen sozialen Wandel bzw. Wertewandel offen. An dieser Stelle ist der Rekurs auf mögliche Veränderungen auf der Mikroebene gehaltvoller. Die Verhandlungsposition von (Ehe-) Frauen hat sich bei der traditionellen haushaltsbezogenen zwischengeschlechtlichen Spezialisierung auf Hausarbeit über die Zeit hinweg verschlechtert. Dadurch ergibt sich sowohl für die absolute Wohlfahrtsproduktion des gesamten Haushalts als auch für die individuellen Opportunitätskosten (hier in erster Linie von Frauen) ein anderes Bild:

„Unter den heute gegebenen wirtschaftlichen Bedingungen ist es erheblich einfacher, Hausarbeitszeit durch Marktsubstitute zu ersetzen als Marktgüter durch Eigenproduktion. (...) Unter solchen Bedingungen resultiert aus der fehlenden Verbindlichkeit familialer Verträge ein einseitig hohes Risiko für den auf Hausarbeit spezialisierten Partner. Sinkende Geburtenziffern und eine steigende Erwerbsbeteiligung von Frauen müssen dann als rationale Reaktion auf eben diese individuellen Risiken gesehen werden" (Ott 1993: 139).

Aus diesem Zusammenhang ist eine zunehmende Erwerbsneigung von Frauen als Antizipation des Wandels der Kosten einer (Ehe-) Vertragstreue von einer ehemals low cost- zu einer high cost-Situation zu erklären. Die beschriebenen theoretischen Ausführungen lassen sich europaweit empirisch wieder finden (Grafik 1).

Grafik 1: *Tatsächliches (_t) und präferiertes (_p) Arbeitszeitangebot in Paarhaushalten mit Kindern unter sechs Jahren*

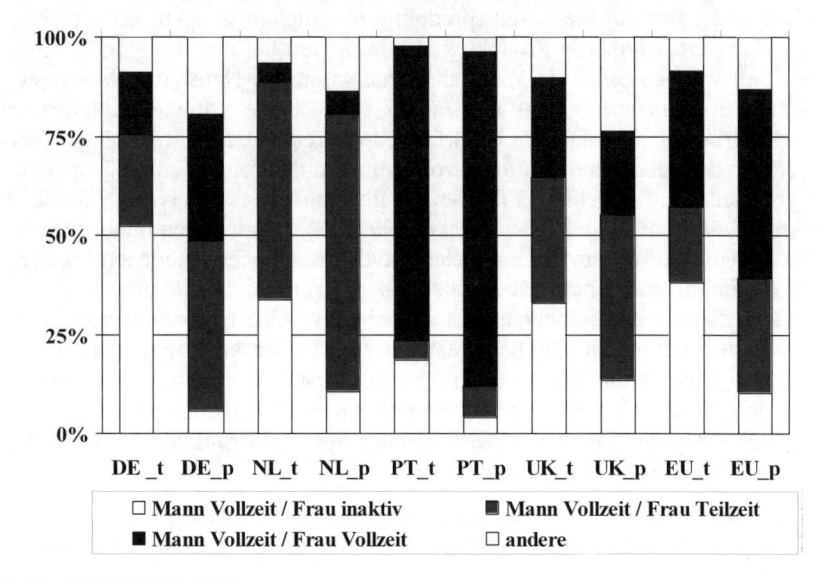

□ Mann Vollzeit / Frau inaktiv     ■ Mann Vollzeit / Frau Teilzeit
■ Mann Vollzeit / Frau Vollzeit    □ andere

Quelle: OECD (2001: 136).

So zeigt sich bei Paaren mit Kindern unter sechs Jahren in erster Linie bei Frauen eine Präferenz für die Ausweitung des Arbeitzeitangebots. Dabei handelt es sich um über Ländergrenzen hinweg in der Tendenz gleichartig ausgeprägte Präferenzen, die relativ unabhängig von kulturellen Unterschieden sind. Daher ist davon auszugehen, dass erfolgreiche institutionelle Lösungen eines Landes in anderen Ländern ebenfalls entsprechende positive Effekte entfalten können.

## 3 Institutionen und Hypothesenbildung

Institutionelle Vorrichtungen können als *befähigende Instrumente* (‚Empowerment') oder als *Anreize* einen Einfluss auf das Arbeitsangebotsverhalten ausüben. Als relevante Institutionen werden in der Literatur vor allem die Kinderbetreuungsinfrastruktur, sozialpolitische Regelungen, wie z.B. zur Elternzeit, und Systeme der Einkommensbesteuerung genannt (Jaumotte 2004). Die Infrastruktur der Kinderbetreuung ist bei einer hinreichenden Ausgestaltung als befähigendes Instrument einzustufen. Sozialpolitische Regelungen und die Art der Einkommensbesteuerung sind dagegen in erster Linie als Anreize zu verstehen. In den hier betrachteten Ländern der Europäischen Union zeigen diese Institutionen eine sehr unterschiedliche Ausgestaltung. Aufgrund dessen liegt es nahe, dass institutionelle Variationen Einflüsse auf die Flexibilität von Erwerbsübergängen ausüben, die zur Wahl einer bestimmten Erwerbsform oder zum Verzicht auf Erwerbsarbeit führen. Im Folgenden werden institutionelle Variationen in den fünf betrachteten Ländern zusammenfassend dargestellt.

### 3.1 Kinderbetreuung

Institutionelle Kinderbetreuung ist als infrastrukturelle Voraussetzug einzuordnen, die es bei einer entsprechenden Bedarfsorientierung ermöglichen kann, Familie und Beruf zu vereinbaren. Eine hinreichende Versorgung mit Betreuungsangeboten für Kinder im Alter von bis zu drei Jahren ist insbesondere deswegen von hoher Relevanz, da es sich hier um die Schnittstelle einer potentiell frühen *Arbeitsmarktintegration von erziehenden Personen* mit jungen Kindern handelt. Investitionen in Kinderbetreuungseinrichtungen zahlen sich aber nicht nur durch eine Erhöhung der Erwerbsoptionen von Familien aus. Vielmehr zeigen sich auch *positive externe Effekte* in Bezug zur gesamtwirtschaftlichen Performanz. Höhere Beschäftigungsraten von Müttern und eine steigende Personalnachfrage von Betreuungseinrichtungen sind beispielsweise für die Einnahmensituation des Fiskus und der Parafiski der Sozialversicherungen von Vorteil. Daraus resultiert letztlich ein höheres Wirtschaftswachstum (PROGNOS 2005: 38). Zudem beinhaltet Vorschulbildung auch einen investiven Charakter. Der Besuch von entsprechenden Einrichtungen induziert *brain-gain-Effekte* durch eine bessere Vorbereitung auf weitergehende Bildungsverläufe (Barnett/Hustedt 2003). Vorschulbildung kann bei entsprechend hohen Qualitätsstandards durchaus als *öffentliches Gut* bezeichnet werden, das über Bevölkerungsschichten, über Regionen und über Generationen hinweg einen positiven Nutzen stiftet. Da wie auch bei Schulbildung der positive Nutzen von Vorschulbildung durch Nutzenunkenntnis (Fritsch et al. 2005) individuell, sprich von Erziehungsberechtigten unterschätzt wird, ist die Einführung einer *Vorschulpflicht* zur Schließung der Lücke des ‚lebenslangen Lernens' in jungen Jahren in einem hohen Maße diskussionswürdig.

Ein Vergleich der Versorgungsquoten der institutionellen Kinderbetreuung ergibt zwischen den fünf Ländern erhebliche Unterschiede (Tabelle 1). Dänemark zeigt vorbildliche Versorgungsquoten mit 55 Prozent für Kinder bis zu drei Jahren und 90 Prozent für vier- bis siebenjährige Kinder bei vergleichsweise langen Öffnungszeiten der Einrichtungen. In den anderen vier Ländern fallen dagegen erheblich geringere Quoten auf, darunter auch in Deutschland mit nur 9 Prozent für junge Kinder. Allein in Deutschland fehlen damit etwa 250.000 Betreuungsplätze für Kinder unter drei Jahren (Spieß/ Wrohlich 2005)[3].

Tabelle 1: *Versorgungsquoten von Kindern mit institutioneller Betreuung in Prozent*

| Alter | DE | | DK | | NL | | PT | | UK | |
|---|---|---|---|---|---|---|---|---|---|---|
| 0-3 | 9 | (10) | 55 | (10.5) | 2 | (10) | 12 | (7) | 2 | (8) |
| 4-7 | 73 | (6) | 90 | (10.5) | 66 | (7) | 72 | (5) | 60 | (5) |

Quelle: De Henau et al. 2006. Abdeckung: Anteil der Plätze pro 100 Kinder; Öffnungszeiten: Durchschnittliche Stunden pro Tag in Klammern.

## 3.2 Elternzeit

Regelungen zur Elternzeit spielen eine wichtige Rolle bei der Vereinbarkeit von Familie und Beruf. Sie können die Vereinbarkeit fördern, aber auch flexible Erwerbsformen, wie etwa geringfügige Erwerbsverhältnisse oder Nichterwerbstätigkeit während Familienphasen initiieren. Welche Anreize zur Arbeitsaufnahme oder zum Verzicht auf Erwerbstätigkeit während oder nach der Elternzeit wirksam werden können, hängt in erster Linie von der Dauer der Elternzeit und der Laufzeit bzw. Höhe der finanziellen Leistungen während dieser Zeit ab. In den Niederlanden, Portugal und dem Vereinigten Königreich werden keine substanziellen Lohnersatzleistungen während der Elternzeit bei einer relativ kurzen Laufzeit gezahlt. Zudem gibt es keine Übertragungsmöglichkeiten von Mütter- auf Väterzeiten (De Henau et al. 2006). Damit wird zwar bewirkt, dass in erster Linie Mütter starke Anreize haben, nach einer Geburt wieder schnell in Beschäftigung zurückzukehren. Die Regelun-

---

3 Qualitative Aussagen über die tatsächliche Bedarfsorientierung (Entwicklung von Bildungskonzepten, Ausbildungsstand des Personals, Personalschlüssel, flexible Öffnungszeiten, Ganztagsbetreuung, etc.) können mit diesen Kennziffern jedoch nicht getroffen werden. Vgl. dazu OECD (2001b) oder Fthenakis/Oberhuemer (2004).

gen sind jedoch aus sozialpolitischer Sicht nicht unbedingt wünschenswert, da die gesamtgesellschaftliche Relevanz von Kindererziehung keine entsprechende institutionelle Berücksichtigung findet.

Im europäischen Vergleich haben sich skandinavische Modelle bewährt. Dort weisen die Elternzeitregelungen relativ kurze Laufzeiten und vergleichsweise hohe Lohnersatzleistungen auf. Zudem ist eine umfangreiche Übertragbarkeit des Gesamtanspruchs der Elternzeit auf Väter möglich (Compston/Madsen 2001). Dementsprechend sind in skandinavischen Ländern auch die absolut höchsten Quoten der Inanspruchnahme von Elternzeit durch Väter zu verzeichnen (EEIG 2004). Neben besseren Voraussetzungen für eine Beteiligung von Vätern an der Vereinbarkeit von Familie und Beruf bewirkt die kurze Laufzeit bei Müttern, dass der Anreiz zu einem schnellen Wiedereinstieg in Erwerbstätigkeit hoch und der Verlust von Humankapital durch die Abstinenz vom Arbeitsmarkt relativ gering ist. In Deutschland ist dagegen die Elternzeit zwar jüngst flexibilisiert worden. Gleichwohl ist die Laufzeit vor der anstehenden Neuregelung mit derzeit drei Jahren vergleichsweise lang bei Zahlung einer finanziellen Kompensation durch das Erziehungsgeld, die in etwa dem Einkommen aus einer geringfügigen Beschäftigung entspricht. Die Zahlung eines bedarfsgeprüften Erziehungsgeldes in Höhe einer solchen Beschäftigung wirkt sich dabei als Substitutionseffekt aus und vermindert den Anreiz zur Arbeitsmarktanbindung durch eine Erwerbsaufnahme zusätzlich:

„The strong increase in monthly real payments of parental subsidies to new parents which took place between 1986 and 1991 coincided with a big drop in married women's weekly hours worked" (Merz 2004: 16).

Ähnliche Zusammenhänge zeigen sich auch im gesamteuropäischen Kontext (Ruhm 1998).

### 3.3 Einkommensteuerveranlagung

Als eine weitere wichtige institutionelle Stellschraube gilt die Einkommensbesteuerung. Sie kann als *individuelle oder gemeinsame Besteuerung* der Erwerbseinkommen von Ehepartnern unterschiedliche Impulse für das Arbeitsangebotsverhalten eines Privathaushalts setzten. Eine gemeinsame Besteuerung wirkt sich vor allem in Deutschland durch hohe marginale Einkommenssteuersätze prohibitiv auf die Erwerbsaufnahme bzw. Ausweitung des Arbeitsangebots von zumeist Ehefrauen als potentielle Zweitverdienerinnen aus (OECD 2002). Im Prinzip lohnen sich nur geringfügige Beschäftigungen, die von der hohen Besteuerung freigestellt sind. Die Alternative, ein *Familiensplitting*, hat nur geringe Auswirkungen auf das Arbeitsangebot und begünstigt in erster Linie einkommensstarke Familien (Steiner/Wrohlich 2006). Dieser Ansatz ist damit weder sozial- noch arbeitsmarktpolitisch effektiv. Eine individuelle Besteuerung ist dagegen im Prinzip als anreizkompatibel einzustufen. Bassanini und Duval (2006) stellen für OECD-Länder für die Jahre 1982 bis 2003 heraus, dass sich der in vielen Ländern vollzogene institutionelle Wechsel zu einer individuellen Besteuerung positiv auf das Arbeitsangebot von Frauen ausgewirkt hat. Eine Steigerung des Anreizes für Zweitverdiener in Familienhaushalten, das Arbeitsangebot durch eine individuelle Besteuerung auszuweiten, muss allerdings durch einen Ausbau von Kinderbetreuungsinstitutionen flankiert werden. Nur so kann auch adäquat auf veränderte Anreize reagiert werden. Aufgrund der institutionell bedingten Unterschiede in den Erwerbsoptionen zwischen Frauen und Männern können drei Ländergruppen (*families of nations*) zusammengefasst werden:

„In the Nordic countries, the social democratic principles that guide policy design are generally paired with a commitment to gender equality, and the market-replicating principles in the Conservative countries are often embedded in socially conservative ideas about family and gender roles. In the Liberal countries, the supremacy of the market system generally drives social welfare designs across all policy arenas" (Gornick/Meyers 2004: 51).

In Erweiterung dieser Typologie kann ein vierter Typ hinzugefügt werden: der mediterrane Wohlfahrtsstaat in Südeuropa. Dort spielen familiale Sicherungsstrukturen eine noch wichtigere Rolle als in konservativen Wohlfahrtsstaaten (Ferrera 1996). Dementsprechend wird aus Mangel an institutionellen Kinderbetreuungsmöglichkeiten in Portugal noch stark auf informelle Kinderbetreuung im Familienverband zurückgegriffen (Abreu-Lima et al. 1998). Im vorliegenden Ländervergleich sind Dänemark der ersten, Deutschland und die Niederlande der zweiten, das Vereinigte Königreich der dritten und Portugal der vierten Kategorie der Wohlfahrtsstaatstypologie zuzuordnen.

Aus der Gesamtschau der theoretischen Erwägungen auf der Mikroebene und den beschriebenen institutionellen Variationen zwischen den fünf Ländern ist zu erwarten, dass sowohl für Frauen als auch für Männer allgemeine arbeitsangebotsbezogene Variablen von Bedeutung sind. Je nach Ausgestaltung der Verzahnung von bedarfsorientierter Kinderbetreuungsinfrastruktur mit institutionellen Anreizen ist anzunehmen, dass vor allem die Anzahl und das Alter der Kinder einen unterschiedlichen Einfluss auf Erwerbsübergänge und damit auf Erwerbsoptionen von Frauen und Müttern haben. Für Männer bzw. Väter ist zu erwarten, dass deren Erwerbsübergänge kaum oder gar nicht von der Anzahl und vom Alter der Kinder tangiert werden. Bei Ländern wie Dänemark mit einer hohen Bedarfsorientierung der Kinderbetreuung bzw. mit ‚richtig' gesetzten Anreizen der Institutionen, dürften für Frauen geringere oder gar keine Barrieren für die Beibehaltung einer (Vollzeit-) Erwerbstätigkeit vorzufinden sein. Ein notgedrungenes Ausweichen auf geringfügige flexible Beschäftigungsverhältnisse während oder nach der Familienphase mit jungen Kindern ist in Dänemark unwahrscheinlicher als in den anderen vier Ländern.

*Arbeitsmarktflexibilität, Arbeitsmarktübergänge und Familie* 303

## 4 Das ECHP als Datenbasis für die empirischen Analysen

Für einen europäischen Vergleich von Erwerbsübergängen bieten sich die Längsschnittdaten des Europäischen Haushaltspanels (ECHP) an. Das ECHP ist eine einzigartige Datenbasis für Längsschnittanalysen auf europäischvergleichender Ebene und beinhaltet repräsentative Informationen für die gesamte Wohnbevölkerung der 15 Mitgliedstaaten der Europäischen Union.

Das ECHP wurde über acht Wellen von 1994 bis 2001 unter Koordination des Statistischen Amts der Europäischen Gemeinschaften (EUROSTAT) erhoben (Mejer/Wirtz 2002). Im ECHP sind für die 15 EU-Länder Informationen über etwa 136.000 Personen im Alter von 16 Jahren und älter in ca. 66.000 Haushalten verfügbar[4]. Zudem ergaben sich im Zeitverlauf verschiedene Veränderungen in den Datenquellen der einzelnen nationalen ECHP-Datensätze. So wurde ab 1997, und dann auch rückwirkend ab 1994, auf schon bestehende nationale Panels zurückgegriffen und deren Daten in eine ECHP-Version übersetzt. Eine solche Vorgehensweise trifft für Deutschland und das Vereinigte Königreich zu. Für diese Länder gingen Daten aus dem *Sozio-oekonomischen Panel* (SOEP) und aus der *British Household Panel Study* (BHPS) in das ECHP ein. Für Forschungszwecke wird das ECHP von EUROSTAT als so genannte User Data Base (UDB) zur Verfügung gestellt.

## 5 Deskriptive Resultate

Unter Nutzung der ECHP-Daten werden zunächst durchschnittliche Beschäftigungs-, Vollzeit- und Teilzeitquoten in den fünf betrachteten Ländern gegenübergestellt (Tabelle 2). In Dänemark zeigen sich für Frauen die höchsten Beschäftigungsquoten, wobei der Abstand zu Männern am geringsten ausfällt. Gleichzeitig ist die Vollzeitquote für beide Geschlechter vergleichsweise hoch. Nur in Portugal werden höhere Vollzeitquoten erreicht, die allerdings auf einer geringeren Beschäftigungsquote fußen.

Niederländische Frauen weisen relativ moderate Beschäftigungsquoten auf. Nur etwa 40 Prozent arbeiten jedoch auf Vollzeitbasis, fast 60 Prozent dagegen auf Teilzeitbasis. Im Vereinigten Königreich sind dagegen etwa 60 Prozent der weiblichen Arbeitskräfte auf einer Vollzeitbasis bei einer etwas höheren Beschäftigungsquote im Vergleich zu Deutschland, den Niederlanden oder Portugal erwerbstätig. Mit der Ausnahme der Niederlande ist Vollzeiterwerbstätigkeit sowohl bei Frauen als auch bei Männern die dominante

---

4 Weitere Informationen zum ECHP sind unter den Webseiten der *European Panel Analysis Group* (EPAG: www.iser.essex.ac.uk/epag) und dem *EuroPanel Users' Network* (EPUNet: http://epunet.essex.ac.uk) zu finden.

Erwerbsform. Dies gilt auch bei der Nutzung der engen Definition von Normalarbeitsverhältnissen als unbefristete Vollzeitbeschäftigung (Kaiser 2001).

Tabelle 2: *Durchschnittliche Beschäftigungs-, Vollzeit- und Teilzeitquoten in Prozent*

|  | DK | UK | DE | NL | PT | EU |
|---|---|---|---|---|---|---|
|  |  |  | Beschäftigungsquote |  |  |  |
| Frauen | 73.9 | 68.8 | 60.8 | 61.8 | 59.3 | 54.4 |
| Männer | 84.6 | 82.4 | 79.7 | 85.0 | 83.1 | 78.9 |
| Differenz | -10.7 | -13.6 | -18.9 | -23.2 | -23.8 | -24.5 |
|  |  |  | Vollzeitquote |  |  |  |
| Frauen | 80.5 | 60.4 | 66.6 | 40.6 | 85.1 | 71.4 |
| Männer | 95.8 | 93.3 | 94.7 | 94.0 | 96.7 | 95.1 |
| Differenz | -15.3 | -32.9 | -28.1 | -53.4 | -11.6 | -23.7 |
|  |  |  | Teilzeitquote |  |  |  |
| Frauen | 19.5 | 39.6 | 33.4 | 59.4 | 14.9 | 28.6 |
| Männer | 4.2 | 6.7 | 5.3 | 6.0 | 3.3 | 4.9 |
| Differenz | 15.3 | 32.9 | 28.1 | 53.4 | 11.6 | 23.7 |

Datenbasis: ECHP (1994-2001), eigene Berechnungen. Absteigende Ländersortierung nach absoluter Prozent-Differenz in der Beschäftigungsquote. Teilzeit = 1-29, Vollzeit = 30 und mehr Arbeitsstunden pro Woche. Altersspanne: 26-64 Jahre.

Die diskutierten deskriptiven Ergebnisse geben jedoch keine Auskunft über die Flexibilität von Arbeitsmarktübergängen. Aufgrund dessen werden im Folgenden kumulierte jährliche Übergangswahrscheinlichkeiten dargestellt, die vor dem Hintergrund der gezeigten Resultate zu den jeweiligen Beschäftigungs-, Vollzeit- und Teilzeitquoten zu interpretieren sind. Bei einem Zeitfenster von acht Jahren können maximal sieben Jahr-zu-Jahr-Übergänge für jedes Individuum auftreten, indem ein bestimmter Start-Arbeitsmarktstatus in $t_w$ mit $w$ = 1994, ..., 2000 mit dem jeweiligen Ziel-Arbeitsmarktstatus in $t_{w+1}$ verglichen wird. Die Übergangswahrscheinlichkeit wird durch die Wahrscheinlichkeit angegeben, dass $x_{i,tw+1} = v_2$ unter der Annahme von $x_{i,tw} = v_1$ auftritt. Die Analysen beziehen sich auf den Startstatus Vollzeiterwerbstätigkeit bzw. Teilzeiterwerbstätigkeit in $t_w$. Durch eine Altersrestriktion von 26 bis 64 Jahren zum Zeitpunkt $t_{w+1}$ wird die Beobachtung von Übergängen aus Schule und Ausbildung in den Arbeitsmarkt potentiell ausgeschlossen. Ältere Erwerbstätige gehen dagegen in die Analysen mit ein, um Alter-Erwerbsstatus Wechselprofile beobachten zu können.

Grafik 2 beschreibt zunächst die Persistenz von Vollzeittätigkeiten. Es zeigt sich, dass im EU-Durchschnitt der Anteil an beständigen Vollzeittätigkeiten für Männer mit 94 Prozent höher ist als für Frauen. Im EU-Durchschnitt liegt die zwischengeschlechtliche Differenz bei sieben Prozentpunkten. Vergleichsweise hohe Vollzeitpersistenzen finden sich für Frauen und

*Arbeitsmarktflexibilität, Arbeitsmarktübergänge und Familie* 305

Männer in Dänemark und Portugal. Nur in den Niederlanden wird auf Seiten der Männer eine noch höhere Rate der Vollzeitpersistenz in dem beobachteten Zeitraum erreicht. Dagegen fällt die Quote an beständigen Vollzeittätigkeiten in dem vorliegenden Vergleich für Männer in Deutschland am niedrigsten aus.

*Grafik 2:* Arbeitsmarktübergänge *(Vollzeitpersistenz)*

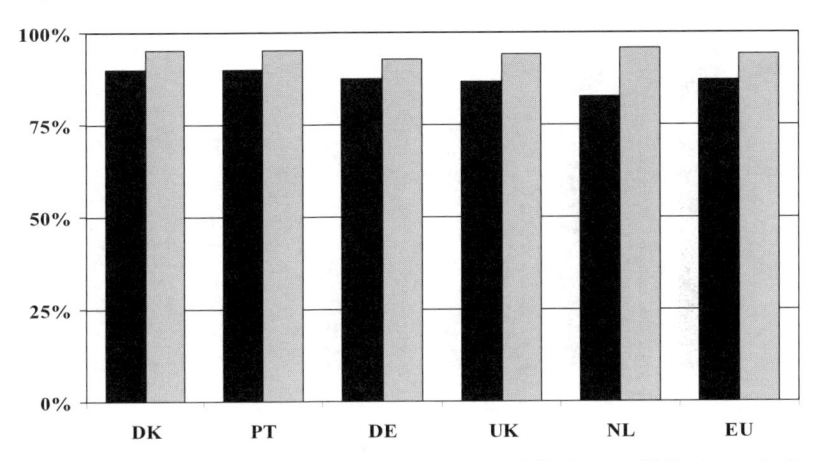

Datenbasis: ECHP (1994-2001), eigene Berechnungen. Vollzeit $t_w$ ⇒ Vollzeit $t_{w+1}$ in Prozent, Altersspanne: 26-64 Jahre in $t_{w+1}$.

Mit einer durchschnittlichen Quote von rund 87 Prozent findet sich auch für Frauen eine relativ hohe Vollzeitbestandsrate. Gleichwohl unterliegen diese Ergebnisse sehr unterschiedlichen Beschäftigungs- und Vollzeitquoten (vgl. Tabelle 1). Durchschnittliche Vollzeitpersistenzen lassen sich für Frauen in Deutschland finden, ein etwas unterdurchschnittlicher Wert zeigt sich im Vereinigten Königreich und eine deutlich unterdurchschnittliche Quote in den Niederlanden.

Ein anderes Bild verdeutlicht Grafik 3, die den Fortbestand von Teilzeittätigkeiten beinhaltet. Mit mehr als 80 Prozent der in Teilzeit tätigen Frauen und nahezu 60 Prozent der in Teilzeit beschäftigten Männer weisen die Niederlande Spitzenwerte auf. Mit einem gleichzeitig vergleichsweise hohen Anteil der Teilzeittätigkeit an der Gesamtbeschäftigung sind die Niederlande das Paradebeispiel für ein Teilzeitregime. Aber auch in Deutschland, wie auch im Vereinigten Königreich, sind überdurchschnittlich hohe Stabilitätsraten der Teilzeiterwerbstätigkeit von Frauen bei gleichzeitig relativ geringen Werten auf Seiten der Männer vorzufinden. In Dänemark und Portugal ist bei erwerbstätigen Frauen die Stabilität von Teilzeittätigkeiten dagegen vergleichsweise gering ausgeprägt. Hinter diesen Resultaten liegen jedoch wiederum sehr unterschiedliche Beschäftigungs- und Teilzeitraten. Insgesamt ist die zwischengeschlechtliche Divergenz in der Konsistenz der Teilzeiterwerbstätigkeit in den hier betrachteten Ländern mit 23 Prozentpunkten erheblich.

Grafik 3: *Arbeitsmarktübergänge (Teilzeitpersistenz)*

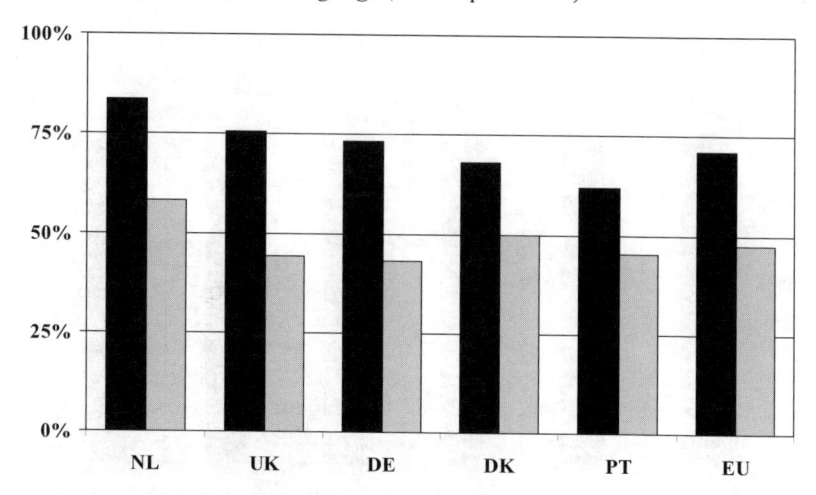

Datenbasis: ECHP (1994-2001), eigene Berechnungen. Teilzeit $t_w \Rightarrow$ Teilzeit $t_{w+1}$ in Prozent, Altersspanne: 26-64 Jahre in $t_{w+1}$.

Grafik 4: *Arbeitsmarktübergänge*

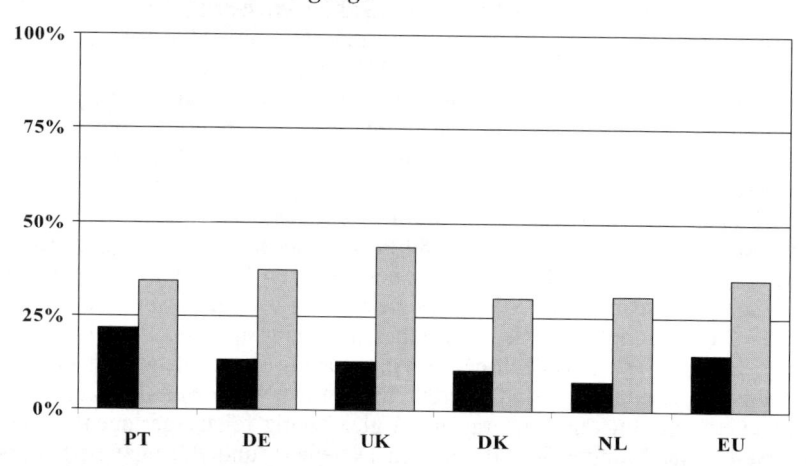

Datenbasis: ECHP (1994-2001), eigene Berechnungen. Teilzeit $t_w \Rightarrow$ Vollzeit $t_{w+1}$ in Prozent, Altersspanne: 26-64 Jahre in $t_{w+1}$.

Grafik 4 beschreibt die Übergangswahrscheinlichkeit von Teilzeit- zu Vollzeittätigkeiten. Es wird offensichtlich, dass Teilzeitbeschäftigungen für männliche Erwerbstätige als Brücke in Vollzeitbeschäftigungen fungieren, wogegen solche Arbeitsmarktübergänge für Frauen weitaus seltener zu beobachten sind. Im Durchschnitt liegt die Divergenz zwischen Frauen und Männern bei rund 20 Prozentpunkten. Überdurchschnittlich große zwischengeschlechtliche Unterschiede zeigen sich dabei im Vereinigten Königreich, Deutschland und den Niederlanden. In Portugal ist die Übergangswahrscheinlichkeit von teilzeitbeschäftigten Frauen in Vollzeittätigkeiten mit mehr als einem Fünftel relativ hoch, in den Niederlanden dagegen mit etwa acht Prozent recht niedrig.

## 6 Determinanten von Arbeitsmarktübergängen

Die deskriptiven Ergebnisse zeigen, dass vor allem in Dänemark und Portugal hohe Vollzeit- und geringe Teilzeitpersistenzen bei Frauen vorzufinden sind. Da sich insbesondere (Nicht-)Erwerbsprofile von Frauen in den letzten Dekaden verändert haben, beziehen sich weitergehende Analysen vor allem auf die Determinanten von Arbeitsmarktübergängen aus der Perspektive weiblicher Erwerbsmuster. Durch Kinder bedingte *familiale Bestimmungsgründe der Arbeitsmarktflexibilität* stehen dabei im Mittelpunkt der Untersuchung. Als empirisches Modell wird ein multinomiales Logit-Modell (mLogit) verwendet. Das mLogit ermöglicht es unter der IIA-Annahme (Independence of Irrelevant Alternatives, McFadden 1973), eine mehr als dichotome endogene Kategorienkombination zu einem Satz von unabhängigen Variablen in Beziehung zu setzen (Greene 2003: 720ff.). Das mLogit wird auf Basis robuster Standardfehler auf einen über acht Jahre (1994-2001) gepoolten ECHP-Datensatz angewendet. Mit der Berechnung und Interpretation von marginalen Effekten kann eine anschauliche Darstellung der Ergebnisse erreicht werden. Die endogene Variable bezieht sich auf vier zueinander exklusive Arbeitsmarktpositionen, um sämtliche potentielle Erwerbsübergänge erfassen zu können. Am Beispiel einer Vollzeitbeschäftigung in einem gegebenen Jahr $t_w$ sind die Wechselmöglichkeiten einer Erwerbsperson ein Jahr später in $t_{w+1}$ verteilt auf:

$$y_i, t_{w+1} = \begin{cases} 1 = \text{Vollzeit erwerbstätig} \\ 2 = \text{Teilzeit erwerbstätig} \\ 3 = \text{Arbeitslosigkeit} \\ 4 = \text{nicht erwerbstätig} \end{cases} \text{mit } w=1994, ..., 2000.$$

Das zu schätzende Wahrscheinlichkeitsmodell ist mittels

$$\Pr(y_{i,t_{w+1}} = m \mid x_i, y_{i,t_w} = 1) = \frac{\exp(x_i \beta_m)}{\sum_{j=1}^{J} \exp(x_i \beta_j)}$$

mit $\beta_1 = 0, m = 1, 2, 3, 4, w = 1994, \ldots, 2000$

zu spezifizieren.

Marginale Effekte sind für stetige Variablen durch

$$\frac{\partial \Pr(y = m \mid x)}{\partial x_k} = \Pr(y = m \mid x) \left[ \beta_{km} - \sum_{j=1}^{J} \beta_{kj} \Pr(y = j \mid x) \right]$$

zu berechnen. Für dichotome Variablen gilt:

$$\frac{\Delta \Pr(y = m \mid x)}{\Delta x_k} = \Pr(y = m \mid x, x_k = 1) - \Pr(y = m \mid x, x_k = 0).$$

Als exogene Variablen werden die Haushaltsstruktur, Anzahl und Alter der Kinder und der Familienstand berücksichtigt. Daneben gehen die durch die Arbeitsangebotstheorie als allgemein relevant beschriebenen exogenen Faktoren in das Modell ein (Dauer der Schul- und Berufsausbildung, Alter, Betriebszugehörigkeit, Stundenlohn, sonstiges Haushaltseinkommen, Einkommenszuwachs, Gesundheitszustand, Staatsangehörigkeit, vgl. Killingsworth 1983). Eine in der Vergangenheit liegende Arbeitslosigkeitserfahrung wird ebenfalls berücksichtigt, da diese einen Einfluss auf den aktuellen Erwerbsstatus haben kann (Kaiser/Siedler 2001).

Für Frauen und Männer weisen die Ergebnisse auf den Einfluss von sozio-demographischen und sozio-ökonomischen Determinanten hin, wie z.B. die Formierung von Erwerbsmustern in Abhängigkeit vom Lebensverlauf oder in Bezug auf individuelle Unterschiede in Humankapitalstandards. Es zeigt sich darüber hinaus eine Überlagerung dieser allgemeinen Faktoren durch den familialen Kontext, die bei Männern keine wesentliche Rolle spielt[5]. Insbesondere hat die Anzahl der Kinder in unterschiedlichen Altersgruppen einen Einfluss auf das Erwerbsverhalten von Müttern (Tabelle 3). Dieser Zusammenhang ist im europäischen Vergleich allerdings erheblich differenziert. Vor allem in Dänemark findet sich wie erwartet kein ausgeprägter Kindereffekt, welcher sich auf die Flexibilität von Arbeitsmarktübergängen auswirkt. Mit einer steigenden Anzahl von 3 bis 6-jährigen Kindern steigt pro Kind die Wahrscheinlichkeit, von einer Voll- in eine Teilzeittätigkeit zu wechseln, lediglich um 1.2 Prozent. Überaschenderweise zeigt sich jedoch auch in Portu-

---

5  Diese detaillierten Resultate als auch sämtliche Ergebnisse für Männer werden aus Platzgründen hier nicht dargestellt, sind aber auf Anfrage vom Autor erhältlich.

*Arbeitsmarktflexibilität, Arbeitsmarktübergänge und Familie*

gal kein ausgeprägter Kindereffekt. Da im Vergleich der 15 EU-Mitgliedsstaaten in Portugal die geringsten kaufkraftbereinigten Erwerbseinkommen existieren, ist es für Privathaushalte erforderlich, möglichst zwei Vollzeittätigkeiten zu realisieren, um ein ausreichendes Haushaltseinkommen zu erlangen (Santos 1991). Damit erklärt sich auch die vergleichsweise hohe Vollzeitquote unter portugiesischen Frauen. In den anderen drei Ländern finden sich dagegen deutliche Einflüsse von Kindern auf die Arbeitsmarktflexibilität.

Tabelle 3: *Arbeitsmarktübergänge und Anzahl/Alter der Kinder (Vollzeit in $t_w$, Teilzeit in $t_w$; Frauen, Altersspanne: 26-64 Jahre in $t_{w+1}$)*

| Status in $t_w$ | DK Voll-zeit | DK Teil-zeit | PT Voll-zeit | PT Teil-zeit | DE Voll-zeit | DE Teil-zeit | UK Voll-zeit | UK Teil-zeit | NL Voll-zeit | NL Teil-zeit |
|---|---|---|---|---|---|---|---|---|---|---|
| → Vollzeit in $t_{w+1}$ | | | | | | | | | | |
| #Kinder (0-2 Jahre) | 0 | 0 | 0 | / | -4.6 | 0 | -9.9 | -7.0 | -11.2 | -5.7 |
| #Kinder (3-6 Jahre) | 0 | 0 | -1.4 | / | -4.0 | -10.3 | -3.4 | -4.3 | 0 | -4.2 |
| #Kinder (7-15 Jahre) | 0 | 0 | 0 | / | -1.3 | -2.8 | -2.1 | 0 | 0 | -1.6 |
| → Teilzeit in $t_{w+1}$ | | | | | | | | | | |
| #Kinder (0-2 Jahre) | 0 | 0 | 0 | / | 3.3 | 0 | 6.4 | 5.0 | 9.4 | 6.2 |
| #Kinder (3-6 Jahre) | 1.2 | 0 | 1.0 | / | 2.2 | 8.7 | 3.4 | 4.1 | 0 | 3.9 |
| #Kinder (7-15 Jahre) | 0 | 0 | 0 | / | 0 | 0 | 1.3 | 0 | 0 | 1.5 |
| → Arbeitslosigkeit in $t_{w+1}$ | | | | | | | | | | |
| #Kinder (0-2 Jahre) | 0 | 0 | 0 | / | 0 | 0 | 0.7 | 0 | 0.4 | 0 |
| #Kinder (3-6 Jahre) | 0 | 0 | -0.4 | / | 1.2 | 0 | 0 | 0 | 0 | 0 |
| #Kinder (7-15 Jahre) | 0 | 0 | 0 | / | 0.4 | 0 | 0 | 0 | 0 | 0 |
| → nicht erwerbstätig in $t_{w+1}$ | | | | | | | | | | |
| #Kinder (0-2 Jahre) | 0 | 0 | 0 | / | 1.5 | 0 | 2.8 | 0 | 1.4 | 0 |
| #Kinder (3-6 Jahre) | 0 | 0 | 0 | / | 0 | 1.8 | 0 | 0 | 0 | 0 |
| #Kinder (7-15 Jahre) | 0 | 0 | 0 | / | 0.6 | 1.0 | 0.7 | 0 | 0 | 0 |

Gepoolte mLogit Regressionen mit Huber-White Schätzern unter Kontrolle weiterer Variablen (s.o). Marginale Effekte in Prozent (Signifikanz-Niveau ≤ 5%, 0= statistisch insignifikant, / = zu geringe Fallzahlen). Quelle: ECHP (1994-2001), eigene Berechnungen.

Vor allem in Deutschland und dem Vereinigten Königreich bewirkt eine steigende Anzahl von Kindern hingegen in nahezu allen Altersgruppen einen statistisch signifikanten positiven Effekt auf den Übergang von einer Vollzeit- zu einer Teilzeittätigkeit. Zudem hat dort eine steigende Anzahl von Kindern den Übergang von einer Vollzeittätigkeit zur Arbeitslosigkeit oder Nichterwerbstätigkeit zur Folge. Auf der anderen Seite ist eine Rückkehr in eine Vollzeittätigkeit mit einer steigenden Anzahl von Kindern unwahrscheinlich. Vielmehr induziert eine zunehmende Anzahl von Kindern einen Verbleib in einer Teilzeitbeschäftigung. In den Niederlanden ist angesichts des ausgeprägten Teilzeitregimes der Effekt für Übergänge von einer Voll- zu einer Teilzeittätigkeit für Frauen mit jungen Kindern vergleichsweise stark und der Verbleib in Teilzeit recht umfassend ausgeprägt.

# 7 Resümee

Frauen präferieren – theoretisch zu erklären durch veränderte Opportunitätskosten eines Verzichts auf Berufstätigkeit – europaweit Lebensentwürfe unter Einschluss von Erwerbstätigkeit. Durch die unterschiedliche institutionelle Ausgestaltung der Wohlfahrtsstaats- und Arbeitsmarktregime wird dieser Trend jedoch in verschiedener Weise formiert. Es existieren zwar Ansätze, welche die Dynamisierung von Erwerbsübergängen zu Gunsten der Vereinbarkeit von Familie und Beruf vorschlagen (Schmid 2001). Eine nachhaltige Umsetzung steht jedoch bis dato in vielen europäischen Ländern realiter noch aus. Welche Pfade bieten sich auf Basis des gezeigten europäischen Vergleichs an, um eine konkrete Umsetzung zu realisieren?

Im Vergleich der hier betrachteten fünf Länder ist Dänemark das Beispiel für einen erfolgreichen Umgang mit neuen Flexibilitätsanforderungen. Dort sind sowohl sozialpolitische als auch steuerliche Anreize so ausbalanciert, dass keine nennenswerten Ambivalenzen zu Gunsten einer Initiierung von längerfristiger Nichterwerbstätigkeit oder eines nur geringfügigen Arbeitsangebots während der Familienphasen auftreten. Wesentlich für die vergleichsweise gute Work-Life-Balance dürfte die dortige hohe Bedarfsorientierung der institutionellen Kinderbetreuung sein. Dagegen zeigt sich in Deutschland ein *Modernisierungsstau* für Erwerbsoptionen von Frauen und Männern, welcher in einer geringen Vereinbarkeit von Familie und Beruf mündet. Die Erwerbsbeteiligung von Frauen ist relativ gering, und die Einschränkungen von Erwerbsoptionen nehmen mit einer steigenden Anzahl von Kindern erheblich zu. Neben den damit verbundenen gesamtwirtschaftlichen Einbußen (soziale Renditen der Bildungsinvestitionen von Frauen, Höhe der Steuer- und Sozialversicherungseinnahmen) wird damit auch automatisch eine umfassende arbeitsmarktliche Diskriminierung aufgrund von ökonomischer Rationalität perpetuiert. Eingeschränkte Erwerbsoptionen von Frauen werden von Arbeitgebern als Signal für ihre scheinbar geringe Produktivität interpretiert, was sich negativ auf deren Einstellungs-, Weiterbildungs- und Einkommenschancen auswirken kann (Stafford/Sundström 1996), ungeachtet der Tatsache, ob das (Erwerbs-) Leben mit oder ohne Kinder geplant wird. Um diesen Mechanismus abzufedern, bieten sich solche Institutionen an, die eine möglichst hohe Variabilität der Erwerbsoptionen und Flexibilität der zu realisierenden Erwerbspfade in Privathaushalten ohne eine stringente Geschlechterfixierung zulassen. Eine solche Strategie zeigt sich in den Niederlanden mit einem ausgeprägten Teilzeitregime in einer nur inkonsequenten Weise, was zu entsprechenden Karriere- und Einkommenseinbußen in Erwerbsverläufen von Frauen führt (Giovanni/Hassink 2005). Aber auch in Deutschland ist die Teilzeitoption für Frauen als Chance und zugleich als Beschränkung ambivalent zu verstehen (Schäfer/Vogel 2005).

Das Beispiel des Vereinigten Königreichs hat gezeigt, dass die liberale Auslegung von wohlfahrtsstaatlichen Institutionen keinen erkennbaren Vorteil für die Angleichung von Erwerbsoptionen zwischen Frauen und Männern bringt. Portugal ist hingegen im Vergleich zu den anderen Ländern hinsichtlich der Modernisierungsprozesse noch ein Nachzügler (vgl. dazu schon Kaiser 2004). In diesem Land zeigen sich zwar hohe Vollzeit- und geringe Teilzeitpersistenzen. Gleichwohl ist in Portugal die Beschäftigungsquote von Frauen vergleichsweise gering. Somit weisen mit der Ausnahme von Dänemark die relevanten Institutionen in den anderen Ländern einen erheblichen Modernisierungsbedarf auf, um den heutigen Anforderungen einer modernen Erwerbsgesellschaft und deren sozio-ökonomischen Bedingtheiten gerecht zu werden. Zentral ist in diesem Zusammenhang der Ausbau einer bedarfsgerechten Infrastruktur der institutionellen Kinderbetreuung als ein befähigendes Instrument. Aufgrund der umfangreichen positiven externen Effekte von Vorschulbildung sollte eine öffentlich finanzierte, flächendeckend qualitativ hochwertige und bedarfsgerechte Versorgung mit Betreuungsangeboten eine hohe politische Priorität haben. Eine institutionelle Modernisierung ist dabei auf der Nachfrageseite mit einer familienfreundlichen Ausgestaltung von Arbeitszeiten zu flankieren.

Erst wenn die Vereinbarkeit von Familie und Beruf für beide Geschlechter ermöglicht ist (,empowerment'), sollten weitergehende anreizkompatible Modifikationen in den Bereichen der sozialen Sicherung und der Einkommensbesteuerung eingesetzt werden. Hier gilt es, die richtige Reihenfolge einzuhalten. Unter dieser Maßgabe würde eine aufeinander abgestimmte Flexibilisierung der Arbeitswelt auch den Lebensentwürfen von Familien vermehrte Optionen für eine bessere Vereinbarkeit von Familie und Beruf bieten. Die bisher in vielen Ländern der EU unkoordinierte Arbeitsmarktflexibilität führt dagegen vor allem auf Seiten von Frauen zu einer simplen Zunahme von flexiblen aber gleichzeitig riskanten Erwerbsverläufen.

# Literatur

Abreu-Lima, I./Bairrão, J./Barbosa, M./Cruz, O./Henriques, M./Leal, T. (1998): Kinderbetreuung in Portugal. In: Fthenakis, W.E./Textor, M.R. (Hrsg.), Qualität von Kinderbetreuung. Weinheim: Beltz, 166-172.

Alwin, D.F./Braun, M./Scott, J. (1992): The Separation of Work and the Family. In: European Sociological Review, 8, 8: 13-37.
Barnett, W. S./Hustedt, J.T. (2003): Preschool: The Most Important Grade. In: Educational Leadership, 60, 7: 54-57.
Bassanini, A./Duval, R. (2006): Employment Patterns in OECD Countries: Reassessing the Role of Policies and Institutions. OECD Social, Employment and Migration Working Paper 36. Paris: OECD.
Becker, G.S. (1965): A Theory of the Allocation of Time. In: The Economic Journal, 75, 299: 493-517.
Becker, G.S. (1973): A Theory of Marriage: Part One. In: Journal of Political Economy, 81, 4: 813-846.
Becker, G.S. (1974): A Theory of Marriage: Part Two. In: Journal of Political Economy, 82, 2: 11-26.
Becker, G.S. (1991): A Treatise on the Family. Cambridge: Harvard University Press.
Bundesministerium für Familie, Senioren, Frauen und Jugend (BMFSFJ) (2006): Familie zwischen Flexibilität und Verlässlichkeit – Perspektiven für eine lebenslaufbezogene Familienpolitik (Siebter Familienbericht). Berlin: BMFSFJ.
Compston, H./Madsen, K.P. (2001): Conceptual Innovation and Public Policy: Unemployment and Public Leave Schemes in Denmark. In: Journal of European Social Policy, 11, 2: 117-132.
De Henau, J./Meulders, D./O'Dorchai, S. (2006): The Comparative Effectiveness of Public Policies to Fight Motherhood-Induced Employment Penalties and Decreasing Fertility in the Former EU-15. Working Paper 06-02.RS. Département d'Economie Appliquée de l'Université Libre de Bruxelles. Brussels.
EEIG (European Opinion Research Group) (2004): Europeans' Attitudes to Parental Leave. Special Eurobarometer 189/59, 1. Brussels: European Commission.
Ferrera, M. (1996): The ‚Southern' Model of Welfare in Social Europe. In: Journal of European Social Policy, 6, 1: 17-37.
Fritsch, M./Wein, T./Ewers, H.-J. (2005): Marktversagen und Wirtschaftspolitik – Mikroökonomische Grundlagen staatlichen Handelns. München: Vahlen.
Fthenakis, W.E./Oberhuemer, P. (2004): Frühpädagogik international – Bildungsqualität im Blickpunkt. Wiesbaden: Verlag für Sozialwissenschaften.
Giovanni, R./Hassink, W. (2005): The Part-Time Wage Penalty: A Career Perspective. Bonn: IZA Discussion Paper 1468.
Gornick, J.C./Meyers, M.K. (2004): Welfare Regimes in Relation to Paid Work and Care. In: Zollinger Giele, J./Holst, E. (Hrsg.), Changing Life Patterns in Western Industrial Societies. Amsterdam: Elsevier, 8: 45-67.
Greene, W.H. (2003): Econometric Analysis. Upper Saddle River, NJ: Prentice Hall.
Holst, E. (2000): Die Stille Reserve am Arbeitsmarkt. Größe – Zusammensetzung – Verhalten. Berlin: edition sigma.
Jaumotte, F. (2004): Labour Force Participation of Women: Empirical Evidence on the Role of Policy and other Determinants in OECD Countries. Paris: OECD Economic Studies 37.
Kaiser, L.C. (2001): Permanent Full-Time Job Still Dominant Form of Employment in Europe. In: Economic Bulletin, 38, 4: 119-124.
Kaiser, L.C./Siedler, T. (2001): Die Dauer von Arbeitslosigkeit in Deutschland und Großbritannien: Ein internationaler Vergleich. In: Mitteilungen aus der Arbeitsmarkt- und Berufsforschung, 34, 4: 402-418.

Kaiser, L.C. (2004): Standard and Non-Standard Employment: Gender and Modernisation in European Labour Markets. In: Berthoud, R./Iacovou, M. (Hrsg.), Social Europe: Living Standards and Welfare States. Cheltenham: Elgar, 99-119.
Killingsworth, M.R. (1983): Labor Supply. Cambridge University Press.
Künzler, J. (2002): Paths Towards a Modernization of Gender Relations – Policies and Family Building. In: Kaufmann, F.X./Kuijsten, A./Schulze, H.-J./Strohmeier, K.P. (Hrsg.), Family Life and Family Policies in Europe (Bd. 2). Oxford University Press, 252-298.
McFadden, D. (1973): Conditional Logit Analysis of Qualitative Choice Behaviour. In: Zarembka, P. (Hrsg.), Frontiers in Econometrics. New York: Academic Press, 105-142.
Mejer, L./Wirtz, C. (2002): The European Community Household Panel. In: Schmollers Jahrbuch – Zeitschrift für Wirtschafts- und Sozialwissenschaften, 122, 1: 143-154.
Merz, M. (2004): Women's Hours of Market Work in Germany: The Role of Parental Leave. Bonn: IZA-Discussion Paper 1288.
OECD (2001): Employment Outlook. Paris: OECD.
OECD (2002): Taxing Wages 2000-2001. Paris: OECD.
Ott, N. (1993): Die Rationalität innerfamilialer Entscheidungen als Beitrag zur Diskriminierung weiblicher Arbeit. In: Backhaus, J.G./Grötzinger, G./Schubert, R. (Hrsg.), Jenseits von Diskriminierung: zu den institutionellen Bedingungen weiblicher Arbeit in Beruf und Familie. Marburg: Metropolis, 113-147.
Ott, N. (2001a): Der Ordnungsbezug des Ökonomischen Imperialismus – Das Beispiel der Familienökonomik. In: Leipold, H./Pies, I. (Hrsg.), Ordnungstheorie und Ordnungspolitik. Stuttgart: Lucius & Lucius, 171-196.
Ott, N. (2001b): Institutionelle Determinanten des Erwerbsverhaltens von Frauen. In: Apolte, T./Volmer, U. (Hrsg.), Arbeitsmärkte und Soziale Sicherung. Stuttgart: Lucius & Lucius, 199-223.
Peukert, R. (2005): Familienformen im Sozialen Wandel. Wiesbaden: Verlag für Sozialwissenschaften.
PROGNOS (Hrsg.) (2005): Work Life Balance – Motor für wirtschaftliches Wachstum und gesellschaftliche Stabilität. Basel: PROGNOS.
Ruhm, C.J. (1998): The Economic Consequences of Parental Leave Mandates: Lessons from Europe. In: Quarterly Journal of Economics, 108, 1: 285-317.
Santos, B.d.S. (1991): State, Wage Relations and Social Welfare in the Semiperiphery – The Case of Portugal. Oficina do CES, 23, Coimbra.
Schäfer, A./Vogel, C. (2005): Teilzeitbeschäftigung als Arbeitsmarktchance. Berlin: DIW-Wochenbericht, 7.
Schmid, G. (2001): Enhancing Gender Equality through Transitional Labour Markets. In: Transfer, 7, 2: 227-243.
Spieß, C.K./Wrohlich, K. (2005): Wie viele Kinderbetreuungsplätze fehlen in Deutschland? Neue Bedarfsermittlung für Kinder unter drei Jahren auf der Basis von Mikrodaten. Berlin: DIW-Wochenbericht, 14.
Stafford, F.P./Sundström, M. (1996): Time Out for Childcare: Signalling and Earnings Rebound Effects for Men and Women. In: Labour, 10, 3: 609-629.
Steiner, V./Wrohlich, K. (2006): Familiensplitting begünstigt einkommensstarke Familien, geringe Auswirkungen auf das Arbeitsangebot. DIW-Wochenbericht, 31.

# Zusammenfassungen

Sigrid Betzelt
Zur begrenzten Nachhaltigkeit flexibler Erwerbsmuster –
Das Beispiel hoch qualifizierter Alleinselbständiger

Die berufliche Selbständigkeit ohne weitere Beschäftigte (Solo- oder Alleinselbständigkeit) ist seit den 1990er Jahren eine auch in der Bundesrepublik expansive, spezifisch flexibilisierte Erwerbsform, die besonders in wissensintensiven Dienstleistungsfeldern zugenommen hat. Ohne in betriebliche Strukturen oder wohlfahrtsstaatliche Regulationen eingebunden zu sein, sind Solo-Selbständige auf die Verausgabung ihrer Arbeitskraft in unregulierten Dienstleistungsmärkten angewiesen. Ihre Erwerbsbedingungen sind damit einerseits risikoreich und bieten trotz hoher Qualifikationen überwiegend geringe Einkommenschancen, beinhalten aber andererseits relativ große individuelle Handlungsspielräume bei der Gestaltung der Arbeitssituation. Wie gelingt den Alleinselbständigen die individuelle Marktbehauptung im expansiven Feld des Kultur- und Mediensektors? Welche besonderen Verknüpfungen zwischen Erwerbs- und Privatsphäre sind im Alltag wie im Lebensverlauf zu beobachten? Inwieweit ist professionelle Alleinselbständigkeit für Frauen und Männer mit familiärer Sorgeverantwortung vereinbar, und haben Kinder Einfluss auf Produktivität und Einkommenschancen? Diese Fragen untersucht der Beitrag auf Basis einer vorwiegend qualitativen empirischen Studie.

Hans-Peter Blossfeld, Dirk Hofäcker,
Heather Hofmeister, Karin Kurz
Globalisierung, Flexibilisierung und der Wandel
von Lebensläufen in modernen Gesellschaften

Globalisierung hat in den vergangenen zwei Jahrzehnten einerseits zu Produktivitätszuwächsen und zu einer allgemeinen Verbesserung im Lebensstandard geführt. Andererseits ist Globalisierung aber ebenso verbunden mit der Zunahme unvorhersehbarer Marktentwicklungen in einer sich immer schneller verändernden Weltwirtschaft, mit rapiden Wandlungsprozessen im sozialen und ökonomischen Bereich, mit einer immer stärker abnehmenden Vorhersagbarkeit von Entwicklungen und, daraus resultierend, mit einer zunehmenden Unsicherheit sowie einem zunehmenden Bedarf an Flexibilität. Der vorliegende Beitrag gibt auf Basis der Forschungsergebnisse des Projektes „GLOBALIFE" aus international vergleichender Perspektive einen Überblick darüber, wie sich diese Entwicklungen auf die Lebens- und Erwerbsverläufe von Männern und Frauen in verschiedenen Phasen ihres Lebenslaufs ausgewirkt haben und weiterhin auswirken. Die Ergebnisse zeigen, dass Globalisierung zwar allgemein die Unsicherheit in modernen Gesellschaften erhöht hat, jedoch nicht alle Individuen in gleicher Weise trifft: Während junge Berufseinsteiger und Frauen in der Mitte ihres Erwerbslebens zunehmend in flexible Arbeitsformen gedrängt werden, hat die Arbeitmarktbindung älterer Arbeitnehmer im Zuge der Globalisierung deutlich abgenommen. Demgegenüber erweisen sich die Erwerbsverläufe von Männern im Globalisierungsprozess als vergleichsweise stabil.

Alexandra Düntgen, Martin Diewald

Auswirkungen der Flexibilisierung von Beschäftigung auf eine erste Elternschaft

Dieser Beitrag befasst sich mit der Frage, inwiefern unterschiedliche Beschäftigungsverhältnisse und berufsbiographische Erfahrungen von Diskontinuität und Unsicherheit Einfluss auf den Übergang zu einer ersten Elternschaft nehmen. Dabei wird die ressourcentheoretische Sichtweise vieler bisheriger Studien um die Ebene einer Status- und Planungs(un)sicherheit ergänzt, und zwar durch die Einbeziehung sowohl zurückliegender Beschäftigungsbedingungen und Karriereverläufe als auch durch die Berücksichtigung subjektiver Erwartungen an die berufliche Zukunft. Auf Basis des Sozio-oekonomischen Panels (SOEP) der Jahre 1984-2003 und unter Anwendung ereignisanalytischer Methoden werden neben den bisher häufiger untersuchten Frauen auch die Männer zum Gegenstand der Analysen gemacht. Darüber hinaus werden sowohl für West- und Ostdeutschland als auch für zwei unterschiedliche Arbeitsmarkteintrittskohorten separate Untersuchungen durchgeführt. Es zeigt sich, dass zum einen Frauen und Männer sehr ähnlich mit der Bewältigung von Unstetigkeiten, Erwartungsunsicherheiten und unsicheren Perspektiven umgehen: Vor allem eine Teilzeitbeschäftigung, bisherige unstete Einkommensverläufe, zunehmende Arbeitslosigkeitsphasen und häufige Arbeitsplatzwechsel führen sowohl bei Frauen als auch bei Männern zu einem Aufschub der Elternschaft.

Beat Fux

Flexibilisierung und Politik –
Ein Vergleich west- und osteuropäischer Länder

Flexibilisierung birgt einerseits erhöhte Arbeitsmarktrisiken (Prekarisierung), bietet andererseits aber auch Chancen zur Erweiterung individueller Handlungsspielräume. Vor dem Hintergrund dieser Ambivalenz untersuchen wir in diesem Beitrag, wie einerseits politische Akteure und andererseits die Bevölkerung flexibilisierungsorientierte Politiken evaluieren. Es lässt sich zeigen, dass mit Maßnahmen, welche die Flexibilisierung fördern, sowohl system- als auch sozialintegrative und individualisierende Motive verknüpft werden, wobei deren Gewichtung bei beiden analysierten Akteurgruppen in ähnlicher Weise länderspezifisch variieren. In strukturschwächeren Kontexten wird Flexibilisierung eher unter dem Blickwinkel der partiellen Einbindung von Frauen in den Arbeitsmarkt (Förderung von Teilzeitstellen) wahrgenommen. Demgegenüber erfahren in den modernisierten Ländern flexible Zeitmodelle eine höhere Wertschätzung. Mit diesen unterschiedlichen Bewertungen korrespondieren die erwarteten und beobachteten Wirkungsweisen. Während in den westlichen Ländern natalistische Effekte weitgehend in Abrede gestellt werden, erhofft man sich im Osten sowohl eine Stimulierung des reproduktiven Verhaltens als auch die Verringerung strukturell erzwungener Erwerbspartizipation und der sozialen Exklusion von Frauen. Demgegenüber kann gezeigt werden, dass fertilitätsfördernde Effekte marginal sind und der Nutzen der Flexibilisierung vor allem in der Optimierung familialen Alltagshandelns zu suchen ist.

Anne Goedicke, Hanns-Georg Brose
The Proof of the Pudding is in the Eating:
Was heißt ‚Familienfreundlichkeit' von Personalpolitik?

In Wissenschaft und Öffentlichkeit wird diskutiert, wie sich für Beschäftigte Erwerbsarbeit und Familie besser vereinbaren lassen. Zunehmende Aufmerksamkeit gilt der Frage, ob Personalpolitiken von Unternehmen ‚familienfreundlich' sind bzw. werden. Empirische Befunde dazu sind uneinheitlich und verdeutlichen die Kontextabhängigkeit der Effekte einzelner Personalmaßnahmen auf Familien. Vor diesem Hintergrund argumentieren wir, dass betriebliche Personalpolitiken Beschäftigungsverhältnisse als unterschiedliche ‚Paketlösungen' einzelner Merkmale erzeugen (wie Arbeitszeiten, Kontrollformen, Gratifikationen, Arbeitsaufgaben und -belastungen). Diese Merkmale stehen in systematischem Zusammenhang miteinander und in Beziehungen der Wahlverwandtschaft mit Geschäftsstrategien. Personalpolitische Grundarrangements begrenzen daher auf unterschiedliche Weise die Einführungschancen und Wirkungsmöglichkeiten von Maßnahmen zur Vereinbarkeit von Beruf und Familie. Sie verkörpern, wie aus einer tauschtheoretischen Perspektive diskutiert wird, nicht nur graduell, sondern qualitativ differente Gelegenheitsstrukturen für Familien. Deren Passung zu den privaten Bedürfnissen lässt sich nur lebenslaufbezogen und im familiären Kontext bewerten, doch treffen bestimmte ‚familienfreundliche' Maßnahmen nicht in jedem Unternehmen auf entsprechende Bedarfslagen der Beschäftigten. Zudem kann ihre Inanspruchnahme im Widerspruch zu anderen Handlungsanforderungen im Betrieb stehen.

Lutz C. Kaiser
## Arbeitsmarktflexibilität, Arbeitsmarktübergänge und Familie: Die europäische Perspektive

Frauen in Paarhaushalten mit Kindern präferieren europaweit Lebensentwürfe, die Erwerbstätigkeit einschließen. Der Fünf-Länder-Vergleich zeigt an Arbeitsmarktübergängen, dass dieses Szenario nicht zwangsläufig zu einem Zwiespalt für Familien führen muss. Mit der Ausnahme von Dänemark weisen die relevanten Institutionen in den anderen Ländern (Deutschland, Niederlande, Portugal, Vereinigtes Königreich) jedoch einen erheblichen Modernisierungsbedarf auf, um den heutigen Anforderungen einer modernen Erwerbsgesellschaft gerecht zu werden. Zentral ist in diesem Zusammenhang der Ausbau einer bedarfsgerechten Infrastruktur der Kinderbetreuung als befähigendes Instrument. Erst wenn die Vereinbarkeit von Familie und Beruf für beide Geschlechter ermöglicht ist („empowerment"), sollten weitergehende anreizkompatible Modifikationen in der sozialen Sicherung und der Einkommensbesteuerung eingesetzt werden. Hier gilt es, die richtige Reihenfolge einzuhalten. Unter dieser Maßgabe würde eine aufeinander abgestimmte Flexibilisierung der Arbeitswelt auch Familien vermehrte Optionen für eine bessere Work-Life-Balance bieten. Die bisher in vielen Ländern unkoordinierte Arbeitsmarktflexibilität führt dagegen vor allem auf Seiten von Frauen mit Familienverantwortung zu einer Zunahme von flexiblen, aber gleichzeitig riskanten Erwerbsverläufen.

Peter Kels
## Flexibilisierung und subjektive Aneignung am Beispiel globaler Projektarbeit

Mit den betriebs- und arbeitsorganisatorischen Restrukturierungen großer Unternehmen der vergangene Jahre verschränken sich höchst widersprüchliche Entwicklungen: Einerseits werden die an Subjektivität gebundenen Leistungspotenziale wie selbstorganisiertes und flexibles Arbeitshandeln, Erfahrungswissen oder sozialkommunikative Fähigkeiten als „Wettbewerbsressource" entdeckt, andererseits erodieren langfristige Beschäftigungsverhältnisse und Karrierelinien im Zuge einer kapitalmarktorientierten, kurzzyklischen Personalpolitik und entziehen der angestrebten Nutzung dieser Leistungspotenziale damit ihre Grundlage. Ausgehend von der Diskussion um die Flexibilisierung und Subjektivierung von Arbeit untersucht dieser Beitrag am Gegenstand einer Betriebsfallsstudie die vielfältigen Ambivalenzen, mit denen sich hochqualifizierte Beschäftigte im Rahmen geografisch und zeitlich flexibilisierter Projektarbeit konfrontiert sehen. Aus einer subjektorientierten Perspektive werden typische Aneignungs- und Bewältigungsmuster rekonstruiert, mit denen die Erwerbspersonen betriebliche Flexibilitätsanforderungen mit eigenen Vorstellungen beruflicher Entwicklung und Lebensführung zu verbinden versuchen.

Michaela Kreyenfeld
Ökonomische Unsicherheit
und der Aufschub der Familiengründung

Der Aufschub der Familiengründung gehört zu den markantesten demographischen Veränderungen der letzten Jahrzehnte. Als Erklärungsfaktoren für den Anstieg des Alters bei Erstgeburt wird vielfach die zunehmende Erwerbstätigkeit und Emanzipation der Frau angeführt. Neuere Studien haben darauf hingewiesen, dass Jugendarbeitslosigkeit, befristete Arbeitsverträge und instabile Beschäftigungsverhältnisse andere wichtige Faktoren sind, die den Aufschub der Familiengründung erklären könnten. Dieser Beitrag untersucht die Frage, inwiefern Unsicherheiten im weiblichen Erwerbsverlauf zu einem Aufschub der Familiengründung führen. Als Datenbasis dient das Soziooekonomische Panel, das Längsschnittinformationen für den Zeitraum 1984 bis 2005 bereitstellt. Als Methode werden ereignisanalytische Modelle verwendet, um den Einfluss subjektiver und objektiver ökonomischer Faktoren auf die Erstgeburtenrate zu bestimmen. Die Ergebnisse der Analysen zeigen, dass es keinen klaren Zusammenhang zwischen ökonomischer Unsicherheit und dem Übergang zur Erstelternschaft gibt. Ein befristetes Beschäftigungsverhältnis reduziert zwar generell die Erstgeburtrate. Jedoch sind es in erster Linie höher qualifizierte Frauen, die die Familiengründung in wirtschaftlich prekären Zeiten aufschieben. Für schlechter qualifizierte Frauen erhöht sogar eine als subjektiv unsicher empfundene wirtschaftliche Situation die Neigung zur Erstelternschaft. Insgesamt zeigen diese Ergebnisse auf, dass sozialstrukturelle Unterschiede zum Verständnis des Zusammenhangs von ökonomischer Unsicherheit und Geburtenverhalten in Westdeutschland relevant sind.

Wolfgang Lauterbach, Mareike Weil
Mehrfachausbildungen und die Folgen für die Erwerbstätigkeit.
Oder: Wer ist am erfolgreichsten?

In Studien über die Berufseinmündung wurde für die Geburtsjahrgänge ab 1964 nachgewiesen, dass sich der Integrationsprozess in den Arbeitsmarkt zunehmend destandardisiert. Der Begriff der Destandardisierung verweist auf das unregelmäßige Aufeinanderfolgen von Phasen der Ausbildung, der Erwerbstätigkeit und Aktivitäten außerhalb des Ausbildungs- und Arbeitsmarktsystems, die die Berufseinmündung zeitlich nach hinten verschieben. Diesen Befunden folgend, greift der Beitrag die Frage nach einem komplexen Beschreibungsmodell für den Übergang vom schulischen Bildungssystem in das Arbeitsmarktsystem auf und untersucht, ob sich die Vielfalt an beruflichen Qualifikationsprozessen zu Mustern systematisieren lässt. Die individuellen Ausbildungspfade von jungen Erwachsenen werden vier Übergangsmustern zugeordnet. Sie unterscheiden sich wesentlich nach dem Umfang und der Art der Ausbildungen, so dass sich weiterführend die Fragen stellen: Welche Jugendlichen folgen dem traditionellen 2-Schwellen-Modell oder gehen Ausbildungsumwege, kombinieren zwei Ausbildungen für eine Höherqualifikation oder münden ohne Qualifikationserwerb in den Arbeitsmarkt ein? Und welche Folgen ergeben sich daraus für die Erwerbstätigkeit? Die Fragen werden mit den Daten der LifE Studie (*L*ebensverläufe *i*ns *f*rühe *E*rwachsenenalter) empirisch überprüft. Es zeigt sich, dass die vier Ausbildungswege in unterschiedlichem Maße sehr folgenreich für die erste Beschäftigung sind.

Dana Müller
Der Traum einer kontinuierlichen Beschäftigung –
Erwerbsunterbrechungen bei Männern und Frauen

Der Artikel greift den Wandel von Erwerbsverläufen auf und untersucht, ob die am Arbeitsmarkt in Deutschland lange vorherrschende kontinuierliche Beschäftigung heute noch möglich oder eher zum Traum geworden ist. Es werden für vier Kohorten (1929-31, 1939-41, 1949-51, 1959-1961) die Erwerbsbeteiligung, die kumulierte Beschäftigungsdauer ab dem Alter 30, das Verhältnis von Erwerbstätigkeit und Arbeitslosigkeit und die Dauer der Arbeitslosigkeit untersucht. Für die Untersuchung wird die IAB-Beschäftigtenstichprobe mit Zusatzinformationen der Deutschen Rentenversicherung verwendet. Allgemein lässt sich feststellen, dass jüngere Kohorten stärker von der Zunahme diskontinuierlicher Erwerbsverläufe betroffen sind als die älteren Kohorten. Über zwei Jahrzehnte kontinuierlich beschäftigt waren vor allem Männer aus der Kohorte 1939-41 und Frauen aus der Kohorte 1949-51. Jedoch bleiben Frauen deutlich seltener über die Jahre hinweg abhängig beschäftigt als Männer. Während Arbeitslosigkeit bei den älteren Kohorten erst spät im Erwerbsverlauf eintritt, sind die jüngeren Kohorten bereits früh von Arbeitslosigkeit betroffen. Arbeitslosigkeit ist somit ein Perioden- und kein Alterseffekt. Nach einer Unterbrechung durch Arbeitslosigkeit gelingt zumindest der Mehrheit der Männer unabhängig von der Kohortenzugehörigkeit eine schnelle Rückkehr ins Erwerbsleben.

Michael Nollert, Alessandro Pelizzari
Flexibilisierung des Arbeitsmarktes als Chance oder Risiko?
Atypisch Beschäftigte in der Schweiz

Die Schweiz gehört zu den Ländern mit einer vergleichsweise geringen arbeitsrechtlichen Protektion von Beschäftigten und einer starken Verbreitung atypischer Arbeitsverhältnisse. Der Beitrag befasst sich zum einen mit den empirischen Zusammenhängen zwischen Arbeitsrecht, atypischen Arbeitsverhältnissen, Arbeitslosigkeit und Einkommensungleichheit. Zum anderen werden die Strategien thematisiert, die atypisch Beschäftigte in der Schweiz anwenden, um die von arbeitsrechtlichen Unsicherheiten und Prekarität charakterisierten Lebenslagen zu meistern. Die statistischen Analysen sprechen dafür, dass eine hohe arbeitsrechtliche Protektion der Normalbeschäftigten insbesondere zur Verbreitung befristeter Arbeitsverhältnisse beigetragen hat. Das Beispiel der Schweiz zeigt zudem, dass eine arbeitsrechtliche Deregulierung sowohl zur Reintegration von Langzeitarbeitslosen als auch zur Verschärfung der Einkommenskluft beiträgt. Die Analysen der qualitativen Interviews dokumentieren schließlich, dass nur eine Minderheit der atypisch Beschäftigten ihr Arbeitsverhältnis als Chance begreift, um beispielsweise Beruf und Familie besser zu vereinbaren. Mangels arbeitsmarktrelevanter Ressourcen fühlen sich viele atypisch Beschäftigte dem zunehmenden Flexibilisierungsdruck nicht gewachsen.

Svenja Pfahl
Moderne Zeiten – Ansprüche an Arbeits- und Familienzeiten
aus Sicht von Eltern und Kindern

Familien, in denen beide Partner sowohl an Erwerbsarbeit als auch an Care-Aufgaben beteiligt sind, weisen einen zeitlich besonders komplexen Familienalltag mit erheblichem Abstimmungsbedarf auf. Arbeitszeiten sowie Betreuungszeiten der Kinder bilden – vermittelt durch das jeweilige ‚familiale Grundarrangement' einer Familie – den Rahmen für die Gestaltung der Familienzeiten. Eltern benötigen dafür, in unterschiedlicher Hinsicht, gleichzeitig eine Flexibilität wie auch eine Stabilität der Arbeitszeit. Die Arbeitszeitinteressen von Kindern decken sich in vielen Aspekten mit denen ihrer Eltern. Ihre Perspektive macht allerdings deutlich, dass die Debatte um Arbeits- und Familienzeiten viel stärker qualitativ geführt werden muss: Kinder lenken den Blick verstärkt auf Qualitäten, auf Nutzungsinteressen bzw. auf eine sinnvolle Verzahnung von Zeiten. Sie kritisieren inkompatible Arbeitszeiten von Eltern bzw. Kinderbetreuungsangebote und Arbeitszeiten, die schlecht aufeinander abgestimmt sind. Absolut schützenswert sind aus Sicht von Eltern wie Kindern gemeinsame, familiale Routinen und Rituale, da sie das ‚bewegliche Rückgrat' der Familienzeiten bilden. Kinder brauchen aber auch strikt ‚elternfreie Zeiten' und begrüßen daher die Erwerbstätigkeit beider Eltern durchaus auch als Chance für mehr Eigenständigkeit.

Simone Scherger
Flexibilisierte Lebensläufe?
Die Dynamik von Auszug und erster Heirat

Veränderungen familialer Übergänge im Lebenslauf und die Flexibilisierung von Arbeitsverhältnissen werden häufig in eine enge Beziehung zueinander gesetzt. Am Beispiel des Auszugs aus dem Elternhaus und der ersten Eheschließung beleuchtet der Beitrag die so bezeichneten Veränderungen näher. Zu diesem Zweck werden mit dem Sozio-ökonomischen Panel westdeutsche Geburtskohorten ab 1920 daraufhin verglichen, wie sie sich im Timing der genannten Übergänge unterscheiden. Tatsächlich sind sowohl der Auszug aus dem Elternhaus als auch die erste Eheschließung im Kohortenvergleich einer Destandardisierung ausgesetzt. Diese Destandardisierungsprozesse lassen sich nicht auf eine Differenzierung nach Bildung reduzieren. Multivariat wird schließlich das Gefüge von Bedingungen untersucht, unter denen Personen der verschiedenen Kohorten das Elternhaus verlassen. Erst in der letzten betrachteten Kohorte wird eine signifikante Bedeutung der ersten Erwerbstätigkeit sichtbar. Über alle Kohorten hinweg besteht eine starke Kopplung des Auszugs an die erste Eheschließung. Diese unverminderte Beziehung wird als Indiz dafür interpretiert, dass sich die Verknüpfungsregeln verschiedener Übergänge im Lebenslauf eben nicht flexibilisieren. Vielmehr scheint unter anderem der Fortbestand der Verknüpfungen den Aufschub des Übergangs in die eigene Familie mit zu bedingen.

Tatjana Thelen, Astrid Baerwolf
Traditionalisierung in der Flexibilisierung:
Familiäre Arbeitsteilung in Ostdeutschland

Flexibilisierungstheorien teilen häufig die fundamentale Annahme eines sozialen Wandels hin zu einer abnehmenden Bedeutung der Sozialstruktur und einer Rekonfiguration sozialen Lebens mit zunehmender Bewegung, Reflexivität und Detraditionalisierung. Im Gegensatz dazu argumentieren wir – anhand von Fallbeispielen aus Ostberlin und Brandenburg –, dass Formen flexibilisierter Erwerbstätigkeit sowie flexibilisierte Kinderbetreuung zu einer Traditionalisierung der familiären Arbeitsteilung in Ostdeutschland beitragen. Während frühere Studien eine relativ hohe Stabilität von DDR-Mustern bezüglich weiblicher Erwerbstätigkeit und öffentlicher Kinderbetreuung beschreiben, stellen wir in unserer Forschung Tendenzen fest, die auf einen langfristigen Wandel dieser Muster hindeuten. Je nach Zugang zum Arbeitsmarkt finden wir unter den heutigen Familiengründern unterschiedlich stark ausgeprägte Orientierungen am ‚male-breadwinner'-Modell. Mit der Übernahme westdeutscher Normen der Mutterschaft und Kindererziehung – dazu tragen u.a. auch unterschiedliche Institutionen und Arbeitgeber mit einem traditionellen Familienverständnis bei – findet eine Hinwendung zum westdeutschen Phasenmodell mit verlängertem Berufsausstieg von Müttern sowie späterer Teilzeitorientierung statt. Unter diesen Umständen führt Flexibilität zur Stärkung traditioneller Familienmuster.

# Autorinnen und Autoren

*Astrid Baerwolf,* M.A., geb. 1975. Wissenschaftliche Mitarbeiterin am Institut für Kulturanthropologie/Europäische Ethnologie, Georg-August-Universität Göttingen.

*Korrespondenzadresse:* Institut für Kulturanthropologie/Europäische Ethnologie, Georg-August Universität Göttingen, Friedländer Weg 2, D-37085 Göttingen. Mail: Astrid.Baerwolf@phil.uni-goettingen.de

*Forschungsschwerpunkte:* Postsozialistische Transformation, Familie und Verwandtschaft, Ethnizität und Migration.

*Veröffentlichungen u.a.:* Familiengründung und Retraditionalisierung in Ostdeutschland – Ein Forschungsbericht, in: R. Fikentscher, Gruppenkulturen in Europa (Halle/Saale 2006, mit T. Thelen). Identitätsstrategien von jungen Russen in Berlin – Ein Vergleich zwischen russischen Deutschen und russischen Juden, in: Ipsen-Peitzmeier, S./Kaiser, M., Zuhause fremd – Russlanddeutsche zwischen Russland und Deutschland (Bielefeld 2006). Zwischenstopp Berlin – Auf dem Weg zu einer neuen Identität, in: Institut für Europäische Ethnologie, Durch Europa. In Berlin. Porträts und Erkundungen (Berlin 2000).

*Sigrid Betzelt,* Dr., geb. 1963. Wissenschaftliche Mitarbeiterin am Zentrum für Sozialpolitik der Universität Bremen, Institut für Soziologie.

*Korrespondenzadresse:* Zentrum für Sozialpolitik, Parkallee 39 (Barkhof), D-28209 Bremen. Mail: sbetzelt@zes.uni-bremen.de. Home: www.zes.uni-bremen.de/~sbetzelt

*Forschungsschwerpunkte:* Erwerbssystem, Arbeitsmarkt, Beruf; soziale Ungleichheit, Geschlecht, Lebenslauf; sozialpolitische Sicherung.

*Veröffentlichungen u.a.:* Geschlechterverhältnisse im Dienstleistungssektor (Baden-Baden 2003, hrsg. mit E. Kuhlmann). Publishing and the New Media Professions as Forerunners of Pioneer Work and Life Patterns, in: Giele, J. Z./Holst, E., Changing Life Patterns in Western Industrial Societies (London 2004, mit K. Gottschall). Flexible Bindungen – prekäre Balancen, in: Kronauer, M./Linne, G., Flexicurity (Berlin 2005, mit K. Gottschall). Flexible Wissensarbeit – AlleindienstleisterInnen zwischen Privileg und Prekarität (Bremen 2006).

*Hans-Peter Blossfeld*, Prof. Dr., geb. 1954. Professor für Soziologie an der Otto-Friedrich-Universität Bamberg.

*Korrespondenzadresse*: Lehrstuhl für Soziologie I, Otto-Friedrich-Universität Bamberg, Postfach 1549, D-96045 Bamberg, Mail: soziologie1@sowi.uni-bamberg.de. Home: web.uni-bamberg.de/sowi/soziologie-i

*Forschungsschwerpunkte*: Soziale Ungleichheit; Familien-, Bildungs-, Arbeitsmarktsoziologie; Demographie; soziale Mobilität, internationaler Vergleich; Methoden der quantitativen Daten-/Längsschnittanalyse.

*Veröffentlichungen u.a.:* Globalization, Uncertainty and Men's Careers (Cheltenham, Northampton 2006, hrsg. mit M. Mills/F. Bernardi). Globaliziation, Uncertainty and Women's Careers (Cheltenham, Northampton 2006, hrsg. mit H. Hofmeister). Globalization, Uncertainty and Late Careers in Society (London 2006, hrsg. mit S. Buchholz/D. Hofäcker). Globalization, Uncertainty and Youth in Society (London 2005, hrsg. mit E. Klijzing/M. Mills/K. Kurz). Home Ownership and Social Inequality in Comparative Perspective (Stanford 2004, hrsg. mit K. Kurz). Techniques of Event History Modeling – New Approaches to Causal Analysis (Hillsdale 2002, mit G. Rohwer).

*Hanns-Georg Brose*, Prof. Dr., geb. 1945. Professor für Soziologie an der Universität Duisburg-Essen.

*Korrespondenzadresse:* Universität Duisburg-Essen, Institut für Soziologie, Lotharstr. 63, D-47057 Duisburg, Mail: hg.brose@uni-due.de. Home: soziologie.uni-duisburg.de

*Forschungsschwerpunkte:* Neue Arbeitsgesellschaft und Soziale Integration, Kulturen der Ungleichzeitigkeit.

*Veröffentlichungen u.a.:* Die Reorganisation der Arbeitsgesellschaft (hrsg., Frankfurt/New York 2000). Telekom – Wie machen die das? Die Reorganisation von Arbeit und Beschäftigungsverhältnissen bei der Deutschen Telekom AG (Konstanz 2002, mit D. Blutner/U. Holtgrewe). Cultures of Non-Simultaneity (hrsg. Time & Society Special Volume 2004). Arbeiten und Haushalten – Wechselwirkungen zwischen betrieblichen Beschäftigungspolitiken und privater Lebensführung, in: O. Struck/C. Köhler, Beschäftigungsstabilität im Wandel? (München/Mering 2004, mit M. Diewald/A. Goedicke).

*Martin Diewald*, Prof. Dr., geb. 1958. Professor für Sozialstrukturanalyse an der Universität Bielefeld.

*Korrespondenzadresse:* Universität Bielefeld, Fakultät für Soziologie, Postfach 100131, D-33501 Bielefeld. Mail: martin.diewald@uni-bielefeld.de

*Forschungsschwerpunkte:* Soziale Ungleichheit, Sozialstruktur, Lebenslauf, Familie und soziale Netzwerke, Arbeitsmarkt und Beruf, Transformationsforschung.

*Veröffentlichungen u.a.:* Insecurities in Employment and Occupational Careers and their Impact on the Transition to Fatherhood in Western Germany (Demographic Research 2003, mit A. Tölke). Kapital oder Kompensation? Erwerbsbiographien von Männern und die sozialen Beziehungen zu Verwandten und Freunden (Berliner Journal für Soziologie 2003). Back to Labour Markets – Who Got Ahead in Post-Communist Societies after 1989? The Case of East Germany (European Societies 2002, mit H. Solga/A. Goedicke). After the Fall of the Wall (Stanford University Press 2006, mit K.U. Mayer/A. Goedicke).

*Alexandra Düntgen*, M.A., geb. 1971. Von 2002-2006 wissenschaftliche Mitarbeiterin zunächst Universität Duisburg-Essen, dann Universität Bielefeld, zurzeit Lehrbeauftragte der Universität Duisburg-Essen.

*Korrespondenzadresse:* Universität Bielefeld, Fakultät für Soziologie, Postfach 100131, D-33501 Bielefeld. Mail: alexandra.duentgen@uni-due.de

*Forschungsschwerpunkte:* Lebenslauf, Familie, Arbeitsmarkt.

*Veröffentlichungen:* Mitarbeiterführung und Wertewandel – Die Bedeutung des Wertewandels in der Mitarbeiterführung (Düsseldorfer Personalwirtschaftliche Schriften 2002). Faktorenanalytische Zusammenfassung verschiedener Merkmale der Gemeinden NRWs (Statistische Rundschau Nordrhein Westfalen 1997).

*Beat Fux*, PD Dr., geb. 1958. Privatdozent am Soziologischen Institut der Universität Zürich, Lehrbeauftragter der Eidgenössischen Technischen Hochschule Zürich.

*Korrespondenzadresse:* Universität Zürich, Soziologisches Institut, Andreasstr. 15, CH-8050 Zürich. Mail: fux@soziologie.uzh.ch

*Forschungsschwerpunkte:* Familie, komparative Wohlfahrts- und Familienpolitik, Soziodemographie, Sozialstrukturanalyse.

*Veröffentlichungen u.a.:* Pathways of Welfare and Population Related Policies: Towards a Multidimensional Typology of Welfare State Regimes in Eastern and Western Europe, in: Höhn, C. et al., People, Population Change and Policies (Berlin 2007). Haushalte und Familien (Neuchâtel 2005). Entwicklung des Potenzials erhöhter Arbeitsmarkpartizipation von Frauen nach Massgabe von Prognosen über die Haushalts- und Familienstrukturen (Zürich, Bern 2003). Which Models of the Family are En- or Discouraged by Different Family Policies?, in: Kaufmann, F.-X. et al., Family Life and Family Policies in Europe, Vol. II (Oxford 2002).

*Anne Goedicke*, Dr., geb. 1969, wissenschaftliche Assistentin an der Universität Duisburg-Essen.

*Korrespondenzadresse:* Universität Duisburg-Essen, Institut für Soziologie, Lotharstr. 63, D-47057 Duisburg, Mail: anne.goedicke@uni-due.de. Home: soziologie.uni-duisburg.de

*Forschungsschwerpunkte:* Organisationen und soziale Ungleichheit, Reziprozität in Beschäftigungsverhältnissen, Familie und Erwerbsarbeit, Transformation in Ostdeutschland.

*Veröffentlichungen u.a.:* Beschäftigungschancen und Betriebszugehörigkeit (Wiesbaden 2002). Back to Labor Markets – Who Got Ahead in Post-Communist Societies After 1989? (European Societies 2002, mit M. Diewald/H. Solga). After the Fall of the Wall – Life Courses in the Transformation of East Germany (Stanford 2006, hrsg. mit M. Diewald/K.U. Mayer). Flexicurity im Lebenslauf, in: M. Kronauer/G. Linne, Flexicurity (Berlin 2005, mit M. Diewald/H.-G. Brose). Organisationsmodelle in der Sozialstrukturanalyse (Berliner Journal für Soziologie 2006).

*Dirk Hofäcker*, Dipl.-Soz., geb. 1974. Wissenschaftlicher Mitarbeiter am Staatsinstitut für Familienforschung Bamberg.

*Korrespondenzadresse*: Staatsinstitut für Familienforschung Bamberg, Heinrichsdamm 4, D-96047 Bamberg, Mail: dirk.hofaecker@ifb.uni-bamberg.de. Home: www.ifb.bayern.de/mitarbeiter/hofaecker.html

*Forschungsschwerpunkte*: Lebenslauf, internationaler Vergleich, Familiensoziologie, Demographie, Arbeitsmarkt, Einstellungen, Quantitative Methoden der empirischen Sozialforschung.

*Veröffentlichungen u.a.:* Globalisierung, struktureller Wandel und die Veränderung später Erwerbskarrieren – Deutschland im internationalen Vergleich (Deutsche Rentenversicherung, Heft 4-5/2007, mit S. Buchholz/H.-P. Blossfeld). Globalization, Uncertainty, and Late Careers in Society (London 2006, mit H.-P. Blossfeld/S. Buchholz). Women's Employment in Times of Globalization: A Comparative Overview, in: H.-P. Blossfeld/H. Hofmeister, Globalization, Uncertainty and Women's Careers – An International Comparison (Cheltenham, Northampton 2006). Typen europäischer Familienpolitik: Vehikel oder Hemmnis für das Adult Worker Model?, in: S. Leitner/I. Ostner/M. Schratzenstaller, Wohlfahrtsstaat und Geschlechterverhältnis im Umbruch – Was kommt nach dem Ernährermodell? (Wiesbaden 2004).

*Heather Hofmeister,* Prof. Dr., geb. 1972, Universitätsprofessorin für Soziologie mit dem Schwerpunkt Gender Studies an der RWTH Aachen.

*Korrespondenzadresse:* RWTH Aachen, Institut für Soziologie, Kármán Forum, Eilfschornsteinstr. 7, D-52062 Aachen. Mail: heather.hofmeister@soziologie.rwth-aachen.de. Home: www.heather-hofmeister.de

*Forschungsschwerpunkte*: Arbeit, Familie, Lebenslauf, Gender, sozialer Wandel, soziale Ungleichheit/Schichtung, Berufskarrieren von Frauen, Mobilität von Paaren, internationaler Vergleich.

*Veröffentlichungen u.a.:* Globalization, Uncertainty and Women's Careers (Cheltenham, Northampton 2006, hrsg. mit H.-P. Blossfeld). Transnationalization: Convergence and Divergence of Institutions and Life Courses (International Sociology u.a. 2008). Late 20th Century Persistence and Decline of the Female Homemaker in Germany and the United States (International Sociology 2006, mit D. Grunow/S. Buchholz). Geographic Mobility of Couples in the United States: Relocation and Commuting Trends (Zeitschrift für Familienforschung 2005). Retirement in the United States for Men and Women, in: H.-P. Blossfeld/S. Buchholz/D. Hofäcker, Globalization, Uncertainty, and Late Careers in Society (London 2006, mit D. Warner).

*Lutz C. Kaiser,* Dr., geb. 1966. Research Associate, Forschungsinstitut zur Zukunft der Arbeit, Bonn.

*Korrespondenzadresse:* Institut zur Zukunft der Arbeit (IZA), Postfach 7240, D-53071 Bonn. Mail: kaiser@iza.org

*Forschungsschwerpunkte:* Evaluation, Arbeitsangebot, Arbeitszufriedenheit, Arbeitslosigkeit, Arbeitsmarktpolitik, Work-Life Balance.

*Veröffentlichungen u.a.:* Gender Job Satisfaction Differences Across Europe: An Indicator for Labor Market Modernization (International Journal of Manpower 2007). Lebensweltbezug und Case Management in der Prävention, Rehabilitation und Pflege (Sozial Extra 2006). Vom Leit- zum Streitbild: Normalarbeitsverhältnis – quo vadis?, in: T. Niechoj/M. Tullney, Geschlechterverhältnisse in der Ökonomie (Marburg 2006). Chancen auf bessere Politikergebnisse steigen mit Evaluation (Personalwirtschaft 2005). Standard and Non-Standard Employment: Gender and Modernisation in European Labour Markets, in: R. Berthoud/M. Iacovou, Social Europe: Living Standards and Welfare States (Cheltenham 2004).

*Peter Kels*, Dipl.-Soz., geb. 1972. Wissenschaftlicher Mitarbeiter am Institut für Sozialforschung der Johann Wolfgang-Goethe Universität Frankfurt/Main.

*Korrespondenzadresse*: Institut für Sozialforschung, Senckenberganlage 26, D-60325 Frankfurt. Mail: P.Kels@em.uni-frankfurt.de. Home: www.ifs.uni-frankfurt.de/forschung/human_resource

*Forschungsschwerpunkte*: Arbeits- und Industriesoziologie, betriebliche Personal- und Weiterbildungspolitik, Wissen und Arbeit, demographischer Wandel, subjektorientierte Berufs- und Organisationsforschung.

*Veröffentlichungen u.a.:* Human Resource Management als Feld der Subjektivierung von Arbeit, in: Arbeitsgruppe SubArO, Ökonomie der Subjektivität – Subjektivität der Ökonomie (Düsseldorf 2005, mit U. Vormbusch). Das Humane als Kapital? Human Resource Management und die Subjektivierung der Ökonomie (WestEnd 2005, mit U. Vormbusch). Personalentwicklung und Karrierepolitik, in: K. Dröge/K. Marrs/W. Menz, Leistung aus Leiden(schaft) (Berlin 2007, mit U. Vormbusch).

*Michaela Kreyenfeld*, Dr., geb. 1969. Juniorprofessorin für Ursachen und Konsequenzen des demografischen Wandels an der Universität Rostock.

*Korrespondenzadresse:* Max-Planck-Institut für demografische Forschung, Konrad-Zuse-Str. 1, D-18057 Rostock. Mail: kreyenfeld@demogr.mpg.de

*Forschungsschwerpunkte:* Lebenslauf, Familiensoziologie, Demographie, Sozialstrukturanalyse.

*Veröffentlichungen u.a.:* Ein Leben ohne Kinder – Ausmaß, Strukturen und Ursachen von Kinderlosigkeit (Wiesbaden 2007, mit D. Konietzka). Anticipatory Analysis and its Alternatives in Life-Course Research – Education and

First Childbearing (Demographic Research 2006, mit J. Hoem). Müttererwerbstätigkeit in Ost- und Westdeutschland – Eine Analyse mit den Mikrozensen 1991-2002. (Zeitschrift für Familienforschung 1996, mit E. Geisler). Nichteheliche Mutterschaft und soziale Ungleichheit – Zur sozioökonomischen Differenzierung der Familienformen in Ost- und Westdeutschland (Kölner Zeitschrift für Soziologie und Sozialpsychologie 2005, mit D. Konietzka). Fertility Decisions in the FRG and GDR (Demographic Research 2004). Kinderbetreuung und Fertilität in Deutschland (Zeitschrift für Soziologie 2004, mit K. Hank).

*Karin Kurz*, PD Dr., geb. 1959. Lehrstuhl für Vergleichende Analyse von Gegenwartsgesellschaften an der Universität Leipzig.

*Korrespondenzadresse*: Universität Leipzig, Institut für Soziologie, Beethovenstr. 15, D-04107 Leipzig, Mail: kurz@sozio.uni-leipzig.de. Home: www.uni-leipzig.de/~sozio

*Forschungsschwerpunkte*: Lebenslauf, internationaler Vergleich, soziale Ungleichheit, Familie und Arbeitsmarkt, Bildungssoziologie, Methoden der empirischen Sozialforschung, Statistik.

*Veröffentlichungen u.a.:* Globalization, Uncertainty and Youth in Society (London 2005, mit H.-P. Blossfeld/E. Klijzing/M. Mills). Home Ownership and Social Inequality in Comparative Perspective (Stanford 2004, mit H.-P. Blossfeld). Desintegration am Arbeitsmarkt? Eine empirische Analyse zur Stabilität von Erwerbsverläufen, in: J. Berger, Zerreißt das soziale Band? Beiträge zu einer aktuellen gesellschaftspolitischen Debatte (Frankfurt 2005, mit D. Grunow/S. Hillmert). Labor Market Position, Intergenerational Transfers and Home-Ownership – A Longitudinal Analysis for West-German Birth Cohorts (European Sociological Review 2004).

*Wolfgang Lauterbach*, Prof. Dr., geb. 1960. Professor für Soziologie an der Universität Potsdam.

*Korrespondenzadresse:* Universität Potsdam, Humanwissenschaftliche Fakultät, Karl-Liebknecht-Str. 24, D-14476 Potsdam, Golm. Wolfgang.Lauterbach@uni-potsdam.de

*Forschungsschwerpunkte:* Lebenslauf, Arbeitsmarkt, Bildung, Familie.

*Veröffentlichungen u.a.:* Erwerbseinstieg und erste Erwerbsjahre – Ein Vergleich von vier westdeutschen Geburtskohorten (Kölner Zeitschrift für Soziologie und Sozialpsychologie 2001). Bildung als Privileg? Ursachen von Bildungsungleichheit aus soziologischer Sicht (Wiesbaden 2004, hrsg. mit R. Becker). Die multilokale Mehrgenerationenfamilie – Zum Wandel der Familienstruktur in der zweiten Lebenshälfte (Würzburg 2004). Partner ja, Single nein oder umgekehrt? Wege der sozialen Verselbstständigung und die Dauer von Partnerschaften bis ins frühe Erwachsenenalter, in: F. Lettke/A. Lange, Generationen, Familien und Gesellschaft – Interdisziplinäre Annäherungen an Spannungsfelder der Gegenwartsgesellschaft (Frankfurt/Main 2006).

*Dana Müller*, Dipl.-Soz., geb. 1978. Wissenschaftliche Mitarbeiterin im Forschungsdatenzentrum der Bundesagentur für Arbeit im Institut für Arbeitsmarkt- und Berufsforschung, Nürnberg.

*Korrespondenzadresse:* Forschungsdatenzentrum der BA im IAB, Regensburger Str. 104, D-90478 Nürnberg. Mail: dana.mueller@iab.de

*Forschungsschwerpunkte:* Lebenslauf, Familie, Arbeit.

*Veröffentlichungen u.a.:* Aufbereitung eines Paneldatensatzes aus den Querschnittsdaten des IAB-Betriebspanels (FDZ-Datenreport 02/2006, mit H. Alda/A. Dundler/A. Spengler). Das BA-Beschäftigtenpanel und weitere Daten des FDZ der BA im IAB, in: Deutsche Rentenversicherung Bund, Erfahrungen und Perspektiven – Bericht vom dritten Workshop des Forschungsdatenzentrums der Rentenversicherung (DRV-Schriften 2007, mit A. Schmucker).

*Michael Nollert*, Prof. Dr., geb. 1960. Assoziierter Professor am Departement Sozialarbeit und Sozialpolitik der Universität Freiburg.

*Korrespondenzadresse:* Universität Freiburg, Departement für Sozialarbeit und Sozialpolitik, Rte des Bonnesfontaines 11, CH-1700 Freiburg. Mail: michael.nollert@unifr.ch

*Forschungsschwerpunkte:* Wirtschaftssoziologie, Arbeitsmarkt, Konflikte, Wohlfahrtsproduktion, soziale Ungleichheiten, soziale Netzwerke.

*Veröffentlichungen u.a.:* Waging the War of Ideas – Zur Entwicklung und Struktur des neoliberalen Diskursnetzwerks, in: T. Eberle/K. Imhof, Triumph und Elend des Neoliberalismus (Zürich 2005). Unternehmensverflechtungen in Westeuropa – Nationale und transnationale Netzwerke von Unternehmen, Aufsichtsräten und Managern (Münster 2005). Transnational Corporate Ties: A Synopsis of Theories and Empirical Findings (Journal of World System Research 2005). Zwischen Aktivierungseuphorie und Entsolidarisierung: Arbeitsmarktpolitik in der Schweiz, in: E. Carigiet/U. Mäder/M. Opielka,/F. Schulz-Nieswandt, Wohlstand durch Gerechtigkeit – Deutschland und Schweiz im internationalen Vergleich (Zürich 2006).

*Alessandro Pelizzari*, lic. rer. pol., geb. 1974. Lehrbeauftragter am Departement Sozialarbeit und Sozialpolitik der Universität Freiburg und Gewerkschaftssekretär Unia.

*Korrespondenzadresse:* Unia Genève, Ch. Surinam 5, Case postale 288, CH-1211 Genève. Mail: alessandro.pelizzari@unia.ch

*Forschungsschwerpunkte:* Arbeitsmarkt, soziale Ungleichheiten, Sozialpolitik, soziale Bewegungen und Globalisierung.

*Veröffentlichungen u.a.:* Unternehmer oder Tagelöhner? Arbeitskräfte zwischen neuen Optionen und Unsicherheiten, in: Caritas, Sozialalmanach (Luzern 2006). Am Rande der Wissensgesellschaft? Neoliberale Arbeitsmarktintegration und milieuspezifische Unsicherheitsbewältigung von Working Poor, in: P. Streckeisen/M. Gemperle, Ein neues Zeitalter des Wissens? Kritische Beiträge zur Diskussion über die Wissensgesellschaft (Zürich 2006). Der Gebrauch von Recht zur Verhinderung von Ausschlussrisiken? Atypisch Beschäftigte und ihr Zugang zum Recht, in: P. Gazareth/A. Juhasz/C. Magnin, Die Beschäftigung und ihr Preis (Zürich 2007, mit P. Böhringer/S. Contzen/ M. Nollert).

*Svenja Pfahl*, Dipl.-Soz., geb. 1968. Doktorandin am Institut für Sozialwissenschaften der Humboldt-Universität zu Berlin. Partnerin des Instituts für sozialwissenschaftliche Forschung und Transfer (SowiTra) in Berlin.

*Korrespondenzadresse:* SowiTra, Lohmühlenstr. 65, D-12435 Berlin. Mail: svenja.pfahl@sowitra.de

*Forschungsschwerpunkte:* Arbeit und Arbeitszeit, Vereinbarkeit von Familie und Beruf, Familie/Lebensformen.

*Veröffentlichungen u.a.:* Arbeitszeiten und Familienzeiten – Zur Vereinbarkeit verschiedener Zeitrhythmen (WSI-Mitteilungen 2001, mit S. Reuyß). Blockfreizeiten und Sabbaticals – mehr Zeit für die Familie? (WSI-Mitteilungen 2002, mit S. Reuyß). Flexible Arbeitszeiten aus Sicht von Eltern und Kindern (Zeitschrift für Soziologie der Erziehung und Sozialisation 2003, mit C. Klenner/S. Reuyß). Stabilität und Flexibilität – Ungleichmäßige Arbeitszeitmuster und familiale Arrangements, in: H. Seifert, Flexible Zeiten in der Arbeitswelt (Frankfurt/Main 2005, mit C. Klenner). Arbeits- und Familienzeiten – aus Sicht von Eltern und Kindern (spw 2006).

*Simone Scherger*, Dr., geb. 1974. Research Associate an der University of Manchester.

*Korrespondenzadresse:* School of Social Sciences, Roscoe Building, University of Manchester, Manchester, M13 9PL, United Kingdom. Mail: simone.scherger@manchester.ac.uk

*Forschungsschwerpunkte:* Lebenslauf, Alter und Altern, Generationen, Soziologie der Zeit, Individualisierung, soziale Ungleichheit, soziologische Theorie.

*Veröffentlichungen u. a.:* Eine Gesellschaft – zwei Vergangenheiten? Historische Ereignisse und kollektives Gedächtnis in Ost- und Westdeutschland (BIOS 2005, mit M. Kohli). Biologische Uhr oder biographische Pläne? Das Timing der ersten Elternschaft als Testfall für soziobiologische Argumente, in: K.-S. Rehberg, Die Natur der Gesellschaft – Verhandlungen des 33. Kongresses der Deutschen Gesellschaft für Soziologie (Frankfurt 2007). Destandardisierung, Differenzierung, Individualisierung? Theoretische und empirische Analysen zur Dynamik westdeutscher Lebensläufe nach dem Zweiten Weltkrieg (Wiesbaden 2007).

*Marc Szydlik*, Prof. Dr., geb. 1965. Professor für Soziologie an der Universität Zürich.

*Korrespondenzadresse:* Universität Zürich, Soziologisches Institut, Andreasstr. 15, CH-8050 Zürich. Mail: szydlik@soziologie.uzh.ch. Home: www.suz.uzh.ch/szydlik

*Forschungsschwerpunkte:* Sozialstruktur, Lebenslauf, Arbeit, Generationen, empirische Sozial- und Wirtschaftsforschung.

*Veröffentlichungen u.a.:* Die Segmentierung des Arbeitsmarktes in der Bundesrepublik Deutschland (Berlin 1990). Arbeitseinkommen und Arbeitsstrukturen (Berlin 1993). Lebenslange Solidarität? Generationenbeziehungen zwischen erwachsenen Kindern und Eltern (Opladen 2000). Generationen in Familie und Gesellschaft (Opladen 2000, hrsg. mit M. Kohli). Vocational Education and Labour Markets in Deregulated, Flexibly Coordinated, and Planned Societies (European Societies 2002). Inheritance and Inequality (European Sociological Review 2004). Generation und Ungleichheit (hrsg., Wiesbaden 2004). 7. Familienbericht (Koautor, Berlin 2006).

*Tatjana Thelen*, Dr., geb. 1968. Wissenschaftliche Mitarbeiterin am Max-Planck-Institut für ethnologische Forschung, Projektgruppe Rechtpluralismus.

*Korrespondenzadresse:* Max-Planck-Institut für ethnologische Forschung, Advokatenweg 36, D-06114 Halle/Saale. Mail: thelen@eth.mpg.de

*Forschungsschwerpunkte:* Soziale Sicherung, Familie und Verwandtschaft, postsozialistische Transformation, Rechtspluralismus.

*Veröffentlichungen u.a.:* Law and Mutual Assistance in Families: A Comparison of Socialist Legacies in Hungary and Eastern Germany (Journal of Legal Pluralism and Unofficial Law 2006). Partings at the End of Partition: The Paradox of German Kinship Ties, in: S.T. Jassal/E. Ben-Ari: Memory and the Partition Motif (2007). Violence and Social (Dis-)Continuity – Comparing Collectivisation in Two East European Villages (Social History 2005). Caring Grandfathers – Changes in Support between Generations in East Germany, in: H. Haukanes/F. Pine, Generations, Kinship and Care (2005), „The New Power of Old Men": Privatisation and Family Relations in Mesterszállás (Hungary) (The Anthropology of East Europe Review 2003).

*Mareike Weil*, M.A., geb. 1980. Wissenschaftliche Mitarbeiterin an der Westfälischen Wilhelms-Universität Münster.

*Korrespondenzadresse:* Universität Münster, Institut für Soziologie, Scharnhorststr. 121, D-48151 Münster. Mail: Mareike.Weil@uni-muenster.de. Home: egora.uni-muenster.de/soz/personen/weil.shtml

*Forschungsschwerpunkte:* Lebenslauf, Jugend, Arbeitsmarkt.

# Neu im Programm Soziologie

Hans Paul Bahrdt
**Die moderne Großstadt**
Soziologische Überlegungen
zum Städtebau
Hrsg. von Ulfert Herlyn
2. Aufl. 2006. 248 S. Br. EUR 34,90
ISBN 978-3-531-14985-1

Jürgen Gerhards
**Kulturelle Unterschiede
in der Europäischen Union**
Ein Vergleich zwischen Mitgliedsländern,
Beitrittskandidaten und der Türkei
2., durchges. Aufl. 2006. 316 S.
Br. EUR 27,90
ISBN 978-3-531-34321-1

Andreas Hadjar / Rolf Becker (Hrsg.)
**Die Bildungsexpansion**
Erwartete und unerwartete Folgen
2006. 362 S. Br. EUR 27,90
ISBN 978-3-531-14938-7

Ronald Hitzler /
Michaela Pfadenhauer (Hrsg.)
**Gegenwärtige Zukünfte**
Interpretative Beiträge zur sozialwissen-
schaftlichen Diagnose und Prognose
2005. 274 S. Br. EUR 19,90
ISBN 978-3-531-14582-2

Jürgen Mackert /
Hans-Peter Müller (Hrsg.)
**Moderne (Staats)Bürgerschaft**
Nationale Staatsbürgerschaft und die
Debatten der Citizenship Studies
2007. 416 S. Br. EUR 39,90
ISBN 978-3-531-14795-6

Andrea Mennicken /
Hendrik Vollmer (Hrsg.)
**Zahlenwerk**
Kalkulation, Organisation
und Gesellschaft
2007. 274 S. (Organisation und
Gesellschaft) Br. EUR 29,90
ISBN 978-3-531-15167-0

Gunter Schmidt / Silja Matthiesen /
Arne Dekker / Kurt Starke
**Spätmoderne Beziehungswelten**
Report über Partnerschaft und Sexualität
in drei Generationen
2006. 159 S. Br. EUR 21,90
ISBN 978-3-531-14285-2

Georg Vobruba
**Entkoppelung von Arbeit
und Einkommen**
Das Grundeinkommen in der
Arbeitsgesellschaft
2., erw. Aufl. 2007. 227 S. Br. EUR 24,90
ISBN 978-3-531-15471-8

Erhältlich im Buchhandel oder beim Verlag.
Änderungen vorbehalten. Stand: Juli 2007.

**www.vs-verlag.de**

**VS VERLAG** FÜR SOZIALWISSENSCHAFTEN

Abraham-Lincoln-Straße 46
65189 Wiesbaden
Tel. 0611. 7878-722
Fax 0611.7878-400